顾明遠文集

池際尊

顾明远文集

第三卷

高等教育
苏联教育

顾明远 著

洪成文 整理

北京师范大学出版集团
BEIJING NORMAL UNIVERSITY PUBLISHING GROUP
北京师范大学出版社

目　录

高等教育

苏联教育

高等教育

重视加强大学生能力的培养[*]

现代的高等教育，已经走出了古典大学的象牙之塔，与社会的政治、经济和人们生活各个方面的关系越来越密切。随着政治经济的发展，特别是科学技术的突飞猛进，社会要求大学培养智力水平更高、眼界更开阔、适应性更强、更富创造性的人才。提高高等教育质量成为各国极为关注的问题。

20世纪60年代以来，世界各国越来越感到以传授专业知识为主的传统高等教育已经不能适应社会的需要，而把加强学生能力的培养作为提高大学教育水平的重要问题。其原因主要如下。

第一，科学技术的迅猛发展，使得科技知识爆炸性增长，知识老化的速度急剧加快。据统计，20世纪70年代以来，全世界每年出版图书50万种，每1分钟就有一种新书出现。而学生在大学学习的时间是有限的，不可能无限制地延长。因此，在学生学习的短短几年时间内，学校不可能也没有必要把本学科的所有知识传授给他们，而且工作几年以后，他们在学校中学到的知识也会有相当一部分甚至大部分陈旧过时。因此，学校如果不能在传授基本知识的同时，培养学生较强的驾驭和独立吸收知识的能力，就不能使学生在学习期间从浩瀚的知识海洋里广收博取，

* 原载《教学研究》（内部），1983年1月。

高效率地建立起工作所需要的知识储备，也不能在工作以后，根据学科发展的趋势，不断更新自己的知识结构，使自己永远处在学科发展的前列。

第二，现代科学发展的趋势是，相邻和不同学科间的互相联系、渗透越来越广泛、深入，一个仅有记闻之学和熟练的技能技巧，而无敏锐的洞察力、高度的抽象思维能力、丰富的想象力和创造力的人，就很难成为在科技革命中从事创造性工作的专门人才。

打倒"四人帮"以后，特别是高等教育如何适应四化建设需要的问题提出以来，加强能力培养逐步成为高等教育理论和实际工作研究中的核心课题。为了解决这个问题，弄清什么是学生的能力，要着重发展哪些能力，看来是很有必要的。

当前，教育界比较普遍的认识是：发展学生的能力，指的是发展学生的心理发展水平，而不是一般的技能和技巧，它包括注意力、观察力、思维力、记忆力、想象力以及意志和情感等心理品质。技能和能力既有联系，又有区别。例如，数学系学生的计算能力、中文系学生的写作能力、物理和化学等系学生的实验操作能力，这些都属于技能，它区别于心理发展水平。当然，这些技能的培养也离不开一个人的心理发展水平。如果这个人的观察力、思维力很差，他就不可能具有较高的写作技能或做实验的技能。但是，我们不能把两者混为一谈。过去我们在教学过程中比较注意培养学生的技能和技巧，却很少注意发展学生的能力。不少教师对于前者，即本门学科学生应该掌握哪些知识和技能一般是非常明确的，至于后者，则往往不很明确，甚至觉得不可捉摸。

为了阐述的方便，我想借用现代控制论的术语，把学生的能力大致分为下面3类。

（1）接受信息的能力，包括注意力和观察力。学生的注意力和观察力是要从小开始培养的。但是对大学生来讲，需要培养专业的注意力和观察力。例如，地理系的学生对地质地貌应有自己专业的洞察力；中文系的学生应当具有观察人物、情境的能力，有了这种能力才能够深刻地理解文学作品的主题思想，分析人和物形象的倾向性、典型性、深刻性及其社会意义。在进行创作时，中文系学生更需要具有对生活、对人物的洞察力。这种接受信息的能力需要教师在教学过程中结合专业的特点有意识地培养才能获得。

（2）处理和储存信息的能力，包括思维力、记忆力。思维力被认为是学生能力的核心。学生在听讲、读书和实践中接受信息以后，就要对这些信息加以分析、比较、综合、抽象、推导、判断等，最后得出正确的结论，并把这些信息和结论储存在脑子里。思维力和观察力又有密切的关系。观察是思维的基础，没有从观察得来的信息，思维就没有材料。所以有的教育家说：观察是智慧的窗口。而思维又指导着观察，使观察有目的性、方向性，从而提高观察的水平。各个专业对思维力的要求也是不同的，数学专业要求学生具有想象思维、逻辑思维的能力；文学艺术专业要求学生具有形象思维的能力。至于记忆力，过去传统教学就比较重视，这里就不多叙述了。

（3）输出信息的能力，包括想象力和创造力。学习是为了应用，要把学习到的知识创造性地应用于实际，就需要有想象力和创造力。特别是在现代科学技术革命的时代，学生如果只学到一些死的知识，不善于创造性地运用，就不能适应时代发展的需要。传统的教学很不重视培养学生的想象力和创造力。因此，强调这一点，就更有必要了。

除了这3类能力以外，还有意志、情感等，也是需要在教学中注意培养的心理品质。

发展学生的能力就是要发展这些能力的广度和深度。例如，要发展注意力的持久性，观察力的敏锐性、广阔性和深刻性，思维的广阔性、深刻性、独立性、批判性、逻辑性、敏捷性、创造性，想象力的丰富性等。

怎样才能发展学生的能力？这涉及课程的设置、教学过程的安排、教学方法的选择和运用等一系列问题，而且各个专业的情况不同，采取的措施也不应相同，我这里只能就一般的教学指导思想和方法谈一点不成熟的、极肤浅的看法。

（1）要改革传统的课程结构。学生的能力与他的知识结构有密切的关系。基本知识和基本理论宽厚扎实，视野就比较开阔，就能够居高临下看问题，不断吸收新的科学理论成果来丰富自己。在实际工作中，就能提出比一般人高一等的见解。相反，如果知识面窄、底子薄，对与本专业关系比较间接的学科知识了解不多，或毫无了解，即使他专业知识学得再好，也只能在狭小的天地里思考问题。这种被日本学者称之为"纵向深入型"的专门家，视野狭隘、适应性差，一般只能在具体的岗位上搞好工作，不可能有太大的创造性。在科学技术向多学科综合方向发展的时代，他们作用的发挥，有着很大的局限性。因此，美国、日本等高等教育发达国家，近年来普遍把注意力的重点从烦琐的专业知识传授，转移到着重加强普通和专业基础课的教学方面来，放宽专业限制，削减专业课，增加选修课，注意及时反映科学理论上的新成就和新动向。

（2）要改革传统的教学方法，改变教师滔滔地讲、学生静静地听的局面，要提倡学生自学，自己钻研问题。现在，国外提倡发现法和讨论法。这里分别做简单的介绍。

发现法是美国心理学家布鲁纳提倡的，布鲁纳认为，发现不限于寻求人类尚未知道的事情，也"包括用自己的头脑亲自获得知识的一切形式"。学生在教师的指导下，像科学家发现真理那样，通过自己的头脑去探索知识，去"发现事物发展的起因和事物的内部联系，从中找出规律，形成自己的概念"。他认为，讲解式的教学只能使学生处于被动地位，教学应该是假设性的，让学生在假设中寻出真理。他还说，教一门课不是使学生建立一个有关这一科目的小型图书室，而是要使学生像数学家那样去思考数学，像史学家那样去思考历史，把掌握知识的过程体现出来。发现法的运用分几个步骤：第一步是提出学生感兴趣的问题，建立问题情境，使学生脑子里充满问题、引起思维，明确要发现的目标；第二步是提出解决疑问的各种可能的假设和答案，指导学生思考的方法；第三步是指导学生收集和组织有关资料，尽可能提供发现的依据；第四步是组织学生仔细审查有关资料，从中得出该得出的结论；最后一步是引导学生从理论和实践上验证和修正结论，从而解决问题。发现法的优点是可以提高学生的智能，使学生学会探索的方法，有利于学生知识的巩固，缺点是不容易掌握和运用。

讨论法，美国和苏联都在提倡，苏联又叫"问题讨论法"，是教学法专家达尼洛夫提出来的。问题讨论法的运用与发现法有相同的地方：第一，提出课题，建立问题情境；第二，指出已经知道了什么，不知道什么，并提供解决问题所必需的知识、材料和思路；第三，指导学生去研究、讨论；第四，做出结论。达尼洛夫认为，过去传统的教学方法是"通报性"的、"图例说明式"的，不能启发学生思维，采用问题讨论法才能启发学生的积极思维。

据教学法专家研究，大学生有如下3种类型。

一是听课时努力记笔记，唯恐漏掉，来不及理解教师讲解的内容和内在逻辑，对问题缺乏完整的概念。

二是能充分理解讲解的内容，记住要点，记录要点，但仍然是复制活动，跳不出讲课的框框，很少提出好奇的问题。

三是努力跳出复制活动，能沿着教师的思路，努力用学过的原理去探索新教材中的问题。

这3类学生中当然是第三类学生最好。在传统教学方法中，这3类学生的比例分别为16%～20%、70%～76%、9%～15%；使用问题讨论法以后，这个比例变为7%~10%、54%~56%、34%~39%。第一、第二类学生减少了，第三类好学生增加了。

总之，各国教学方法的改革有一个共同的特点，就是让学生积极地动脑筋，减少教师讲授的时间，增加学生自学的时间，在课堂上提倡有问有答、互相交流。

（3）加强学生的动手能力。动手的能力就是将知识运用于实践的能力。学习是为了应用，从某种意义上讲，动手才是学习的目的。动手的能力是一种综合能力，它包括了观察、思维、记忆、想象等心理品质。动手与动脑不能分开，学生在动手的过程中就会发现自己的知识不足、对问题理解得不深，因而促进他进一步去动脑筋。

近几十年来，国外教学过程的组织很重视实验和实习的环节。在欧美各国，教师的讲授在教学中不占很大的比重。如法国大学的一节课，常常辅以二节讨论课和二节实践课。苏联的大学讲课时间较多，但近几年也在减少。以莫斯科大学物理系和鲍曼高等工科学校的机器制造专业为例，其讲课与实验室操作、课堂讨论所占的比例如表1所示。

表1　课堂教学各环节所占比例

学校科系	讲课	实验室操作	课堂讨论
莫斯科大学物理系	40%	32.7%	27.3%
鲍曼高等工科学校机器制造系	55.2%	18.2%	26.6%

联邦德国和苏联的高等学校还非常重视学生的生产实习。联邦德国的工科大学要求学生在入学前做13周的生产实习，入学后再安排13周，或是在入学后进行26周实习。苏联的工学院要安排20周实习，分几次进行，到所学专业的各个车间，熟悉各个生产环节和工艺过程，担任从工人到工长的各种职务。美国大学对本科生进行通才教育，专业课很少，

所以不安排实习。但大学生也利用假期到工厂、企业劳动，毕业后在工厂、企业进行实际培训。

为了培养学生的动手能力，除了实验和实习外，学校都主张让学生参加科研和设计。苏联已有330多所学校设立了科研和设计处。鲍曼高等工科学校机器制造专业的学生独立工作时间为教学时间的1.36倍。它要求学生从第五学期起每学期搞一个设计。

（4）在教学过程中要允许学生提出与教师不同的见解。要培养学生的想象力和创造力，就要鼓励学生提出疑问，提出自己的见解。一个不会提问的学生，往往是最平庸的学生。科学的发展就在于创造，如果没有疑问，没有新的见解，一切都是以书本为经典、以教师的讲课为准绳，就不可能有创造，科学也就得不到发展。教师在鼓励学生提出不同的见解的时候，也就培养了学生思维的广阔性、深刻性等品质。有一种思维方法叫作"逆向思维法"。某个问题，按照习惯性的思维，总是解不开，如果采用"逆向思维法"，把问题反过来想一想，也许就迎刃而解了（参见《中国自然辩证法研究会通信》，1982年12月25日）。传统的教育学强调教师的绝对权威，学生与教师只能求同，不能求异，这就束缚了学生的思想。新的教育思想提倡学生求异，提出有创新的见解，当然这种求异不是异想天开，而是以基本知识为基础、有根据和理论的。通过学生的求异，教师与学生也才能做到教学相长。

（5）要注意因材施教。每个学生有着不同的素质，除了各人的遗传素质不同之外，还由于受到不同的环境和教育的影响，形成了不同的个性、才能和特长。培养学生的能力，要照顾到学生的原有基础，有针对性地进行。例如，有的人富于逻辑思维，有的人则富于形象思维；有的人思维很敏捷，但缺乏深刻性；有的人思维较迟缓，但思考问题较深刻。所谓培养学生的能力，就是要发扬他的优点，弥补他的不足。对于思维敏捷而缺乏深刻性的学生，要注意培养他的思维的深刻性和广阔性；对于思维深刻而较迟缓的学生，就要注意培养他的敏捷性。这就是所说的"长善救失"。其他的能力，也需要有针对性地进行培养，才能事半功倍，收到较好的效果。

加强大学生的能力培养，是一个客观形势逼迫我们必须认真加以解决的重要问题，也是一个难度很大的问题。因为它涉及高等教育的指导思想、专业和课程设置、教学过程的组织、管理和教学方法改革等许多方面的问题。而我国高等教育，自20世纪50年代以来，基本上是一个以传授知识为主导的体制，直到目前为止，很多方面（小到考试办法和评分标准）都不能适应加强能力培养的需要。因此，我们认为，大学的教师、领导和教学管理干部要加强教学工作和教学方法的研究，这是十分必要的。

有一种观念是到了应当改变的时候了。这就是认为大学就是传授专业知识，只要有学问，能够把专业知识讲清楚就可以当大学教师，他们不必学习教育理论，也不必研究教学方法。这是一种错误观念。就是从单纯传授知识的角度说，它也是欠妥当的。到了现代科学技术发展要求大学生有更高能力的今天，它的偏颇就更为明显了。现今，高等教育理论（包括教育学、心理学）和教学方法的研究，已经在不少国家盛行起来。特别是苏联，近几年来出版了好几本高等学校教育学的书，如瓦西列依斯基的《高等学校课堂教学》、季诺维耶夫的《苏联高等学校教学过程》、加班诺夫主编的《高等学校教育学》文集、马尔丁诺夫主编的《高等学校教育学课程的教学》、阿尔汉格尔斯基主编的《高等学校教学理论讲义》和科贝利亚茨基主编的《高等教育学原理》等。在苏联，凡是要当大学教师的人，都要学习高等教育学这门课程。1978年，苏联高等和中等专业教育部颁布了这门课程的大纲，该大纲分3个部分，12个课题，共需50个课时（讲课34课时，课堂讨论16课时）。1982年又公布了《高等学校教育学和心理学原理》的新课程大纲，把教育学和心理学的讲授结合起来（参见《外国教育动态》，1980年第6期和1982年第5期）。在国内，这个问题也得到越来越多的同志的关注。有的大学提出了这样一个十分发人深省的问题，即大学教师如何专业化的问题。这在过去，也许会被看成是一个可笑的问题：大学教师都有专业，还存在什么专业化问题？现在看来，这个问题提得很好。因为，高等学校教师实际上身兼两种身份：既是学者，又是教育家。因此，他既要有精深的专业知识、丰富的专业实践和渊博的学识，又必须懂得教育工作的规律，有良好的教学方法，能够出色地完成培养人才的任务。这就是他们与单纯的科研人员不同的地方。而目前，相当一部分高校教师，在专业知识储备方面是比较充足的，但在教育理论修养和教学方法研究方面，却有不少的欠缺。他们只关心学科水平的提高，不关心大学教育的发展趋势；只注意使自己的课讲得清楚明白，不注意学生应该如何学，更不重视学生能力的培养。专业化的问题，在这部分同志身上显然是没有解决的。为了提高大学的教育质量，为四化建设培养出更多水平更高、能力更强的专门人才，我们应该认真学点教育学、心理学理论，加强高等教育的理论和实践问题的研究，不断改革不适应新形势的陈规陋俗，改进教学方法。

高等学校的教师也要学点教育学[*]

一、为什么高等学校的教师也要学点教育学？

过去，一般认为只要有学问的人就可以当大学教师，可以不学习教育理论，也不大讲究教学方法，只要能把本学科的基本理论和专业知识讲清楚，就算是一个好教师。这种说法是不科学的。一般地说，课讲得好的教师是懂得教育规律、讲究教学方法的，只不过没有提到理论上来认识罢了。我们要按教育规律来办教育。教育规律是客观存在的，按照教育规律办事，就会收到好的教育效果，违背了教育规律，就达不到好的教育效果。不过，以前没有人专门去研究高等学校的教育理论，因此在实际生活中被误认为在高等学校教书可以不研究教育理论和不讲究教学方法。这是一个很大的误解。近10多年来，这种误解已经逐渐被打破。许多国家开始研究起高等教育的理论来。例如，美国有全国高等教育学会，许多大学的教育学院里设有高等教育研究中心；加拿大有一个蒙特利尔教育研究所研究高等教育；新加坡设有亚洲地区高等教育与发展研究所；日本广岛大学设有大学教育研究中心。其中的许多组织是国际性的，如广岛大学的大学教育研究中心。广岛大学的大学教育研究

---

* 原载《高等教育研究》，1983年第2期。

中心1976年开过第一次国际讨论会，1980年开了第二次讨论会，去年（1982年）1月又开了第三次讨论会。苏联过去只研究中、小学教育教学的规律，近年来也十分重视研究高等教育的规律，而且出版了好几本高等学校教育理论的书籍。如瓦西列依斯基的《高等学校课堂教学》；季诺维耶夫的《苏联高等学校教学过程》；莫斯科大学出版、加班诺夫主编的《社会科学教学法基础》和《高等学校教育学》文集；马尔丁诺夫主编的《高等学校教育学课程的教学》；瓦西里耶夫主编的《高等学校教育学、心理学和教学理论问题》以及阿尔汉格尔斯基主编的《高等学校教学理论讲义》和科贝利亚茨基主编的《高等教育学原理》等。苏联近年来规定，凡是要当大学教师的人都要学习"高等教育学"这门课程。1978年，苏联高等和中等专业教育部公布了这门课程的教学大纲，该大纲分3个部分，12个课题，共需50个课时（讲课34课时，课堂讨论16课时）。1982年，苏联又公布了《高等学校教育学和心理学原理》的新的教学大纲，把教育学和心理学的讲授结合起来（参见《外国教育动态》，1980年第6期和1982年第5期）。

为什么研究高等教育理论现在变得这样热门呢？这是因为当代科学技术的进步和发展引起了高等学校任务的变化、高等学校教师职能的改变。如果不研究高等教育理论，摸不清高等教育的发展规律，就很难培养出合乎社会要求的高等专门人才。具体可以从下面几个方面来说明。

（1）现代高等学校与社会的政治和经济、与人们生活各个方面的关系越来越密切。高等教育如何才能适应现代社会的需要，这是高等教育学理论中需要研究的重要课题。大学教师如果不了解社会的需要，就不可能培养出社会需要的人才。例如，高等教育发展的速度和规模问题；怎样的速度才能既符合我国经济建设发展的需要，又为当前国家财力所能及；又如专业设置和调整问题，文科和理科应有一个怎样合适的比例，理科和工科又应是什么比例等。这些问题都是属于宏观教育理论问题，看起来这是教育领导部门、计划部门的事情，与一般的教师关系不大，但是如果教师只管埋头教书，不管这些情况，那你在教书的时候就不能纵观全局、有的放矢，不能主动地培养学生适应社会需要的能力。你往往强调你教的那门课重要，而没有把你教的课放到整个高等教育这个大系统中去考虑。举一个例子来讲，据调查，工科院校在专业设置上重设计轻工艺的思想较严重。据《人民日报》1981年12月6日载，被调查的140所工科院校中研究设计类的专业占72.1%，而生产工艺技术的专业只占25.6%，经济与技术管理的专业只占2.3%，在课程和教学安排上的重理论轻实践的倾向很严重，这也显然不能符合我国工业发展的要求。这些专业的毕业生分配到工厂以后，就会感到用非所学，思想上不安心。这种现象固然与领导部门在专业设置上考虑不周有关，但与一部分教师重研究轻生产、重理论轻实践的思想不是没有关系。产生这种思想有一系列的原因，其中一个原因就是教师不了解高等教育的宏观理论，不能从全局来考虑问题。

（2）科学技术的迅猛发展，使得科学技术知识爆炸性地增长，因而引起了高等教育任务的变化。过去的传统大学，主要是向学生传授专业知识。但是，据统计，20世纪70年代以来，全世界每年出版图书50万种，几乎每1分钟就有一种新书出现，每年发表科学论文500万篇，登记专利30万件。知识在不断地增长，但大学教育的时间却不能无限制地延长。在大学教育的短短几年时间内，不可能也没有必要把本学科所有知识都传授给学生。而且即使学生在学校里学到了较多的知识，他们毕业以后过几年，也会有相当一部分知识陈旧过时。因此，现代高等学校的任务不能只是传授知识，更主要的是教师要在传授知识的同时，注意培养学生的能力，使大学生不但掌握学科的最基本的理论和知识，而且了解本学科的发展趋势，有探索新知识的能力。

什么叫能力？如何发展学生的能力？这就涉及教育学和心理学的问

题。关于什么叫能力，当前教育界还有争论，但比较普遍地认为，能力是直接影响活动效率、顺利完成某种任务的心理特征。所谓发展学生的能力，指的是发展学生的心理发展水平，而不是一般的技能和技巧。它包括注意力、观察力、思维力、记忆力、想象力等心理品质。技能和能力既有联系，又有区别。例如，数学系学生的计算能力，中文系学生的写作能力，物理、化学系学生的实验操作能力，这些都属于技能，它区别于心理发展水平。当然，这些技能的培养也离不开一个人的心理发展水平。如果这个人的观察力、思维力很差，他就不可能具有较高的写作技能或做实验的技能。但是，我们不能把两者混为一谈。过去我们在教学过程中比较注意传授知识和培养学生的技能和技巧，却很少注意发展学生的能力。这是因为不少教师对于在学科内学生应该掌握哪些知识和技能一般是非常明确的，至于培养能力则往往不很明确，甚至觉得不可捉摸，这就是因为对教育理论、心理学缺乏了解的缘故。

（3）科学技术的发展引起了教学手段的变革，新的技术手段正在改变教学工作的组织形式和方法。现在学生接受知识的渠道增多了。过去学生接受知识主要靠老师的讲解和阅读参考书，现在学生可以从广播电视里学到，从各种各样的杂志中学到。特别是电子计算机及其他实验手段应用到教学过程中，使教学过程发生了变化。学生在教学过程中的主动性越来越增强，教师的主导作用相应地要有所变化，不是说主导作用削弱了，而是要求更高了。因此，大学教师必须对教学的组织形式、教学手段和教学方法进行研究和评价，才能使教学过程有较好的效果，提高教学质量。例如，要研究如何有效地通过现代化的技术手段来进行教学。前几年大家对闭路电视很热心，最近又不大热心了。这就是缺乏对闭路电视在教学过程中的作用的研究，更缺乏对学生认识过程的研究；只把闭路电视当作一种先进技术，没有把它与教学过程的组织有机地联系起来。如果研究技术的同志和教育学、心理学工作者一起来研究，我想就会更好地发挥闭路电视在教学过程中的先进作用。搞闭路电视不在于硬件，而在于软件，要编制好程序，非要研究点教学原则、学生心理不可。

（4）社会主义高等学校的任务不仅是传授知识，也不仅是为了发展学生的能力，而且要培养学生具有科学的世界观和共产主义的道德品质。20世纪80年代大学生的思想与20世纪50年代、60年代大学生的思想有许多不同。教师要教书育人，就要研究大学生的心理特点，研究他们的思想发展的规律。李燕杰的报告为什么那样受青年的欢迎？除了他有丰富的知识以外，就是他了解青年的心理状态，特别是了解20世纪80年代青年的心理。

（5）现代高等学校在人力、物力、财力上越来越复杂，如何把这些人力、物力、财力进行科学的管理，使它们发挥最大的效益，这也是高等教育学理论需要研究的重要课题。高等学校必须有一批懂得科学管理的干部。大学教师作为该大学系统中的一员也应该了解大学的管理知识，才能使自己的教育教学工作更有成效。

讲到这里，大学教师为什么也要学点教育理论，应该说理由已经很充足了。但是，对我们国家来讲，还有一个极为重要的理由，即30多年来的经验教训提醒我们，非学点教育理论不可。30多年来，我们的高等教育走了一条什么道路呢？可以说是坎坷不平的道路。1957年以后，主要是一种"左"的思想倾向，把政治和业务对立起来，把红与专对立起来，冲掉了学校要以教学为主的这条教育规律，打掉了教师的权威，也就打掉了教学过程中教师起主导作用的这条教育规律，因而严重地影响了教育质量。1960—1961年，我国总结了这个教训，制定了高等学校工作条例，高等学校的教育质量有了显著的提高。但是到了"文化大革命"时期，又把正确的东西当作错误的东西来批判。林彪、江青反革命集团出于他们的反革命目的，摧毁文化教育事业，但是却打着教育革命的招牌，什么"批判三中心，火烧三层楼，大破老三段""以典型产品组织教学"等，本来是荒谬的，但当时还能盛行一时。当然造成当时的现象，已经不是什么理论问题，教育理论已经被批判到无以容身的地步。但是，如果我们对教育理论学习得比较透彻一点，我们的鉴别能力就会强一些。当时有许多教师是抵制那一套的，认为它是不符合教育规律的。粉碎"四人帮"以后，我们要从理论上批判那一套，就要讲点道理出来。不能批判了忽视理论，结果又轻视实际，来回摆动，这也要求我们学点教育理论。

　　总结上面所说的，高等学校的教师应该既是学者，又是教育家；既有精深的专业知识和渊博的学识，又懂得教育教学工作的规律，能够出色地完成培养人才的任务。这就是高等学校的教师与一个单纯的科研人员不同的地方。要达到这一点，大学教师除了不断地钻研本学科的专业知识外，也需要学点教育理论。有的同志认为，高等学校的学生不是中学生，他们已经具备学习的自觉性和自学的能力，教师只要把本学科的知识讲清楚就行。这种看法是片面的。高等学校教育教学有自己的规律，组织教学过程总有一个方法问题。研究这些规律和方法才能事半功倍。当然，实际生活中也有许多大学教师虽然没有学过教育理论，却出色地完成了教学任务，算得上是好教师。但是他们一定在教学过程中，用心研究学生，用心钻研教学方法，有丰富的教学经验，而且客观上符合高等学校教育教学的规律性。总的来说，一种是自觉地学点教育理论，一种是在教学过程中摸索教育经验，不自觉地学习教育理论。自觉地学总比不自觉地学掌握得快一些，收效好一些，尤其对青年教师来说，更是如此。

二、在教育理论中学点什么?

高等学校的教师工作任务是很繁重的,学习教育理论不可能像教育理论工作者那样广、那样专。那么,学点什么呢?我想先从教育科学是一门什么样的科学,教育理论包含些什么说起。

教育科学是研究作为社会现象的教育的发生和发展的客观规律的科学。教育这个社会现象是很复杂的。因此,教育科学是一门十分复杂的科学。教育科学研究的内容大致可以分为两个方面:一方面是研究教育和其他社会现象的关系,即教育的外部规律;另一方面是研究教育教学工作的组织、学生成长的过程,即教育的内部规律。教育是人类社会的一种特有的现象,它与人类的其他社会活动有着密切的联系。人们的政治生活、经济生活和文化生活对教育起着重要的作用,有的起着决定性作用,教育科学必须研究教育作为社会现象的规律,研究它和其他社会现象的关系。用当前系统论的观点来说,整个社会是一个大系统,教育是一个子系统,教育这个子系统只有放到社会这个大系统里去考察才能找出它发展的规律,如果不研究这个问题,教育就会带有一定的盲目性,就不能适应社会政治经济的需要,教育本身也就不能得到发展。例如,教育要适应国民经济发展的要求,不只是一个数量问题,还有一个质量问题、"品种"问题。数量要恰当,质量要优良,"品种"要齐全,才能满足国民经济发展的要求,这里就有一个高等教育的发展速度的问题,教育结构问题,专业设置问题。以上的内容可以说是宏观教育理论。

教育是培养人的事业,人有自身发展的客观规律。教育要发展一代人的智慧和才能,培养他们的道德品质和世界观,就必然遵循人的客观规律,特别是人的认识规律,因此就要研究教育与人的身心发展的关系,研究如何组织教育教学过程,才能符合人的身心发展,促进它的发展。教育过程是教育者和学生两方面结合在一起的有机活动的过程。教育科学不仅要研究学生的发展规律，而且要研究教师的各种品质，要研究教师如何教，还要研究学生如何学；要研究学生的认识过程，也要研究教师的认识过程。这些内容可以说是微观教育理论。

对于大学教师来讲，学点教育理论可以分为两种程度：对宏观教育理论要知道一些，对于微观教育理论则要用心钻研一下。因为，教师是教育过程的具体组织者，认真研究了教育的内部规律就能把教学过程组织得合理，有成效。苏联教育家巴班斯基提出一个命题，叫作教学过程的最优化。什么叫最优化？用他的话来说是："保证在最低限度的消耗师生的时间内最大限度地获得教学效果。"巴班斯基认为，最优化在每个学生身上是不同的。如一个学生花半小时能做10道题，但他用了40分钟才做完，他没有达到最优化；另一个学生1小时才能做10道题，但现在只用了50分钟，他达到了最优化。最优化要因人而异，这就要求教师因材施教。这个最优化的理论值得我们借鉴。要达到教学过程的最优化就要用心钻研教学过程的规律。

在教育理论中现在大家最关心的问题是如何培养学生的能力问题。这里想谈点我个人的意见。前面讲到，发展学生的能力是指发展学生的心理发展水平。为了把这个问题说清楚，我想借用现代控制论的术语，把学生的能力大致分为3类。

（1）接受信息的能力，包括注意力和观察力。学生的注意力、观察力是要从小开始培养的。但是对大学生来讲，需要培养专业的注意力和观察力。例如，地理系的学生对地质地貌应具有专业的洞察力；中文系的学生应对人物、情境有洞察力。这种接受信息的能力需要教师在教学过程中结合专业的特点有意识、有目的地培养。

（2）处理和储存信息的能力，包括思维力、记忆力。思维力被认为是学生能力的核心。学生在听讲、读书和实践中接受信息以后，要对这些信息加以分析、比较、综合、抽象、推导、判断等，最后得出正确的结论，并把这些信息储存在脑子里。思维力和观察力有密切的关系，观察是思维的基础，没有从观察得来的信息，思维就没有材料，所以有的教育家说"观察是智慧的窗口"；而思维又指导着观察，使观察有目的性、方向性，从而提高观察的水平。各种专业对思维能力的要求不同，数学专业要求学生具有抽象思维、逻辑思维的能力，文学艺术专业要求学生具有形象思维的能力。有些专业要求有较强的理解能力，有的专业还需要有较强的记忆力。

（3）输出信息的能力，包括想象力和创造力。学习是为了应用。要把学到的知识创造性地应用于实际，就需要有想象力和创造力。特别是在现代科学技术革命的时代，学生如果只学到一些死的知识，不善于创造性地运用，就不能适应时代发展的需要。

除了这3类能力以外，还有意志、情感等也是需要在教学中注意培养的心理品质。

发展学生的能力就是要发展这些能力的广度和深度。例如，要发展注意力的持久性，观察力的敏锐性、广阔性和深刻性，思维的广阔性、深刻性、独立性、批判性、逻辑性、敏捷性、创造性，想象力的丰富性等。

怎样才能发展学生的能力？它涉及课程的设置、教学过程的安排、教学法的选择和运用等一系列问题，而且专业的情况不同，采取的措施也不应相同。这里我不准备全面论述这个问题，只想谈几点想法，供大家参考。

第一，要确立一种正确地对待学生的教育思想，即不仅要把学生看成是教育的对象，更重要的是要把他看作教育的主体。教育是教师对学生施加影响的过程。学生是教育的对象，就像生产过程中的生产对象一样，将来要成为一定规格的产品。从这个意义上讲，学生是教育的客体。但是，教育对象与生产对象不同，教育过程也不同于生产过程。这是因为：①学生是活生生的人，每个人的素质和个性都不同；②学生不是被动地接受教育，他有主观能动性。学生也绝不是一台录音机或录像机，能够把老师讲的都录下来。不是的，他们接受教育是有选择的。一切教育影响都要通过学生自身的活动，经过他们内在的矛盾斗争才能被他们所接受，从这个意义上来讲，学生又是教育的主体。

如果确立了这样一个教育思想，那么对当前的教学组织工作就有必要进行改革。

（1）首先要改变教师滔滔地讲、学生静静地听的局面。要提倡学生自学，自己钻研问题；教师讲课的时间要减少，学生自学的时间要增加。国外高等学校中教师讲课的时间很少，他们还提倡发现法、讨论法，都是值得我们借鉴的。

（2）加强学生动手的能力。动手的能力就是将知识运用于实践的能力。它是一种综合能力，包括了观察、思维、记忆、想象等心理品质。动手与动脑分不开。学生在动手的过程中就会产生矛盾，就会发现自己的知识不足、对问题理解得不深，因而促进他进一步动脑筋。国外现在很重视实验和实习的环节。

第二，要允许学生发表不同于教师的见解，也就是允许学生有"求异"的精神。传统的教学很不重视培养学生的想象力和创造力，这是因为传统的教学建立在教师的绝对权威上，不允许学生发表不同于教师的见解。只能求同，不能求异。这种教学不是启发学生的积极性而是压抑学生的积极性。要知道，一个不会提问的学生，往往是最平庸的学生。科学的发展就在于创造，如果没有疑问，没有新的见解，一切都以书本为经典，以老师的讲课为准绳，就不可能有创造，科学也就得不到发展。因此，要发展学生的想象力和创造力，就要鼓励学生提问，特别是鼓励学生提出不同的见解。当然，想象力和创造力不是异想天开，而是以基本知识为根据的。因此，培养学生的想象力和创造力，与学习基本知识和基本理论是分不开的。

想象力和创造力与思维的广阔性、深刻性等品质是紧密联系的。有一种思维方法叫作"逆向思维法"。某个问题，按照习惯性的思维方法，总是解不开，如果采用"逆向思维法"，把问题反过来想一想，也许就迎刃而解。允许求异，就要改革当前的考试制度和评价学生成绩的标准。

第三，要注意研究学生，因材施教。每个学生有着不同的素质，不同的个性。例如，有的人富于逻辑思维，有的人则富于形象思维，有的人的思想很敏锐但缺乏深刻性，有的人的思维虽然迟缓但思考问题较全面、较深刻。培养学生的能力要照顾学生不同的特点和基础，发扬他的优点，补救他的不足，有针对性地进行，才能事半功倍。

以上只是从教育的指导思想上想到的几点看法，至于具体的做法，还需要广大老师在教学实践中，结合自己的专业特点，改革教学内容、改革教学组织形式、改革教学方法以及考试制度等。总之，目前我们在很多方面基本上还沿用着20世纪50年代的一套方法，如果不加改革，就很难跟上高等教育发展的时代步伐。让我们大家都来研究教育理论，在培养人才上开创出新的局面。

现代高等教育的发展与我国高教改革[*]

现代高等教育的体系是现代工业化社会的产物，它有一个发生发展的过程。为了研究我国高等教育改革，有必要对现代高等教育的发展做简要的历史回顾。由此可以使我们认识到现代高等教育是怎样发展过来的，它和政治经济的发展有些什么关系，并从中找出高等教育发展的规律，作为改革我国高等教育的借鉴。

一、现代高等教育的发展

现代高等教育萌芽于欧洲十二三世纪的中世纪大学，当时手工业已经从农业中分化出来，城市有了发展，国际贸易也开始发达，特别是地中海一带城市经济的发展促进了教育的发展。最早的大学有建立于1158年由法律学校改建而成的意大利波隆亚大学。由于波隆亚地处交通要冲，商业纠纷时有发生，诉讼案件颇多，客观的需要促使建立起高等学校。稍迟一些有英国牛津大学（1168年）和剑桥大学（1180年）、法国巴黎大学（1180年）和意大利萨拉尔诺大学（1231年）等。

---

* 原载《北京师范大学学报（社会科学版）》，1983年第3期。

从十二三世纪的大学发展到今天，高等教育大致经历了3个大的阶段。

（一）产业革命以前，现代高等教育的萌发时期

这个时期的大学由一些热心学术的学者和学生合力兴办起来，它的主要任务是传授科学文化知识，探讨学术。最早的大学分为四科：神学、法学、医学、文学（包括哲学）。法国巴黎大学的文科则实际上是大学的预科。教学内容以人文科学为主，即法学、哲学、神学、古典语言和文学。所谓三学科和四学科，三学科即语法、修辞、逻辑；四学科即算术、几何、音乐、天文。

当时的大学是自愿组织起来的，校长由教授自由选举，学生参加学校的管理。波隆亚大学有"学生大学"之称，全部校务由学生主管，学校是一个独立王国，不受政府的约束。所以，欧洲的大学至今还有自治的传统。后来政府和教会看到大学的作用越来越大，才逐步加强对学校的控制。特别是教会控制了政权，也控制了大学。

这个时期大学的主要特点是：①大学是少数学者聚集起来学习和研究学问的地方，师生之间探讨的气氛比较浓厚。②中世纪大学享有种种特权，内部自治，大学有权设立特别法庭，免税和免服兵役，有权授予学位，获得学位以后可以在大学任教。③大学教学的内容主要是人文科学，自然科学还没有从哲学中分化独立出来。特别是在14世纪以前，历史上称为中世纪的"黑暗时代"，统治者是封建教会，科学被认为是对上帝的亵渎，所以大学也不重视自然科学的教学。④大学虽然客观上为统治阶级培养官吏和僧侣，但总的来说是和社会生活严重脱节，同生产劳动分离的。

（二）产业革命以后至20世纪上半叶，现代高等教育体系的建立和发展的时期

现代自然科学萌芽于15世纪末开始的欧洲文艺复兴时期。然而，自

然科学真正独立地成为科学是在16世纪以后。正如恩格斯所说，哥白尼（1473—1543）的不朽著作（《天体运行论》，1543年）的出版，标志着自然科学开始冲破神学的束缚宣布自己的独立，并大踏步向前发展。但是，一直到18世纪中叶，科学实验活动的规模依然是很小的，基本上是科学家个人从事的自由研究活动；科学的实验手段也很有限，大多数研究工作还只是建立在观测自然现象的基础上。科学实验活动同生产的关系还很不密切。直到工业革命，科学技术才应用于生产，并从社会生产活动中得到巨大的推动力。现代生产和科学技术的发展促进了教育的发展，高等教育进入了发展的第二个阶段，即建立现代高等教育体系的时期。

这个时期的高等教育首先在英国得到发展。文艺复兴时期，科学技术的中心在意大利，历史上有名的科学家如达·芬奇（1452—1519）、伽利略（1564—1642）等都是意大利人，他们是欧洲科学的奠基人、近代科学的创始人，当时英国的科学技术还很落后。到了17世纪初，德国发生了30年内战，意大利分裂成许多小国，而在英国，新兴资产阶级占据了统治地位。资产阶级重视发展科学技术，许多英国医生、牧师、商人到欧洲大陆留学。在后来的英国著名科学家中，除牛顿外，几乎都到欧洲大陆留过学。英国工业的发展带动了科学技术的发展，由此科学技术的中心由意大利转移到英国。1662年，英国成立了皇家学会，对科研起了推动作用。在工业革命以前，英国只办了6所大学，而且都是保守的：它们实行宗教限制，只有信奉英国国教的人才能入学；在教学方面，自然科学得不到重视。工业革命以后，资产阶级要求废除贵族受高等教育的特权，同时要求培养为发展资本主义服务的科技人才。在这种形势下，出现了一些专业高等学院。第一所专业化的技术学院——沃灵顿学院建于18世纪中叶。19世纪，英国出现了所说的"新大学运动"。1828年，伦敦建立了具有民主主义、自由主义精神的伦敦新学院，开始注重自然科学课程的讲授。1831年，教会建立皇家学院（King's College）。5年之后，这两所学院合并成伦敦大学。新大学的特点是：①不受宗教信仰的限制；②有较强的地方性，大多由地方投资兴办，与地方工业密切相关，为本地区培养专门的工程技术人员；③重视技术教育。但是，技术学院仍然比大学低一等，没有授予学位的权力。只有伦敦大学才有权授予学位，并设有校外学位。与此同时，旧大学进行了改革。1852年，牛津、剑桥成立了两个皇家委员会，着手进行重大改革，增设近代科学的专业，自然科学已成为主要学科。1871年，剑桥大学校长卡文迪什捐款建立实验室，这个小小的实验室以后对奠定英国实验物理学的基础，甚至对于英国工业的发展，都起了相当重要的作用。18世纪英国工业革命和科技的发展，给德国和法国以巨大影响。德法为了向英国学习，也派遣留学生到英国，并开始办起自己的高等学校。

1789年，法国爆发资产阶级革命，推翻波旁王朝，由于战争和发展工业的需要，资产阶级开始对高等教育重视起来。欧洲最早一批技术专科学校，就是为了较快地解决武器和粮食生产的问题而办起来的。1794年，法国击败了侵略者，同年创办巴黎工业专门学校，培养工程师和数理科方面的人才。拿破仑执政后，对高等教育进行了重大改革，同时又成立了一批专业学校，如矿业学院、公路和桥梁学院等。法国革命使科学得到繁荣，但随着拿破仑的失败，法国的高等学校也趋于衰落。到19世纪下半叶，法国的科学技术已落在德国之后。

德国高等教育起步稍晚。法国资产阶级革命给德国很大的冲击，德国积极向英法的高等教育学习。德国的科学技术和经济发展速度很快地超过了英法。1810年建立的柏林大学，是威廉·冯·洪堡领导创建的。他提出"学术自由"和"教学和研究相统一"的办学方针，在世界各国享有很高的声誉。柏林大学享受比旧大学大得多的自治权，不但可以自由支配政府拨给的经费，而且校长也由大学教授会选出一名正教授担任，不再由政府直接任命。教师享有较大的"学术自由"权利，可以自由开设各种课程，允许各种学派自由竞争。学生也有较大的自由权利，自由选修各种课程和科研题目。柏林大学贯彻教学与科研相结合的方针，把讲演、讨论与研究三者结合起来。柏林大学的办学思想影响到世界各国的高等教育。德国高等教育的发展是和工业的发展紧密相连的。矿山业、煤炭工业促进了整个化学工业的发展，同时也促进了化学的科学研究。

美国的高等教育受英国、德国的影响很大。独立战争以前，美国教育主要受英国保守主义的影响，独立战争以后又受到德国教育的影响，以后在发展过程中逐渐形成自己的传统。美国第一所大学——哈佛大学（1636年），由英国移民创办，以后又建立耶鲁、普林斯顿大学等。独立战争（1776—1783年）前，全国共有9所高校，都是私立的，以英国牛津、剑桥大学为模式，办学目的是培养具有高深学识的传教士和官吏，重视学术，轻视技术。独立战争后，这些学校被抨击为"非爱国主义"的，非改组不可。政府要求把管理学校的权力收归政府，不要教会来办。同时，为了开发西部疆土和资源，需要具有实际本领的人才，传统的大学不能解决这个任务，所以需要建立新的学校。在这种背景下，华盛顿总统向国会提出创建国立大学。由于美国的政体是地方分权制，因而州立大学就在18世纪末应运而生。州立大学由州政府举办，比较重视传授现代科学知识，使大学为州的地方事业服务。例如，杰斐逊为弗吉尼亚州立大学制定的规划，就注意到满足农工商业之需，不仅注重神科、法科、医科，还强调数学和自然学科的传授，压缩古典学科。

南北战争后，由于发展经济的需要，美国又建立许多专业技术学院，最早是西点军工学院（1802年）和润斯利尔多科技术学院（1824年）。1862年，林肯总统签署了毛利法令（即赠地法令），把土地捐赠给学校办学，于是许多农工学院建立了起来，以培养农业和工业技术人才。从此，美国的高等教育由重学术轻技术，变为重技术。重视职业技术教育成为美国高等教育的传统。但是，美国大学并没有放弃学术。它一方面大力发展技术教育，另一方面又加强大学的科研。1876年成立的霍普金斯大学是一个突出的例子，它以德国柏林大学为模式，致力于培养学术人才，第一任校长吉尔曼和全校教师几乎都在德国学习过，受德国大学的影响很深。该大学把重点放在研究院，最初不设本科，而是选拔学有根底和富有才智的人当研究生，延聘造诣深湛的专家学者为教授。实用主义哲学家杜威和总统威尔逊等许多知名人士出自此校。

为了适应经济的发展，美国在1902年又创办了培养各种职业和技术人员的初级学院，也称社区学院。这种学院由地方创办，与地方事业相关，学制短（二年制），学费便宜，学生走读，毕业后在当地企事业单位服务，因此很受当地居民欢迎。

总结这一个时期各国高等教育的发展，可以看出有这样四个特点：①资本主义工业的发展促进了高等教育的发展，高等教育的教学和科研由纯学术性转为以科学技术为中心。高等教育和现代生产发生紧密的联系，为现代生产培养出各种科学人才和工程技术人才。与第一个时期相比，高等教育已不是脱离社会而独立存在，而是和社会紧密相连，成为社会发展不可缺少的一部分了。②高等学校逐步由政府控制，纳入国家发展的计划。国立大学、公立大学在高等学校中占据优势，这就加强了教育的计划性。③教学内容由古典人文科学为主转入自然科学方面。④高等教育的体系日趋完善。许多国家建立了研究生制度，培养更高一级的专门人才。可以说，现代高等教育是在这个时期建立起来的，这说明现代教育是现代生产的产物。

（三）20世纪40年代中期到现在，是高等教育大发展、大改革的时期

第二次世界大战以后，世界政治形势发生了巨大的变化，包括中华人民共和国在内的一批社会主义国家建立起来；许多过去的殖民地和半

殖民地纷纷独立，建立起新的民族国家；资本主义国家内部，民主运动高涨，人们要求政治民主化、教育民主化，要求各阶层人民有受教育权的均等机会，这一切都影响到各国高等教育的发展。

第二次世界大战的结果，一方面几个先进的工业国家如西德、日本、法国的经济受到严重破坏；另一方面在战争中由军事需要发展起来的新科技推动了生产力的发展。战后，许多军事工业技术转入民用工业，促进了资本主义国家经济的空前发展，国际竞争由战争转为经济实力和科学技术力量的竞争。经济的发展又促进了教育的发展，20世纪60年代，"人力资源的开发"作为高速度发展经济的条件被提上日程。

除了政治经济因素外，战后影响各国高等教育的发展和改革的是现代科学技术的迅猛发展。科学知识在短时间内急剧增长，被称为"知识爆炸"。"知识爆炸"又带来了知识更新周期的缩短，因此现代生产的技术需要不断革新，工程技术人员和劳动者如果不掌握先进的科学技术就不能适应现代生产的要求。科学研究的高度分化和高度综合是当代科学技术发展的重要特征。早期的自然科学学科门类比较简单，现代自然科学的学科划分则越来越细。但是，自然界是统一的整体，随着人们认识的不断深化，科学技术的综合化、总体化越来越明显。学科之间的互相交叉，又产生了许多边缘学科。近几十年出现了许多综合性科学，如环境科学、能源科学、生态科学、材料科学、海洋科学、空间科学等。科学技术的高度发展要求高等教育不断改革，以适应新形势的要求。

早在战争结束之前，各国政府就开始考虑进行教育改革，以适应战后形势发展的需要。如英国于1944年通过教育大臣巴特勒提出的教育改革法案，法国于1944年成立以郎之万为首的教育改革委员会，并于1947年制订一个《教育改革方案》，虽然该方案并未实现，但对法国战后教育曾有重大影响。战后，美国、日本、西德、苏联等都对高等教育进行过多次改革，使高等教育经历了一个大发展、大改革的时期。这个时期的主要特点如下。

（1）高等教育的规模有了很大的发展，由"尖子教育"变为"大众教育"。在高等教育发展的第二阶段，虽然资本主义国家高等教育已经有了较大发展，但发展很缓慢。即使到了20世纪50年代初期，高等学校的就学率除美国外都没有超过同龄人口的5%。战后经过20多年的发展，几个工业发达国家的高等学校就学率普遍都超过20%。20世纪70年代中期，美国的就学率达到45.2%，日本为38.4%，高等学校已经不是限于少数人受教育的地方了。

（2）高等教育的概念扩大了，结构多样化了，高等教育被纳入终身教育的轨道。战前高等教育的任务是培养高级专门人才，在高校学习的学生必须是中学的毕业生，年龄在18~25岁。战后由于高等教育的大众化，高等教育不只培养高级专门人才，而且培养中、初级技术人员和职员，它不仅对学生进行专业训练，而且对在业人员进行新的专业训练。因此，学生的年龄已经没有限制。开放大学、广播电视大学等新型大学的出现，打破了高等教育统一的规格和水平，使得高等教育结构多样化，水平也多层次化。

（3）对大学学生的培养目标和知识结构提出了不同于以前的要求。高等教育普遍要求高校的毕业生具有比较宽厚的知识面，因而在课程设置上加强了基础知识的教学。苏联、西德过去培养工程技术人员比较强调专业知识，但20世纪60年代以后也强调专家要有宽厚的基础知识，使他具有职业上的机动性、适应性和克服专业知识迅速过时的能力。

（4）高等学校的任务扩大了。科学技术的发展提出了在高校开展科学研究的必要性。高等学校不仅要成为教育中心，而且要成为科研中心（培养单一技术的专科学校或短期大学除外）。因为，高等学校如果不开展科学研究，就不可能提高学校的学术水平和学生的质量。同时，现阶段许多科研课题是跨学科的，高等学校特别是多科性学院和综合大学最具备进行跨学科研究的条件。所以，许多国家在高等教育上出现教学与科研一体化的趋势，不仅教师要搞科研，学生也要搞科研。

几点结论如下。

（1）现代高等教育是现代生产的产物。工业革命以前，虽然在欧洲已经建立起古老的大学，但现代高等教育体系只是在工业革命以后才建立起来的，同时随着现代工业的不断发展，高等教育的任务、结构、内容都发生了变化。通常我们讲，一定的教育受一定社会的政治经济的制约，反过来又作用于一定社会的政治经济。一个社会的政治制度或重大的政治事件会影响到高等教育的发展，而高等教育与经济发展有着更直接的联系。因为，经济发展必须以教育为条件，如果教育不为它培养技术人才和熟练工人，经济就不可能得到发展，现代工业的发展尤其如此。同时，高等教育发展的规模、结构也必须与该社会的经济发展水平相适应，使高等教育培养的人才在数量和质量上能够满足经济发展的需要。

（2）当代科学技术的发展是现代高等教育改革的重要因素。从20世纪60年代开始，高等教育正经历着一个大变革的时期，这个变革至今还在进行着。这就是由于当代科学技术的迅猛发展，使传统的高等教育已经不能适应需要。20世纪60年代高等教育在数量上有了急剧的增长，到了20世纪70年代中期，增长速度缓下来了，人们更多地考虑如何在质量上提高，以适应科学技术发展的需要。苏联试验高等教育整体化，日本试验课程的综合化等，都是在摸索高等教育改革的途径。

（3）各国高等教育有各自的历史传统。例如，英国、法国崇尚学术传统，西德注重教学和科研的结合、注意工程技术教育，美国则在大学本科进行通才教育和职业技术教育。但是，由于现代工业发展和科技发展具有国际性，现代高等教育已经是一种国际现象，各国高等教育无论在任务上、培养目标上、结构上、课程设置上都有许多共同之处，可以相互学习。当然，社会主义大学与资本主义大学相比，在政治方向上有本质的区别，对大学生的要求也不同，但在办学的内容和形式上仍有许多共同之处，别国的经验可以作为借鉴。我们同时要总结自己的经验，把优点继承和发扬起来，以便形成我们自己的传统。

二、我国高等教育的改革

从世界各国高等教育发展的历史看，我们应该吸取什么经验教训？当前如何来改革高等教育？我认为应该根据国情和现代化的需要，结合我国当前政治经济和文化教育的发展水平来研究。我国现代高等教育发展的历史比起资本主义国家要短得多，至今不满100年。起先我们是学日本的学制（如1903年公布的"癸卯学制"），后来又改学美国的学制（如1922年的"壬戌学制"），中华人民共和国成立以后以苏联的学制为蓝本进行了院系调整和改革。中华人民共和国成立以前，我国高等教育极其落后，人才的培养主要靠派遣留学生到国外去学习。中华人民共和国成立以后，在党和政府的重视下，高等教育才有了较大的发展，并且建立了符合我国社会主义建设需要的高等教育制度。许多同志都在议论20世纪50年代我国向苏学习和院系调整的得失成败，本文不准备专门论述这个问题，似乎要下结论还需要经过周密的调查研究。但我觉得有一点是可以肯定的，就是20世纪50年代的教育改革改变了我国高等教育的落后局面，建立起以理工科为发展重点的高等教育制度，30年来它发挥了巨大作用，为社会主义建设培养出300多万名毕业生。如果说，当时不建立那么多工学院，还像中华人民共和国成立以前那样把培养工程技术人员的任务交给综合大学，能不能在这样短的时间内建立起巨大的工程技术队伍，是值得怀疑的。当然，当时的改革也存在着严重的缺点，特别在科学技术迅速发展的今天，这些缺点暴露得更为明显了，所以需要进一步加以改革。

要改革高等教育，就要对我国社会的政治经济状况和高等教育的现状做一些分析。①我国是一个社会主义国家，高等教育要坚持四项基本原则，这是方向问题。高等教育的发展要按照社会主义的原则有计划按比例地发展。②我们正在建设社会主义的现代化，但目前我国的经济发展水平还很低。我国有最现代化的工业，但也存在着落后的手工业，农业还没有实现机械化。发展高等教育要适应我国当前经济发展的水平，不脱离这个水平，才能够有针对性地促进社会主义现代化的建设。③我国人口众多，而且教育水平很低，现在还存在着2.3亿文盲，发展高等教育要与提高全民族的文化科学知识水平和建设社会主义的精神文明相结合。④我国现在的高等教育在质量上讲，应该处在20世纪80年代的水平，但在数量上讲，目前还只相当于世界工业国家高等教育发展的第二个阶段。这与我国的经济落后有关。改革高等教育必须考虑到这个现状。

根据上面的分析，我国高等教育改革应该首先明确指导思想。我们要学习外国高等教育的经验，特别是要从现代高等教育发展的历史过程中找出规律性的认识；同时又不能照抄照搬外国经验，要认真总结我们自己正反两面的经验和教训，走我们自己的道路，建设符合我国国情的高等教育体系。高等教育改革涉及的面很广，涉及结构的改革、专业的调整、学校领导体制的改革和调整等。无论哪一项改革都应该遵循下面几个原则。

第一，要有利于以经济建设为核心的四个现代化建设。教育是经济建设的战略重点之一，高等教育尤其处于重要地位。高等教育培养的科技人才和管理人才，直接影响到生产的效率和经济的发展。高等教育改革要建立起一个适合我国经济结构和经济发展水平的体系。

第二，要有利于以共产主义思想为核心的社会主义精神文明建设。

实现社会主义现代化，除了需要高度的物质文明，还要有高度的社会主义精神文明。党的十二大报告指出："物质文明的建设是社会主义精神文明建设不可缺少的基础。社会主义精神文明对物质文明的建设不但起巨大的推动作用，而且保证它的正确的发展方向。两种文明的建设，互为条件，又互为目的。"因而，高等教育的改革要着眼于人才的培养，提高人才的质量。

第三，要有利于提高教育投资的经济效益。目前，我国高等学校存在着严重的臃肿松散现象。这种现象不消除，高等教育就不能提高工作效率。这不仅影响到教育投资的经济效益，而且影响到广大教职员工的积极性，影响到整个教育质量。为了提高教育投资的经济效益，还有一个培养与使用的关系问题。高等学校要按照国家需要来培养人才，培养出来的毕业生要都能学以致用，减少不对口的浪费。

第四，要有利于充分调动高等学校教职员工的积极性，有利于出成果、出人才。高等学校是教育机关，是培养人的场所。它的改革不能与物质生产部门完全等同，也就是说，不能见物不见人。充分调动知识分子的积极性和发挥他们的作用，才能使他们的聪明才智更好地为社会主义建设服务。当然，他们的研究成果能应用到生产上，他们培养出的人才进入建设的岗位，就会为国家创造物质财富。但是改革要遵循教育的规律，首先要有利于办好学校，搞好教学，培养人才。

高等教育需要改革的内容是极为广泛的，从体制到内容和方法都有改革的必要。这里想着重就高等教育的结构和体制提几点不成熟的意见。

（一）改变高等教育结构单一化，建立适应我国社会和经济结构的高等教育体系

世界各国高等教育发展的历史都走过了由单一化到多样化的道路。现代科学技术的发展引起了生产过程的现代化和社会生活的现代化。现代经济结构和技术结构的多样化以及生活服务技术的多样化，不仅需要各方面的专业人才，而且需要各种不同水平的人才。只有多种形式的学校才能满足现代社会的这种需要。与此同时，中等教育的普及带来了青年要求升学的压力，这也促使高等教育向多样化发展。

我国当前的经济结构和经济发展水平，更需要有一个多样化的高等教育结构。目前我国既有一批先进的现代化工业，又存在着落后的手工业；我国经济以国有企业为主导，同时又存在着集体所有制企业和个体劳动者，所以高等教育不仅要培养出掌握先进科学技术的高水平的专家，而且要培养出能够解决实际问题的中级技术干部和企业管理人员。

可以设想把我国的高等教育建成以下几种类型和不同层次的结构：①大学和学院，学制4~5年，培养高级专门人才。②专科学校，学制2~3年，培养中级技术人员和管理人员。③短期大学或初级学院，学制2年，进行高等教育中的基础教育和职业技术教育，即培养半专业性的人才。专业不要分得太细。它既可以作为大学的第一阶段，又可以学到一技之长，便于就业。④广播电视大学、函授大学、夜大学。

改革高等教育的结构还要注意以下几点。

第一，以上几类不同层次的学校要有一个合理的比例。这就要对人才的需求数量有一个预测。从目前情况来看，专科学校和短期大学占的比例太小。是否可以设想，近几年内主要发展专科学校和短期大学，大学和学院则以提高质量为主。要大量发展函授大学、夜大学，因为办函授大学和夜大学不需要新建校舍，可以发掘现有大学的潜力，同时可以鼓励在职的青年职工学习。广播电视大学也应采取业余学习的形式。苏联发展高等教育的一条重要途径就是发展业余大学，在20世纪70年代苏联业余大学学生的数量已超过全日制大学生，近年来稍有减少，这个经验是值得注意的。

第二，大学和学院仍是我国高等教育的主体，但在每一类学校中都要办好一批重点学校。要改变旧观念，似乎只有把学校办成四年制、五年制的大学才能成为高质量的大学。其实，每一种类型、每一种程度的学校都有它本身的高质量。把学校办得有特色、有成绩，为社会所欢迎，这个学校就是高质量的学校，就能成为名牌学校。例如，上海立信会计学校是一所专科学校，几十年来培养出许多财会人才，也是我国有名的学校。

第三，高等教育也要兼顾提高和普及。一方面要大力办好一批高水平的学校，培养掌握现代先进科学技术的高级专门人才；另一方面也要办好一批"普及性"的高等学校，使有志于学习的青年能有继续学习的机会。总之，高等教育的结构应是一个立体模型，要考虑到纵的、横的、深的几方面的比例关系。

（二）调整各科的比例关系，适当增加文科的比重

在中华人民共和国成立初期，为了尽快地建立起我国的工业基础，重点发展工科是十分必要的。但现在要开展社会主义的全面建设，要使我们的干部队伍革命化、知识化、专业化，仍然保持过去的重理工轻文科的比例关系显然就不合适了。什么样的比例关系才恰当，这要由计划部门、人事部门做一番周密的调查研究，并对"六五"计划、"七五"计划所需要的干部做一个预测，然后才能确定。我们搞教育研究的缺乏这种具体数字，很难提出确切的比例关系。但根据当前我国的干部现状，可以提出几点意见。

第一，要适当地发展文科，提高干部队伍的文化知识水平。近几年来，政法、财经专业的招生数字有了增加，但与国家需求的距离还很大。为了解决这个矛盾，除了扩大文科的本科招生外，还应举办干部训练班，大办广播函授教育。发展文科要和人事制度、干部制度的改革结合起来进行。否则，文科毕业生会无用武之地。文科的招生也应视专业的不同而有所区别，有些文科应该以招收有工龄的职工为主。他们有社

会的实践经验，对文科理论较易理解，毕业以后也能很快地担负起行政管理的责任。

第二，工科中要增加轻工专业的比重。我国轻工业正在大力发展，但技术力量薄弱。据1979年统计，工业部门的技术人员只占职工总数的2.8%，而整个轻工业系统中技术人员只占职工总数的0.8%。特别是有些轻工业部门，技术力量十分薄弱，在高等教育专业中是个缺门。例如，我国烟草工业、印刷工业、食品工业都很落后，这与技术力量不足有关。过去高等教育中缺少这些专业，今后要增加这方面的专业，特别是食品制造专业应该有较大的发展，食品工业在解决10亿人口的吃饭问题上将大有发展前途。

第三，要发展师范教育。要普及教育和提高全民族的文化科学水平，就必须有合格的师资做保证。当前不仅师资质量低，而且缺门也多。中学里普遍缺政治教师、体育教师、音乐教师、美术教师、生物教师等。近年来要着重扩大这些专业。为了尽快解决在职教师的质量问题，应该要求有条件的师范学院和师范专科学校都要成立函授部，培训在职的不合格教师，期望在两个五年计划期间能使我国师资队伍的质量有根本的好转。发展师范教育应该跟提高教师的社会地位和物质待遇结合起来，以吸引更多的优秀青年报考师范专业。

（三）调整高等教育的领导体制，扩大地方的办学权

中央除了办好若干所重点大学外，可以把大部分学校下放给地方去办；鼓励省、市及省辖市一级创办具有地方特色的专科学校和短期大学，使我国的高等教育与地方企事业发生更密切的关系，更多地、更好地为地方服务。地方院校要结合地方的特点设置专业，开展科研，要扬长避短，发挥自己的优势，办得有特色。

招生制度要做相应的改革。除全国性的重点院校以及需要在全国范围内招生的院校可以统一考试在全国招生外，地方院校可以由地方招收

本地区的学生，将来就地分配。这样既可以调动地方办学的积极性，招生和分配也能更加对口，更好地解决供求之间的矛盾。

发展地方院校是许多国家发展高等教育的重要途径。例如，美国的社区学院、英国的多科技术学院、西德的高等专科学校都是地方办的。筹建这类学校投资少，学费便宜，学生走读，特别是这类学校职业技术性较强，与地方企业息息相关，就业比较容易，因此很受学生和家长的欢迎。西方国家发展地方院校是一条成功的经验，可以借鉴。

（四）把高等教育的发展规划、培养计划与分配和使用联系起来

目前我国人才的培养和使用严重脱节，一方面感到专业人才缺乏，另一方面却又存在着人才的严重浪费。产生这种现象的原因是多方面的，如人事制度中的"单位所有制"，人才不能流动的问题，有些专业人员留恋大城市问题，照顾家庭问题，都造成了专业人员用非所学的情况，但从教育内部来讲，人才的培养和使用之间的脱节不能不说是重要的原因。要解决这个矛盾，我认为有必要采取几点措施。

第一，加强人才需求的预测工作和规划工作，使它成为高等教育发展的依据。目前，高等学校招生计划和发展规划缺乏人才需求预测的科学根据。每年招生的数字往往只是各校招生能力之和。至于哪些专业需要多少人，或者哪些专业招生需要增加、需要减少，各校心中无数，教育部也心中无数，往往是根据计委下达任务对各校预报的名额统一做加减法，预报超过了下达任务就让各校做减法，预报不足就做加法。这样培养学生就有一定的盲目性。据有关部门统计，1981年全国高等学校毕业生所学专业共有840多种。其中，供求基本平衡的仅有450多种，约占专业总数的50%。其他专业都供求失调。其中，工科类专业供不应求的矛盾比较突出，而又有50多种专业供过于求。又据对140所工科高等学校1346个专业的分析统计，研究设计类专业共占72.13%，生产工艺技术类专业只占25.62%，管理专业只占2.15%，这种比例显然不符合我国工

程建设的要求（以上材料见《人民日报》，1981年12月6日和1982年8月22日）。要克服这种盲目性，就要认真地做好人才需求的预测工作和规划工作。

第二，要把各行各业需要的各级专业人才的职责范围划分清楚。各级专业人才的职责分明才有利于人才的预测工作，也才有利于培养和使用。现在各部门各单位都争着要高校毕业生，但对高校毕业生的使用并不完全恰当。所以，各部门用人应该对各种职务的人员划清职责范围，定出需要什么样的干部，否则就会造成用非所学，大材小用，毕业生本人不安心工作，也降低了高等学校的经济效益。

第三，在人才培养期间要加强学校与用人单位之间的联系，并根据企事业单位的需要来调节培养计划。苏联高等学校正在采取预分的办法，提前一年或几年把学生预分到单位，学生明确了将来工作的岗位就可以有目的地学习。这种办法可以借鉴。如果不能做到预分的话，可以提前公布分配方案，根据方案在高年级增设一些选修课，使他们毕业以后更能适应工作的需要。高等教育的改革还涉及专业设置、课程和教学方法的改革、招生制度的改革、学校管理的改革等许多方面的问题，都需要做专题研究。战斗在高等学校第一线的同志们在这方面更有发言权，欢迎大家参加讨论。

试论高等学校教学过程的特点[*]

　　古典的教学理论，如果从柏拉图和亚里士多德算起，到现在已经有2300多年的历史。教学理论开始自然是很简单的，经过2000多年的教育实践和经验的积累，特别是17世纪捷克教育家夸美纽斯对教学理论做了全面的总结，逐步形成了比较完整的教学论体系。但是这种古典的教学论只是以普通教育（中小学）为对象，很少或者几乎没有涉及高等教育的教学理论。过去高等学校也不研究教学理论，一般认为只要具备高深的学识就可以当大学教授。他只要精通所教的学科，能够把课讲解明白，就是一位好教师。高等学校的教学似乎是在没有理论的指导下进行的。这当然是不可能的。人类的活动都是有规律的，高等教育是培养高级专门人才的活动，它要把一名大学生培养成专门的人才，必须遵循教育的规律。过去许多著名的大学教授并未专门研究过教学理论，他们的课教得也很出色，这是由于他们在教育实践中不断地总结经验，摸索到了教学的规律并按照这些规律进行教学，所以才取得出色的成绩。也就是说，当高等学校的教学理论还处于一种个人经验的状态，没有上升到一般理论的高度时，这种状况在过去几个世纪里还能行得通的话，那么到了20世纪后半叶，也即高等教育有了大规模的发展、科学技术飞速进

---

[*]　原载《中国高教研究》，1985年第1期。

步、学科不断分化和综合、课程内容日益复杂、教学技术手段日益精密的时候，单凭个人的经验已经很难把教学过程组织好。因此，从20世纪60年代后期以来，各国都开始重视高等学校教学理论的研究工作。许多大学成立了专门的研究机构。例如，丹麦哥本哈根大学1969年成立了高等教育研究所；荷兰卡多利斯科大学1969年成立了高等教育研究中心；联邦德国的汉堡大学1970年成立了大学教学法研究中心；英国伦敦大学的大学教学法研究部还定期为青年教师开设"讲师课程"，讲授"教学法和课程设计"；苏联于1974年成立了高等学校问题研究所，下面设有一个处，专门研究教学过程的理论和实际问题。可见，开展高等学校教学理论的研究，把高等学校的教学过程建立在科学的基础上，是当前提高高等学校教学质量的客观需要。

在我国，对高等学校的教学理论的研究还是近几年来的事，笔者对高校教学理论也缺乏研究，本文只试图分析一下高等学校教学过程的特点，以引起同行们的兴趣，起到抛砖引玉的作用。

为了剖析高等学校教学过程的特点，有必要先分析一下教学过程的一般规律。马克思主义认为，教学过程是人的一种特殊的认识过程。也就是说，它既具有认识过程的一般规律，又具有反映教学过程自身特点的特殊规律。人的认识是客观存在在人的意识中的反映。在这种关系中，客观存在（物质）是认识的对象——客体；人是认识的主体。人的认识过程就是在主客体二者相互作用的过程中主体对客体的认识过程。认识过程的要素是主体（人）和客体（物质）二者。当然，主体为了认识客体，总要想方设法运用各种技术手段，但这些手段是作为主体的工具而存在的，它们起到延长和加强主体的认识器官的作用。教学过程与一般的认识过程不同，因为它不只是主客体二者的关系，还增加了指导主体去认识客体的教师这个第三者。所以，教学过程就比一般的认识过程多了一个要素。这就构成了教学过程区别于一般认识过程的特殊性。研究教学过程的本质，就要分析这个特殊性，找出它们之间的相互关系。

那么，教学过程中的三要素之间是什么关系呢？首先来看看教师在教学过程中的地位和作用。可以说，教师在教学过程中既是主体，又是客体。教师相对于客观存在（物质）而言，他是认识的主体。他首先要对客观存在有一个认识过程，才能使他所得到的认识成为自己的知识，然后传授给学生，这个过程当然不是在教学过程中完成的，是在这之前，在他自己受教育的阶段，在他受过教育后的不断实践和学习过程中。因为教师在他受过教育，获得一定的知识以后，仍然要再实践、再认识，特别是在当前科学技术日益进步的时代，认识是无穷的，只有不断地认识，才能胜任教学工作。因此，教师在教学过程中无疑也要不断地认识，即所谓"教学相长"，所以他也是认识的主体。教师的主体，还在于对学生的认识中。通常我们讲，教学过程是师生双边活动的过程，教师要有的放矢地进行教学，就要了解学生、认识学生，否则就得不到好的教学效果。从这个意义上来讲，学生成了教师的客体，教师是认识学生的主体。但是，教师相对于学生这个认识的主体而言，他又是认识的客体。教师是知识的载体，他拥有学生需要学习的丰富的知识，是学生学习的对象。但是，教师在教学过程中不是被动地被学生所学习，而是处于积极主动的地位，他有目的、有计划、有组织地把知识传授给学生，而且还帮助学生发展能力、形成一定的世界观。因此，教师这个认识的客体与一般的客体不同，他有主观能动性，在教学过程中起着主导作用。如果说在一般认识过程中主体和客体的相互作用是主体处于主动地位，客体处于被动地位，即客体是不以人的意志为转移地自己运动着的物质，那么，在教学过程中，学生和教师的双边活动都是积极主动的。教师作为学生认识的客体，不是一个单纯自己运动着的物质，而是有意识的人的活动，他的活动往往视学生的意识活动而变化着，是由教师自己的意识所支配的。所以，师生之间的活动也不是一般主体和客体之间的关系，而是人们的意识之间的交流。教师和学生相对于客观存在而言都是认识的主体。不过教师的认识已成为自己的知识。教学过程就是教师把自己的知识传授给学生，使它转化为学生的知识。

在教学过程中，教师起着主导作用，这是因为教师有知识，而且能够根据教育目的和学生的具体情况指导学生学习。教师要根据教育目的把学生塑造成为一定标准的人才，学生是教师工作的对象、教育的对象。从这点来讲，学生是客体，教师是主体。学生也与一般认识过程中的客观存在（物质）一样，是被认识、被改造的对象。但是，学生这个客体在教学过程中与一般的客观存在的物质不同，他也不是被动地被认识，而是积极主动地参与教学过程的活动的。从学生的认识过程来说，学生才是教学过程中的主体。教师不过是促进学生认识的外部条件。教师的指导必须被学生所接受，才能起到帮助学生的作用。

教学过程是学生的认识过程，在这个过程中，学生是主体，学生所要学习的知识是客体。但是这种客体和一般认识过程中的客体也不同，它不是物质本身，而是物质在前人意识中的反映，是前人经过实践总结的经验。这些经验对学生来说不是直接的经验，而是间接的经验。关于学生认识世界是以直接经验为主，还是以间接经验为主，现在还在讨论中。但是有一点是肯定的，即学生在教学过程中获得的知识对学生来说大量的是间接经验。由此可见，学生在教学过程中认识客观事物不是直接作用于被认识的客体，而是通过一种媒介，这种媒介就是教材（包括参考资料等）。这就构成了教学过程区别于一般认识过程的又一个特殊性。

在教学过程中，教材起着不可忽视的作用。教材是指按照教育目的和课程的要求，把某门学科知识编制成教学的工具，它是学生这个认识主体认识客观存在的媒介。

教材是按照一定的教学计划和教学大纲编写而成的，教材的内容是该门学科知识的高度概括，它与教师掌握的知识是相一致的。但是，教师掌握的知识可能比教材中的内容更丰富，也可能对教材中的某一部分知识掌握得比较丰富和深刻，对另一部分知识掌握得不那么丰富和深刻。当然，作为一门课的教师来说，起码要对该门课程有全面的理解和较丰富的知识。那么，教师的知识能不能代替教材呢？不能，因为教材确立了学生必须学习的内容的规定性。没有这种规定性就不能建立各门课程的合理结构。如果教师各自按照自己的想法和掌握的知识去讲授，那就会造成严重的不良后果。比如，就会使各科之间失去协调，整个教学过程（不是指某一课程的教学过程）就会失去控制和平衡，就会给学生对某一专业知识的认识过程设置障碍等。当然，高等学校里某些新开设的课程可能暂时还没有完备的教材，但也必须按照课程的要求拟定出教学大纲或讲授提纲来进行教学。可见，不管什么形式的教材在教学过程中都是不可缺少的。这也是一般认识过程中所没有的。

教师为了使学生更好地掌握教材，取得某种直接经验来理解或验证教材，在教学过程中往往采用各种教学仪器和技术手段。这也是教学过程中主体认识客体的一种媒介。但这种媒介与教材不同，它与认识的客体没有直接联系，它是像一般认识过程中使用的实验手段和生产工具一样，起到延长和加强主体的认识器官的作用。它虽然不是教学过程中的主要的要素（从认识论的主客体这个角度来说），但它在教学过程中的作用是很大的，而且随着技术手段越来越现代化，它的作用也越来越大。

以上我们看到，教学过程中三要素构成了一个十分复杂的关系，教学理论就是要研究这三者的关系。教学过程的最优化就是要使教学过程中的这三个要素处于最佳状态，并使它们相互之间达到最恰当、最默契的配合和相互作用，这也是教学过程的组织艺术所在。

教学过程不同于一般的认识过程，还在于两者的任务不同。一般认识过程在某一对象达到认识的目的时就可以说完成了某一个认识过程。教学过程不同，不能说某一对象达到了认识的目的，就完成了教学过程。因为，教学的目的不只是认识某一对象，而是培养人，是在认识客观存在、不断地积累知识的同时，发展智能和形成思想品质。这几方面的任务构成了完整的教学过程。

上面谈到的教学过程的基本规律，无论对普通学校还是高等学校都是适用的。要研究高等学校教学过程的特点，就要仔细研究、分析教学过程三要素的各自特点和相互关系。总的说来，高等学校的教学过程与普通学校的教学过程没有本质的区别，只有程度的不同。这两种教学过程同时由学生、教师、教材三要素构成，它们相互之间所处的地位和作用并无本质的区别，只是三要素所处的状态在水平上有差别。也就是说，大学生与中小学生、大学教师与中小学教师、大学教材与中小学教材在程度上有差别，它们之间的关系并没有因为这种差别而起本质的变化。那么，是不是高等学校的教学过程就没有自己的特点呢？当然是有的。正是因为高等教育教学过程的三要素在水平上、程度上与普通学校教学过程的三要素不同，就不可避免地引起相互作用的变化。我们不能忽视这种变化。因为，虽然从认识论的角度来讲这种变化不是本质的，但对学生来讲，对他认识事物以及能力的发展、世界观的形成来说，却起着重要的作用。也就是说，忽视了这种变化，无视高等学校教学过程的特点，就会使教学过程得不到合理的组织，达不到最优化的程度，从而就影响学生对事物的认识、学生能力的发展和世界观的形成。现在我们就来简要地分析一下高等学校教学过程的特点。

第一，高等教育的目的和任务与普通教育不同，普通教育的任务是打基础，高等教育的任务是培养高级专门人才。普通学校的教学过程是使学生掌握基础知识和基本技能，发展智力，为他们进一步学习专业知识打好基础。虽然普通学校也有为学生升学和就业做准备的双重任务，也必须对学生进行某种职业技术教育，但是它的总任务是打基础。高等学校的教学过程不只是向学生传授一般的知识，而且要对学生进行专业训练，使学生掌握某个学科领域内的高深的专门知识和技能，毕业后就要运用这些知识和技能参加国民经济建设和其他社会主义的建设。教学过程的任务不同，导致教学过程组织的不同。普通学校的教学过程是围绕着体现基础知识的教材开展活动的，整个过程可以分为感知教材、理解教材、巩固知识和运用知识几个基本环节。高等学校的教学过程当然也是要掌握知识、巩固知识、运用知识，但是更强调的是要能把学到的专业知识运用到实际中去。因此，高等学校的教学过程就不能仅仅围绕着教材来进行，而且要加强实践的环节。理工科专业要把教学、科研、生产有机地结合起来，文科专业要把教学、科研和社会实践活动结合起来，培养学生分析问题和解决实际问题的能力。

第二，高等学校的教学过程富有研究性和探索性，它把教学原则和科学原则在更高的水平上结合起来。高等学校的教学不仅要向学生传授专业知识，而且要引导学生深入某个学科领域，使他能够在这个领域内驰骋、探索和发展。因此，在教学过程中，在传授知识的同时还要教给学生本学科的正确的科学方法论。这个问题近些年来已经越来越被人们所重视。这是因为当代科学技术的进步使得学科的内容不断地充实和变化，从而引起课程和教材的不断变化。学生只有掌握了本学科的正确的科学方法论，才能认识本门学科的基本规律，了解它的发展趋势。

高等学校的教学过程对一个学生来讲已经走到了教学过程的最后阶段。学生从高等学校毕业，对他来说，教学过程也就基本结束。因为，以后他在工作岗位上学习知识就不再是在教学过程中进行了。即使他继续攻读研究生那也是以研究为主，不再以教学为主了。因此，在这个最后的、终结性的教学过程中，学生在完成学业的同时，要特别注意培养独立钻研的能力和探索的精神。所以，在高等学校的高年级，需要把教学过程和科学研究过程结合起来。学生在科学研究的过程中学习，既掌握前人已经认识的事物，又进一步探索前人还没有认识的事物。

第三，在高等学校的教学过程中，学生具有更强的主动性和独立性。大学生已经不同于中学生，他们已经具有较高的心理水平，也即有较高的抽象思维和独立工作的能力。因此，在处理教师与学生的关系上也就与普通学校的教学过程不同。在高等学校的教学过程中，教师仍然起着主导作用，但是教师的作用已经不能仅仅像普通学校的教学过程那样对学生做具体的指导，而是要更多地发挥学生的主动性、独立性和创造性。教师要更多地启发学生自己读书、自己钻研、自己实践，通过自己的独立思考去分析问题、解决问题、认识问题。当然，无论是在普通学校还是在高等学校，都要提倡启发式、反对注入式的教学方法。但是在高等学校单是提倡启发式还不够，还要培养学生的自学能力和独立搜集资料、钻研问题的能力。苏联近年来在高等学校提倡问题（课题）教学法，先给学生提出课题，由学生搜集资料研究课题的答案。这就是说，不是让学生被动地接受知识，而是让学生带着问题去学习，培养学生的积极思维和独立思考的能力。

第四，教学技术手段在高等学校的教学过程中起了重要的作用。前面讲过，教学仪器和技术手段在教学过程中并不是主要的要素，而是延长和加强主体的认识器官的一种工具。但是，这是从认识论的主客体角度来说的，不是就它的作用而言。同时，普通学校的教学一般传授的是基础知识，有的只是一般常识，学习这些知识并非必须采用教学技术手段不可。当然，采用了这些技术手段会提高教学效果，特别是一些实验性科学知识，学生通过演示和实验可以比较容易掌握所学的知识。所以，低估现代化教学技术手段在教学过程中的作用是错误的，特别是在当今科学技术高度发达的时代，现代化技术手段已经闯进了教学过程，使教学过程的组织和结构发生变化。但是这在普通学校中还没有在高等学校中显得那么重要和必不可少。因为，在高等学校的教学过程中，学生所要认识的对象已经不是事物的表面现象，而是深入事物的宏观和微观的领域，不借助一定的工具，认识主体的器官已经达不到这些领域。近些年来，科学技术革命使高等学校的教学技术手段发生了巨大的变化，教学过程的物质技术装备程度不断提高，高等学校教学过程的成效很大程度上取决于教学技术手段的发展水平以及这些手段的合理使用。因此，高等学校的教师和学生要善于运用这些先进的技术手段。合理地使用技术手段，不仅能强化教学过程，取得较好的教学效果，而且还将不断改变师生之间的关系，使学生具有更多的独立性和主动性。

以上简要地分析了高等学校教学过程的特点，由于缺乏研究，可能有些论点是错误的，供同行们讨论。

论发展和加强职业技术教育[*]

  1979年以来，我国中等教育进行了结构改革，逐步改变了单一化的普通中学的局面，发展了职业技术教育，1984年全国职业中学、中等专业学校和技工学校的在校学生数已占高中阶段在校学生总数的34%。但是，要使教育更好地为我国社会主义现代化建设服务，职业技术教育还必须有较大的发展，职业学校的教学质量还需要不断提高。发展和加强职业技术教育应当成为我国教育改革的重要环节。为了做到这一点，就需要从思想上认识职业技术教育的重要性，它在学制中的地位和作用，借鉴世界各国的有益经验。本文试图就职业技术教育发展的历史、国外实施职业技术教育的经验以及我国职业技术教育发展的现状和前景做一番简要的剖析。

一、职业技术教育发展的历史演变

  职业技术教育是现代大工业生产的产物。大工业生产是以机器生产为特征的。机器的采用加剧了社会内部的分工，简化了工场内部工人的职能，使体力和技艺成为次要的条件，工厂里大量雇用妇女和儿童

---

* 原载《北京师范大学学报（社会科学版）》，1985年第5期。

劳动。马克思指出："使用劳动工具的技巧，也同劳动工具一起，从工人身上转到机器上面。工具的效率从人类劳动力的人身限制下解放出来。这样一来，工场手工业分工的技术基础就消失了。因此，在自动工厂里，代替工场手工业所特有的专业工人的等级制度的，是机器的助手所完成的各种劳动的平等或均等的趋势，代替局部工人之间的人为差别的，主要是年龄和性别的自然差别。"①机器把未成年的儿童变成单纯制造剩余价值的机器，造成了智力的荒废，他们受不到应有的教育，更不用说职业技术教育了。但是，正是大工业机器生产提出了职业技术教育的必要性和可能性。工场手工业的分工造成了人的片面发展，现代大工业生产则要求人的全面发展。现代工业从来不把某一生产过程的现存形式看成和当作最后的形式。现代工业通过机器、化学进程和其他方法，使工人的职能和劳动过程的社会结合不断地随着生产的技术基础发生变革。这就要求工人具有一定的文化水平和技术训练，以适应大工业生产不断变革的客观要求。马克思把人的全面发展作为大工业生产的生死攸关的问题提出来，指出，必须"用那种把不同社会职能当作互相交替的活动方式的全面发展的个人，来代替只是承担一种社会局部职能的局部个人"。②现代化的大工业生产，不但对人的全面发展提出了要求，而且也提供了发展的条件。现代工业采用了先进的科学技术，出现了工艺学。正如马克思所说："大工业的原则是，首先不管人的手怎样，把每一个生产过程本身分解成各个构成要素，从而创立了工艺学这门完全现代的科学。"③工艺学的产生使劳动者有可能掌握生产过程的基本原理和基本技能，了解整个生产系统。工艺学校、农业学校和职业学校就是在这种条件下产生的。

---

① 《资本论》第1卷，460页。
② 同上书，535页。
③ 同上书，533页。

职业技术教育有一个发展的过程。从1640年英国资产阶级革命开始，世界历史进入了资本主义自由竞争的新时期，资本主义工商业得到迅速发展。政治和经济的变革对教育提出了新的要求。这个时期，除了过去的古典中学外，出现了为资产阶级子弟和平民子弟开设的实科中学和工艺学校，这些学校注重传授现代学科和自然学科知识，培养从事医学、法律等职业和技术的人才。1708年，德国西姆勒（Zemmler）首先创办了"数学机械学经济学实科中学"，传授数学、物理、机械学、自然天文、地理、法律学、绘画、制图等知识。1747年，赫克（Hekker）在柏林创办了"经济数学实科中学"。在这之前，俄国彼得一世在莫斯科曾开办"数学与航海学校"（1699）。这是世界上第一批实科中学。这类学校改变了古典中学单纯传授古典学术性知识的方向，成为职业技术教育的发端。

工业革命以后，大机器生产需要工人掌握一定的科学文化知识。到19世纪中叶，资本主义国家逐步实施普及义务教育，并为劳动人民子女在初等教育的基础上设立高等小学，毕业后可升入职业学校或师范学校。职业技术教育有了新的发展。

20世纪初，一些资本主义国家先后进入帝国主义阶段，竞争日益激烈。为了提高生产率，增强竞争能力，帝国主义列强普遍重视发展职业技术教育，通过各种发展职业技术教育的法案。例如，英国国会于1902年颁布了《巴尔福法案》，授予地方教育当局兴办和资助中等学校、中等专科技术学校的权力，促进了职业技术教育的发展；1919年，美国国会通过了著名的《史密斯—休士法案》，决定对职业教育进行资助；1919年，法国政府通过一项旨在发展职业教育的《阿斯蒂埃法》，规定每个市镇必须设立一所职业学校，18岁以下青年接受免费的职业教育。由于资本主义发展的需要，其他国家也都重视发展职业技术教育。

第二次世界大战以后，职业技术教育进入了一个新的发展阶段。战后国际竞争的主要形式由热战进入"冷战"，转为经济实力和科学技术力量的竞争。大战中因军事需要发展起来的以核子、电子为代表的新的科学技术，推动了生产力的高度发展。政治经济形势的变化导致20世纪60年代世界各国教育的重大改革。改革的重要内容之一就是加强职业技术教育。美国于1958年制定《国防教育法》，开始了教育现代化的进程。与此同时加强职业技术教育以适应经济发展对熟练工人的要求。1963年，美国国会通过了《职业教育法》，1968年又通过了修正案，大大刺激了职业技术教育的发展。在20世纪五六十年代，四年制的职业技术中学注册人数增加了1倍多，经费增加了约6倍，成为中等教育中增长最快的一部分。日本战后根据美国的教育模式进行了教育改革，中学实行综合制。但不久就发现，这种偏重普通教育的综合制中学不能适应经济发展的要求。1952年，日经联就在"关于重新研究新教育制度的要求"中提出要改变高中以上学校偏重普通教育的现象，发展职业高中。1955年又提出"关于适应新时代要求的技术教育的意见"。在财界的推动下，日本职业高中有了迅速的发展。20世纪60年代初，普通高中与职业高中的比例几乎各占一半。1961年又创立了以培养中级工业技术人员为主的高等专门学校，1976年又创立了专修学校。专修学校是由各种职业学校演变而来，为了适应新的技术的发展而提高各种职业学校的文化教育水平。苏联在战后也进行了多次教育改革，力求把普通教育与职业技术教育结合起来，培养工业发展需要的熟练工人和技术人才。苏联在20世纪60年代把培养熟练工人的技工学校提高为职业技术学校，1984年的改革又把职业技术学校的水平提高到普通中学以上，并且要求把职业技术学校的学生人数从占高中总人数的20%提高到40%。中等专业学校的学生数维持在原来的20%水平，普通高中的学生数由原来的60%降到40%。

战后各国这样重视职业技术教育有以下几方面原因。

（1）科学技术的发展带来的生产自动化，要求训练有素的熟练工人和众多的技术人才。不经培训的非熟练工人的需求大为减少了。

（2）社会生活的现代化，第三产业的迅速发展，需要众多的管理人员、办公室工作人员、程序设计师等半专业的技术人才。

（3）中等教育的普及带来升学和就业的矛盾。中学毕业生不可能全部进入高等学校，就要为他们就业做准备。

纵观职业技术教育发展的历史演变，我们可以得出什么结论呢？

第一，职业技术教育是现代生产的产物，是大工业发展对人才培养的要求。在现代生产条件下，劳动力的再生产要依靠教育，尤其要依靠职业技术教育，把科学技术成果转移到生产过程中去也要依靠职业技术教育。职业技术教育的发展是经济发展的必然结果。

第二，随着生产自动化程度的提高，职业技术教育的水平要不断提高。如果说，工业化初期的工人只需要具有初等文化水平的话，那么在当前现代生产的条件下，就要求工人具有高中以上的文化程度，所以职业技术教育正在不断地提高普通教育的水平。

二、各国职业技术教育的比较

职业教育、技术教育是不同的概念。职业教育的概念比较广泛，凡为就业做准备，培养学生获得一种谋生的技能的教育都可以统称为职业教育。而技术教育，虽然也是为学生将来的就业做准备，但必须以传授技术知识和技能作为教育的内容。近年来，普遍地把职业教育和技术教育合起来称呼，这是因为在现代科学技术高度发展的条件下，几乎所有职业都和技术有关。职业技术教育也就成为职业教育的同义词了。

各国实施职业技术教育的机构是多种多样的，很难划分出不同典型的类型，只能就一个国家实施职业技术教育的主要体系大体上分类。就中等职业技术教育来说，几个工业发达国家实施的机构大致可以分为两种类型。一种是美国、日本的类型，以普通中学和职业中学为主体；另一种是苏联、法国、联邦德国的类型，以各类职业技术学校为主体。现在分别介绍一下。

美国的中等职业技术教育主要是在普通中学（综合中学）里进行：在高中阶段分科，或者在普通高中里开设各种职业班或职业性课程。但也有少数四年制的职业中学。1963年，国会通过《职业教育法》以后，由于联邦政府拨款资助各州的职业教育，职业中学有了较大的发展，20年大约增加了1倍以上。但总的来说，在美国，中等职业技术教育和普通教育是一个系统，而且大多是在普通中学里进行。

日本战后模仿美国的学制，中学以普通中学为主体。20世纪50年代，随着经济的恢复和发展，在企业界的强烈要求下，对中学进行改革，建立了职业高中的体制，职业高中就成为实施中等职业技术教育的主要机构。日本的职业高中又分工科、农科、商科、水产科、家政科、卫生科6大类。职业高中的发展在20世纪60年代达到了最高峰。据统计，1970年职业高中的在校学生人数达到高中学生总数的40.8%。但到20世纪70年代，由于经济危机的威胁和产业结构向知识密集型转变，职业高中的数目逐渐下降，到1978年，职业高中的学生人数下降到高中学生总数的32.9%。除了职业高中外，在日本实施职业技术教育的学校还有高等专门学校、各种学校和专修学校，但所占比重很小。其中，高等专门学校招收初中毕业生，学习5年，培养中级技术人员，已经属于高等专业教育的范畴。至1983年，全国有高等专门学校62所，在校学生47万人。各种学校招收初中毕业生，学习年限不等，但近年来随着高中的普及，各种学校逐渐被专修学校所代替。1983年全国有各种学校4674所，在校学生60.7万人。而且从内容上讲，上高考补习课程的就有21.2万人，占总数的35%；学开汽车的9.7万人，占总数的16%，也就是说至少51%

不是职业训练课程。专修学校大部分招收高中毕业生，经过一年以上的训练，培养职业技能。这类学校因为适应性较强，发展很快，到1983年全国已有专修学校2860所，在校学生51.2万人。

苏联、法国、联邦德国实施职业教育又是另一种类型。苏联实施中等职业技术教育的主要机构是中等职业技术学校。在1984年教育改革以前分为三种学校。

（1）职业技术学校：招收初中毕业生（八年制），学习1~2年，培养普通工人。

（2）中等职业技术学校：招收初中毕业生（八年制），学习3年，授予职业教育和普通中等教育，培养具有中等教育程度的熟练工人。

（3）技术学校：招收完全中学毕业生（十年制），学习1~2年，授予一两种职业技能，培养具有较为复杂的技术的工人和初级技术员。

1984年的教育改革，取消了第一种学校，把第二、第三种学校合并，统称中等职业学校。即在同一所中等职业技术学校里招收两种不同程度的学生，目的是提高职业技术教育的普通教育水平，使工人都具有中等教育的水平。1984年，初中毕业生升入各类学校的比例是：升入普通高中占60%，升入中等专业学校占20%，升入中等职业技术学校占20%。改革要求在几年内，使职业技术学校的学生翻一番，即增加到占初中毕业生的40%，这样中等职业技术学校和中等专业学校与普通中学学生数的比例为6∶4。

此外，苏联的普通中学高年级学生必须接受职业技术训练，每周一天，除办有校办工厂（车间）或农场的学校外，大城市的高中生均在校际生产教学联合体中进行。学生可以根据该联合体内所设专业任选一种，每周上理论课2小时、实践课4小时，暑假中实习20~25天。毕业生如考核及格，可获得二级工证书。

但普通中学与中等职业技术学校两者自成体系，前者由国民教育部门领导，后者由职业技术教育委员会领导。

苏联在中等教育范畴内还有中等专业学校，也有两种：一种招收初中毕业生，学习4至4年半；一种招收高中毕业生，学习2至3年。这种专业学校的程度实际上已达到国际上高等专科学校的水平，它接受高等和中等专业教育部领导。在苏联，职业技术教育和专业教育分得很清楚：职业技术教育是培养熟练工人的，专业教育则培养技术人才（中级或高级专家），所以两者的体制不同。

法国实施职业技术教育的机构有以下几种。

（1）国立技术中学：招收初中毕业生，学习3年，以升学为主要任务，毕业可获"技术员文凭"。这是一种长期的职业技术中学，毕业后可升入高等工程技术学校。

（2）市立技术中学：招收初中毕业生或高中一年级结业的学生，学习1~3年，主要为就业做准备。学习1年的获"职业教育证书"；学习2年的获"职业文凭"；学习3年的获"职业能力证书"。这类学校是法国实施职业技术教育的主要类型，专业设置多样，包括工、商、行政管理等各种行业。

除了这两类学校外，还有各种职业预备班、学徒训练中心、农业技术学校等。

联邦德国实行双重职业训练制度，即由职业技术学校和企业共同对学生实施职业技术训练。学生接受完九年义务教育以后可以进入全日制的职业技术学校，也可以按照国家规定，在培训专业中选择一种向招收学徒的企业报考，录取为学徒，学习3年。在这3年里，每周有3天半或4天的时间在企业里学习，有1天或1天半的时间到职业技术学校（部分时间制）学习技术理论。受训期间学徒由企业发工资，但不算正式工人，只有学习期满、通过考试获得证书后才能成为正式工人。此外，完全中学的毕业生（已学完13年），如果不再升入高等学校而就业的话，需要接受一年的职业技术教育，是为职业技术教育年。

各国实施职业技术教育也有由企业单独进行的。一般来说，职业技术学校需要和企业合作培训，才能取得较好的效果，因此出现了许多学校和企业合作的形式。除联邦德国外，还有美国的合作教育，又称工读课程计划，接受合作教育的学生，半天在学校学习，半天在企业或事业单位工作。日本的产学合作在20世纪60年代也很盛行，主要是定时制和函授制职业高中同企业的合作。苏联的中等职业技术学校都与企业挂钩，挂钩的企业称为学校的基地企业，负责装备学校的实习车间、提供生产教学的技师、提供学生实习的场所等，有许多中等职业技术学校是由企业筹建的。

从比较几个发达国家的职业技术教育机构来看，可以得出以下几点。

（1）工业发达国家，无论是资本主义国家，还是社会主义国家，都十分重视职业技术教育。它们普遍要求学生只有经过职业培训才能进入劳动市场或到企业就业。

（2）实施职业技术教育都在高中阶段，而且有向中学后教育发展的趋势，如苏联的中等职业技术教育超过了普通教育一年；日本的专修学校也是在高中毕业的基础上进行的。

（3）职业技术教育与企业的合作很紧密。没有企业的支持，职业技术教育就很难进行，特别是技术性比较强的专业更是如此。如果比较职业学校的专业设置，我们还可以发现，各国的职业技术教育大多是面向地方的，为本地区的经济发展和社会事业服务。由于本文的目的只是从宏观上阐述职业技术教育的地位和作用，所以对专业设置不做专门论述。

三、我国发展职业技术教育中的若干问题

我国职业技术教育发展的历史很短，而且很不发达。这既有物质基

础（生产力水平）的原因，又有思想意识的原因。新中国成立以后，我国工农业生产有了很大的发展，发展职业技术教育的物质基础已经具备，但封建主义思想意识的残余还在束缚着人们的头脑。这种思想不清除，职业技术教育就很难在人们心目中占有重要的地位。为了发展我国的职业技术教育，我认为有几个重要的理论问题和实际问题需要认真地探讨。

（一）建立职业技术教育体系的问题

20世纪50年代初期，我国的职业技术教育体系基本上是模仿苏联的。实施职业技术教育的机构是中等专业学校、技工学校，1958年出现了农业中学和城市职业中学的组织形式。1964年在刘少奇同志关于两种劳动制度和两种教育制度的倡导下又创办了半工（农）半读的职业学校。一时间，职业教育有了很大的发展。但是在十年动乱中，由于极"左"的路线的干扰，职业技术学校被一扫而光，中学阶段成了清一色的普通学校，1978年才开始重新恢复职业技术学校。至1984年年底，全国已有中等专业学校（包括中等师范学校）3301所，在校学生132.2万人；技工学校3465所，在校学生63.9万人；农业中学和职业中学7002所，在校学生174.94万人。接受职业技术教育的学生占整个高中阶段学生总数的34%。但是，这与我国社会主义建设的发展仍然不相适应。要使职业技术教育有较大的发展，首先要研究建立一个合理的职业技术教育体系。现在我们把中等专业学校、技工学校、职业中学都包括在职业技术教育体系中是否合适，值得研究。因为这三种学校具有不同的任务和培养目标。

1954年7月9日，政务院批准的《中等专业学校章程》中规定，中等专业学校的任务是培养中等专业干部。1980年，全国中等专业教育工作会议上又重申了这个培养目标，并确定中专的学制为"在相当高中文化程度的基础上进行专业技术教育，中专的高年级与大学低年级交叉，是介乎高中与大学之间的一种学校"（见《中国教育年鉴》，772～774页）。技工学校的培养目标是中级技术工人。至于职业高中的培养目标，至今尚无明文规定。我认为，应该把专业教育和职业技术教育分开来考虑。专业教育是培养有一定专业理论的技术干部，而职业技术教育主要是培养熟练工人和半专业性人员。专业教育又可分两个层次：第一层次是中等专业教育，培养中级专业干部；第二层次是高等专业教育，培养高级专门人才。职业技术教育可以分为三个层次：第一层次是初级职业技术学校，一般办在农村，即初级农业中学，它应该成为农村普及九年义务教育的重要形式；第二层次是技工学校和职业技术高中，培养熟练工人和初级技术人员；第三层次是短期职业大学，培养需要较高文化水平的半专业性技术人员。

当前要特别明确职业技术中学在学制中的地位和作用以及它的培养目标。因为它在我国还是一种新的学校形式，它是从普通中学改组而成的，发展的时间不长。虽然"文化大革命"前已经有过职业中学，但并未定型就被"文化大革命"破坏了。"文化大革命"后恢复的职业技术中学与"文化大革命"前又有不同，而且现在发展经济的方针、经济的结构与过去也不同。职业技术中学有着广阔的发展前景，短短几年来它的数目已经超过了中专和技工学校的数目，将来还会有更大的发展。因此，确定职业技术中学性质和培养目标将关系到整个职业技术教育发展的方向和我国技术人才的构成。现在不少职业技术中学走的路子是不稳定的，它们都想向中专和技工学校看齐。这是不是职业技术中学的发展前途呢？我认为不是。近几年来，我参观了几所职业技术中学，发现有的学校办得欣欣向荣，既有近期打算，又有长远规划。但也有的学校专业不稳定，学生出路无把握。为了适应劳动部门的需要，去年办一种专业，今年又办另一种专业，明年也许还要再改专业，师生心里总不踏实。产生这种情况的主要原因就是对职业技术中学的性质不明确。职业技术中学应该区别于中等专业学校和技工学校，有它自己的特点。

（1）职业技术中学应该面向第三产业。从培养目标来说，中等专业学校（中师除外）是培养技术干部的，技工学校是培养熟练工人的，它们主要是为工业部门培养工程技术人员。职业技术中学应该弥补它们的不足，为社会各行各业培养有一技之长的半专业性人员，以满足社会生活的各方面的需要。随着国民经济的发展，人民生活水平正在不断提高，他们对生活资料的需求越来越多、越来越广，在我国，发展第三产业有着广阔的前景。例如，城市里各种服务行业、企事业的文书、秘书、家用电器的修理等，过去是没有地方培养的。而这些职业在信息化社会中将越来越发展，职业技术中学应该注意发展这些专业。

（2）职业技术中学要面向地方。第三产业主要是地方办的，职业技术中学就要面向地方，不要把眼睛只盯着工矿企业。各地区对职业技术中学的发展，需要结合当地经济和社会发展的实际情况，做出长远规划、统筹安排。例如，一个县，有多少人口，它的构成情况，有多少土地，发展经济的方向，到20世纪末需要多少工程技术人员、农业技术人员、中小学教师、幼儿园保育员和教养员、财会人员、售货员以及其他各种服务人员等，根据近期的和远期的发展规划来研究办哪些职业技术中学。

（3）目前在我国小学教育尚未普及的情况下，职业技术中学要办成两个层次。第一层次是初中程度的初级职业技术中学，学制可以比普通初中略长一些，以便不削弱普通初中的文化程度；第二层次是职业技术高中，学制至少与普通高中相同。

（4）职业技术中学的毕业生国家不包分配，可以向企事业单位推荐，择优录用，也可以自谋职业。

总之，职业技术中学应该在学制中占有新的位置，它应是中等教育中的新的学校类型。

（二）要解决职业技术学校上下衔接以及与各级普通学校衔接的问题

目前的状况是下一级的职业技术学校与上一级的职业技术学校不相衔接，职业技术学校与普通学校不相衔接，这种状况是不适应当代科学技术发展的形势的。科学技术的发展要求职业的知识不断更新。在低一级职业技术学校学习的知识过几年就不够用了，就要进高一级的职业技术学校去学习。可是，现在高一级的学校无论是技术性学校还是普通学校都只考查学生的普遍文化程度，对他们已掌握的专业知识、技能一概不承认。这是不尽合理的，使得职业技术学校的毕业生没有进一步学习的机会。即使少数学生被高一级学校录取，他们又得从头学习，对原来已学的专业知识和技能弃之不用，形成人才培养上的浪费。

因此，要解决各级各类学校的衔接问题。例如，初级职业技术学校应与中等职业技术学校和中等专业学校相衔接；中等职业技术学校与中等专业学校、短期技术大学、高等专业院校相衔接。许多国家都考虑到这种衔接问题。例如，联邦德国的实科中学和主要学校里的优秀生可以转入完全中学，实科中学和职业技术学校的毕业生可以升入高等专科学校；日本的职业高中毕业生可以报考二年制的短期大学或工科大学；苏联的中等职业技术学校毕业生可以报考中等专业学校或高等专业学院的函授部或夜大学。这种衔接是科技发展的需要，也是青年进一步学习的需要。往往有许多青年经过一段时间的工作以后，产生强烈的求学要求。我们的学制要为这部分青年考虑。但为了使他们过去学过的东西不至于被抛弃，就要解决衔接问题，不仅包括学制上的衔接，也包括内容上的衔接。

研究学制衔接问题，要把全日制教育和业余教育体系结合来考虑。把职业技术教育的学制办得灵活多样，便于学生就学。

（三）要正确处理好职业技术中学的基础课和专业课的关系

职业技术中学的课程安排应该从两个方面来考虑：一是就业的需

要；二是继续学习的需要。根据职业技术中学的性质来看，所设专业面应该放宽一些，使毕业生有较强的适应性。课程设置也要照顾到基础知识和专业知识两个方面，还应该考虑学生继续学习和升学的需要。职业技术中学的任务固然主要是为学生就业做准备，但也不能堵死学生继续学习的道路。俄国十月革命以后，列宁曾经告诫过教育部门，不要过早地实行职业化。这是因为现代科学技术的发展使得现代生产的技术基础不断发生变革，职业的变动和劳动的变换是现代生产的自然规律。过早的职业化不利于这种劳动的变换。近几年来，世界中等教育发展的趋势就是"普通教育的职业化，职业教育的普通化"。也就是说，在普通中学要增加职业技术教育，使不能升学的毕业生有就业的准备；在职业技术学校则要加强普通基础课程的教育，使学生有较宽厚的基础知识，以适应由于职业的变动而重新接受培训的需要。当然，这"两化"的程度与一个国家的现代化程度和教育的普及程度有关。我国目前还处于低水平的阶段，初等教育尚未普及，许多生产还是手工劳动，许多行业只需要一技之长。但要实现四个现代化，眼光就应该放得远一些。同时，普通文化课的意义不仅在于为继续学习打基础，它还关系到一个民族的文化素养，并直接影响到精神文明建设的问题。

（四）建立义务职业技术教育年的制度

联邦德国规定，凡普通完全中学毕业而不再升学的学生必须经过一年的职业技术教育，才能成为正式职工，叫职业技术教育年。这种制度值得我国效仿。我们一方面要在普通中学里增加职业技术方面的课程，另一方面可以建立义务职业技术教育年的制度。如果在普通中学里受过一定的职业技术训练，经过考试达到一定技术等级的可以免去这一年；如果在普通中学里没有接受过职业技术训练，毕业后必须在企业或职业技术学校里接受一年的义务职业技术教育，才能成为正式的职工。这样就可以提高我国职工的技术水平。

（五）发展职业技术教育需要有一定的物质基础

除了教育部门要给职业技术学校装备一定的设备以外，最好的办法是和企事业挂钩，吸引社会各方面的力量办学。教育部门和工农商各部门要在地方政府的统一领导下，统一制定人才规划和发展职业技术教育的规划和措施。

（六）培养职业技术教育的师资是办好职业技术教育的保障

现在职业技术学校的师资基本上还没有来源。例如，北京市大约每年需要补充职业技术教育的师资500人，涉及200多种专业。但职业技术师范学院刚刚成立，4年以后才能有毕业生。现在已经有几个城市建立了职业技术师范学院，但还不能满足实际的需要。因此，需要给各专业学院规定一定的招生指标，为职业技术教育定向培养师资，否则这个矛盾过几年还会更加尖锐。没有师资的保证，职业技术教育会落空。

总之，职业技术教育在我国有着广阔的发展前景。但要使它健康地发展，还要对它的性质、培养目标以及它在整个学制中的地位和作用做深入的探讨；在物质基础和师资队伍的建设上创造必要的条件。方向对头了，条件具备了，它就会有强大的生命力。本文虽说是对职业技术教育的探讨，其实只着重就新发展的职业技术中学的若干问题发表几点肤浅的意见，供同志们讨论。

谈谈高等学校的学风问题[*]

学风问题是高等学校建设的重要问题。学风好或坏，严重地影响到高等教育的质量。要树立良好的学风，需要对什么是学风、形成学风的诸因素做理论的和实际的分析。这里，谈几点不成熟的意见，供大家讨论。

一、什么叫学风？良好的学风应该包括哪些内容？

毛泽东同志在延安整风时讲道："学风问题是领导机关、全体干部、全体党员的思想方法问题，是我们对待马克思列宁主义的态度问题。"毛泽东同志在这里指的，不是学校的学风，而是全党的学风。但是，他在这里指明，学风的问题是思想方法问题，是工作态度问题，这一点却有普遍意义。学校的学风问题是全校师生的思想方法问题、工作态度问题，也即全校师生共同努力，在教学、科研、思想教育和行政管理工作中逐步形成起来的相对稳定的治学态度和方法。这里应该说明几点。

（1）学校的学风问题是全校师生的总的治学态度和方法。它带有总体性，不是指个别教师和个别学生的治学态度和方法问题。

---

* 原载《高等教育学报》，1986年第3期。

（2）学校的学风问题是师生共同的问题，绝不只是学生的问题。学校学风的形成是师生共同努力、互相影响的结果。

学风应该包括教师的学风，即教师的治学和教学态度。

（3）学风问题对学生和教师来讲，是一个人的世界观、人生观在学习态度和治学态度上的反映。不能把学风问题说成是人生观、世界观问题，但是它们之间是有联系的。

那么良好的学风应该包括些什么内容呢？

（一）要具有明确的学习目的

这就是要解决学习或者治学的动力问题。学习目的有长远的，也有近期的。长远的目的如为四化建设把自己培养成人才、为攀登科学高峰而学习等。近期的目的如做一个好学生、为了班集体荣誉等。一个学生除了有长远的学习目的以外，还应该为自己树立近期的目的。近期的目的（目标）比较容易达到，达到一个目标以后，思想就会前进一步。这里指的当然是要树立正确的近期目的。因此，学校除了进行共产主义理想教育之外，还要给学生提出阶段性的奋斗目标。

教师也是这样，长远的目的是为四化培养人才，近期的目的可能是为了完成某项科研任务、为了上好某门课程等。总之，没有明确的目的，就没有动力，也就不可能建立起好的学风。

（二）要有严谨的治学态度和刻苦的学习精神

只有刻苦努力，才能获得成就。严谨、刻苦是一个学校学风的主要内容。

（三）要有实事求是，理论联系实际的作风

研究学问是求花架子、求文凭，还是学习实际知识、学以致用，这是两种不同的治学态度，也是两种不同的学风。当前存在一种形式主义，求花架子、求高学历的不良学风。

（四）要有进取精神

学习不是为了学到一点书本知识，而是为了增进才智，使自己变得更聪明、有智慧，以便去征服自然、创造知识，促进社会的改革和进步。这种进取精神表现在学习上是：遇到困难，锲而不舍；遇到新的课题，善于抓住苗头，深究到底。

二、影响当前高等学校学风的诸因素

当前高等学校的学风问题是大家十分关切的问题，要转变某些不良学风，树立优良学风，就要对影响当前学风的诸因素进行分析、研究，以便对症下药。我认为，影响当前高等学校学风的因素有下列几个方面。

第一，思想政治工作薄弱，学生缺乏共产主义理想，因而缺乏明确的学习目的和动力。对我们北京师范大学来讲，还有一个专业思想问题，即不愿意当中学教师。有的学生对中学教师有误解，认为当教师不需要大学问等，因而学习不刻苦。

第二，人事制度、分配制度上存在的问题。学生进了大学就进入就业的保险箱，学好学坏都能分配到工作。"铁饭碗"使得学生在学习上缺少竞争性，因此在学生中流传着"60分万岁"的口号。这种"平均主义""铁饭碗"的用人制度不改变，很难长久地树立起良好的学风。

第三，社会上的不正之风影响到学校的学风。社会上拉关系、走后门之风使学生误认为学习好坏不是主要的，关键是有没有关系、有没有路子。存在着这种心理状态，自然就没有劲头去刻苦学习。

第四，社会上关于人才问题讨论中的一些不正确观点影响到学风。1984—1985年，由于经济体制改革的深入引起人才规格的讨论。这本来是必然的现象，但在讨论中有些提法缺乏全面的、辩证的观点。似乎刻苦读书的人才是知识型人才，不是开拓型人才；似乎知识型人才已经不适应社会的需要，社会需要的是开拓型、经营型人才等。以各级各类人才所应具备的某方面来划分各种人才类型是缺乏科学性的。有些提法还把知识和能力对立起来，把严谨刻苦的学习和开拓进取精神对立起来。这一度引起学生思想混乱，好学风就有所下降。经过1985年下半年和今年（1986年）上半年的努力，情况才有所扭转。

第五，教师的楷模作用是影响学风的重要因素。学风问题本身就包括教师的治学态度问题。教师对教学工作是否尽心，教师对学生的要求是否严格，教师的治学态度是否严谨，都会影响到学生的学习风气。应该说我们学校中的绝大多数教师治学是严谨的，对教学是尽心的。但是，也有一些教师对教学工作不那么尽心，对学生不敢严格要求。在教学改革中，有些教师墨守成规，不愿意改革，因而教学不受学生欢迎。有少数教师则治学不够严肃，夸夸其谈、哗众取宠，虽然可能一时引起学生的兴趣，但有形无形地影响着学生的学习态度和学习方法。

第六，教学管理不够完善。高等教育正处在改革之中，因为缺乏经验，可能有些措施不够恰当，有些管理制度尚欠完善。有些学生不理解改革的目的是更有效地提高教育质量，促进人才培养，却把它看作学校放松要求。

总之，学风问题绝不是孤立地在学校内形成的，它受到校内校外各种因素的影响。

三、怎样树立优良的学风

高等学校学风的形成受到学校、社会各种因素的影响，因此，解决高等学校的学风问题也要综合治理，做长期不懈的努力。目前在建立学校的学风方面可以做下列几方面的工作。

第一，加强学校的思想政治工作，进行革命传统教育和革命理想教育，从根本上解决学生的人生观、价值观和世界观的问题。

第二，加强教学管理，严格各种规章制度。对学生应该把教育和管理结合起来。例如，加强学生的学籍管理，严格考试制度、升留级制度或学分制度，严格听课、作业、实验、实习等各种教学环节的组织和制度，使学生养成严于律己的行为习惯。

第三，加强教师的思想政治工作，提倡教师教书育人，用自己严谨的治学态度来影响学生，做学生的表率。我认为，目前要结合实行教师职务聘任制，加强教师的工作，建立教师的严谨、求实、进取的学风，用它来带动学生的学风，从而建立起学校的优良学风，这是最为有效的办法。

第四，要把建立学风与学校的各项改革结合起来。学校改革包括教学改革、管理改革以及学生助学金分配制度等的改革。改革的目的就是调动各方面的积极性，多出人才、出好人才。教学改革可以使教学工作生动活泼，引起学生的学习兴趣，激发他们刻苦学习的动力；助学金制度、分配制度的改革是为了打破平均主义、铁饭碗，奖勤罚懒，激发学生的竞争性；学校管理制度的改革是教学改革的保证。学校的各部门都树立起严肃紧张、团结活泼的气氛，就为树立好学风准备了肥沃的土壤，不能设想一个管理乱糟糟的学校会有优良的学风。因此，学风的建立是和整个学校的改革联系在一起的。

区分职业教育与技术教育异同，推动中专教育发展*

　　去年（1985年）6月颁布的《中共中央关于教育体制改革的决定》和今年（1986年）7月召开的全国职业技术教育工作会议，阐明了发展我国职业技术教育的基本方针、政策和任务，这必将有力地推动我国职业技术教育的发展和改革。但是，我认为，在职业技术教育发展和改革过程中，还有一些理论问题和实际问题尚需进一步探讨。这是我们每一个教育理论工作者和职业技术教育工作者的共同责任。

　　1979年以来，我国对中等教育进行了结构改革，逐步改变了单一化的普通中学的局面，发展了职业技术教育。1985年，全国职业中学、中等专业学校和技工学校的在校学生数已占高中阶段在校学生总数的30%。但这几方面的发展还不平衡，其中职业高中发展比较快，而中等专业学校的发展则比较缓慢，已远远不能适应形势的需要。因此，大力发展中等专业教育是发展职业技术教育的一个重要环节。为什么这样说？首先要分析一下中等专业教育的性质和任务，搞清它在专业教育体系中的地位和作用。

　　职业教育、技术教育是两个不同的概念。职业教育的概念比较广

泛，凡是为就业做准备，使学生获得一种谋生技能的教育都可以统称为职业教育。而技术教育，虽然也是为学生将来就业做准备，但必须以传授技术知识和技能作为教育的内容。近年来，普遍地把职业教育和技术教育合起来称呼，这是由于在现代科学技术高度发展的条件下，几乎所有职业都和技术有关，职业技术教育也就成为职业教育的同义词了。概念的混同使得我们把职业中学、技工学校和中等专业学校都归到了职业技术教育体系中。其实，它们的性质和任务是不相同的。1954年7月9日，政务院批准的《中等专业学校章程》中规定，中等专业学校的任务是培养中等专业干部。1980年，全国中等专业教育工作会议上又重申了这个培养目标，并确定中专的学制为"在相当高中文化程度的基础上进行专业技术教育，中专的高年级与大学低年级交叉，是介乎高中与大学之间的一种学校。"技工学校的培养目标是中级技术工人。至于职业高中的培养目标，至今尚无明文规定。

我认为，应该把专业教育和职业技术教育分开来考虑。专业教育是培养有一定专业理论的技术干部，而职业技术教育主要是培养熟练工人和半专业性人员。专业教育可分为两个层次：第一层次是中等专业教育（中专），培养中级专业技术干部；第二层次是高等专业教育（工业大学、学院和专科），培养高级专门人才。职业技术教育则可分为三个层次：第一层次是初级职业技术学校，一般办在农村，即初级农业中学，它应该成为农村普及九年义务教育的重要形式，学生毕业以后成为具有初中文化程度的半专业性的技术农民；第二层次是职业技术高中，培养工人、初级技术人员或半专业性的职工；第三层次是短期职业大学，培养需要较高文化水平的半专业性技术人员。如果我们再把专业教育作为一个完整的系统来看待，职业技术教育则可看作专业教育中的最低层次，因为它只培养半专业性人员；中等专业教育是中间层次；高等专业教育是高级层次。

把专业教育和职业技术教育区别开来有重要的理论意义和实际意义。这样可以更明确这两类学校的性质和任务，有利于明确各自的培养目标和要求，有利于这两类学校的发展和教育质量的提高。当前在我国发展中等专业教育有着重大的意义。

第一，工农业生产的发展，需要高、中、低专业人员有一定的合理的比例。尽管这个比例在各国有所不同，在行业间也有所不同，但总的规律是呈金字塔形。而在我国，现状却相反，据有关方面的调查，现在企业中高级专门人才和中级技术人员的比例是6∶1。这是"文化大革命"10年对中等专业教育的破坏所造成的后果。十一届三中全会以后，中等专业教育有了较大的发展，但仍跟不上高等专业教育的发展速度。1978年，高等专业院校有441所，在校学生60.64万人，1985年则增加到763所，在校学生127.81万人，学校数增加73%，学生数增加111%；中专1978年有1714所，在校学生52.93万人，1985年增长到2529所，在校学生100.87万人，学校数增加47.5%，学生数增加90.5%。由此可见，高等专业院校学生和中专学生的比例这几年不是增加了，反而由1∶0.9减少到1∶0.8。而且前几年存在中专招生不满的情况，不能不引起各级领导的高度重视。

第二，发展中等专业教育有利于发展中等职业技术教育。既然中等专业学校是"介乎高中与大学之间的一种学校"，那么在技术上它可以指导中等职业技术学校，而且可以为其培养技术性师资。初级职业技术中学和职业高中主要是培养半专业性的职工，因而不可能也不一定需要由高等专业学校为它们培养大量的技术课师资。许多技术课的师资可以由有实践经验的中专毕业生来担任。苏联中等职业技术学校中的技术课教师就是由有5年以上工龄的中专毕业生担任的。

依我看，当前要使中专教育有较大的发展，还有几个实际问题需要研究解决。

（1）要对中等专业学校的学生和毕业生采取优惠的政策。当前为什么许多中学生不愿意上中专，都奔向大学？这同当前社会上存在着高学历风有关。把学历和工资挂钩，现在不管做什么工作，也不管能力如何，都要考察原有的学历，学历高，工资待遇就高。所以，人们都在追求高学历。要改变这种状况，就得改革劳动人事制度和工资制度。工资应该和一个人的能力和他为社会做出的贡献挂钩，不应简单地只和学历挂钩。学历标志着一定的能力，但是在实际工作中，学历并不是与能力画等号的。因此我主张，中等专业学校毕业生的起点工资应该适当提高，以吸引青年人投考中专。在苏联，中等职业技术学校毕业生的起点工资甚至高于大学毕业生。他们制定这种政策不是没有道理的。他们认为，中技毕业生的工作条件比大学毕业生要艰苦，发展的条件较差，大学毕业生将来发展的余地较大，因此大学毕业生的起点工资虽然暂时比中技毕业生的起点工资低，但将来会逐渐地超过他们，并拉开距离。我们不一定照搬苏联的办法，但他们的经验值得参考。总之，只有对中专学生在奖学金和毕业生的工资待遇上实行优惠政策，才能有利于中等专业教育的发展。

（2）加强中等专业学校和企业的联系。中等专业教育的应用性比较强。它除了教给学生一定的专业理论外，要着重培养学生的专业技能，而专业技能的培养离不开实际操作和实习。因此，学校里应该有装备先进的设备供学生实际操作，还要保证学生有一定的时间到企业中进行生产实习。中专是为企业培养干部的，企业有责任关心中专、帮助中专。中专只有和企业联系，才能解决教育与生产劳动相结合的问题，才能培养出企业所需要的中等专业干部。

（3）要改进管理体制。李鹏同志在全国职业技术教育工作会议闭幕式上的讲话中强调，职业技术教育具体的全面管理任务，应该明确由各级地方政府统一负责。这样做的主要目的是使职业技术学校都能面向社会，能够使培养和需要相结合。这个方针是正确的。现有中专的潜力没有发挥出来，平均每校只有400名学生。潜力所以没有发挥，除了考生少以外，就是没有面向社会的缘故。只有面向社会，中专才会有生命力。过去中专大多是由专业主管部门办学和管理，由地方办的较少。今后地方企业，特别是城镇企业发展了，它们迫切需要中级技术人才。因此，各个地方教育部门应该和企业管理部门共同规划、联合办学，使中等专业教育在"七五"期间能有一个大飞跃，满足"八五"期间经济建设的需要。

（4）为了保证中等专业教育质量，国家教委有必要与专业部门共同研究制订全国中等专业教育的专业目录，为各个专业制订相应的培养目标和规格、教学计划和大纲。中等专业教育不同于中等职业技术教育，前者主要培养专业干部，后者培养半专业性干部。因此，中等专业学校除应注意实用性、应用性、注意培养学生的实际技能以外，还要注意专业的理论性，使中专毕业生具有一定的专业理论。在当前科学技术迅猛发展的条件下，专业的变换是很剧烈的，只有具有较为扎实的专业理论知识，才能适应这种变换，才能较为容易地掌握新的技术。

（5）把中等专业教育和高等专业教育衔接起来。高等工程学校需要吸收一些有实践经验的技术人员，把他们培养成高级工程技术人才；中级技术人员需要有机会进修和提高。这是科技发展的需要，也是青年进一步学习的需要，应该从制度上创造这种互相衔接的条件。

高等工程学校除直接从中专招收一些优秀的毕业生外，应该容许有一定工龄的中专毕业生报考。工程教育与其他自然学科的教育不大一样，在本专业领域里有一定实践经验的青年学习高等工程专业会有很大的优越性。在这方面，中专毕业生比普通高中毕业生尤为优越，但是现在的高考制度只考查学生的普通文化程度，对他们已掌握的专业知识和技能一概不承认。这是不尽合理的。当然在考虑学制衔接问题时应该把全日制教育和业余教育体系结合起来，把学校的正规教育和职工的进修系统结合起来，学制灵活多样，目的都在于提高专业水平，而不是为了单纯追求学历。

我想如果采取以上政策和措施，大批青年会涌入中等专业学校中来，中等专业教育有希望得到较大的发展。

应重视提高教师的教学理论和技巧水平[*]

古典的教学理论，如果从柏拉图和亚里士多德算起，到现在已有超过2300年的历史。教学理论刚开始当然是极其简单的，经过两千多年教学实践的经验积累，特别是17世纪夸美纽斯对教学理论做了全面的总结，逐步形成了比较完整的教学论体系。但是这种古典的教学论，只是以普通教育（中小学教育）为对象，很少或者几乎没有涉及高等学校的教学理论。过去，高等学校不研究教学理论。一般认为只要有学问，就可以当大学教师。他只要精通所教的学科，能够把本学科的基本理论和专业知识讲清楚，就是一位好教师。高等学校的教学似乎是在没有理论的指导下进行的。这当然是不可能的。人类的活动都是有规律的。高等教育是培养高级专门人才的活动，它要把一名学生培养成专门人才，就必须遵循教育规律。过去，许多著名的教授虽然没有专门研究过教学理论，但是他们的课教得很出色，这是由于他们在教学实践中不断地总结经验，逐步摸索到了教学的规律，并按照这些规律进行教学，所以取得了出色的成绩。也就是说，过去高等学校中的教学规律还处于自发的状态，体现在教师的个人经验之中，还没有上升到理论的高度。如果说这种情况在过去几个世纪里还能行得通的话，那么到了20世纪后半叶，即

---

* 见《高校师资管理研究》，华东师范大学出版社1986年版。

在高等教育有了大规模的发展、课程内容日益复杂、教学技术手段日益先进、教学过程越来越复杂的情况下，单凭个人的经验，已经很难把教学过程组织得合理，取得好的教学效果。教学规律是客观存在的。按照教学规律进行教学，就会取得较好的教学效果；违背了这些规律，就达不到好的教学效果。因此，从20世纪60年代以来，各国都开始重视起高等学校教学理论的研究工作，许多大学成立了专门的高等教育研究机构。例如，丹麦哥本哈根大学于1969年成立了高等教育研究所；荷兰卡多利斯科大学于1969年成立了高等教育研究中心；汉堡大学于1970年成立了大学教学法研究中心；英国伦敦大学的大学教学法研究部还定期为青年教师开设"讲师课程"，讲授"教学法和课程设计"；苏联于1974年成立了高等学校问题研究所，下面设有一个处，专门研究高等学校教学过程的理论和实际问题。在苏联，高等学校的教师规定每5年要进修一次，除了知识更新，学习本学科新的科学内容以外，还要学习高等教育学和心理学，提高教学理论水平和熟练技巧。可见，开展高等学校教学理论的研究，把高等学校的教学过程建立在科学的基础上，是当前提高高等学校培养专家质量的客观要求。这可以从下面几个方面来说明。

第一，现代高等学校与社会的政治和经济，与人们生活的各个方面的关系越来越密切。高等学校如何才能适应现代社会的需要，这是高等教育理论中需要研究的重要课题。大学教师如果不了解社会的需要，就不可能培养出社会所需要的人才。高等学校的专业设置、培养目标、课程设置，都必须考虑毕业生将来能不能被社会承认，取得谋生的职业。在资本主义国家，它将受到社会劳动力市场的影响。在我们社会主义国家，虽然高等教育的发展还没有达到普及化，但是我国的高等教育是为社会主义现代化建设服务的，它的毕业生必须适应社会主义现代化建设的需要。如果教师只管埋头教书，不懂高等教育的发展与社会政治经济的关系，那就不可能主动地培养学生适应社会需要的能力。

第二，科学技术的迅猛发展，使科学技术知识爆炸性地增长，因而引起了高等学校任务的变化。过去传统的高等教育的主要任务是向学生传授专业知识，但是，现代知识日新月异，成倍增长，而高等教育的学习年限不可能无限制地延长。在高等学校的短短几年时间内，不可能也没有必要把本学科的全部知识都传授给学生，而且即使学生在学校学到了较多的知识，等到他们毕业的时候，可能有些知识已经陈旧、过时。因此，现代高等学校的任务不能只传授知识，更重要的是教师要在传授知识的同时，注意培养学生的能力，使学生不但掌握该学科的最基本的理论和知识，而且了解本学科的发展趋势，具有探索新知识的能力。应该培养学生哪些能力？如何来培养他们的能力？这就是高等教育学和心理学所要研究的课题。高等学校的教师只有懂得这些理论，才能有效地培养学生的能力，使学生将来能适应这瞬息万变的世界。

第三，科学技术的发展引起了教学手段的变革。新的技术手段正在改变教学工作的组织形式和方法。过去学生接受知识主要靠教师的讲解和阅读指定的参考书，现在学生接受知识的渠道增多了，可以从大量的书籍和杂志中学到，从广播、电视中学到，也可以通过先进的实验手段而获得，特别是电子计算机在教学过程中的应用，使教学过程发生了变化。教师的主导作用相应地起了变化，不是说教师的主导作用削弱了，而是要求更高了，要求教师更好地发挥学生的主动性。因此，大学教师必须对教学的组织形式、教学手段和教学方法进行研究和探讨，根据教学目的和教学内容，选择合适的教学手段和方法，合理地组织教学过程，才能取得较好的教学效果，提高教学质量。

第四，高等学校的教学过程的特点之一是教学的研究性。学生不是在教学过程中获得现成的知识，而是要通过先进的实验手段，通过社会实践去验证前人的知识，并探索事物发展的新的规律，创造新的知识。

因此，在教学过程中如何合理地把教学、科研和社会实践活动（生产劳动）结合起来，是高等学校教学论中的重大理论问题。

第五，社会主义高等学校的任务，不仅是传授知识，也不仅是要培养学生的能力，而且要培养学生具有科学的世界观和共产主义的道德品质。教师要教书育人，就要研究大学生的心理特点，研究他们的思想发展的规律，以及思想教育的途径和方法。

第六，高等学校要加强科学管理，使有限的人力、物力、财力发挥最大的效益，这也是高等教育学理论需要研究的重要课题。高等学校必须有一批懂得科学管理的干部。高等学校的教师作为高等学校系统中的一员，也应该懂得现代高等学校的管理知识，才能使自己的教学工作更有成效。

综上所述，高等学校的教师应该既是学者，又是教育家；既有精深和渊博的学识，又懂得教育、教学工作的规律，能够出色地完成培养人才的任务。要达到这一要求，高等学校的教师在培养过程中，不仅要掌握本学科的专业知识，具有科学研究的能力，而且要进行教学科学的训练，掌握一定的教学理论和技能。目前，我国高等学校的教师可以分为两部分：一部分教师是大学本科生毕业后担任助教工作，钻研本学科的知识，开展一些科学研究活动，同时担任主讲教师的助手，负责对学生的辅导答疑，进行一些试讲活动，为将来开课做准备；另一部分教师是硕士毕业生，他们在攻读硕士期间要进行教学实习，在大学里试讲某些课程。这两部分新教师都要进行教学方法训练和教学理论的学习。我认为，应该把教学理论和方法的训练作为培养大学教师的必修课，而且作为评估大学教师水平的一项内容。为此，应该为大学的青年助教和将来要当大学教师的硕士研究生开设教学法课程，通过这门课程的考核，才能提升为大学讲师，这样就能保证教学质量。

学习黄炎培职业教育思想，推进教育体制的改革[*]

今年（1987年）是我国教育家黄炎培先生诞生110周年，也是他首创的中华职业教育社成立70周年。对黄炎培先生的最好纪念莫过于学习他的职业教育思想，研究当前教育体制改革，促进我国职业教育的发展。黄炎培先生的职业教育思想至今仍然放射出灿烂的光芒，对教育实际具有现实的指导意义。当年他批判过的轻视职业教育的思想至今在一部分人的头脑中依然存在；他批评的旧教育那种教育与职业分离、学校与社会脱节的弊病至今尚未根除；他提倡的职业学校社会化的办学方针仍然是今天职业学校应当坚持的方针。因此，通过纪念会、研讨会来进一步学习黄炎培先生的职业教育思想，并把这种研讨和现实的教育体制改革结合起来，必将提高大众对职业教育的认识，促进职业教育向正确的方向发展。我对黄炎培先生的职业教育思想缺乏深入的研究，本文只是对当前我国职业教育的理论和实践提出一些极不成熟的意见和同志们切磋。

---

* 原载《黄炎培职业教育思想研讨会专刊（内部）》，1987年。

一、提高对职业教育的认识，摆正职业教育在整个教育体系中的地位

我国职业教育发展的历史很短，而且很不发达，自从黄炎培先生创办中华职业教育社以来至今也只有70年的历史，而且在新中国成立以前没有条件得到很好的发展，探究其原因是我国封建社会时间太长，资本主义工商业不发达，小农的自然经济把人们束缚在一块狭小的土地上，对文化技术没有什么要求。这是客观的物质条件的限制，是职业教育不发达的一个原因。另一个原因则是封建主义教育思想的影响，"万般皆下品，唯有读书高""学而优则仕"等思想长期禁锢着人们的头脑，这种思想认为，读书是为了做官，要做官就要参加科举考试，就要寒窗苦读。他们不接触社会，不接触生产。这种思想影响了我们几千年。这就是说，我国职业教育之所以不发达，既有物质基础（生产力水平）的原因，又有思想意识的原因。新中国成立以后，我国工农业生产有了很大的发展，应该说，发展职业教育的物质基础已经具备，但是封建主义教育思想残余还在束缚着人们的头脑，这种思想不清除，职业教育就很难在人们心目中占有重要地位。

要清除传统的鄙视职业教育的思想，就要对职业教育在社会主义现代化建设中的地位和作用有一个充分的认识。实现社会主义现代化，科学技术是关键，教育是基础，这个道理已经被多数人所接受。但是，我们要办什么样的教育呢？却不是人人都很明确。有一种错误的教育观和人才观，认为教育是要培养高级人才的，上了小学是为了上中学，上了中学是为了上大学，上了大学将来成为专家、学者、科学家、发明家、政治家，似乎社会的发展、现代化的建设全靠这些高级人才。于是大家盲目地追求高学历。普通教育成为追求高学历的必要途径，职业教育得不到应有的重视，这种思想是极为片面的、极不科学的。社会主义现代

化建设需要各级各类的人才，绝不只是高级专家才是人才。正确的理解是，凡是有高度社会责任感，勤奋工作，勇于创新，为社会做出一定贡献的都是人才。人才是有层次的、有类别的，各行各业、各个层次都有人才。在我国当前社会主义现代化建设的现实中，固然缺乏高级的科学技术人才，但更缺乏的是有文化和技术素养的技术工人、技术农民和一般管理人员。据统计，我国目前劳动力的素质很差，大量劳动力缺乏智力开发，仍然处于自然、简单的劳动状态。且不说我国至今仍有2.3亿文盲，就是在职工队伍中初级工也占了总数的70%，高级工只占2%，每万人中只有科技人员0.6人。这种状况导致先进的技术设备不能被充分地利用和消化，劳动生产率不高，经济效益低微。因此，在培养高级科学技术人才的同时，应该十分重视提高普通劳动力的文化技术素质，这就要大力发展职业教育。正如马克思所说的："要改变一般人的本性，使他获得一定劳动部门的技能和技巧，成为发达的和专门的劳动力，就要有一定的教育或训练。"[①]职业教育应该在整个教育体系中占有重要的地位。

从国际经验来讲，也都把发展职业技术教育作为发展经济的重要条件。20世纪50年代初，日本就开始重视职业教育。1952年，日经联就在"关于重新研究新教育制度的要求"中提出要改变高中以上学校偏重普通教育的现象，发展职业高中。1955年，日本又提出"关于适应新时代要求的技术教育的意见"。在财界的推动下，日本职业高中迅速发展，在20世纪60年代初就达到普通高中与职业高中各占一半的形势。到20世纪70年代，在中学普及的基础上，职业高中的数量才有所减少。美国国会于1963年通过了《职业教育法》，1968年又通过了修正案，大大刺激了职业技术教育的发展。在20世纪五六十年代，四年制的职业技术

① 《马克思恩格斯全集》第23卷，195页。

中学注册人数增加了1倍，经费增加了约6倍。在社会主义国家苏联，战后进行的多次改革都是试图把普通教育和职业技术教育结合起来，最近这一次的改革（1984年）更是把发展职业技术学校放在突出的地位，要求在这个五年计划期间把职业技术学校的数量增加一倍，同时在普通中学对学生进行职业技术的训练。工业发达的国家尚且这样重视职业教育，在我国这样一个经济尚不发达、文化尚较落后的国家里，更应该把职业教育放到重要的地位，以便提高劳动力的素质，为社会主义建设服务。

二、要建立和完善职业技术教育的体系

党的十一届三中全会以后，职业技术教育有了较大的发展，截至1984年年底，全国已有中等专业学校（包括中等师范学校）3301所，在校学生132.2万人；技工学校3465所，在校学生63.9万人；农业中学和职业中学7002所，在校学生174.94万人。接受职业技术教育的学生占整个高中阶段学生总数的34%。但是，这与我国社会主义建设的需要仍然不相适应。尤其是几类职业技术学校的关系还没有完全理顺，职业技术教育的体系有待进一步建立和完善。

职业教育和技术教育本来是两个不同的概念。职业教育的概念比较广泛，凡为就业做准备，培养学生获得一种谋生的技能的教育都可以统称为职业教育。正如黄炎培先生所说的："使无业者有业，使有业者乐业。"而技术教育，虽然也是为学生将来的就业做准备，但必须以传授技术知识和技能作为教育的内容。不过因为在现代社会中，几乎所有职业都和技术有关，因此职业技术教育也就成为职业教育的同义词。但是，在研究教育体系时还应该把职业教育和技术教育分开来，才能理顺关系。技术教育（或称专业教育）的培养目标主要是培养有一

定专业理论的技术干部，而职业教育则主要是培养有一定技能的熟练劳动力和半专业性人员。因此，技术教育可以分为两个层次：第一个层次是中等技术（专业）教育，培养中等技术干部；第二个层次是高等技术教育，培养高级技术人才。职业教育可以分为三个层次：第一层次是初级职业中学，一般办在农村，它应该成为农村普及九年义务教育的重要形式。也就是说，实施九年义务教育，不一定都采用普通教育的形式，而可以采用普通教育和职业教育相结合的形式。特别在农村，大多数初中毕业生需要就业，在初中进行职业教育就尤为必要。第二层次是技工学校和职业高中，培养熟练工人、初级技术人员或需要有一定技能的国民经济各部门的初级职员。第三层次是职业大学，培养需要较高文化水平的半专业性的人员。理顺这个关系，有利于职业教育的发展。

三、职业教育要重视社会适应性

职业中学也好，职业大学也好，它的任务是培养受过良好的职业训练的城乡劳动者、中初级技术人员和管理人员。因此，职业学校的发展必须密切配合当地经济发展和社会发展的需要，培养出社会所需要的人才。根据我们经济体制改革实行开放、搞活的政策，在农村，职业学校要适应农村产业结构和农民劳动致富的需要；在城市，职业学校要适应现代科学技术给城市经济和社会生活带来的新变化，无论是在农村还是在城市，职业教育要特别重视面向第三产业。

新的科学技术成果在生产上的应用，使产业结构发生深刻的变化，从而引起了社会劳动分工的新变化。在农业社会里，主要的劳动力是第一产业的农民，少数手工业工人；在工业社会里，主要劳动力是第二产业的工人，农业人口流入城市；现在进入所谓信息化社会，制造业工人的百分比不断下降,第三产业的工人和企业管理人员不断增加,这就要求教育结构做相应的变化。现在世界上工业发达国家的劳动力的比例大致是第一产业的劳动力约占10%~20%,第二产业的劳动力约占30%~40%,第三产业的劳动力约占50%~70%。据1987年统计,我国第一产业的劳动力占70.7%,第二产业的劳动力占16.3%,第三产业的劳动力占13%。但是在有些省份这个比例已经发生了变化,例如,工业比较发达的辽宁省,第一产业的劳动力占36.5%,第二产业的劳动力占41.7%,第三产业的劳动力占21.8%(引自辽宁省商业研究中心主编的《商品流通参考》,1987年第11期)。随着我国工农业的发展,这种劳动结构的变化在全国将要迅速地展开。职业教育要迎接这种新的发展形势,它的毕业生才会受到社会的欢迎。特别是城市的职业高中要着重面向第三产业,才能得到更好的发展。因为从培养目标来说,中等专业学校(中师除外)是培养技术干部的,技工学校是培养熟练工人的,它们主要是为工业部门培养工程技术人员。职业高中应该弥补它们的不足,为第三产业培养人才,以满足城市社会生活各方面的需要。例如,城市里的各种服务行业,企事业的文书、秘书,家用电器的维修,托儿保健事业的人员等过去是没有地方培养的,而这些职业是社会生活所必需的,而且需求量越来越大,职业中学应该注意发展这些职业教育。职业学校的实践经验也证明了这一点,凡是面向第三产业、发展适应社会需要的专业的学校都办得欣欣向荣,而那些追求与中专看齐、眼盯着大企业的职业学校,路子则越走越窄。这个经验教训应该很好地总结和吸取。

职业教育的发展要根据各地经济和社会发展的实际情况,做出长远规划,统筹安排。例如,一个县要调查有多少人口,它的构成情况,有多少土地,发展经济的条件和方向,规划到20世纪末需要多少工业技术人员、农业技术人员、中小学教师、幼儿园教师、财会人员、售货员,以及其他各种人员等。根据规划有计划地开展职业教育。

四、要正确处理好职业学校的普通文化课程和职业技术课程的关系

职业学校的任务是培养受过职业训练的各行各业的人才，他们毕业以后就要走上工作岗位，因此进行职业训练是主要的。但是要防止狭隘的职业眼光、忽视普通科学文化教育的倾向。这是因为科学技术的发展越来越要求劳动者具有较高的科学文化知识。这可以从两方面来解释：一方面，劳动者只有具备较高的科学文化知识，才能掌握现代生产的劳动技能；另一方面，新的科技成果的应用，使得生产结构和生产工艺不断发生变革，从而产生劳动的变换和职业的变更，没有较高的科学文化知识，就很难适应这种变革；同时，劳动者还需要继续学习来适应这种变革，如果普通文化知识的基础打得不扎实，就很难继续学习。因此，职业学校也应该从学生的就业和继续学习两种需要来考虑课程安排，不能有所偏废。同时，所谓劳动者的素质，不只是掌握一定的职业技能，而且包括政治素质和文化素质，这些素质只有通过普通科学文化教育才能获得。

五、要加强职业意识和职业道德教育

职业教育的含义所以比技术教育、专业教育的含义要广泛，还因为职业教育不仅仅指的是就业的技术准备，而且包含对学生进行职业意识和职业道德教育。黄炎培先生讲要"使有业者乐业"。怎样才能"使有业者乐业"呢？就要进行职业意识教育和职业道德教育。当他意识到他的职业对于社会、对于人民有着重要的意义，他就会乐于从事这个职业。

职业意识教育不仅要在职业学校中进行，而且在各级各类学校中都

应该进行。因为一个人接受教育的最终目的是将来要从事某种职业，不是为上学而上学。因此，在学校教育中要从小让学生了解社会上的各种职业，使他对某些职业产生兴趣，为将来选择职业做准备。美国把这种教育叫作职业前途教育，有的国家把它叫作生涯教育或生计教育。许多国家在中学里设有职业指导教师，根据学生不同兴趣、爱好和能力指导学生选择进一步学习的方向和未来的职业。这方面的教育在我国比较薄弱，这也与我国轻视职业教育的传统思想有关，总以为职业教育是因为上不了其他学校，不得已而为之的权宜性的教育，因而不需要什么指导。实际上，每人的兴趣爱好不同、能力和素质不同，如果正确引导，他的优点和才能就能发挥，否则往往用其所短，优点和才能就可能被压抑和埋没。

职业教育还包括职业道德教育。所谓职业道德，是指一个人对他所从事的事业、对他的服务对象、对与他共事的人的正确态度和关系。职业道德与职业意识有着密切的联系。职业道德最直接的表现就在于他对本职工作的热爱。任何一个人只有热爱他的职业，才能全心全意地做好工作、全心全意地为他的服务对象服务。所以，职业道德教育的第一课就是要使学生了解自己将来所要从事的职业对社会主义现代化建设的重要意义，然后使他明白自己的职业和社会其他职业的关系，明白个人和国家、集体的关系，明白个人和别人的关系。

职业道德是社会主义精神文明的重要内容，社会主义道德的基本要求就是爱祖国、爱人民、爱劳动、爱科学、爱社会主义。要使"五爱"在本职工作中体现出来，就要处理好个人与事业、个人与服务对象的关系。我国现在还处在社会主义的初级阶段，不但必须实行按劳分配，发展社会主义的商品经济和竞争，而且在相当长的历史时期内，还要在共同富裕的目标下鼓励一部分人先富裕起来。在这样的历史条件下，我国社会主义的道德，一方面要肯定由此而产生的人们在分配方面的合理差别，另一方面就要更加重视鼓励人们发扬国家利益、集体利益、个人利益相结合的社会主义集体主义精神。要坚决反对资本主义职业中的损人利己、损公肥私、金钱至上、以权谋私、欺诈勒索的思想和行为。只有把职业道德教育作为职业教育的重要内容，职业学校培养出来的人才方能为我国社会主义的精神文明建设做出贡献，为改变社会风尚做出贡献。同时，职业教育本身也就具有强大的生命力，为全社会所重视。

高等学校教学改革中的几个问题*
——在北京大学教学研讨会上的讲演

一、高等教育科学的发展

过去的教育研究主要是针对普通教育，而对高等教育则缺乏研究。这是因为过去对教育科学研究有一个错误的认识，以为它只是研究一些具体的方法问题，似乎大学里教书不存在方法问题，只要有学问就可以当教授，就可以教书，就能培养出人才。近年来这种思想已经有所突破。

从高等教育来说，教育科学不仅要研究教学方法问题，而且要研究高等教育发展的规律。从宏观上来说，它要研究高等教育与社会各方面的关系，高等教育在一个国家中的地位、发展规模、结构层次，即所谓的发展战略。这个问题研究不好，就不能使高等教育为社会发展服务，在我国就不能为社会主义现代化建设服务。从微观上来讲，它要研究高等教育的培养目标和规格、专业设置、课程安排、教材建设、教学方法和手段等。这些微观的问题与宏观的问题又是密切联系、互相制约的。

---

* 原载《高等教育论坛》(北京大学)，1987年第2期。

作为一个普通教师虽然不要求人人去研究高等教育的宏观发展，但是如果一个教师不知道自己所处的地位和作用，不知道自己教的书与教育发展及社会发展的联系，要成为一个好教师也是不可能的。

高等教育科学的发展，第一，是由于高等教育职能的变化。过去高等教育的任务只是单纯地传授知识。但是随着科学技术的发展以及高等教育本身的发展，传授现存的知识已经远远不够了，近几年来提出要培养学生的能力问题。因为知识总量的激增，教师不可能也不必要把所有知识教给学生，重要的是要发展能力。这就出现了一个问题：什么叫能力？大学生应该具备哪些能力？如何才能培养这些能力？这就促使人们不得不对高等教育进行研究。

高等教育职能的变化不仅表现在培养人才方面，高等教育还要开展科学研究、创造知识。高等学校是知识密集的地方，是科学研究的重要基地。这不是哪个人赋予它的使命，而是自然而然发展起来的。高等学校拥有一批有相当学识的学者、科学家，他们要发展自己的学科，要给学生以新的知识，就要进行科学研究。他们是从事科学研究的一支强大队伍，因而科学研究也成为高等教育的一个重要职能。那么，科学研究和教学的关系是什么？如何使二者结合起来？也就成了需要研究的一个重要课题。

高等教育的另一重要职能是直接为社会服务。这是近几十年来突出的问题。高等教育发展的初期，高等学校是通过培养人才为社会服务的。但是随着社会经济的发展，用西方学者的话来说，现代社会已发展到后工业社会，或叫信息社会，也就是说社会劳动的性质发生了变化，社会劳动越来越智力化。社会不仅要求学校培养人才，而且要求他用所创造的知识直接为社会生产创造物质财富。高等教育职能的这一重大变化也影响到人才培养问题及科学研究问题。

高等教育职能的变化，要求我们把高等教育作为一门科学来研究。

第二，高等学校的教学也成为愈来愈突出的问题。高等学校的教学工作也必须遵循它自身的规律。大学生和中小学生一样有他们的生理心理特点，特别是现在的学生年龄越来越小，社会经验越来越缺乏，学习的自觉性和主动性并不是那么高，如何启发学生的自觉性、主动性是值得高等教育研究的问题。特别是我国的教育是按计划发展的，我们不能采取西方的自然淘汰制，我们要使绝大部分的学生都成为合格的人才，这就有一个方法问题。现在也有人主张淘汰制，少数的淘汰是可以的，总不能大量淘汰。而且，淘汰制本身是不是培养人才的方法，也值得认真研究。

不仅智力因素对教学工作起作用，非智力因素也起着重要作用。20世纪80年代的学生和20世纪50年代的学生又有所不同，20世纪50年代起作用的非智力因素到今天就不那么起作用了。现在起作用的非智力因素是什么？如何利用这些非智力因素？如何培养学生学习的正确动力？研究好这些问题是我们搞好教学工作的重要条件。只有对这些问题做了认真的研究，才能促使高等教育顺利发展。

二、高等学校的培养目标

要研究高等学校的培养目标问题，首先要研究什么叫高等教育。

对于什么叫高等教育，人们有着各种不同的意见，大致可分为两种：一种认为凡是中学后教育都是高等教育；另一种认为只有培养高级专门人才的才是高等教育，并不是所有中学后教育都是高等教育。由于对这个问题有不同的理解，对培养目标也就有不同的认识。我们避开这个问题不谈，这里只谈谈大学本科生阶段的培养目标问题。

对本科生的培养目标，人们也有两种意见：一种认为大学本科生阶段主要是通才教育，或者叫博雅教育，主要是给学生打好成为专门人才的基础；另一种认为是专业教育，培养高级专门人才。

这两种理解就产生了两种教育模式，即所谓通才教育和专才教育。前者以英国、美国为代表，后者以苏联、德国为代表。

中华人民共和国成立以前采用的是美国模式。中华人民共和国成立以后我们批判了通才教育，采用苏联模式，强调高等教育是专业教育。近几年来我国实行了开放政策，就感到我们的专业设置太狭窄了。有人主张采用美国的通才教育。到底哪一种模式好呢？苏联和美国，它们都以自己的模式培养了大批人才，因此我们不能说哪一种教育模式好，哪一种不好。它们都是适合于本国的条件而存在的，都有各自的国情和高等教育发展的历史背景。正如英国教育家阿什比所说："任何类型的大学都是遗传与环境的产物。"这里的遗传是指各自的文化历史传统，环境是指社会政治经济的发展、世界政治经济的发展、科学技术的发展。

苏联和美国两种模式之所以不同，首先是由于两国的政治经济制度不同。美国是市场经济，美国高等教育从招生到毕业分配都不是由政府制订计划，而是面向劳动市场，毕业生自谋职业，由市场调节。在这种情况下专业性太强会造成就业困难。通才教育使毕业生有较大的适应性。美国的高等教育受英国博雅教育的影响也是较深的。

苏联是计划经济的国家，从招生到毕业生分配都是按国家计划进行。虽然这种计划不一定很科学，但总的来说，供求之间是由计划安排，毕业生去向明确，可以按照计划进行专业训练。苏联在20世纪30年代开始工业化，需要各种专业技术人才，通才教育不能满足工业建设的迫切需要，因此大力发展专业教育。但是随着时代的前进，特别是科学技术的进步，苏联也越来越感到过去的高等教育太专太窄，培养出来的毕业生不能适应科学技术发展的要求。因此，苏联在20世纪70年代就提出要拓宽专业知识面，并开始对专业进行调整。但它最终培养的仍然是专门人才，仍然区别于美国的通才教育，不过基础加宽而已。既要加宽基础，又要培养专门人才，苏联高等学校的学习年限就不断延长。20世纪50年代一般为5年，现在则一般延长到5年半至6年。

美国的学制则始终保持在4年的时间内，而且学年很短，假期很长。相对来讲，美国大学教学总时数大约只有苏联的一半。

我国采取什么模式？可以设想有两种方案：一种是美国的模式，即本科生实行通才教育，专业教育放到研究生阶段进行。这就出现了一个问题，不进入研究生阶段的本科毕业生怎么办？专业教育由谁来施行？企业单位有没有条件进行专业训练？另一种方案即现在苏联采用的模式，克服过去专业面过窄的弊端，把专业面适当放宽。

因此，是否可以同时实行两种模式，即工、农、医科实行专业教育的模式，而文理各科实行通才教育的模式。

确定培养目标的问题是一个很复杂的问题，需要与我国的政治体制改革、经济体制改革相适应，还与研究生制度，招生、就业制度有关系。我国发展研究生教育的方针是什么？我觉得在建立学位制度时并没有研究透彻。研究生占大学生的比例有多大？现在是10%左右。如果研究生的比例很大，那么本科生的年限要缩短，本科生阶段主要进行通才教育，研究生阶段进行专业教育；若研究生的比例很小，则本科生阶段应该让学生受到完全的专业教育。

三、专业面的宽窄程度、课程设置及教学的组织等问题

专业面和基础知识究竟要宽到什么程度？课程如何设置？以及采用什么样的教学组织安排？这些问题是互相联系的，又都和培养目标密切相关。

在研究这些问题的时候，我们先看看一些国外的情况。

1978年，哈佛大学曾制订一个新的公共基础课方案，它规定大学本

科生4年的学习计划中以1/4的时间学习5个学术领域的公共基础课，包括：①文学和艺术领域；②历史领域；③社会和哲学分析领域；④外国语言和文化基础领域；⑤数学和科学领域。共设10门课程，学生从中选学七八门。他们认为学习这些课程当然不是学习这些领域的全部知识内容，而是要学习各个领域的思维方式。

苏联在20世纪70年代提出要培养具有广泛专业知识面的专家。这种专家是什么样的呢？苏联教育部长叶留金在1980年2月全苏高教工作者大会上提出了3个方面的要求：①深入掌握现代科学及马列主义的科学方法论；②很好地掌握国民经济相应部门发展的条件和趋势；③具有高度的创造潜力，要求专家具有多方面的职能，应是生产工作者、科学工作者、宣传教育工作者。

英国人认为通才教育指的是培养学生的探索精神，而不是教导学生选修哪些学科。

德国人则认为参加研究工作本身就是通才教育，当学生注视着教授探索新知识时，就可以学习到一些新颖的思想方法。

从这里可以看出，加强基础、拓宽知识面，主要的还不在于知识本身，而是培养多种思维方法。

当然，美国和苏联在教学的组织和安排上又有着很大的不同。美国采用自由主义的教育方法，学生可以自由选课、自由听课，课程门类也是五花八门。苏联则实行严格的训练方式，有统一的教学计划和大纲，学生很少有选修的自由。

近几年来，美国和苏联也各自对它们本国的教育提出了批评意见。

1984年，美国在教育部长贝尔的主持下，由国立教育研究所对全国高等学校进行了广泛的调查，发表了长达99页的调查报告。报告严厉批评高等教育质量下降，列举的事实如进入大学时打算获得学士学位的新生只有一半如愿以偿。20年来，研究生资格考试的15门主要课程中，有

11门成绩下降。报告指出，教育质量下降的原因是高等学校允许学生任意选课，从而使大学课程过于职业化，影响了学业水平。报告提出了27条改进建议。报告认为应该提高学生学习的主动精神，要明确制定学生学位的颁发标准，并指出高等教育对学生智力发展所能做的最重要贡献是使学生具有从一个广阔的背景提出想法的能力，因此高等学校应该保证本科毕业生既掌握专业知识，又有广阔的文理科知识。

苏联1986年6月1日公布了"高等教育和中等专业教育改革的基本方针"草案，今年（1987年）3月21日正式发布了这个文件。文件提到的一个最根本的问题也是质量问题。苏联这次教育改革主要着眼于工程教育，指出工程教育的培养目标过窄，与社会要求的差距太大。文件中提到高等学校的问题有：教学计划统得过死；专业设置过专过窄；教学形式主义，不讲实效；教学内容公式化，空洞重复，枯燥乏味，没有创见，缺乏创造和探索精神等。

苏联在它的改革方案中提出了一些新的措施，主要有：①加宽专业面，过去按产品设专业，现在要求按职业的性质设专业。②下放教学计划的制订权。整个计划分为3部分，第1部分是基础教育，占全部教学总量的一半以上；第2部分是专业教育，占教学总量的30%～35%；第3部分是机动部分，占总量的15%～20%。第3部分由各高校自己制订，可以根据用人单位的要求安排一些课程。③加强个别施教，要求"坚决由大批地粗放式教学转向加强个别施教，发展未来专门人才的创造性才能"。④减少教师平均负担的学生人数，一般课堂讨论和实验课不超过15个人。

由此可见，在培养目标上，美苏两国逐渐趋向一致，拓宽知识面是当前高等教育发展的趋势。

我国的高等教育也注意到了拓宽知识面的问题，并且在教学组织形式上也采用了学分制。最近看到报道，某大学实行教学改革，鼓励学生跨学科选修，特别是选修远距离专业，如文科选修理科、理科选修文科。这对于拓宽学生的知识面，开阔学生的视野无疑是有好处的。但是这种选修的幅度应该有多大？如何保证一定的专业要求？在我国目前四年制的条件下，完成一个专业所必修的课程以外还有多少余力可以用来选修副科？这些都是值得研究的问题。这也涉及某一专业的知识结构和能力结构的问题。我认为，拓宽知识面不是为拓宽而拓宽，应是为提高专业的水平服务的，要有利于他专业的提高，而不是削弱专业的要求。

有人主张高等教育只能培养半成品，这对于一个专业的成熟程度来讲，或者对于一个大学毕业生的世界观和经验的成熟程度来讲是可以这样说的。但作为一个专业的要求来讲，不能说大学只能培养半成品。如果大学只培养半成品，那么由谁来加工成成品？靠企业？靠单位？我国的企业和单位有没有这样的能力，值得怀疑。因此，我认为大学还是要给学生在某个专业上较为完整的知识，不能培养半成品。当然对大学生来讲，他们要懂得大学毕业只能说是从事专业工作的开始，还不是一个成熟的专家，还要经过社会实践的考验，经过几年的磨炼，学会了把大学学到的知识运用于实际，那才能成为真正的专家。但这种要求和培养目标是两个概念。

四、大学生能力的培养

什么叫能力？关于能力的说法多种多样，有的人把能力理解为动手的能力，有的人理解为自觉的能力，也有的人理解为分析问题和解决实际问题的能力，这些理解都有对的一面，但又不全面。

心理学界把能力理解为"一个人为完成某项任务所应具备的心理品质"，包括智力因素和非智力因素，如注意力、观察力、思考力、记忆力、想象力（创造力）、操作能力及一个人的情感、意志等。

需要把能力与技能区别开来。例如，做数学计算题，这里面需要有心理品质，但也有一个熟练技巧问题。技能技巧有一定的程式，可以通过训练养成习惯，所谓熟能生巧。能力主要指心理品质。当然，技能和能力也不能分开，没有一定的心理品质，技能也培养不起来。但从概念来讲、从内容来讲都是不同的，因为各种技能所需要的心理品质也是不同的。例如，做计算题需要逻辑思维的品质，而作画则需要形象思维的品质。

人的心理品质的构成有点像计算机，各种心理品质分别具备对信息的输入、处理、储存、输出等功能。但是人和机器不同，人是有意志的动物。人在接收、处理、输出信息的时候，不仅受人的物质条件的影响，而且还受人的意识的影响，即受人的理想、意志、情感、性格等非智力因素的影响。因此，我们在教学中不能只传授知识，还要了解学生的非智力状态。所以说教书和教人是分不开的。如何使学生处于接受信息的最佳状态是取得最佳教学效果的关键。

另外，要正确处理好传授知识和培养能力的关系。过去传统的教学只重视传授知识，很少去关心学生的能力。前几年我国教育界大力呼吁要培养学生的能力，这是十分重要的。但有时也存在某种片面性，强调了培养能力，似乎传授知识就不那么重要了。实际上这两者是相辅相成、相互促进的。没有知识不可能培养学生的能力，学生能力的发展是在传授知识的过程中获得的。离开了传授知识，发展能力就缺少了原材料。

但是又不能说传授了知识就一定发展了学生的能力，还要看知识是怎样传授的。如果只是把现存的知识教给学生，让学生记住某种结论，而不是让他动脑筋去思索，那么就不可能发展学生的能力。因此，培养能力是需要我们在备课的时候认真思考和设计的。

各种专业对学生的能力要求不尽相同，即对学生的心理品质要求不同。例如，数学、物理要求逻辑思维，要求推理；文学艺术要求形象思维,要求想象力。但有些品质,即好的品质是共同的,如注意力和观察力。我们要求学生的注意力是持久的,观察力要有敏锐性、广阔性、深刻性。又如思考力要有宽广性、深刻性、敏捷性、逻辑性、批判性等。这些好的品质都要我们在教学中有意识地认真加以培养。至于自学能力、分析问题和解决问题的能力则是一个人的心理品质的综合表现,要培养这些能力就必须从培养具体的心理品质开始。

五、教学方法的改革

如前所述,大学生也有其生理心理特点,如何适应这些特点以取得最佳的教学效果,就有一个改革教学方法的问题。近20多年来,许多教育家都提出要改变单纯教师讲、学生听的方法,注意培养学生的能力。因此有许多新的方法出现,比较著名的一是发现法,二是问题教学法,还有其他方法。

发现法是布鲁纳发明的。这个方法要求引导学生像科学家发现真理那样一步一步地学习,引导学生通过自己的头脑去探索,"发现事物发展的起因和事物的内部联系,从中找出规律,形成自己的概念"。发现法的优点是可以提高学生的智力水平,发挥学生的智能潜力。它有利于外部动机向内部动机转化,学会发现探索的方法。

问题教学法,现在美国、苏联都在提倡。它们的具体做法虽有不同,但在原则上却是基本一致的,即通过提出问题,引导学生进行讨论,或师生共同讨论,经过研究和探索后做出结论。这就改变了学生只是被动地接受知识的传统教学方法。

其他方法如暗示法,多用于外语和记忆性的教学,特别是用于成人教育。

上面提到的这些新的教学方法都在实验之中,这里不准备对这些方法做具体的、详细的介绍。但可以指出，其共同的特点就在于启发学生的思维，发展学生的探索精神，在教学中加强教师与学生的交流。国内国外的实验都表明，新的方法取得了较好的效果。其结果是师生之间的联系增多了，学生独立思考增多了。当然，新方法的采用是必须花气力的，比较麻烦，也会存在一些困难。但是不管怎么说，教学方法的改革，在高等学校已越来越受到重视，这是一个好的趋势。外国的经验可以借鉴，但不能照搬。如何做到按教育规律办事，提高教学质量，是教育工作者，特别是直接从事教学工作的教师必须长期认真研究的问题。

高等教育迎接新的挑战[*]

世界进入20世纪70年代后期以后，各国的政治、经济发生了重大的变化。特别是科学技术的进步，对各国的经济发展产生了不可估量的影响，同时也影响到培养科技人才的高等教育。

一

为了迎接新的科技革命的挑战，各个国家都在研究高等教育的改革。美国全国教育质量委员会经过18个月的调查，于1983年4月发表了一封给美国人民的公开信——"处境危险的国家，迫切需要进行教育改革"。信中写道："我们国家当前的处境危险，曾一度被我国占据的在商业、工业、科学和技术革新方面的毫无异议的领先地位，已被世界各国的竞争对手夺走。""我们向美国人民报告：我国社会的教育基础正在削弱，这是因为平庸之才越来越多的缘故，这种现象将对国家和人民的未来构成威胁。"这封公开信引起了美国各界人士的关注。当年年底，里根政府召集一次"全国教育质量讨论会"，与会者2300多人就提高教育质量问题研究对策。接着，联邦教育部和卡内基基金会通过长达数年的

---

* 原载《外国教育动态》，1988年第5期。

全国规模的调查，分别于1984年和1986年公布了提高美国高等教育质量的研究报告。报告提出，在全国关于学校教学质量的讨论中，高等教育对改进国民生活的潜力也没有得到确认。报告认为，美国应该成为人民受过良好教育的国家。为了达到这一目的，应该拓宽和加深美国的高等教育，以便为全体公民的智力、文化和个性发展提供更多的机会，高等教育已不仅是文化的保护者和传播者，而且已成为经济发展与民族昌盛的重要组成部分。

英国政府于1985年3月向议会提出了"把学校办得更好"的白皮书，同年5月2日向议会提出了"20世纪90年代英国高等教育发展"的绿皮书，1987年又提出了"迎合挑战的高等教育"的白皮书，可见英国对高等教育的改革十分关切。绿皮书中提到："我们国家的竞争对手，正在培养或计划培养比英国更多的合格科学家、工程师、工艺和技术人才，繁荣经济需要这些专门人才方能发挥企业家的才智和支持他们的成就。"

法国自1981年5月社会党开始执政以来，即着手对教育进行全面的改革，政府组织了一大批学者和专家按教育类别分专题进行调查研究，对改革提出具体建议，经过两年多的酝酿和准备，终于在1983年2月20日经国民议会投票通过了《高等教育法》，并于1984年1月26日由共和国总统颁布执行。1984年2月13日，法国总统弗朗索瓦·密特朗又亲自写信给法国的最高学府法兰西学院的院长伊夫·拉特尔特，请该院教授研究法国未来的教育应该怎么办。1985年1月，法兰西学院的全体教授终于向总统提交了一份正式报告——《对未来教育的建议》。该报告全文46页，约3万字，对未来的法国教育提出了九大基本原则：①尊重科学的统一性和文化的多样性；②学校的教育形式应多样化；③增加学生成功的机会；④在多样化中求统一；⑤及时调整教学内容；⑥统一学校所传授的知识；⑦提倡连续、交替的教育；⑧利用现代化传播知识和技术；⑨在自治中求开放，并通过自治扩大开放范围。

日本自中曾根康弘担任首相以后，就表示出对教育的关心，并于1984年3月成立了首相府的教育咨询机构——日本临时教育审议会。3年时间，日本临时教育审议会召开了90次全体会议、670次分组会议和专题会议，以及14次公众听取意见会，并分别于1985年9月、1986年4月和1987年4月提出了3次教育改革的咨询报告，发出了第三次教育改革的信号。1987年8月，文部省又成立了"日本教育改革实施总部"，继续推动改革。临时教育审议会在第一次审议报告中就提出："产业结构的变化，信息化社会的进展，人们对终生教育的渴望以及各个领域中日益增长的国际化趋势，都要求教育适应社会巨大变革和文化的进展。"

苏联则继1984年通过了《普通学校和职业技术学校改革的基本方针》以后，于1986年6月1日又公布了苏共中央关于《高等教育和中等专业教育改革的基本方针（草案）》（以下简称《基本方针》），经过9个月的全民讨论，于1987年3月21日正式公布，接着从3月25日至29日又连续公布了5个有关决议来贯彻这个《基本方针》。《基本方针》一开头就指出："为实现加速国家社会经济发展这一纲领性任务，要从根本上改善专门人才的专业训练、提高他们的马列主义素养。干部的业务水平、专业知识和高度的公民责任感，在很多方面决定着科技进步、国民经济集约化发展的规模与速度。"但是，"高等学校的教学、教育和科研工作水平并未完全与加速国家社会经济发展、迅速掌握科学技术新成果的任务相适应。"因此迫切需要改革，保证高等教育和中等专业教育要比国民经济技术改造优先得到发展。

从以上介绍的简单情况可以看出，世界各国，不论是资本主义国家还是社会主义国家，都在研究改革高等教育，以应付新的科技革命的挑战。这是一次世界性的竞争，谁在这次竞争中研究的对策及时而有效，它就将在竞争中战胜自己的对手。

二

这次国际性的高等教育改革的主要趋势是什么？有些什么共同的特点呢？

（一）加强高等学校与社会的联系，使它更加适应现代化经济发展和社会生活的需要

现代生产是以科学技术为前提的，而发展科学技术以及把新的科学技术成果转移到生产上，都需要依靠人才，而人才的培养则要依靠教育，特别是高等教育。高等教育的任务是培养专门人才，它与社会的政治、经济和文化的关系更为密切。人才质量的高低，直接影响一个国家的经济发展，因此，各国都把教育作为发展经济的战略问题来研究。而高等教育改革的首要问题，就是如何加强高等教育与社会的联系问题，使高校更好地为社会发展服务。

英国政府1987年向议会提出的高等教育白皮书中明确指出：高等教育必须有效地为经济服务，必须与工商界保持更紧密的联系，以促进企业的发展。

法国《高等教育法》强调大学既是发明创造的基地，又是工业和经济发展的动力，要重视把科研成果转变为生产力。为此，政府鼓励大学面向社会，通过提供科技咨询、签订科研合同、承担职业技术培训等方式，灵活而及时地满足工业界的需要。

1984年2月，日本中曾根首相顾问会议向报界公布了"为21世纪的教育改革的五原则"，强调：①国际化原则；②自由化原则；③多样化原则；④信息化原则；⑤共重人格的原则。这些都是针对教育与社会的关系提出来的。怎样使高等学校与社会紧密联系起来呢？各国大致有以下一些做法。

1. 强调把教育、生产、科学研究三者结合起来

苏联1987年高等教育改革的基本方针是把实现教育、生产和科学研究的一体化"作为高等教育改革的最基本的动力"。所谓一体化，包括下面一些内容：①高等学校与国民经济各部门之间建立合同责任制。规定在国家计划基础上，制订专门人才培养的五年计划和年度计划。高校保证专门人才培养的数量和质量，国民经济部门和企业应保证部分支付专业人才学习所需的费用和合理使用毕业生。②建立教学、科研和生产综合体，把一部分教学移到生产单位进行，高校在企业建立分教研室，使学生在学校里接受基础教育、专业理论教育，而在生产部门接受专业训练。③高校和企业之间广泛交流科技人员。企业的设计人员、技术人员参加教科研工作，直接培养本企业所需要的专业人员；高校的教授、教师参加提高工程技术人员的专业水平和充实其理论知识的工作。这样就能保证教学过程和实践活动之间的紧密联系，同时也为教师提供充实实践经验的进修机会。④高校和企业订立科研合同，共同进行实验、试制，建立联合实验室、联合设计局和试验性生产组织，为解决跨部门的综合性课题组织临时性科研生产集体。

美国的高等学校一向有为社会服务的传统，他们十分注意利用高等学校的知识和新技术、新思想的优势来发展新兴工业。著名的斯坦福大学旁边的硅谷就是典型的例子。近些年来，美国又建立了上百个大学——工业联合体（中心），诸如合作研究中心、工程研究中心、多学科研究中心以及各种类型的科学城、科学区。美国已经形成了5个主要的地区性科学—工业研究中心，它们是：在东海岸，以哈佛大学和麻省理工学院为核心，发展形成了波士顿科研中心；在西海岸，围绕着斯坦福大学、加利福尼亚大学和加州理工学院，形成了旧金山—帕洛阿尔托科研中心、纽约—新泽西科研中心、华盛顿—巴尔的摩科研中心、洛杉矶—圣地亚哥科研中心。

日本在20世纪70年代初就建立了筑波大学和筑波技术学园城，把科学研究和新兴工业结合起来。近年来，临时教育审议会的咨询报告强调进一步扩大产业界、政府、学界的共同研究制度，简称"产、官、学"协作体制。协作的方式并不要求简单划一，最主要的是在教育和研究这两方面发展三者之间的人员、信息及物资的相互交流，包括：①为了促进人才交流，要采取灵活聘任兼职讲师及客座教授的措施；②采取弹性的措施，在研究生院的硕士课程中对民间企业等的技术人员实行继续教育；③推动学术情报的有效交流，在大学开设社会合作的窗口；④在大学里附设必要的共同研究中心。

英国于20世纪70年代开始在大学内兴建科学园、区，最近又宣布将建立有大学参加的七个地区的技术中心，以加速技术成果向工业企业的转移。1987年4月，英国的高等教育白皮书中指出：高等学校已开始重视科研的实用价值，并愿意与工业界合作。自1981年以来，工业界给予大学的研究经费增加了一倍，经常出现成功的合作。但白皮书又指出："工业界与高等学校之间的联系仍然比不上其他许多发达国家。"政府正在考虑如何有助于鼓励工业界增加研究和开发投资，尤其是与高等学校开展合作研究。此外，政府还希望所有大学生能意识到企业的挑战和机会，允许学生假期到企业工作，鼓励他们制订毕业后开发自己的企业计划等。

近年来联邦德国"工学交流中心"大量兴起，加速促进高校与企业在人员、设备、经费、技术等方面的广泛交流，促进知识向工业企业的"迁移"。联邦德国的高等学校与地区的联系很密切。高等学校积极为地区提供技术力量，发展服务范围，开设本地区急需的专业，同时利用本地区所拥有的资源。此外，他们大力鼓励高等学校接受企业界委托的科研任务，放宽对高等学校教师接受企业委托的研究课题的限制。

2. 解决高等教育结构问题，实行高等教育结构的多样化

由于科学技术发展带来的经济发展与社会生活变化，社会需要各种

水平的人才，单一的高等学校的类型不能适应社会的各种需要。所以，从20世纪60年代起，各国的高等教育都出现了新的学校类型，短期的、职业性的高等学校发展特别迅速。例如，日本的短期大学，1955年有264所，在校学生77885人，到1984年发展到536所，在校学生381873人；专修学校1976年是893所，在校学生131492人，到1984年发展到2936所，在校学生536545人。美国的社区学院自1960年至1970年10年间，在校学生从66万人猛增至250万人，增加了近3倍。到1980年秋，全美有社区学院1231所，在校学生达480万人，占大学生总数的40%。短期大学和社区学院之所以这样受青年人的欢迎，主要是因为学制短、学费便宜、职业性强、适应社会的需要。

近年来高等教育结构发展的趋势是：把长期高等教育和短期高等教育结合起来；把全日制学习和部分时间学习结合起来；把高等教育纳入终身教育的范畴，重视成人的继续教育。也就是说，不仅高等学校有各种类型，而且高等学校内部的结构也实行多样化，使高等学校和社会的需要密切联系起来。

（二）解决高等教育发展中的数量和质量的矛盾，提高教育质量

20世纪60年代高等教育的大发展带来一个问题，就是质量有所下降。1984年10月，美国高质量高等教育研究小组在报告中指出："从1950年以来，入学人数虽然提高了约400%，美国高等学校的数量却只增加了60%……令人遗憾的是，学校的规模越大，学校往往就越复杂，越官僚主义化，每个学生热情投身理智生活的机会就越少，师生之间的个人接触也就越少。"报告还指出："为攻取学士学位而进入高等学校学习的学生，实际上只有一半获得了这一学位。"1962—1982年，毕业考试15门主修课测验中，学生有11门课的成绩下降。下降最严重的是那些需要较高的语言表达技巧的学科。美国高等教育的入学率虽然已经超过了50%，但是，上大学这件事就带有某种社会强制性，不愿意学习而勉强就学的人数增加，他们对大学生活并没有兴趣，往往中途辍学。据美国联邦政府统计中心的统计，美国中途辍学的大学生已经多达200万人，相当于在校学生总数的1/6。

多数国家影响教育质量的主要原因是经费不足。20世纪60年代高等教育大发展以后，教育资源没有得到相应的补充，产生了教育发展与办学条件之间的矛盾。

科学技术的发展对高等教育提出了更高的要求，是近年来提高高等教育质量呼声四起的另一个原因。法国在《高等教育法》中强调："法国政府认为，高等教育现代化的核心是提高教育质量。因此，政府积极支持大学紧跟现代新技术革命的势头，淘汰陈旧的课程，更新专业设置，调整内部的教学与科研结构，促进不同学科的相互渗透。"

苏联则是另外一种情况。苏联在20世纪五六十年代高等教育大发展以后，国民经济各部门的工作人员中大学毕业生的数量激增，进入20世纪70年代，国民经济发展所需要的高级人才已经基本上得到满足，因此，他们把高等教育发展的重点从数量转到质量。原高教部部长叶留金甚至说，国民经济各部门的专家已经达到饱和程度。为了解决高等教育的质量问题，苏共中央和苏联部长会议于1972年7月18日通过了《关于进一步改进全国高等教育的措施的决议》，同月又通过了《关于进一步发展高等学校和提高专家培养的质量的决议》。1987年，高等教育改革的《基本方针》又指出，有些方面的专门人才盲目地增长，同时培养质量又没有得到应有的提高，要求克服这种缺点。可见，无论从什么原因出发，提高高等教育的质量已经成为当前各国教育改革的重点。

那么，有些什么措施来解决这个问题呢？大致可以从以下几个方面着手。

第一，从培养目标上，要求培养的人才适应时代的要求，不仅掌握他所学的科学技术知识，而且要有较高的理解能力、分析能力、思考能力、表达能力，要有探索精神、创造学问和文化的基本素质，摈弃狭隘的专业意识。

美国高质量高等教育研究小组的报告中提到，要扩大广博的文科教育，以确保课程内容不仅直接着眼于学科的知识，而且着眼于学生的分析能力、解决问题的能力、交流能力和综合能力。它在"致学生"的一封信中强调："我们非常珍视高等教育的广博性和综合性，因为我们深深关心大学对你们一生的职业——不仅仅是你们的第一个工作——的意义。"

日本临时教育审议会的第一次审议报告指出："我们还必须承认如下事实：我国的教育，过多地培养了以死记硬背为中心的、缺乏主见和创造性能力的、没有个性的模式化人才。"同时指出："在未来的社会中，教育不仅仅是单纯获得知识和信息的途径，还必须重视自如地运用各种知识及技能，培养独立思考、创新、活用的能力。"

苏联在20世纪70年代初开始调整高等教育的培养目标，提出要培养具有广泛专业知识的专家，不仅要求学生掌握较宽的专业面，而且要求有较强的独立工作的能力。

第二，从课程结构、知识结构上加以改革。培养目标的改变必然要求课程的改革予以保证。因此，各国高等教育的改革都强调要调整课程设置和内容，加强基础教育，拓宽知识面。

美国1984年的研究报告突出广博教育的重要性，认为："谁也不能明确地知道，新技术将会怎样影响我们未来劳动力所需求的技能和知识。因此，我们的结论是：为未来的最好准备，不是为某一具体职业而进行面窄的训练，而是给学生能够适应不断变化的世界的一种教育。"美国教育部长贝内特在哈佛大学建校350周年纪念会上批评了被许多大学所效仿的哈佛大学的核心课程，他说，这种核心课程只不过是课程的重新组合罢了，学生们应该从有条理、有目的和连贯性的基础核心课程中受益。贝纳特的发言引起了很大的反响，有人赞成，有人反对。联邦政府要求加强文理基础教育，无论哪个专业的本科生都必须修满两年的文理基础课程，然后再学专业。

苏联在1987年的高等教育改革中，强调要修改教学计划，加强基础课的教学，加强文理渗透。文科的学生要学习一些理科的基础知识，如法律系和新闻系设数理逻辑；语文系的理论和应用语言专业设高等数学基础；经济系设数学和控制论方面的课程，包括高等数学、概率论、一般的统计学理论等；工科学生要学习心理学、统计学、经济学、管理学等课程。各类课程的比例大致是：基础课占全部课程的40%左右，专业基础课占25%～40%，专业课占20%～25%，政治理论课占8%。

第三，改进教学组织和方法，强调调动学生的学习积极性和培养学生的自学能力。美国的研究报告指出，高等教育提高教育质量有3个重要条件，它们是：①学生投身学习；②严格要求；③评价和反馈。所谓学生投身学习，是指大学生在学习过程中，投入了多少时间、精力和努力。它说，大量的研究证明，学生在学习过程中投入的时间、做出的努力越多，对他们自己的学习安排得越紧，他们的成长就越快，收获就越大，对他们的学习生活就越满意，他们的合格率就越高。有效学习的第二个重要条件是严格要求。特别重要的是，学校和教师对所有课程和专业大学水平的学习和发展要求标准应该正式公之于众。当要求和标准都很明确，并由教师和学生共同积极主动予以实施时，学生的知识量就增加。提高教育质量的第三个重要条件是正规而定期的评价和反馈。利用评价信息来更正努力的方向，这是有效学习的一种基本因素，也是学生投身学习的有力杠杆。

苏联这次高等教育的改革提出要改变过去大批的粗放式的教学为个别施教，以便发展学生的创造性才能。通过课堂讨论、实践课、辩论会及生产和实际情境模拟、学生参加科学研究、实际设计等发展学生的分析性和创造性思维。为此，要减轻学生的负担，让学生独立安排学习，教师给予方法上的帮助和指导。为了加强个别施教，需减少教师平均负担的人数，提高学生对学习成果的责任感，更严格和客观地评估学生的学习质量。为了便于个别施教，就要改变过去统一的教学计划的要求，让高等学校有使用教学计划的自主性。改革的新规定中，教学计划将分为3部分：第1部分是基础教育，约占全部教学总量的一半以上，将由苏联高教部统一制订；第2部分是专业教育，约占总量的30%~35%，由建立在重点院校的教学指导中心负责制订，同类院校派代表参加这个中心；第3部分是机动部分，约占总量的15%，由各个高等学校根据用人单位的要求和参照科技、文化发展的最新成果而制订。

十分有趣的是，美国和苏联本来是两种不同的教育体制和教育思想。美国历来强调通才教育，注重学生的个性发展，采取自由教学的方法；而苏联一向强调专业教育，强调严格要求。可是现在两者都在向对方靠拢，美国强调严格要求，而苏联却在强调个别施教，同时又都十分强调加强学生的基础教育、拓宽知识面、培养学生的创造能力。这不能不说明，这反映了20世纪80年代高等教育的普遍规律。

第四，提高教育质量的一个重要内容是提高整个高等教育的效益。正如美国的研究报告指出的："高等学校要全力以赴地提高教育质量，不过不能浪费。他们应该使有限的资源发挥最大的效益，并以合理的成本实施他们的教学计划。不考虑成本只追求质量，就和不考虑可能获得的利润而只注意成本一样地不负责任。"提高高等教育效益的一个重要方面就是要使高等学校的毕业生使用得当。苏联高等教育改革的《基本方针》就批评了苏联存在的这种缺点，指出："在专业人才使用方面存在的严重缺点，大大降低了高等学校工作结果的经济和社会价值。"《基本方针》要求改变培养和使用脱节的现象，他们采取的方式就是定向招生和实行预分配制度。

无须多言，上述各国高等教育发展过程中存在的问题，也是我国高等教育遇到的问题。各国高等教育改革中所指出的指导思想和具体措施，许多值得我们思考和借鉴。十一届三中全会以后，我们恢复了高考制度，大力发展高等教育，使高等学校从1978年的598所发展到1987年的1063所，在校学生从85.6万人发展到195.9万人。在这样高速度的发展中，遇到的一个突出的矛盾就是数量和质量的矛盾，办学条件（教师和设备、教材）都跟不上，因此迫切需要调整。高等教育是高层次人才培养的阶段，降低质量无疑使它失去了存在的价值。当然，我国一批历史悠久的老学校，特别是一批重点大学，近几年的质量是有提高的。但是，即使是这些学校也必须随着科学技术的进步而采取改革的措施，进一步完善教育、教学过程，才能不断提高教育质量，跟上形势发展的需要。我国高等教育的结构需要调整，招生、分配制度需要改革，教学内容和方法需要改进，这一切都是与提高高等教育的质量紧密相关的。所以，我们在研究国外高等教育改革时，不是可以受到一些启示吗？

关于高等教育发展战略的几点思考[*]

一

什么叫高等教育的发展战略？为什么要研究它？这是研究发展战略首先要回答的问题。所谓"战略"，是指重大的带全局性或决定全局的谋划。高等教育的发展战略，是指确保高等教育实现其社会的功能，并求得自身健康发展的谋划和决策。它应具有以下几个特征。

（一）具有相对的全局性

所谓全局性，也就是说，这种决策不是从高等教育本身或社会某个方面的需要和可能，孤立地谋划高等教育的发展，而是要把高等教育的发展放到整个社会环境中去考察，从社会经济、政治、文化、科学技术、人口、基础教育等与高等教育相互依存、相互促进、相互制约的关系中，做出发展高等教育决策构想和发展部署。这是关于高等教育发展的最高层次的决策和部署。它与一般的高等教育的发展规划的区别在于，后者是一定时期内、一定地区或一定学科门类根据发展战略和该时期、该地区或该学科的实际情况制定的具体、局部的发展规划。这种规划，只具有局部的自觉性，不具有全局的自觉性。如果没有或违背正确

＊　原载《高等师范教育研究》，1989年第1期。

发展战略，该发展规划即使反映了局部的需要和可能，在全局上，仍不可避免地具有盲目性。

（二）具有相对的长期性

高等教育的发展战略不是指近期的计划和发展，而是对高等教育发展在一个相当长的时期内起决定作用的决策构想。当然，实现高等教育发展的战略可以有近期、中期、远期的规划目标。但高等教育的发展战略统帅着近期、中期、远期的规划，而更着重于远期的目标。因此，制定高等教育的发展战略，不能受眼前的、暂时的不利因素或条件影响，切忌短期行为。例如，对于当前教育经费短缺、知识分子待遇菲薄的问题，需要从国家现代化的根本和长远利益出发，采取有力的解决办法。"学校创收"能否作为高等教育发展战略的一条措施，就值得研究和讨论。从高等教育发展的规律来看，从长远的眼光来看，加强高等学校与社会的联系，提倡高等学校加强为社会服务的职能，是具有战略意义的。它不仅对社会的发展有好处，而且对高等学校的专业改造、学科建设、教学改革、科研发展、人才成长以及经费来源等都有好处。但是，这种服务必须是和高等学校的教学和科研相结合的，是有利于人才的培养成长的。"学校创收"在某种意义上会促进高等学校与社会的联系。但是，如果只从"钱"的角度着眼，不顾学校的长远发展，就会变成短期行为。因此，如果"学校创收"是当前获取经费来源的一个渠道的话，也应该把它放在长远的发展战略目标下来考虑。

（三）具有未来性

这是和长期性联系在一起的。高等教育的发展战略既然是对高等教育发展在一个相当长的时期内起决定作用的决策构想，那么它就必须预见高等教育未来发展的基本趋势。因此，所谓未来性，实际上是预见性，即在对未来的预测分析的基础上对未来做出判断，以确定高等教育的发展战略。当然，未来不能脱离现状和历史。预测未来需要建立在深刻地分析现状和剖析历史、吸取历史的经验教训的基础上。预测高等教育未来发展的基本趋势，不仅要研究中国高等教育的现状和历史，而且要了解世界高等教育发展的现状和历史，对世界高等教育发展的基本趋势做出判断。因此，高等教育发展战略的研究不仅是一项跨学科的研究，而且在空间上要有广阔性、时间上要有纵深度，是一项立体的研究。

我们为什么要重视高等教育发展战略的研究？就是因为它带有全局性、长期性和未来性，可以最大限度地避免盲目性，克服片面性，提高自觉性，这对我国人才的培养，对我国社会主义现代化建设具有深远的意义。不认真研究它，就会严重地影响我国社会主义建设事业。新中国成立以来，高等教育的发展走了一条曲折的道路。从发展规模来讲，发生了几起几落，这都是由于我们研究高等教育发展战略不够，在战略决策上犯了严重的错误。例如，"文化大革命"初期高等学校的停办，以后取消高校入学考试，招收工农兵学员，"理工科大学还要办"，文科被大量削减等，这都是战略性的错误。这些错误所造成的后果，至今尚没有完全消除。考察我国高等教育的现状，也不难看到，我们现在对于高等教育发展战略并不是很明确，且有许多短期行为在起作用。因此，研究并制定我国高等教育的发展战略是刻不容缓的事情。

二

影响我国高等教育发展战略的因素是什么？这是研究高等教育发展战略必须搞清楚的问题，否则制定出来的战略构想就会是错误的或者不切实际的。研究高等教育发展战略大致要考虑以下几种重要因素。

（一）政治经济的因素

党的十三大提出，我国正处在社会主义的初级阶段，制定高等教育的发展战略就要从这个现实出发。社会主义初级阶段的情况是什么样的呢？赵紫阳同志在十三大的报告中阐述得很详细，即：一方面，以生产资料公有制为基础的社会主义经济制度、政治制度已经确立。另一方面，人口多、底子薄，人均国民生产总值仍居于世界后列。一部分现代化工业同大量落后的工业同时并存；一部分经济比较发达的地区同广大不发达地区和贫困地区同时并存；少量具有世界先进水平的科学技术同普遍的科技水平不高、文盲半文盲占人口近四分之一的状况同时并存，社会主义经济制度还不成熟、不完善，建设高度社会主义民主政治所必需的一系列经济文化条件很不充分等。

从政治上讲，我们是社会主义国家，我们要培养有理想、有道德、有文化、守纪律的社会主义建设人才。

从经济上讲，我们要培养适应社会主义商品经济所需要的人才。从这一点来说，我国高等教育就需要从战略上做较大的转变。过去我国实行的是计划经济，高等教育也是适应产品经济的教育，从招生、培养到分配都是由国家统一计划和管理，不是由市场的需要来调节。现在经济体制已经由计划经济改为商品经济，一切产品都要拿到市场上去竞争，企业自负盈亏。高等教育如果还是旧的一套体制，由国家计划招生和分配，使培养和使用脱节，这样培养出来的人才，企业大多不愿意接受。影响高等教育发展战略的经济因素是多方面的，还包括经济结构的变化、各地区经济发展不平衡等。因为本文不是着重研究这些因素对高等教育发展战略的影响，所以不多赘述。

（二）科学技术的因素

科学技术已经进入新的发展时期，表现为以信息化为标志，在电子技术、能源、材料、宇宙技术、海洋技术、生命科学等领域中的全面革命。科学技术革命为人才的培养提出了一系列新课题。世界各国无不在研究高等教育如何适应这种科技发展的新形势。我国在制定高等教育发展战略时不能不研究新的科技革命对高等教育的影响和要求。

（三）文化的因素

文化包括的范围很广，从广义来说，科学技术也包括在文化之内。这里主要是指文化教育的发展水平和文化历史传统。我国目前还是一个文化教育相当落后的国家，特别是农村和边远地区，甚至可以说还很不开化。这种状况影响到人们的思维方式，使他们认识不到科学技术在改造环境中的作用。他们只是消极地去适应环境，不重视去改造环境。这对于我国的教育思想和实践影响很大。我国的文化，继承了许多优秀的传统，但至今也还残存着不少封建的糟粕。影响教育最深的是"学而优则仕"的思想和封建科举制度的思想。在我国长期的封建社会里，学校教育制度和人才选拔制度是紧密地结合在一起的。知识分子为了做官，要寒窗苦读几十年。他们不接触社会，不参加生产，为了做官，鄙视一切其他职业和劳动。这种思想影响了我们几千年。中华人民共和国成立以后，我国的教育制度和劳动人事制度不仅没有冲击这种思想，相反在某种程度上使其更加凝固。只有到近年来实行商品经济以后，这种思想才受到严重的冲击，开始发生动摇。因此，我们在制定高等教育发展战略的时候，不能不研究这些文化历史传统对高等教育的影响。

（四）人口的因素

我国是人口众多的国家，现在有10.9亿人口，预计到20世纪末将达到12亿。这不仅给我国普及义务教育带来严重的困难，而且给高等教育带来沉重的压力。我国发展高等教育不能不考虑这个因素。

（五）民族的因素

我国是一个多民族国家，各民族地区的经济和文化发展程度差别极大。发展高等教育必须把培养少数民族的干部队伍放到重要地位，同时又必须考虑各民族地区的特点，因时因地制宜。

（六）社会心理的因素

过去我们制定规划也好，实行改革也好，不重视社会心理因素，结果是事倍功半。教育是关系到千家万户的事情，社会心理因素会对教育产生重要的影响。例如，当前正在酝酿高等教育招生分配制度的改革，改革的方案尚未出台，就已经引起社会各种人的反响，特别是青年学生的波动。青年们一方面欢迎这种改革，因为它具有竞争性，并将带来选择职业的自由；但同时又担心在目前的社会风气下难以进行公平的竞争，担心选择职业的困难。这种社会心理不能不影响到高等教育的改革。近年来，据说在大城市里报考职业高中的学生增多，报考普通高中的减少。有的人为此拍手叫好。但仔细分析一下出现这种情况的社会心理原因，恐怕未必是件好事。因此，在制定高等教育的发展战略时，不能被表面现象所迷惑，还需要分析更深层次的原因，分析社会心理的倾向及其所产生的后果。

（七）高等教育内部发展规律的因素

制定高等教育的发展战略不能不考虑到高等教育内部发展规律。高等教育内部发展规律指的是什么呢？大致有以下几点。

（1）高等教育是建立在高中教育基础上的专门教育。这里有两个含义：一是从水平上来讲，它是中学以后的教育；二是从性质上来讲，它是专门教育，是培养专门人才的教育。虽然有些国家高等教育实行的是"通才教育"，但它不同于中学的普通教育。每个大学生都是有专业的，"通才教育"不过是指专业的面比较宽、基础比较广而已。

（2）高等教育总是和先进的科学技术联结在一起的，教学和科研的结合是高等教育的特点。虽然高等教育是分层次的，短期高等学校不一定搞科研，但是不管什么水平的高等学校都必须利用科学技术发展的新成果，才能保证质量，培养专门人才。如果说一部分高水平的高等学校把教学和科研结合起来，不仅传授高深的学识，而且创造新的科学技术知识，那么一部分低层次的高等学校则要充分利用这些科研成果于教学之中。因此，即使是短期高等学校也不同于普通的中等职业学校，不能只是学习一技之长。

（3）高等教育有自己的质量标准，这种标准在国际上大体是一致的，不能把任何学校（特别是一般成人干部学校）都称为高等学校。"文化大革命"中提出的"大学就是大家都来学"、招收初中毕业生的做法实际上是对高等教育的破坏。因此，不能在亟须人才的借口下降低高等教育的质量标准。

（4）高等教育的学科建设和师资队伍的建设有自己的规律。建立一所新的高等学校必须具备一定的学科建设的条件，首先是该学科师资队伍的条件。不是任何大学都能建立任何学科，新大学的建立更不是轻而易举的。一个学科、一门专业的建立有时甚至需要几十年的时间。

（5）在我国现在办大学的情况下，除足够的教学条件外，高等教育还需要有大量的其他物质条件，如学生的宿舍、教职工的宿舍、食堂等一系列服务设施。

以上列举的许多因素都影响到高等教育的发展，这些因素是互相联系、互相制约的，而最基本的因素应该是政治经济的因素和高等教育内部发展规律的因素。在制定高等教育的发展战略时要充分考虑到它们的作用。

三

根据以上的分析，笔者对于我国高等教育的发展战略提出几点设想，供大家研究参考。

（一）要寻找一种调节高等教育发展和增强高等学校活力的机制

过去高等教育的发展是由国家计划来调节的。国家计划是根据国民经济发展所需求的人才预测来制订的。但是这种人才预测往往是不科学的。在计划经济条件下，企业根本不考虑培养人才的成本，同时也不考虑人才的合理使用。而高等学校则是被动地接受国家计划，并不了解实际的需求，因此，培养和使用严重脱节。这种状况一方面造成了高等学校培养的人才不一定切合实际的需要，另一方面造成人才使用上的极大浪费。现在我国实行有计划的市场经济以后，这种现象再也不能继续下去了，因此需要寻求一种新的调节机制。

商品经济的一个特点是市场竞争，产品作为商品拿到市场上让顾客自由选择。现在企业实行承包以后，对人才的要求就不像以前那样来者不拒了，而是也要进行选择。这就给高等学校提出了新的课题——要求人才的培养能适应企事业单位的要求，提供给它们挑选。也就是说，要把市场竞争的因素引入到学校教育。当然，人才是不是商品是值得研究的问题，但至少应该给予用人单位选择人才的权利，或者事先由用人单位和学校共同协议定向培养所需要的人才，这样就能把学校和社会紧密地联系在一起。

在西方资本主义社会，人才就是商品，主要由劳动市场来调节。即便如此，为了确保某些尖端或基础学科的发展，政府也进行一定的干预，即通过拨款资助来发展和培养某些它认为需要发展的学科和需要培养的人才。我国是社会主义国家，我们实行的是有计划的市场经济，我们不能像西方社会那样把人才放到市场上去自由调节，但需要把市场竞争的因素引入到学校教育中来，建立学校和社会联系的纽带和调节学校教育发展的机制。这种机制我认为就是"选择"。选择和市场竞争不同，市场竞争是单向的，商品只能由顾客挑选，没有挑选顾客的自由；而选择则是双向的，企事业单位可以挑选人才，人才也可以挑选企事业单位。而且这种选择不仅可以发生在成才以后，也可以发生在成才之前，即在学生入学以前或者在培养的过程中与企事业单位发生联系，签订合同，定向培养。

除了"选择"这个机制外，第二个机制就是拨款。国家要改变现在的拨款制度。现在是按照招生的人数来拨款。因此，学校为了争取经费，不顾社会是否需要，而盲目扩大招生，或者盲目提高层次。以后应根据需要拨款。拨款分两种形式，一种是由国家直接拨款，另一种是由企事业单位直接或间接拨款。所谓间接拨款，即按专业系统筹集资金，纳入教育经费。国家的直接拨款用于国家急于发展的专业或重点专业。

（二）引进这种机制，就需要对高等教育进行一系列的改革

首先要给予高等学校办学的自主权。高等学校要成为独立的法人来与社会其他法人发生联系。既然人才的选择是双向的，那么这种双向还应包含学校对企事业单位的选择，当然主要在学校特定的性质和任务的范围之内。既然培养的人才需要适应社会的需要，就要容许学校根据学校的需要来改变自己的专业和教学内容。也只有这样，学校之间才能有竞争，学校才能办出特色。

学校要有财权和用人权，要允许学校重金聘请专家到学校任教，裁减不胜任的多余的教职工，实现学校教职工队伍的优化组合。

这又涉及教师的职务聘任问题。应当改变目前高等学校教师职务聘任制度，实行职务职衔双轨制。职衔作为一种资格，而职务的聘任可以因人而异，也可因校而异。办得好的高校，特别是重点高校，职务的聘任应严于一般高校，工资也要相应地高于一般高校。这样学校之间就有竞争，就会对学校的工作起到促进作用，同时也能促进教师的真正流动。目前的教师职务聘任制，实行职务定额分配，本意是要促进教师流动，实际的结果却是由于各校都有定额的限制，阻碍了流动，使教师队伍更加凝固。这种状况不改变，选择的机制或竞争的机制就不可能在高等学校中起作用。

（三）改革招生分配制度

这是国家正在着手解决的问题。现在把改革招生分配制度与自费上学及有偿分配联系在一起，我认为这是两件事。当前，在我国工资、价格都还没有理顺的情况下，实行自费上学为时过早。因为，学费收多了（达到现在的学生年人均投资额），家长负担不起，这样就会抑制部分优秀学生的入学要求，在现在不收学费的情况下，许多家长对供子女上大学已经感到负担沉重；学费收少了，失去了收费的意义。因此，应当首先实行奖学金和贷款制度，向学生提供奖学金和生活贷款，让大学生脱离对父母的依赖，建立起学生与国家和企事业单位的依存关系，增强其学习的责任心和自觉性。现在世界上任何国家，包括经济最发达的美国，许多学生的学费和生活来源都依赖于奖学金和生活贷款，国家以此来竭力鼓励优秀人才上大学。这种做法是值得我们思考和借鉴的。奖学金和贷款的资金从哪里来？可以从有偿分配而来。在目前条件下可先实行有偿分配，把智力投资计入成本，收取的有偿分配的费用作为新学生的奖学金或贷款。

（四）建立多层次、多规格的高等教育体系，以适应我国社会和经济结构的需要，适应现代科学技术发展的需要

现代科学技术的发展引起了生产过程的现代化和社会生活的现代化。现代经济结构和技术结构的多样化以及生产服务技术的多样化，不仅需要各方面的高级专门人才，而且需要各种不同水平的人才。特别是我国存在着多种所有制和多种经济结构，更需要多种层次、多种规格的人才。高等学校不能单一结构，需要一个多样化的结构。世界各国高等教育发展的历史也都走过了由单一化到多样化的道路。

可以设想，我国高等教育的体系由以下几种类型和层次构成：①大学研究生院，培养硕士和博士等高层次人才。②大学和学院本科，学制4~5年，培养高级专门人才。③专科学校，学制2~3年，培养中级技术

人员和管理人员。④短期大学，学制2年，进行高等教育中的基础教育和职业教育，培养半专业人才。为了使这种半专业人才有较强的适应性，专业不可分得太细。短期大学也可以作为大学的第一阶段，便于学生将来继续学习。⑤广播电视大学、函授大学、夜大学、高等教育自学考试。总之，高等教育的结构应是一个多维的立体模型，但在建立这样的结构时要注意以下几点。

第一，不同层次、不同类型的学校要有一个合理的比例关系。这种比例关系不是凭主观意愿确立的，应该根据社会的实际需要来确立，而且要通过供求关系来调节。从目前的情况来看，我国专科和短期大学所占的比例过小。是否可以设想，近几年主要发展专科和短期大学，大学和学院则以提高质量为主。短期大学这种类型在我国至今尚未形成，只有一些社会办的大学具有这种性质，但它们大多没有授予学历的资格。专科学校也主要是师范专科为多，其他专业的专科较少。这种状况需要改变。广播电视大学、函授大学、夜大学要加以整顿，提高质量，并逐步把它们从学历教育转入到继续教育和终身教育的轨道上。

第二，大学和学院仍是我国高等教育的主体，要努力提高它们的质量。这类学校中要有一部分办成教学和科研两个中心，使它们在高等教育中起主干和学科带头的作用。

第三，不论哪一种类型的学校都要办好一批重点学校。所谓重点学校，就是办学有特色，教学质量高，毕业生受用人单位的欢迎。要改变似乎只有四年制、五年制大学才能成为高质量的重点大学的旧观念。其实，每一种类型、每一种层次的学校都有它在自己层次上的高质量。

（五）在领导体制上，作为一条战略措施，我主张国家抓一头放一头

抓的一头是现在的602所四年制以上的本科大学和学院，放的一头是专科学校和其他类型的短期性大学。笔者建议国家教委对602所大学和学院进行评估和调整，对于不符合条件的院校则可视具体情况或并入

其他院校，或降格，或撤销。如果能调整到400所的话，每所学校在校学生3000～5000名，则全国有高水平、高质量的大学生120万～200万人，这就能保证我国高等教育的水平。

对于专科学校和其他类型的短期性大学，则可放手让地方和社会办，并可通过人才市场来调节。国家只要规定几条质量标准和设置的条件标准，根据这些标准任何地方和单位都可以办，以充分满足地方对人才的需求，同时满足青年求学的需要。这些学校的盛衰，不会影响到高等教育的全局。

这样，国家对于高等教育的投资就可以集中放到400所国家办的学校，同时在这400所大学中再着重抓好几十所重点大学，把它们办成高水平的科研型的大学，使它们在国家的政治、经济和科技发展中起重大的战略作用，成为培养最高层次人才的重要基地，同时在高等教育中起主干和指导作用。世界各工业发达国家都有几所或几十所这样的重点大学，例如，美国3000多所大学中，这类研究性大学约有50多所；苏联800多所大学中有重点学校70所，其中高水平的不到10所。英国、法国、日本都有这样一批重点学校。我国也需要集中财力办好少数这样的重点大学。办好这种大学也是具有重大战略意义的。

如果不放一头，1000多所高等学校都要由国家来抓，则势必要分散财力和人力，因而就没有重点。而没有重点，也就没有高质量、高水平。以上是从高等教育发展战略的角度来考虑的，但仅仅是几点设想，要真正提出我国高等教育发展的战略思想和措施，还需要对上述提到的各种因素进行细致的、综合的研究。

本科教学是高等教育的基础[*]

一

高等教育是一个多层次的概念，它包含专科、本科、研究生3个层次。研究生又分硕士和博士2个层次。专科属于高等职业教育性质，是单独的结构，与本科和研究生教学没有直接的联系。本科教学和研究生教学是紧密联系的，而且存在于一所学校之中。我国600多所本科院校中已有400多所具有硕士学位授予权，160多所具有博士学位授予权。在这些学校里就有一个如何处理好本科教学和研究生教学的关系问题。特别是一些重点院校，都设有研究生院（目前有33所），研究生的数量很大，一般占学生总数的1/5。因此，学校的教学工作重点往往会放到研究生教学上，有学术造诣的教授往往只从事研究生的教学和科研指导，本科教学相对地被削弱。这种现象不能不引起我们的重视。

本科教学应该是高等教育的基础，应该作为学校教学工作的重点加以重视。这是因为：①本科阶段是高等教育的入门阶段，它学习的内容主要是基础理论和本门专业的专业基础理论，只有打好了这两方面的基础才能在本门专业领域内进行深入的研究。研究生阶段是在本科阶段基

---

* 原载《高等教育学报》，1990年第2期。

础上建立的，学生只有在本科阶段掌握了较扎实的基本理论（包括专业理论）才能有条件开展科学研究。说得简单一些，本科生是研究生的生源，没有高质量的本科生教学，就选拔不出优秀的研究生。②研究生阶段除了还要继续学习一些研究生课程外，主要时间是放在科学研究上，而研究生的课程又大致是围绕着科研方向进行的。因此，研究生课程不能代替本科课程。如果本科的基础打得不扎实，在研究生阶段即使在某个领域内有创新，也往往会缺乏后劲，影响到今后的发展。③本科是一个独立的阶段。我国的高级专门人才大多数靠本科来培养，本科毕业生升入研究生的毕竟是一小部分，大约10%。也就是说，90%的本科生毕业以后就要立即参加工作，就要成为我国各条战线上的骨干，他们的质量直接影响到我国社会主义建设和发展。因此，学校要花大力气抓好本科教学，提高教学质量。

二

如何抓好本科教学？我认为主要是抓好课程建设和教师队伍建设两个方面。而抓好这两个方面，又必须有一个总的指导思想，即我们的教育观念，我们要把大学生培养成什么样的人。确定了这个总的观念，课程建设和教师队伍的建设才有了方向。

把大学生培养成什么样的人，也即培养目标问题。1985年《中共中央关于教育体制改革的决定》中有一段话，这就是："有理想、有道德、有文化、有纪律，热爱社会主义祖国和社会主义事业，具有为国家富强和人民富裕而艰苦奋斗的献身精神……不断追求新知，具有实事求是、独立思考、勇于创新的科学精神。"培养目标是社会的政治、经济和科学文化所决定的，具有时代的特点。我国当前正处于历史的转折点。我国改革开放的政策以及由计划经济向社会主义商品经济的转变，都要求高等教育的培养目标有相应的变化。我国高等教育在20世纪五六十年代是学苏联的。按照苏联学者的描述，苏联20世纪50年代的高等教育是培养现存的专家，他们学习的是"开处方"式的知识。也就是说，基础比较狭窄，缺乏创新精神。进入20世纪70年代，他们也深深感到，培养这样的专家和时代是不相称的，因此提出了培养专业知识面宽的专家，要求专家有高度的创造潜力，掌握专业的发展趋势。我国高等教育这种转变尚未完成。我国许多高等学校的校长、教授都呼吁，高等教育的培养目标要改变过去专业面狭窄、重知识轻能力、重理论轻实际的状况。近几年来虽有所改进，但远不尽人意。似乎从理论上、舆论上大家都是一致的，都认为要拓宽学生的知识面、要培养学生的能力、要让学生学得生动活泼、要培养学生的独立思考能力和创新的精神，但是在实际教学工作中又放不开手脚，又生怕学生学少了、学浅了，处处框着学生。

问题的症结在什么地方？我认为，制度的改革没有和观念的转变同步进行。固然，制度的改革需要有新的观念做指导，但反过来，只有制度的改革才能确保观念的转变。说得简单些，也就是说，我们在教育改革上，从理论上说得多，从实际步骤上都迈得很小。因此，我认为目前高等学校本科教学的改革应该从课程改革着手，以此来确保中共中央决定中培养目标的具体实施，同时进一步促进教师教学观念的转变。

三

课程改革包括教学计划的改变和教材内容的变化。高等教育的专业有几百种，本文只能谈到高等教育课程改革中的普遍原则。根据近几年来各国高等教育改革的趋势，我认为高等教育课程改革应该朝以下几个方面发展。

（一）拓宽基础知识的领域

高等教育是培养高级人才的教育，拓宽知识面不仅是从专业发展的要求出发，而且要从高级人才应有的素质的要求出发来考虑。大学毕业生应当具有较高的文化修养和精神境界。他不只是某个专业的专家，而且是社会的精英、国家的栋梁。他们应当具备丰富的自然科学、社会科学和人文科学的知识。虽然中学已经为大学生打好了一定的科学文化知识基础，但是，中学学的知识毕竟是最一般的基本知识，是为在大学里进一步学习打基础的，还没有深入科学文化的深层。要培养学生较高的文化修养和精神境界，靠中学的知识是不够的，更何况中学生尚处于不够成熟的阶段，理解力和判断力都不如大学生，因此在大学本科阶段拓宽和加强各个领域里的基础知识是十分必要的。

当然，基础知识的拓宽不是为拓宽而拓宽，而是要有利于专业的提高。可以设想，大学本科前两年以学习基础理论为主，可以根据不同的专业分成理科、工科、医科、文科4大类来设计课程。每一大类都基本学习同类的课程，但其中一部分可以由学生选择，到三年级才开始分专业学习。

（二）减少必修课，增加选修课

拓宽基础知识并非千人一面，而是要因人而异，照顾到每个学生的兴趣、爱好和特长。这也是当前世界高等教育发展的趋势。过去苏联是划一的教学计划。近年的教育改革批评了过去的划一性，提倡个别教学，这是因为人并不是一个模式，人是有差异性的，用一个模式来塑造人，只能损害或抑制他的能力的发展。因此，在课程设计中要考虑到大学生的个别差异，在各个领域设多种课程，由学生自己选择。例如，哈佛大学1978年制定的5个学术领域的公共基础课包括：①文学和艺术领域；②历史领域；③社会和哲学分析领域；④外国语言和文化基础领域；⑤数学和科学领域，共设有10门课程，学生可从中选学七八门。

专业课除专业骨干课程外也应多设选修课，才有利于学生的发展。

减少必修课，增加选修课不仅是学生的需要，也是学校的需要。学校要办出特色，就要开出自己特有的课程。否则，全国一套教学计划，一套教学大纲，学校是办不出特色的。

（三）减少教师讲授的课时，增加学生自学的时间

当前教学改革的一个症结点是教师不愿意少讲，学生不习惯于少讲。教师总怕学生对基本概念掌握得不扎实，因此总是详细地讲、深入地讲。但是，这样的效果是不是好呢？值得怀疑。因为，掌握知识要靠学生自身内在的矛盾。这里包括学生学习的态度和努力程度，同时包括学生原有的知识基础。教师讲得很多，如果学生并没有经过他自己的大脑去思索，结果还是等于零。有些概念不是教师一讲就能明白的，而是需要学生自己思索。而且通过自己的思索才能培养学生理解问题和分析问题的能力，才不至于由于只接受现成的结论而习惯于死记硬背，不动脑子。美国高质量高等教育研究小组于1984年10月发表了一篇报告，题为《投身学习：发挥美国高等教育的潜力》。报告中讲到保证本科教育质量的条件时提出，提高教育质量有3个重要条件：①学生投身学习；②严格要求；③评价和反馈。报告中说："大量的研究证明，学生在学习过程中投入的时间、做出的努力越多，对他们自己的学习安排得越紧，他们的成长就越快，收获就越大，对他们的学习生活就越满意，他们的合格率就越高"。这是很有道理的。因此，我要奉劝讲得太多的教师，你们不要把学生的脑子养懒了、养僵了。要使你的学生脑子灵活、善于思考，你就少讲一点。

当然，教师少讲了，并不等于不严格要求。教师就需要更加严格要求学生，要给学生设计自学的计划，提出自学的要求和应该完成的任务，定期检查与评价。

（四）每个专业都要设计一套主干课程和与之配套的选修课程

对这套课程要有精细的大纲要求，高质量的教材，配套的参考资料和实验、练习的要求。通过这套课程的实施，就能达到大学毕业生培养目标的要求。当然，这套课程不是永不变化的，而是经过若干年，随着学科的发展和社会实际的要求进行修改，每年也要根据实际情况进行补充和修改。

四

以上说的是课程建设。至于教师队伍的建设，我认为应考虑下面几个方面。

（一）让学有造诣的教授、副教授担任本科教学，特别是基础课的教学

应当使大学生一进学校就认识名教授，听到名教授的课，受到名教授治学的影响。大学是高等学府，是学者会聚的地方，著名的学者在大学生进校的第一天就站在讲台上，会给学生一种进入了高学术领域的心理感觉，这对他今后的学习和思想会产生巨大的影响。因此，不要小看教授上讲台的问题。当然，青年教师中有许多出类拔萃者，他们的教学水平也许不亚于老教授，但是，他们没有老教授上讲台那种心理影响。青年教师也需要上讲台，才能成长为有经验的教师，但他们可以先在专业课上或选修课上着手，然后再转到基础课上。对大学生来讲，到了高年级，已渐趋成熟，已经有独立学习的能力，对教师的依赖性较小，教师对他的心理影响也逐渐减少。对青年教师来讲，他的成长过程应当是从专业课教学到基础课教学，而不是相反。不要以为基础课是基础，比较浅近，容易教好。恰恰相反，基础课包含着学科的基本规律性的东西，要把基础课教好，必须有深厚的专业知识，对专业知识研究得越深，对该门学科的基础知识也才了解得越深。青年教师一毕业就教基础课，往往是不容易教好的。因此，基于上述几方面的原因，我主张要让最有名望的教授给大学低年级学生上基础课。

（二）教师要永远站在科研的第一线，把科研和教学结合起来

只有不断地从事科研，教师才能吸收新的科学成果，不断地丰富自己的教学内容，教学质量才能不断提高。在实际工作中，大学教师往往把教学和科研对立起来。当然，在时间上两者是有矛盾的。因此，教学管理部门应该为第一线的教师创造科研条件，保证教师至少有30%的时间搞科研，从事教学三五年以后应该轮空，使教师有专门从事科研的时间。高等教育不同于中等教育，不是把现有的知识简单地传授给学生，而是要把该门学科的最新成就告诉学生，要培养学生该门学科的思维方式，教师不搞科研就达不到这样的目的。

（三）教师要懂得一点教育理论和教学方法

过去有一种错误的理论，认为大学教师只要有学问，不需要懂得教学方法。这种理论近些年来逐渐在破产，但还没有完全销声匿迹。特别是那些有经验的教授不相信这一套。他认为他过去没有学过教育学、心理学，现在不是教得很好吗？但不知，他教得好的经验恰恰是在他长期教学过程中去粗取精、逐渐提炼出符合教育规律的东西而积累起来的。教学经验既然可以摸索和长期积累，那为什么我们就不能在短期内掌握它呢？当然可以。任何一个社会现象都是有规律的，教学现象也是有规律的。既然有规律就可以学习它和掌握它。因此，教学队伍的建设应该包括提高教师的教育理论水平和教学业务能力，对青年教师尤其要如此。

科学技术的进步使得现代技术闯进了教学过程，成为提高教学质量的重要手段。如何评价和运用这些技术，就给教师提出了新的课题。对现代教育技术选择和运用得当无疑会较大地提高教学质量。反之，如果

选择和运用不当，也可能出现相反的效果。因此，教师不仅要娴熟地掌握本专业的理论，而且要具有运用现代技术的一些技能，才能适应现代教学的要求。

教师学习教育理论更重要的目的是要更新教育观念，一开头我们就提到，提高教学质量需要有一个总的指导思想，即教育观念。这种观念不仅在设计课程时需要，在教学的全过程中都需要。如果教师头脑中还是一种老观念，认为教学就是我讲学生听，那么，教学改革就无法进行，学生的独立思考能力、创新精神也无从培养。

搞好本科教学，当然还有如何组织教学、评价教学的问题。一方面限于篇幅，本文不准备做详细的论述；另一方面我认为，如果把课程建设好，把教师队伍建设好，而且都有一个明确的指导思想，则教学的组织和评估就比较容易解决了。总之，本文想说明的是，本科教学是整个高等教育的基础，要重视它。而提高本科教学的质量有许多工作需要做，要从制度上、课程上、方法上加以改进和完善。

自学考试是培养人才的好形式[*]

　　20世纪以来，世界教育改革的最大成就莫过于"终身教育"的提出。它使人们的教育观念得到更新，教育已经不是只局限于学校范围内了，它扩大到全社会，扩大到人的一生。20世纪，人类在科学技术上取得了巨大的进步，科技的发展促进了生产力的提高，现代生产的不断变革使得人们要不断学习，才能适应现代生产带来的职业的变更。学校教育所给予的知识已经不能使毕业生一生受用不尽，需要全社会的教育来补充，因此在20世纪中期就出现了开放大学等继续教育的形式，以满足人们不断增长的学习要求。

　　我国高等教育自学考试也是这个世界大潮流的一部分，但是它又具有中国的特点。党的十一届三中全会确定了坚持四项基本原则、坚持改革开放的社会主义建设总路线，经济建设、民主建设需要各方面的人才。可是"文化大革命"却耽误了一代人，他们失去了上大学的机会，他们迫切要求学习。北京市创办高等教育自学考试，既为这一代人提供了学习的机会，又为社会主义建设培养人才，真是一举两得。当然，现在它的职能已经发生了变化，已经不只是为"文化大革命"耽误的一代提供学习机会，它越来越变成继续教育的重要途径，是我国终身教育体

---

[*]　原载《光明日报》，1990年10月29日。

系的一部分。

北京市高等教育自学考试创办10年来取得巨大成绩，培养了众多人才。高等教育自学考试自己没有学校、没有教师，单凭考试检验学生是否达到高校毕业水平，能否保证质量，这是社会上许多人关注的问题，也是高等教育自学考试能不能存在的关键。北京市的10年实践证明，这是完全可以做到的，关键在于有没有严格制度、有没有严格的管理。我参加北京市高等教育自学考试委员会的工作发现，北京市高等教育自学考试是严肃认真的。北京市高等教育自学考试委员会的委员大都是北京市几所著名大学的专家，开会讨论的议题多是质量问题，他们严格审查各专业的考试计划，聘请该专业有权威的学校为主考学校，认真地聘任专家为课程考试委员。

高等教育自学考试的中心环节是自学。教学是师生共同活动的过程，自学只是学生单方面的活动，缺乏教师的指导是困难的一方面，但是另一方面却给学生以充分发挥主动性的机会。学生对教材中心内容要靠自己思索、自己理解，不受教师讲授的框框的限制，因此可能会学得更扎实，理解得更深刻。考试是对自学成果的检验，由社会承认。考试是高等教育自学考试的关键，只有严格地组织好考试才能真正检验考生自学的结果。北京市高等教育自学考试始终抓住了两个环节：为了考生更好地自学，组织了助学活动；为了严格考试，制定了一系列措施，编制题库，使考试更科学化、标准化。

高等教育自学考试毕竟是新生事物，有必要总结经验，不断完善和提高。我们在庆祝高等教育自学考试十周年之际，向在自学考试工作岗位辛勤耕耘的同志致敬，并祝北京市高等教育自学考试工作取得更好成绩。

漫谈高校毕业生出路问题[*]

中华人民共和国成立以后，对高校毕业生的出路采用国家包下来的办法，实行统一分配。过去，人们认为这种制度体现了社会主义的优越性，表现在人才培养的计划性和对人才的爱惜上，使他们有充分的就业机会。随着我国经济体制改革的深入，这种毕业生分配制度越来越不适应形势发展的需要，而且正在起着阻碍生产力发展的作用。其弊端表现在以下几方面：①毕业分配和工资待遇只看学历，不看能力，严重地挫伤了学生的积极性，使得高考成了就业的敲门砖，千军万马都奔向一扇门，进了校门就等于进了保险箱，读好读坏一个样，混到毕业，领到文凭就可以去就业。就业以后也不论你是名牌大学的毕业生，还是条件很差的学校的毕业生，不问你学得好坏，统统拿一样的工资，享受同样的待遇。这种制度怎么能激发大学生学习的积极性？②这种分配制度严重地阻碍着人才通向最需要人才的农村和边远地区。毕业生分配制度按道理讲应该有利于把优秀人才分配到最需要的地方。但是由于现在经济体制的改革，光通过命令和说服教育已经不能引导学生接受国家分配或者自愿到不发达的农村和边远地区。那么，什么情况才能使人才流向农村和不发达地区呢？只有3种情况：一是农村地区富裕起来，工资收入高

---

* 原载《中国大学生就业》，1993年创刊号。

于城市；二是用高薪吸引人才；三是通过人才竞争，他竞争不过别人，找不到合适的工作，自然而然地就会流进来。是不是到农村的人才质量就不如城市呢？相对来讲是这样，但绝对来讲他还是同龄人中的佼佼者，因为我国大学毕业生毕竟是少数，何况，将来分配制度改革以后，靠竞争，学习得会比现在更好些。③阻碍着基础教育的改革。为什么片面追求升学率的思想久批不衰呢？就是因为大学毕业是"铁饭碗"。追求升学就是追求就业，就是追求"铁饭碗"。当然随着经济体制改革，"三资"企业的"金饭碗""银饭碗"的出现，"铁饭碗"不那么有吸引力了，因而分配制度也即将坚持不下去了，但毕竟有一只"饭碗"在保底，比没有"饭碗"要强得多。因此，没有"饭碗"的人自然对这只"饭碗"垂涎三尺。

有这么多弊端，可见非改革不可。改革的出发点就是要使高校毕业生的出路问题适应我国当前经济发展的需要，也就是说要找出一种机制，使我国高校毕业生一方面人尽其才，充分发挥他们的才华；另一方面能够使人才通向需要的地方。这种机制是什么？是竞争。一说竞争似乎是剑拔弩张，很紧张，其实并非如此。所谓竞争，实际上是一种"选择"。不同社会集团对人才有不同的选择。竞争就是让大家来自由选择。就像青年男女找对象一样，除非自身有极大的缺陷，或者个人有过于苛刻的要求，否则总会找到合适的对象。"自由择偶"总比"强制婚姻"好得多，而且要允许"离异"，允许人才流动，才能充分发挥人才的作用。这种机制的形成必须和工资制度的改革、用人制度的改革结合起来配套进行才能奏效。

竞争也不是盲目的。首先要提供竞争的条件，就是各种政策。其次要给竞争者提供信息。所谓竞争，不仅是毕业生之间的竞争，也包括用人单位的竞争。因此，要给毕业生提供就业的信息，同时也要给用人单位提供人才的信息。高等学校要开展毕业生的就业指导，除向毕业生提供就业信息外，还应给毕业生提供就业咨询，做毕业生的参谋，帮助毕业生分析就业形势和职业前途，使毕业生有一个正确的选择，找到合乎自己条件的、能够充分发挥自己才能的满意的工作。

以上是我的一些想法，不一定恰当。而且应该说明，改革的难度是很大的，绝不是口头上说几句就能办到的。我们既要有决心做政策上的决策，又要办具体的实事。非常高兴，创办这本《中国大学生就业》杂志，就是为改革做实事。大家可以利用这个刊物出谋划策，讨论出一个好的办法。同时，更重要的是为毕业生服务，向他们提供信息和咨询服务。我们祝刊物办出成绩，办得成功。

大学的理想和市场经济[*]

一

英国教育家阿什比（Eric Ashby）有一句名言："任何类型的大学都是遗传与环境的产物。"他说："大学是继承西方文化的机构。它保存、传播和丰富了人类的文化。它像动物和植物一样地向前进化。"的确，大学的发展如果从中世纪意大利的波隆亚大学算起，已经历了700余年。它的职能、规模、课程、培养方式等都与初创时期迥然不同。但是各国的大学却都还或多或少地保持着各自的传统，使各国的大学既有共同之处，又各具特色。我们称这种传统为大学的理想。它引导着各国的大学乃至整个高等教育发展的航向。当然，大学的理想也不是一成不变的，它也随着时代（环境）的变化而不断变化，但它毕竟带着各自的遗传因子。这种遗传与环境是如何在大学理想中变异的，正是我们要研究的问题。

中世纪的大学作为一个教育机构是由教师和学生聚集而成的，是一个自治的团体，有人称它为一种行会组织。其目的是培养有教养的教士、教师、神学家、律师和医生等专门人才。起初，大学都是单科性

的，如波隆亚大学设法学、萨拉偌大学设医学、巴黎大学则是一所神学院。到13世纪，大学都设有文、法、神、医四科。课程以语法、修辞学、逻辑学、算术、几何、天文学和音乐，即"七艺"为主。在当时，大学自治、传授知识，为统治阶级培养有教养的人才就是中世纪大学的理想。

14世纪到17世纪是文艺复兴和宗教改革的时期。商品经济的逐步发展，贸易的扩张，中心城市的兴起和中产阶级产生，动摇了教会对大学的控制和禁欲主义的思想，建立了人文主义的教育理想。但是欧洲大学本质上仍是贵族的教育，即培养统治人才的教育。

工业革命给大学的理想注入了新的血液。科学技术在生产上的应用需要培养掌握先进科学技术的高级专门人才，为物质生产服务成为社会对大学教育提出的客观要求。但是，这种要求却受到传统大学的顽强抵抗和排斥，以致许多高等技术学院甚至直到20世纪中叶还被排除在高等教育之外。例如，在英国，"高等教育"一词传统上只适用于大学，直到1963年罗宾斯委员会发表的《高等教育》报告中，才把技术教育、管理教育以及继续教育学院和师范学院提供的达到与当时英国25所大学同类教育水平的教育包括到高等教育的范畴。可见，大学传统理想的顽固。但是时代在前进，大学要想前进和发展，也必须改革。因此，工业革命使大学教育进入了一个新的发展时期，大学不只是要为统治阶级培养有教养的人才，而且要为工农业发展培养科学技术人才。大学教育的内容不只是传授古典人文科学，而且要传授自然科学的知识和技术。除了一批技术学院和农工学院应运而生外，传统的大学也在自我改造。还是以英国的大学为例，在工业革命的过程中，英国的大学没有起到应有的作用，技术进步主要是没有受过教育的工人创造的。大学主要关心的是授予学位、培养绅士，与社会的经济发展不发生什么关系。正因为如此，牛津和剑桥在17世纪和18世纪衰败下来，直到19世纪新大学的出现，才逐步改变了英国高等教育的概念。牛津和剑桥也不得不在一片批评声中走上改革之路，同时它们本身也才得以复兴。

1810年创建的柏林大学改变了大学的思想。柏林大学提出了"学术自由"和"教学与研究相统一"的办学原则，影响到欧美各国的大学。从此，科学研究成为大学的重要职能。

二

由于大学是"遗传"和"环境"的产物，因此，大学的理想仍有不同。阿什比在《科技发达时代的大学教育》一书中虽然没有对大学的理想做详细的分类，但他分析了其中几种不同的大学理想。我结合自己的理解把大学的理想归纳为下面几种。

第一种是人文主义理想，可以英国的大学为代表。英国大学的保守是世界著名的。牛津和剑桥两所大学统治了英国大学几个世纪。它们办学的目的是为教会和政府培养高级神职人员和官吏，它们强调培养有教养的人，而不是有学问的人。大学的职责是实施博雅教育而非专业训练，大学毕业生有绅士般的教养比有高深的学识更重要。

这种大学的理想影响到英国高等教育的发展规模和办学模式。他们认为，办学的力量来自大学体系本身的内部逻辑，不受社会需求和青年求学的压力。他们坚持录取学生的严格标准，坚持严格培养，保证质量。但带来的问题是高等教育严重脱离社会实际需要，同时也限制了高等教育的发展。19世纪为适应经济发展的需要出现了一些新大学和技术学院，形成了英国高等教育的双重体系，直到20世纪60年代，这种双重体系才有所改变。20世纪50年代"人力资本理论"改变了人们对教育的看法。经济学家发现，教育不是没有效益的，相反，教育是一种最廉价的投资。经济发展需要依靠人才来创造新技术、提高劳动生产率，而人才要靠教育来培养。特别是20世纪中叶以来的科学技术革命，更使各国政治家、企业家感到人才之可贵。这种思想使英国的大学理想发生了革命性的变革，英国开始重视科学技术专门人才的培养，这种变革充分反映在1963年的《罗宾斯报告》中。于是新大学运动在20世纪60年代开始蓬勃发展起来。

第二种是功利主义理想，可以美国高等教育为代表。美国是个移民国家，原是英国的殖民地，它的高等教育一开始就打上了英国殖民主义的烙印。但是为了要生存和发展，美国拓荒者们必须摆脱英国传统大学的模式，寻求有利发展本国经济的大学理想。两种理想经过了激烈的斗争，终于功利主义理想占据了上风。特别是独立战争以后，莫利尔法案的颁布，赠地学院的普遍建立，使高等教育为美国的经济发展立下了汗马功劳。随着经济发展和市场繁荣，在20世纪初又出现了初级学院、社区学院，并在20世纪50年代以后有了较大的发展。

美国高等教育的发展和美国市场经济联系得很紧密。不仅美国的市场经济促进了美国高等教育的发展，而且美国高等教育也促进了美国市场的发展。1991年笔者访问美国时，曾经和几位美国学者探讨美国高等教育的发展问题。他们告诉笔者，第二次世界大战以后，美国国会通过退伍军人法，促进了高等教育规模的扩大，许多位于小城镇的师范学院变成规模巨大的州立大学，围绕着大学建立起许多超级市场和服务设施。城市有钱的居民感到这些小城镇购物方便，空气也比城市新鲜，于是纷纷迁出城市，到城镇附近盖房居住，这就促进了市镇的发展和繁荣，促进了农村城市化乃至美国整个社会的变革。

美国大学的功利主义理想影响到美国高等教育的规模、课程和办学模式。美国高等学校总是尽量满足入学者的愿望，入学没有严格的录取标准。因此，大学生的水平是很不整齐的，这就影响到美国的教育质量。美国高等学校的质量可以说千差万别，学位标准也是多种多样。为了满足入学者的需要，美国社区学院起了很大的作用。目前，美国高等学校在校学生1000多万人，其中二年制的社区学院学生占学生总数的1/4，而毕业生相当于毕业生总数的1/2。美国高等学校设置的课程也是五花八门，有学术性课程，也有职业性课程；有很难学的课程，也有很容易学的课程。这就造成了美国高等教育质量悬殊，有人说世界上最好的大学在美国，最差的大学也在美国，这种评价不无道理。正如阿什比所说：美国"高等教育的大门是敞开的。上大学好似参加障碍赛跑，凡愿意的都可参加，但有一个很重要的特点，就是由于有多种多样的大学标准，竞赛者如愿参加高难度的，就去进有国际声誉的大学；如愿参加比较容易的竞赛，就可进要求不高的大学"。美国高等学校的优点是既能满足求学者的需要，又能较好地适应市场的需求，其缺点是高等教育的质量不能保证。目前在已入学的大学生中，约有半数不能完成学业，在某种意义上讲是一种教育浪费。

第三种是科学研究的理想，可以德国高等教育为代表。1810年，威廉·洪堡创建柏林大学，提出以"学术自由"和"教学与研究统一"为办学原则。德国大学要求教师和学生致力于学术性的科学研究，培养学生的研究精神。德国人与英国人不同，他们认为，学生参加研究工作，跟随教授们探索新的知识、领悟新颖的思想方法，其本身就是通才教育。德国大学不像美国大学那样开设五花八门的课程，也不像英国大学那样注重博雅教育，而是强调严格的科学训练，实际上进行的是一种专业教育，而非一般讲的通才教育。

柏林大学的理想影响到世界各国。美国依据柏林大学的模式并结合自己的特点建立起了美国的研究生制度，并建设了一批研究型大学，使美国研究生教育闻名世界。学术自由，包括学生的学习自由也在美国高等学校中生了根。科学研究的精神也影响到英国的高等教育，但学术自由始终未能在英国生根，英国大学强调课程、考试都要由学校严格规定。德国大学的理想也影响到苏联的高等教育。苏联高等教育的模式实际上来自德国，即强调专业教育，强调严格的训练，但又不像德国，学生很少有选择课程的自由。由于苏联实行的是计划经济，这种做法就不难理解了。苏联解体以后，俄罗斯实行市场经济和经营私有化，这种办学模式也在逐步改变。

第四种是教育机会均等的理想。随着社会民主的进展，这种大学理想的呼声越来越高。主张教育机会均等的学者认为，高等教育不能够限制青年求学的要求，大学不能只是有钱人或有天赋才能的人上学的地方，应该向所有青年人开放；高等教育已经不是专门教育，而是满足人们求学的需要、提高人们文化修养和生活质量的教育。因此，要为一切愿意求学的人提供上大学的便利条件，包括奖学金和贷款。高等教育不仅要为青年人提供求学的机会，而且要为一切人提供学习的机会，要成为终身教育体系中的一个部分，不论为了求职还是为了休闲都可以到高等学校学习。这种大学理想不无道理，科学技术的进步和社会的发展确实需要每一个社会成员有较高的文化修养。在当今世界，人们对高等教育的需求已经像100年以前对普及初等教育那么迫切。但是这种理想未免太理想主义。在当今贫富如此悬殊的社会，要想使高等教育普及到每个人是不可能的。即使工业最发达的美国有较充裕的奖学金和贷款，但高等学校入学率也只是同龄人的一半，而能够完成高等教育学业的又不到其中的一半。其他工业发达国家高等学校的入学率大致都在20%左右，而发展中国家则不超过5%。另外，每个人的天赋能力是不同的，再加上文化背景、环境的不同，能完成高等教育学业的只能是同龄青年中的一小部分。

教育机会均等是教育民主的口号，是很有吸引力的口号。所谓机会均等是不设人为的限制，入学不受阶级、性别、家庭经济状况、宗教信仰的限制，给每个人均等的机会，但能否利用这个机会则是另一回事。正如一个人挑水一样，社会给每个人一副担子，有的人能挑200斤水，有的人能挑100斤水，但有的人只能挑80斤或者50斤水。另外，社会能拿出多少资金来发展高等教育，社会能容纳多少高校毕业生，都会影响到大学的理想。这个问题还需另外讨论。

也许还有第五种、第六种大学理想。例如，社会主义国家的高等教育强调培养社会主义接班人的理想，民族独立国家的高等教育强调培养本民族人才的理想等。

总括起来，大学的理想是从不同的角度提出来的，有的是从高等教育功能的角度，有的是从高等教育发展的内在规律角度，有的则是从高等教育培养目标的角度。不管从什么角度提出，有一点是可以肯定的，即大学的理想是受各国的政治经济制度所制约的，同时也受各国文化传统的影响。尽管各国政治经济制度不同、文化传统不同，而且从不同的角度提出不同的大学理想，但现代高等教育办学的模式，包括培养人才的规格、专业设置、课程安排、培养方式却大致相同。这些共同特点是由于时代的共同发展趋势和在国际商贸活动、国际文化学术交流中形成的。特别是当今科学技术的发展已经把世界连成一片，商品市场已远不是局限于一个国家范围之内，世界成为一个共同的大市场。市场竞争、科学技术竞争又需要各国都要培养符合时代科技发展要求的人才。因此，不论你持什么大学的理想，许多专门人才的规格要求是相同的，这是工业社会、信息社会标准化的要求，这是不以人们的意志为转移的。大学理想中的不同点是各国政治经济体制的不同，特别是各国高等教育的传统不同而造成的。政治经济体制的制约是表面的，是容易捉摸到的。而传统思想，特别是渗透进去的民族文化精神则是不显露的，是深层的、不易捉摸到的，但它的影响是不可忽视的。这即是所谓高等教育的"遗传"素质。当然，这种素质也不是一成不变的，它总是随着时代的发展、社会的变革而引起人们思想观念特别是价值观念的变化而发生变化。但这种变化往往是十分缓慢的。

三

为什么要研究大学的理想？这是因为大学的理想总是影响着人们对高等教育在社会发展中的地位和作用的认识，影响着大学发展的战略思想和实施。研究大学的理想还为了在当今市场经济的大潮中识别大学的办学方向，摆正航向，使大学在市场经济发展中充分发挥其作用。

无论何种大学理想都离不开经济。经济是高等教育发展的物质基础，同时经济发展又必须依靠高等教育。高等教育要为经济发展服务，这样高等教育也才有活力，才能发展。这是不用证明的事实。高等教育如何为经济发展服务？按照大学办学的规律，主要是从两个方面来为经济发展服务：一是培养经济发展所需要的科学技术人才和经营管理人才；二是提供新的科技信息和新的科技成果，提高劳动生产率。这两个方面与高等教育所具有的教学、科研、服务三种职能是不矛盾的。三种职能是通过培养人才来实现的，同时也是为培养人才服务的。培养人才是高等教育的本质，也是大学理想中最根本的一条。教学固然是培养人才的主要途径，但在当今时代，大学不开展科研活动就不可能提高大学的水平，就不可能培养高质量的人才。服务固然具有功利主义的味道，但是通过为社会服务才能培养出社会所需要的人才。至于大学的科研可以为社会提供新的科技信息和科研成果，直接为物质生产服务，这是不言而喻的。

高等教育离不开经济，是不是大学就必须参与市场呢？我想未必。高等教育主要是一种社会教育活动，不是社会经济活动。高等学校可以参与市场，如果科技市场发达的话，高等学校所创造的科技成果可以拿到市场上去交换；但高等学校也不一定非要参与市场，可以与企业联合进行开发研究，这种联合研究是要受市场制约的，但不一定是直接参与市场。高等学校培养的人才将来要进入人才市场，但高等学校不直接参与人才市场。高等学校为了筹集资金而创办企业参与市场竞争，许多国家的高等学校都是这样做的，但高等学校的企业活动是经济活动，不是教育活动，只是高等学校的一种辅助活动，不是主要活动。学校办企业与学校办教育既有联系又有区别，正如一个国家既要办工农业，又要办文化教育事业一样。学校办企业只能说是校办企业由学校经营管理，而不能说它是学校办教育的一部分。高等学校主要是实施高等教育，实施高等教育就要符合高等教育的规律，也即要有大学的理想。

毫无疑问，高等教育既然离不开经济，就要认真研究经济规律、认识经济规律、尊重经济规律。但是高等教育又有自身的规律。教育的自身规律中也包括教育要受经济制度的制约、受经济发展水平的制约。但高等教育的自身规律中更主要的是培养人才，这种人才有直接为经济建设服务的一面，但同时又有另外一面，即培养高层次人才的思想品格和情操，这种思想品格和情操也可以被认为有如英国大学理想中的有教养的人（虽然所谓有教养的具体内容不同）。这种思想品格和情操与经济没有直接的联系，但有间接的联系，它关系到社会的进步，关系到社会的风尚、人们的价值观念等。这种品格的培养无论如何也不能用经济法则来培养和衡量。同时，也正是这种品格的培养才能作为市场经济的消毒剂，抗御市场经济带来的消极影响。

中国高等教育需要根据邓小平关于建设有中国特色的社会主义的理论，结合我国的实际，提出自己的大学理想。这个题目留给大家来研究。但我想提点自己的看法。

中国的大学理想应是科学的、民主的、民族的理想。

所谓科学的理想有几层含义。一是我国高等教育的发展是遵循科学的高等教育的发展规律的。高等教育必须与政治经济相联系，把教学、科学研究和为社会服务结合起来，培养社会主义建设所需要的各行各业的人才。二是适应现代科学技术和人文社会科学的发展，吸收各国大学之长，不固守一种大学传统，但又与本国的实际相结合，不照搬别国的模式。

所谓民主的理想，是指在教育机会上一切公民享有平等的权利。在国家财力允许的情况下，为有才能的青年提供接受高等教育的机会。为此，实施高等教育的机构和方式要多样化。高等教育是分层次的，为具有不同能力的学生提供不同的教育机会；高等教育是多样化的，有正规的、非正规的，全日制的、部分时间制的，甚至通过自学取得学历的。总之，青年只要愿意学习总有各种机会，但绝不能以资本作为入学的条件。在市场经济的条件下，学校可以收取一些费用，但必须在学生具备入学的基本条件下，绝不能用金钱买得入学资格或毕业资格。为了实现教育民主的理想，国家要采取措施为贫困地区、少数民族提供入学的条件和方便。

所谓民族的理想，是指我国高等教育的发展要具有我国的民族特色。我国是社会主义国家，首先我们要坚持社会主义培养人才的原则；同时我国又是东方文明古国，我们要保持和发扬我国优良的民族文化传统，当然这种传统应该是优良的，是符合时代要求的，同时也不排斥别的民族的优秀文化。中华民族有善于吸收外来文化的传统，但又不是把外来文化生硬地搬过来，而是吸收、消化，把它融化于我国民族文化之中。现代高等教育本来是舶来品，但100年来，已经形成了我国的传统。今天我们在国际交流中重视国际接轨的同时，还应该保持我国高等教育的优良传统。

【参考文献】

[1][英]阿什比:《科技发达时代的大学教育》,滕大春、滕大生译,北京,人民教育出版社,1983。

[2][英]埃德蒙·金:《别国的学校和我们的学校》,王承绪等译,北京,人民教育出版社,2003。

[3]徐辉、郑继伟:《英国教育史》,长春,吉林人民出版社,1993。

[4]滕大春:《今日美国教育》,北京,人民教育出版社,1980。

[5]联合国教科文组织国际教育发展委员会:《学会生存——教育世界的今天和明天》,上海,上海译文出版社,1979。

亟须加强研究生的人文科学教育*

去年（1994年），我为《1990—1993全国硕士研究生统考题集解指南》一书写了一篇文章——《提高研究生的人文科学素养》，但感到言犹未尽，想在这里进一步说明我的想法。

在研究生培养中，我始终感到有一个问题，就是如何全面提高研究生的学术理论、文化修养和思想品德的水平。许多专家反映，近年来研究生质量有所下降。下降的表现不仅在学术水平和研究能力上，而且表现在文化修养和思想品德上。去年我校某些研究生因不允许他们在宿舍内观看夜间的世界杯足球赛而砸毁玻璃一事使我更感到，当前有些研究生的文化修养与他们的身份极不相符，还需向他们加强文化修养的教育。当前造成研究生质量下降的原因是多方面的，既有外部原因，也有研究生教育内部的原因。就外部原因来说，由于我国市场经济体制刚刚建立而不够完善，分配不公，加上经商热潮的冲击，优秀人才报考研究生的减少，考上研究生的也不能安心读书，给研究生的培养工作带来极大的困难。但我想，随着我国社会主义市场经济体制的不断完善，法制程度不断提高，社会上的不公平竞争会逐渐平息，知识的价值会逐渐提高，会有更多的优秀人才来从事研究工作。对我们来说更重要的是要找

---

* 原载《学位与研究生教育》，1995年第4期。

出教育内部原因，我们既不能埋怨客观形势，更不能责怪研究生本身。我们要研究如何加强研究生的培养工作，主动适应由于经济体制的改变而带来的深刻的社会变革，帮助研究生在这场变革中认清方向、提高认识水平和处理问题的能力。

在研究生培养工作中，往往重视业务能力的培养，而忽视研究生文化素养和思想品德的提高。本来政治理论课有这方面的任务，但光有政治理论课还不够，还需要加强人文科学的教育。

人类进入20世纪以来，由于科学技术的进步，使世界处于不断变革之中，科学技术是促进社会变革的巨大杠杆。从人类第一次获得支配自然的能力——学会火的使用，到电子计算机的广泛应用，科学技术的每一次进步都促进了人类社会的发展。当前，以电子计算机、生物工程、空间技术、光导纤维等为核心的新科技革命正在一些发达国家逐步深入，并迅速普及世界。科学技术进步的主要特征是知识的加速增长，科技在社会生产和社会生活的各个领域中的应用。它不仅改变着社会生产和消费方式，而且正在改革着社会的精神面貌，改变着人们的价值观念，也正改变着人们的思维方式、行为方式和生活方式。科学技术的进步不仅给人类带来了丰富的物质文明，同时也带来了资源的严重浪费、环境污染、生态遭到破坏、人类生存受到严重威胁，加上由于争夺资源和高额利润而引起的战争、社会犯罪率的增加、伦理道德的沦丧，这一切使人们产生困惑。一些人怀疑科学技术给人们带来的是幸福还是灾难？在第一次世界大战之后，欧洲就曾出现过一股反科学主义思潮，他们把包括道德堕落在内的一切社会灾难都归之于科学技术的发展，提出了"或是科学进步或是人的进步"的口号。他们认为，由于科技发展造成的物质资料和社会环境的迅速变化，使人与客观环境失去平衡而感到难以适应，人与人之间的稳定联系被破坏，动荡不安的生活使人们对未来失去信心，这一切都将导致道德上的危机。但是也有另一部分持科学主义态度的人，他们认为，科学技术的发展必然会增进人们的知识，提高人们的文化素养乃至道德水平。当代一些技术统治论者和科学主义者把科技进步看作包治百病的灵丹妙药，可以自动地解决摆在人们面前的一切问题。

　　我认为，前面两种观点都是片面的，也是不正确的。我们既要看到科学技术进步从总体上促进着人类的进步和社会的发展，同时又要看到它给人类带来的一些消极影响；既不能把科学技术进步在社会生产中的应用所带来的消极影响无限夸大，又不可把科学技术看作包治社会百病的灵丹妙药。科技发展和社会发展是统一的，正如恩格斯在《在马克思墓前的讲话》一文中讲的："在马克思看来，科学是一种在历史上起推动作用的、革命的力量。"他在《英国工人阶级状况》中又说："英国工人阶级的历史是从18世纪后半期，从蒸汽机和棉花加工机的发明开始的。大家知道，这些发明推动了产业革命，产业革命同时又引起了市民社会中的全面革命，而它的世界历史意义只是在现在才开始被认识清楚。"恩格斯的话至今仍然是颠扑不破的真理。科学技术进步不仅促进社会生产力的发展，同时也提高了人的自身素养。只要我们回顾一下人类在原始社会或封建时代由于科技落后、物质贫乏、文化生活空虚所造成的愚昧和道德落后，就可以理解科技对社会的促进作用。在现代，随着科技的不断发展，人类正在从自然的必然王国向自由王国迈进。人类的思想得到了极大的解放。人们的视野不断开阔，人们的情操越趋高尚。科学技术是第一生产力。科学技术促进了生产力的发展，从而引起社会的变革。共产主义也必须是在科学技术高度发展、物质财富极度丰富的条件下才能实现。但是，我们也不能不看到，科学技术也具有极大的破坏力，要看它掌握在谁的手里。当前社会上确实存在着不少丑恶的现象。少数人利用科学技术发动战争、制造毒品，用来残害人类自身；由于物质的高度丰富而带来的拜金主义、享乐观念正在一部分人中弥漫。要解决这些问题，还需要借助社会科学的力量。因此，在认识科技力量的同时，要认识到社会科学和人文科学的作用；在加强科学技术教育的同时，要加强社会科学和人文科学的教育。

加强人文科学的教育已经成为现时代教育改革的趋势。美国1989年公布的《普及科学——美国2061计划》报告中给科学文化下了一个广泛的定义："科学文化包括数学、技术、自然科学和社会科学等许多方面，这些方面包括：熟悉自然界，尊重自然界的同一性；懂得科学、数学和技术相互依赖的一些重要方法；理解科学的一些基础概念和原理；有科学思维能力；认识到科学、数学和技术是人类共同的事业，它们的长处和局限性。同时，还应该能够运用科学知识和思维方法处理个人和社会问题。"一个掌握高新科技的人需要有高度文化素养。美国前教育部长威廉·詹·贝内特担任美国全国人文科学基金会主席的时候，于1984年3月邀请美国高等学校协会主席、芝加哥大学校长等31位专家、学者和实际教育工作者组成美国高等学校人文学科学习状况调查小组，进行了几个月的调查研究后，写成《必须恢复文化遗产应有的地位——关于高等学校人文学科的报告》，并于1984年11月出版。报告列举了当前美国大学生关于人文学科知识的贫乏，提出："高等学校必须对一个受过高等教育的人——不论其专业是什么——所应具备的学识有清晰的看法，并以历史、哲学、语言和文学的学习为基础，重新布局大学生必修的课程。"为什么要学习人文学科呢？报告说："人文学科告诉我们我国的及其他文明世界的男男女女是如何设法对付生活中永恒不变的基本问题的。那就是：正义是什么？应该爱什么？应该保卫什么？什么是勇气？什么是高尚的？什么是卑鄙的？某些文化为什么会繁荣？又为什么会衰落？""人文学科能够有助于产生一种社会的精通感""人文学科是一套知识体系，一种探索的途径，把严肃的真理、合理的判断和有意义的思想传达出来。如教学得法，人文学科就会通过历史、文学、哲学和美术的巨著提出人类生活中长期存在的问题。"在高等学校，加强人文学科教学已被世人所关注。1989年底在北京召开的面向21世纪教育国际研讨会上，有的代表提出人才素质构成应具备"三张教育通行证"：一是学术性的，二是职业性的，三是证明个人事业心和开拓能力的。过去人们往往只重视前两项，而忽视第三项。如果一个人缺乏事业心和开拓能力，则"学术和职业方面的潜力就不能发挥，甚至变得毫无意义"。如何重视第三项？就是要加强人文学科的教学。

加强人文科学教育也是我国教育的传统。我国历来重视伦理教育和文史知识的教育。我国老一辈的科学家，不论是学理科的还是学工科的，都有深厚的文学和历史根基。正是这种文化的底蕴使他们具有奋发图强、艰苦创业的精神，从而能够攀登上科学的巅峰。

我国研究生教育是培养高层次人才的教育，获得学位的毕业生将是我国社会主义建设的栋梁之材。他们不仅应该具有高深渊博的知识，而且要有高度的文化素养和高尚的思想情操，这就需要在研究生教育中加强人文科学的教育，以培养他们的爱国主义精神，对事业、对民族、对祖国的责任感，待人接物的高尚情操。

近年来，拓宽研究生的知识面的呼声很高，但大多是就专业而言的：主张专业不要过于狭窄，拓宽知识面有利于适应社会的需要。但我认为，所谓拓宽研究生的知识面，应该包含人文科学知识。拓宽研究生的知识面不仅在于研究生毕业以后能更好地适应社会就业的需要，更重要的是使研究生有更高的文化素养和思想品德，能够更有利于其在事业上的成长，同时真正成为社会中坚，从而影响到整个社会的文化氛围，影响到整个国民素养的提高。如果研究生的文化素养很低，很难设想整个国民素养会很高。当然，提高国民素养应从小抓起，特别是基础教育阶段是关键。但研究生教育阶段仍然需要继续加强、继续提高，特别是在当前的形势下，更有必要加强研究生的人文科学教育。

我认为，这种人文科学教育应包括以下几个领域。

第一，文化领域。包括祖国的文化和世界的文化。使他们认识祖国悠久而丰富的文化遗产；了解世界各国不同民族的文化及其背景；了解不同民族的思维方式和价值观念。

第二，历史领域。包括祖国的历史和世界的历史。使他们认识到中华民族几千年来与自然作斗争、与外来侵略者作斗争的光荣业绩，树立奋发图强的民族精神；了解和认识世界各国人民的历史，掌握历史发展的脉搏。

第三，哲学领域。锻炼科学的思维方法，树立科学的世界观和人生观。不要以为这个问题在高中或大学本科阶段已经解决，当代研究生大多是20多岁、30岁左右的青年，他们的世界观、人生观还处于成熟和巩固阶段，而且随着社会思潮的变化，还会发生变化。在研究生阶段加强世界观和人生观教育是十分必要的。

第四，艺术领域。使研究生具有较高的艺术修养、较高的审美能力。

第五，伦理道德领域。对文科学生来说，还有科学领域，使研究生了解当代的科学成就和未来的发展趋势，了解科技进步带来的社会变革。

加强研究生的人文科学教育并不需要增加多少课程或学时。首先，要改革现有的政治理论课。一是要把政治理论课建立在整个人类文化知识的基础之上。列宁曾经说过："只有了解人类创造的一切财富以丰富自己的头脑，才能成为共产主义者。"二是要结合当前社会的实际，回答研究生思想上存在的问题，使学生从理性上认识社会的发展。知识分子一个很大特点就是重视理性认识，学生在理论上搞通了，他就会坚信不疑。其次，要加强研究生的文化氛围。可以通过讲座、辩论、读书活动、社团活动活跃研究生的文化生活。上学期我校为博士研究生开设的

"中国文化传统"讲座就很受研究生的欢迎。最后，要重视整个校园文化的建设。校园文化是一种潜在的课程，它能潜移默化地影响学生的思想。高等学校是最高学府，应该有浓厚的读书气氛和探讨学术的气氛，在读书和学术讨论中接触人文科学的各个领域，自然而然地提高自己的文化素养和思想情操。优良的校园文化需要整个学校的教职员工来创造，特别是整个导师集体的治学方法和态度会影响校园文化建设。

当前研究生人数与本科生相比在校园中总是少数，但是由于研究生属于高层次教育，他们在校园文化中的作用不能用数量上的比例来衡量。研究生文化实际上统治着校园文化，在一些研究生较多的重点学校尤其如此。因此，我们在研究生教育中除了专业培养以外，要十分重视研究生文化的养成。人文科学的教育就起到这方面作用。

人文科学教育在高等学校中的地位和作用*

一

　　高等教育是培养高级专门人才的一种社会活动。但是，从高等教育的功能来讲，高等教育的目的不仅是培养专门人才，而且要培养一批知识群体。他们是社会的中坚，是影响社会文化乃至整个社会发展的知识力量。因此，大学生不仅要有扎实的专业知识，而且要有较高的文化素养。也就是说，一个受过高等教育的人，不论他学的专业是什么，都应该在哲学、语言、文学、艺术、历史等领域有较丰富的知识，有较正确的世界观和人生观，有高尚的思想情操和对社会的责任感。这就是人文科学教育的任务和作用。

　　人文科学教育之所以重要，是因为它告诉人们，人类的文明是怎样产生的，人类社会是怎样组织和发展的，人对自然、人对社会、人对别人、人对自己应该有什么态度；什么是正义，什么是邪恶？什么是高尚，什么是卑劣？什么应该捍卫，什么应该摒弃？总之，人文科学可以使人们了解世界、了解自己、了解人对社会的责任。大学毕业生是社会

＊　原载《辽宁高等教育研究》，1995年第4期。

中最有知识的人，他们对社会的进步具有不可推卸的责任，因此他们必须具备丰富的人文科学知识和高尚的思想品质。

作为实施高等教育的大学，从它一开始出现在欧洲大地时，就具有特殊的社会意义和社会地位。它们是最高学府，在政治上享有各种特权，在学术上处于垄断地位。各地学者云集于此，研究人类进入文明社会以来积聚起来的哲学、科学、艺术等一切文化遗产。他们学识渊博，毕业以后或成为教会的高级僧侣，或成为政府的高级官吏，或留在学校从事教学和科学研究，他们都是社会的精英。他们的思想、学说，影响着整个欧洲社会的发展。早期的大学生大多具有广博的百科全书式的知识。当时大学分科很粗。例如，巴黎大学最早只有四科：文科、法学科、医学科、神学科，而文科则是各科的基础。因此，每个学生都具有深厚的人文科学基础。但是，随着资本主义商品经济的产生和发展，特别是科学技术的进步，大学的这种人文科学传统受到了挑战。工业化生产需要掌握科学技术的人才，于是培养技术专门人才就成为大学的重要任务，自然科学和技术科学就逐渐成为大学教育的重要内容。特别是19世纪中叶以后，科学技术得到迅猛发展，学科开始分化，大学系科也随着学科的分化和工业产品的繁多而分化。自然科学和技术科学在大学里占据了主要地位，人文科学被削弱了。

二

大学人文科学的削弱必然导致大学毕业生文化素养的下降。许多大学毕业生缺乏对自己国家历史文化的了解，缺乏对世界历史和文化的了解，他们知识贫乏，对人类的文化遗产知之甚少。这与他们在社会上的地位和应起的作用很不相称，必然会影响他们在处理社会事务时的态度和策略，同时也使整个知识群体的文化素养降低，影响社会的发展。这种现象早就为许多学者所注目。他们呼吁加强大学中人文科学的教育。

人文科学教育的重要还在于当代科学技术的进步容易产生技术至上的思想，似乎科学技术能解决一切问题。但是事实证明，科学技术固然给人类带来高度的物质文明，同时也带来一系列社会问题、科学伦理问题。例如，现代科学技术送来了供人们享受的丰富的物质财富，但由于人类滥用资源，使得地球的资源近于枯竭，生态遭到严重破坏，人类的生存圈受到威胁。同时，由于物质享受而使得一部分人产生享乐主义、极端个人主义等思想，从而产生许多社会问题。这些问题光靠科学技术是不能解决的，需要借助人文科学的力量。在人类思想史上，对于科学发展和道德进步的关系历来有不同的看法。特别是在19世纪后期，形成了人文主义和科学主义两种价值观的对立。一些人文主义者认为，科学技术的发展必然导致道德的堕落。他们把一切社会灾难都归之于科学技术。他们认为，由于科技发展造成的物质和社会环境的迅速变化，使人与客观环境失去平衡而感到难以适应，人与人之间的稳定联系被破坏，动荡不安的生活使人对未来失去信心，这一切都导致道德的堕落。于是他们否认一切科学技术进步给社会带来的利益。

但也有一种看法，即持科学主义观点者认为，科学技术的发展必然会提高人们的道德水平，他们把科学技术进步看作解决一切问题的灵丹妙药。20世纪下半叶以来，这种观点逐渐有所修正。1945年，人类科学技术的最新成果——原子弹在战争中的使用，激发了人们对科学的反思。人们看到，科学技术在给人类带来巨大利益的同时，也会给人类带来灾难。一些科学主义者开始提倡科学主义与人文主义的结合。他们指出，科学本质上是一种人文事业，自然科学不引进人文科学就不能突破科学发展的局限。同时，人文主义者也在不断修正个人主义的价值观，强调个人与社会的和谐，并把人本主义的原则延伸到自然界，要求对自然界也采取人道主义的态度。

我们认为，科技发展和道德进步是辩证统一的。第一，应该承认科技发展为道德进步提供了物质前提，科学对道德具有深远的影响。试想，当人类处于愚昧状态时，人们不论对自己还是对自然界都采取畏惧和神秘的态度，触犯各种图腾和禁忌被认为是不道德的，科技落后、物质贫乏、文化生活空虚是造成道德落后的重要原因。在科技迅猛发展的时代，道德的进步是显而易见的，科技发展对人们科学世界观的形成起了决定性的作用，人们在从事科技活动中形成了组织纪律性、献身科学的精神、科学的思维方式等，这都促进了道德的进步。

第二，道德也能够影响科学技术的发展。在科学技术活动中，道德因素有着十分重要的作用，科学工作者所具备的献身精神、追求和坚持真理的精神、协调合作的精神以及尊重前辈和提携新秀等高尚品格都是推动科学技术发展的内在动力。

第三，应该看到，科技的发展和道德的进步不是同步关系。科学技术和它所形成的物质生产力要通过一系列社会因素来作用于道德的发展，首先是通过教育和各种文化设施等，才能促进道德的发展。其中，人文科学教育就是极为重要的因素。

科学技术是中性的，它可以给人类带来利益，也可以给人类带来困难，看科学技术掌握在谁的手里。掌握科学技术的人必须要有高尚的思想品德，才能使科学技术造福于人类。自然科学与社会科学必须结成联盟，才能真正促进社会的进步。因此，时代要求高等学校加强人文科学教育。

三

我国高等教育的现状需要加强人文科学教育。我国高等学校以往采取苏联的模式，除少数综合性大学外，学校分为工、农、医、财经、法律、师范等几大类，各校又分为许多系和专业。除各种专业开设几门政治理论课外，一些理工农医学校几乎没有其他人文科学的教育内容，这就极大地削弱了我国大学教育的文化基础。其结果是我国的大学毕业生缺乏对国情的了解，缺乏对其他国家文化的理解，缺乏应有的文化艺术修养和高尚情操。这个问题不能不引起高等教育工作者的重视。

有人可能会说，高等学校是培养专门人才的地方，主要任务是进行专业训练，人文科学基础是在中学里打好的，无须再在高等学校里进行人文科学教育。我不能赞同这种观点。固然，中小学要为人的发展打好基础，包括人文科学的基础。但是，人文科学不像自然科学那样有严密的逻辑顺序性，中学学过的代数、几何或者化学、物理的公式、定理在大学里可以不必再重复。人文科学更多地具有启示性、陶冶性。同样一部《红楼梦》，中学时代读它，可能只理解贾府盛衰的热闹场面；大学读它，却能理解到封建社会的阶级关系。许多文学作品是可以百读不厌的。

当前我国中学教育的现状也不得不要求高等学校加强人文科学教育。我国高中过早地分科，理科把语文、历史降到最低要求；文科也只重视语文、外语的教学，把历史课作为一门纯粹的知识课，一切为升学考试做准备，忽视了人文科学的教育作用。

我国大学生总体上是好的，他们生气勃勃、敢想敢干。但是还有必要加强人文科学教育，以便提高他们的人文科学素养，使他们具有更高的思想境界、更高的思想情操和更强的社会责任心。

四

人文科学教育应包括哲学、语言文学、艺术、历史、科学技术发展史等领域。大学教育中除了公共政治理论课以外，还应该规定一定的学分，让学生选学以上几个领域的课程。政治理论课是重要的人文科学教育，它培养学生正确的世界观和人生观，使学生树立正确的政治方向。这是非常重要的。它还培养学生对世界、对人生的理性认识。但这还不够，还需要从情感上、意志上培养和陶冶学生，使他们有丰富的情感、充实的精神生活。这就是语言、文学、艺术、历史等学科的作用所在。最近我国高等学校拓宽基础知识的呼声很高。我认为，拓宽基础知识不仅应该指专业理论基础，而且应该包括人文科学的基础。

人文科学在大学里应该占多大比重？西方有的专家主张，大学生在人文科学方面所修的学分，一、二年级要占87%的时间。他们认为，大学一、二年级的课程主要甚至仅仅是人文学科。这似乎有些过分，但确实应该在大学的最初阶段加强人文科学的教育。我认为，大学课程中应该有1/3的课程是人文学科，在大学低年级的比重应该更大。我们可以参考国外的一些大学。美国高等学校本科生课程基本上由3大类构成：普通教育课程、主修课程和选修课程，各类课程的比例基本上是1∶1∶1，即各占1/3。哈佛大学于1978年公布了《公共基础课方案》，要求全体学生都要学习"文学艺术""历史""社会哲学分析""国外语言文化"以及"数学和自然科学"5个领域的基础知识，约占总学分的1/3。斯坦福大学规定了8个学科领域，所有学生必须从文学和艺术，哲学、社会和宗教思想，人类发展、行为和语言，社会过程和机构，数学科学，自然科学，技术和应用科学等7个学科领域中各选一门课，从西方文化传统领域中选一门系列课程（由3门相互关联的课程组成）。麻省理工学院要求每个本科生必须完成人文、艺术和社会科学领域中8门课程，每门课程9个学分，共计72学分。其他国家也相似。他们的做法值得我们借鉴。

校园文化是进行人文科学教育的重要课程：学校师生的学术活动是进行人文科学教育的有效的活动课程；校园环境的设计和气氛是进行人

文科学教育的无形的潜在课程。这一切形成一个学校的校风。优良的校风是培养人才的重要条件，学校要认真地和精心地加以组织和培养。

【参考文献】

［1］符娟明：《比较高等教育》，北京，北京师范大学出版社，1987。

［2］国家教委国家教育发展研究中心，中国教科文组织全委会秘书处：《未来教育面临的困惑与挑战—面向21世纪教育国际研讨会》，北京，人民教育出版社，1991。

［3］沈铭贤：《科学主义与人文主义在当代发展的趋势—兼谈几个有争议的问题》，载《哲学研究》，1992（6）。

［4］［美］威廉·詹·贝内特：《必须恢复文化遗产应有的地位》，金锵译，载《外国教育动态》，1992（5）。

论学历主义与教育*

　　学历是指一个人学习的经历，表示一个人受教育的程度。按照现代教育体系来分，可分为小学、初中、高中（包括中专）、大专、大学本科、研究生（又分研究班、硕士、博士）等学历层次，均需毕业取得文凭者才算得上有某种学历。这种学历，与其本义已有所差别。其本义是表示人的受教育程度，并未含有必要的学历证书。例如，人口普查，每个人都必须填写文化程度，一般以受教育的年限来确定，不一定要求有毕业证书。要求学历证书是高一级学校招生或用人制度所规定的。有了学历证书，说明某人不仅受过某种程度的教育，而且学习成绩达到一定标准，取得了合格证书。

　　讲求学历是必要的。就整个国家来讲，各种学历人数所占总人口的比例，说明这个国家的发展水平、现代化的程度，是一项重要的人文指标。就用人制度和工薪制度来讲，需要通过学历来选拔相应的人才，规定相应的工薪等级。强调学历是实现干部知识化、专业化的重要举措。回顾十年动乱时期，取消了高考制度，用人不讲学历，使得"读书无用论"泛滥于一时，不仅贻误了一代青年，而且使民族素养下降，其后遗症至今尚未彻底消除。1977年邓小平同志决然宣布恢复高考制度，仅这

＊　原载《教育研究》，1995年第4期。

一举措，就使"读书无用论"烟消云散。众多青年重新拿起书本，刻苦攻读，才使今天我国各条战线后继有人。随后邓小平同志又提出干部要革命化、年轻化、专业化，再一次掀起各级干部学习的热潮，使我国干部的文化水平上了一个台阶，为社会主义的现代化准备了具有现代文化知识的管理干部队伍。

讲求学历也是现代社会的重要标准，是社会进步的表现。古代社会只讲究门第，不讲学历。统治集团的接班人都是世袭的，各级官吏也都是在统治阶级内部选拔的。我国的科举择才制度应该说在封建社会里是有一定进步意义的，是讲究学历的一种择才制度。但是它并未改变整个封建社会世袭的根本性质。且我国科举后来流于形式，其学风导向作用极坏，其流毒至今仍在影响着我国的教育制度。

学历表明一个人所受的教育程度，本应反映他的一定的知识水平和专业能力。但由于多种原因，实际上它并不一定反映一个人的真正的水平和能力。首先，学历证书只表示某人受完某种程度教育，成绩合格，达到最基本要求，并不反映学业成绩的优劣；况且不同的学校有不同的质量标准，同是一张大学本科毕业文凭，其水平往往有很大差别。其次，由于考试的局限性，考试成绩也不一定反映考生的实际能力。最后，即使成绩和能力都相符合，学历也只能说明他在学习阶段的成绩和能力，在实际工作中他的知识和能力是否与其岗位要求相吻合，还要在实践中检验。由于上述这些因素，我认为，招生也好，用人也好，学历是要讲究的，但唯学历是不可取的，何况任何社会、任何国家都有不胜枚举的自学成才的优秀分子。例如，促成工业革命的蒸汽机的发明者瓦特并非出自某所学校，而是一个普通工人；爱迪生也没有什么正式的学历文凭。我国革命战争中的将帅多数是没有什么学历的。如果唯学历择才，则必然会埋没和失去许多人才。当然，并不是说可以不要学校教育了。时代不同了，在现代社会，学校教育的作用越来越重要，不经过一定的学校教育是很难掌握现代科学技术和现代管理技术的。因此，在现代社会，学历是不可缺少的。我们所反对的是学历主义，它对社会有极大的危害。所谓学历主义，就是只追求表面的学历，不讲究实际的能力。其弊端体现在以下3个方面。

其一，学历主义只是以学历评价人的能力，并把它作为择才的标准，从而导致产生追求高学历的价值取向。本来，学历越高，工薪越高，越容易就业和升迁，这是正常的。但对一个人的评价，包括任职和升迁还应该有别的条件，即实际能力和具体业绩。如果把学历作为唯一的标准，势必起误导的作用。

其二，获得学历文凭需要通过考试，想获得高一级学历文凭，又需要通过入学考试、毕业考试。于是，考试成为教育的中心，教育的着眼点不是在于提高学生的真实知识水平和能力，而是为了应付考试。学历主义把学校教育引向歧途，使预定的德智体全面发展的目标难以实现，出现了为教育而教育、为升学而教育的倾向。所以说，学历主义是我国当前应试教育的根源。

其三，学历主义以学历文凭作为量才用人的依据，于是有些青年学习不是为了真正提高自己的业务能力，而是为了获取文凭。更有甚者，为了获取一纸文凭，不惜弄虚作假；有些学校为了获取一定利益，也不惜降格滥发文凭，使文凭贬值，走向讲究学历的反面。

学历主义对教育的冲击是巨大的。我认为，当前我国教育深受学历主义的困扰，不冲破学历主义，我国的教育难以健康地发展。

当前我国基础教育中的应试教育就是学历主义的反映。学历主义导致片面追求升学率。片面追求升学率当然不只是由学历主义造成的，它有更深的社会根源。最根本的原因是我国商品经济不发达，就业门路不宽广，造成创业困难。追求升学率实际上就是追求就业率。因为学历越高，就业的机会就越多，职业越有保障。而学历主义则助长了这种势头。为了追求高学历，就要追求升学率。这就忽视了教育的根本目的在于培养人才。教育着眼于应付考试，一切为了高考，所有的教学活动都围绕着高考的指挥棒转。为了能够有把握考上大学，就要千方百计地考上重点中学；为了进入重点中学，就要想方设法进入名牌小学。这种竞争甚至已扩展到幼儿园。于是，学生的学业负担过重，严重危害了儿童的身心发展。这种应试教育的弊端已为人人所见，它埋没人才、摧残人才，它抵消了任何教育改革实验和尝试。因此，不消除学历主义，应试教育的模式就难以推倒，各种教育改革就难以推行。学历主义对高等教育同样危害巨大。高等教育就其性质来讲，除了培养专门人才以外，还有继续教育、终身教育的功能，即在青年或社会其他成员需要的时候给他们提供学习的机会。因此，高等教育应该包括专业教育和一般文化教育，既包括就业前的职业专门教育，也包括就业后的培训和提高的教育；从要求上应包括学历教育与非学历教育，从形式上应包括正规教育和非正规教育。但是学历主义只强调学历教育、正规教育，排斥非学历的职业培训和非正规教育。

学历主义阻碍着高等教育的发展，表现在以下3个方面。

一是助长了高等学校的升格风。许多低学历层次的学校不满足于自己的位置，中等专业学校想升格为高等专科学校，高等专科学校想升格为大学本科院校，学院又想升格为大学。实际上，社会需要各种层次的人才。特别是我国实行社会主义市场经济以后，百业待兴，需要各种层次、各种类型的人才。如果把中学后的学校都升格为大学，学历层次是提高了，但却脱离了社会需要的实际。我国多年来大学本科毕业生多于专科毕业生，技术人员高中级倒挂，不能不说与学历主义有关。虽然教育部门一再强调高等教育要以发展专科教育为重点，但几年来进展不大。结构的失调，实际是一种极大的教育浪费。

二是重视学术性和专业性教育，忽视技术性和职业性教育。我国高等学校设立一个专业往往不是以社会实际需要为依据，而是以某一学科体系为依据，强调学术性、理论性，忽视工艺性、实用性。因此，在我国，高等职业教育体系尚未真正建立。当然，从广义上讲，高等教育培养专门人才也是职业教育；但从狭义上讲，学术性很强的专业教育并非职业教育。一个国家，既需要学术性的高等教育，又需要职业性的高等教育。只有在一部分有条件的大学强调学术性，才能保持大学的整体水平，才能培养高质量、高层次的人才和促进科学技术的发展。但是，高等教育的职能不只是发展科学技术，而且要普及科学技术，把科学技术和其他知识应用到实际中去。社会上需要有高等教育水平的实际应用性人才。例如，商界的大量文书秘书，企事业单位的各种设备使用维修人员，医疗卫生系统的各种技术人员。这些工作并不要求他们有较高的学术理论，但又需要有较高的文化水平。这种职业人员在哪里培养？就需要由职业性的高等学校培养。但学历主义由于追求高学历，视学术性高等教育为顶点，看不起职业性高等学校，从而阻碍了我国高等职业教育的发展。

三是重学历教育，轻非学历教育。高等教育作为终身教育的重要环节，应该不仅为青年或成人提供学历教育，而且要为他们提供继续教育。但是由于学历主义作祟，非学历的在职培训难以开展。现在社会上有不少民办大学，有的办学已10多年，培养了众多人才，很受社会欢迎。它们是我国正规教育的很好的补充，但由于办学条件达不到国家的要求，国家不承认其学历，严重挫伤了他们的积极性。如果不以学历来评价人的价值，不以文凭来取舍人才，这类学校即使没有学历也会得到很大发展。

学历主义之所以在我国能够成为一种思潮，除了上述的社会经济原因和人事制度外，还有更深层面的文化根源。中国文化有大一统、求大求全求高的思想，所谓学历主义，就是一种求大求高的思想。鲁迅曾经讲过，西湖风景可讲十景。现在发文件定措施要定十条，做文章发议论要列十点；开公司、办学校，要扛国际性、全国性的大招牌；当干部的，当了科长必须当处长，当了处长总认为必然要升局长，所谓步步登高；上学也是越高越好。"学而优则仕""读书做官"的思想以及科举制度，都为现在的学历主义埋下了文化的根子。这种文化背景不仅影响到中国人的教育价值观，而且影响到东方几个国家的教育价值观、人才观。例如日本、韩国，高等教育本已非常发达，按理说不应再有追求升学率的倾向，但这两个国家追求高学历的倾向十分严重。与我国所不同的是，他们不只是追求上大学，而且追求上名牌大学。其实质与我国的学历主义倾向是一样的，其根子恐怕也是东方文化求大求高的思想。

那么，如何克服学历主义？我认为需要从制度上和观念上加以革新。

第一，要在用人制度上实行职业资格证书制度，把学历证书与职业资格证书分开，同时不强调学历，只强调能力，凭职业资格证书录用人才。对有专业要求的职业必须实行资格证书制度，取得资格证书必须通过严格的职业资格考试。例如，公务员、律师、会计师、医师、教师等都必须通过资格考试，取得证书方能从事相应的职业。这样就把职业与学历分开。就业需要有一定学历，但不是唯学历。同等学力者也可以参加某种职业资格考试，通过考试取得某种职业资格证书。当然，资格考试要严格把关，杜绝弄虚作假。这样人们就会逐渐改变只重学历不重能力的倾向，片面追求升学率的状况就会逐渐缓解。

实行职业资格证书制度有利于高等教育结构的多样化。我们是否可以设想，中央和省一级教育行政部门主要管理好授予学位的院校和一批重点高等专科学校，其余的高等教育机构可以放开，让地方去举办和管理，中央只规定这些学校设置的最低要求。这样非学历的非正规教育就能迅速发展，它有利于社会对人才的需求，同时有利于职工的在职进修。

综观世界各国，都有一批低水平的、非学历的高等学校。例如，美国有3000多所高等学校，其中1000多所为职业性的社区学院，另外还有800多所各种名义的高等教育机构；日本除了大学和短期大学外，还有一批专修学校，政府对专修学校设置的要求只是必须有40名学生、3名专职教师和每年能开出800学时的课程即可。日本专修学校创建于1974年，到1992年已发展到3370多所，在校学生83.4万人。为什么能如此迅速地发展？因为社会需要这类人才，同时它能满足青年求学和就业的要求。我国市场经济发展以后也需要各种初中级人才，而且许多经济发达地区也有能力办这样的学校。如果我们强调高等教育的正规化，强调办学要有一定水平、一定规模，则会抑制这类学校的发展，这样显然不利于经济建设和社会发展。有的同志担心这样的高校办多了，高等教育的质量难以保证。实际上，质量标准是有层次的。就像体育运动队一样，应该有国家队，也应该有省级队、县级队，乡村也可以组织运动队。高等教育也一样，国家和省宏观调控有水平的高等学校，地方县市办高校可以不要求一律的标准，标准和水平由用人单位来鉴定，可以随行就市，有需要就办，没有需要就停，生源充足就办，生源短缺就转，灵活机动。毕业以后去参加职业资格考试，学校其实只起到一种助学的作用。

第二，观念的转变。要解放思想，敢于冲破学历主义的桎梏。要树立正确的教育价值观、人才观，要重能力，不要重学历。要做到这一点，就必须研究我国的文化传统，了解学历主义的文化背景，认识学历主义的危害，从理性上改变对学历的崇拜。只有冲破学历主义的思想束缚，我国教育才能健康地发展。

我国高等教育面临的挑战[*]

一

高等教育在经济增长和社会发展中的地位和作用已经被人们所认识。各国高等教育无不在改革，寻求完善高等教育体系，提高教育质量，以适应科学技术的进步和社会的变革，迎接21世纪的到来。我国高等教育正面临着巨大的变革，在这场变革中，既有机遇又有挑战。

新中国成立以后，我国高等教育经过多次变革，最大的一次变革是20世纪50年代初期的院系调整，那次是为了改变旧中国高等教育落后的面貌，适应国家工业化和计划经济的需要；最近这一次又是一次重大的变革，这次变革则是为适应我国实现现代化、适应社会主义市场经济体制的需要。两次变革有很大的不同，但都有一个共同的目标，就是要把我国建设成为一个现代化强国。两次变革的时代不同、条件不同，前一次变革有苏联为样板，继承和发扬老解放区的经验，这次变革则没有样板可以遵循。发达资本主义国家的高等教育，固然有为市场经济服务的经验，但我们要建立的是社会主义市场经济，我们是在中国这块古老而又贫穷的土地上建立现代化强国，它们的许多经验只可以借鉴，不可

---

* 原载《北京高等教育》，1996年第1期。

以照搬。因此，高等教育的这次变革的任务是十分艰巨的。我们必须对形势有充分的认识，思想有充分的准备，才能主动地、顺利地完成这次变革。

我国高等教育当前面临着哪些挑战？

第一，面临着科学技术革命的挑战。科技革命已经不是从今天开始，发展到今天其影响所及已大大超过了人们对它的估量。有必要重新认识科技革命对社会发展的作用。早在一百多年以前恩格斯就曾经说过："在马克思看来，科学是一种在历史上起推动作用的、革命的力量。"科学技术是促进社会变革的巨大杠杆。苏联一位作者在《人—科学—技术》一书中对科学技术革命下了这样一个定义："科学技术革命是科学和技术，以及它们之间的联系和社会职能的根本改造，这种改造引起了社会生产力在结构上和进程中的普遍的变革，它意味着人在科学渗透到生产各部门和改变着人的物质生活条件而作为直接生产力在综合工艺应用的基础上，在生产力体系中的作用的变化。"也就是说，由于科学技术革命，人在生产中的地位将发生根本的改变，从而引起社会的改造。教育在科技革命中起着不可忽视的重要作用。苏联作者斯·阿·海因曼在《科学技术革命的今天和明天》一书中指出："科学技术进步从其实质来看，这是一种深刻的动态现象。假如我们把它作为时间上推移的系统来研究……那么我们可以看到一个纵深的综合体。其组成至少有如下环节：第一，普通教育、中等专业和高等教育；第二，科学研究（基础科学和应用科学）和设计工艺研究系统，以及它们的试验、生产实验基地；第三，科学技术进步及其物质化的物质生产本身；第四，按照自己的最终使命在生产和非生产消费领域中运转和利用新技术。"高等教育则在第一、第二序列中都起着重要作用。高等教育不仅培养掌握高科技的人才，而且通过基础研究和应用研究来创造新的科学技术，促进科学技术向生产力的转化。

第二，高等教育面临着国际竞争的挑战。20世纪80年代后期以来，世界形势发生了巨大的变化，冷战已经结束，国际竞争由原来的军备竞赛转变为经济领域的竞争。而经济竞争实质上是科技的竞争，科技的竞争归根到底是人才的竞争。要把我国建设成社会主义现代化强国，在世界上立于不败之地，就必须培养众多的各种层次的科技人才。事实充分证明，技术可以引进，设备可以购置，人才只有自己来培养。我国高等教育要能经受起国际竞争的挑战，就必须在数量上适度发展，在质量上有较大的提高。

第三，高等教育面临着我国经济转轨变型的挑战。经济转轨变型包括两种含义：一是由计划经济体制向社会主义市场经济体制的转变；二是经济结构的转型，即由劳动密集型经济向知识密集型经济的转变。这两种转变要求我国高等教育与之相适应。第一种转变要求高等教育在体制上有一个根本改变；第二种转变则要求高等教育在培养目标、层次结构、专业设置、课程设置上有较大的改变。

第四，高等教育面临着青年学生价值取向变化的挑战。科学技术的进步固然给人类带来了高度的物质文明，但是也带来了人的价值观念的变化。由于可供人们享受的物质财富十分丰富，造成一些人的享乐主义、极端个人主义的滋长，青年道德水准在下降。在我国，随着西方科学技术的引进，西方生活方式和西方价值观念也在侵蚀着我国青年的思想，如不及时加强教育，势必会影响社会安全乃至社会主义方向。

第五，高等教育面临着传统文化和现代文化冲突的挑战。我国是一个有悠久历史的文明古国，有着丰富的文化传统，但在我国文化传统中既有一直鼓舞着民族前进的优秀文化传统，又掺杂着落后于时代的文化糟粕。今天，一方面优秀的民族文化弘扬得很不够，另一方面一些落后腐朽的传统观念却在蔓延。当前社会上的一些丑恶现象固然有来自西方的，但也有相当一部分来自我们自己的文化传统。例如，读书做官、重学术轻技术、重男轻女、宗教崇拜等。高等教育面临的挑战是多方面的，有宏观的有微观的，高等教育如何迎接这些挑战？对策是什么？出路在哪里？一句话，在于改革。

二

高等教育改革也是多方面、多层次的复杂的系统工程。当前我国高等教育正在进行联合办学、权限下放、自主办校、收费并轨以及高等学校入学考试的改革等。这些都是教育体制层面上的改革，大多属于宏观决策性的改革。本文不想对这些改革加以评述，我想就高等教育内部的一些问题发表一些极不成熟的意见。

（一）我认为需要改革我们的教育观念

第一，要建立我们自己的即具有中国特色的高等教育理想。比较各国高等教育，都有各自的传统和特色，我们称之为高等教育的理想（或称大学的理想）。例如，英国历来有博雅教育的理想，重视对大学生文化素质的培养；美国有功利主义教育理想，重视大学为社区经济服务；德国则有学术性的理想，重视大学中的科学研究，并把教育与科研结合起来。当然，随着时代的发展，这些理想都在起变化。例如，英国过去重学术轻技术，近些年来有了很大的变化。由于高等教育的理想不同，各国高等教育的办学模式就有很大不同。

我国现代高等教育发展的历史不长，经历了一个模仿、创新的阶段。新中国成立以前基本上是抄袭美国的学制和模式，新中国成立以后主要是模仿苏联的教育模式。1958年曾经有过创新的尝试，但由于众所周知的原因未能坚持。改革开放以后前几年着重于发展，以适应经济高度增长对人才的需求，最近这几年则着重于体制改革，也还是为了适应经济体制的变革，但至今还没有来得及对高等教育的办学理想（或称理念）加以思考。从1993年春开始由国家教委高教司组织的"建设有中国特色的社会主义高等教育体系"的科学研究，拉开了对我国高等教育建设进行科学研究的序幕。3年来经过3次研讨会，已有不少成果，对高等教育的本质、功能及体制改革已取得一些共识。但要建立一个什么样的高等教育理想，似乎还不明晰。

我认为，要建立我国高等教育理想需要结合我国的国情。那么，我国的国情是什么呢？

（1）我国是一个社会主义国家，我国的高等教育首先要坚持社会主义方向。

（2）我国是一个发展中国家，经济和文化教育还比较落后。我国高等教育还处在一种英才教育的阶段（国际上把高等教育入学率低于20%的列为英才教育阶段，高于20%的列为大众教育阶段）。也就是说，我们的高等教育不仅是培养社会主义各部门的专门人才，而且是培养社会中有较高文化程度的知识群体，他们是社会的中坚，是影响社会文化乃至整个社会发展的知识力量。因此，无论在专业知识上还是在文化素养上，对大学应有更高的要求。

（3）我国有悠久的文化传统，我国文化传统的精华是自强不息、自力更生、崇尚道德、注重群体。我们在高等教育中要充分发扬我国的这些优秀文化传统，把它们变成高等教育的传统。

（4）我国各地经济发展很不平衡。从整体上来讲，我国经济结构刚刚从劳动密集型经济逐渐向知识密集型经济过渡，大部分生产，特别是农业生产还是靠手工劳动。因此，我国高等教育发展的重心要放低，高等教育的结构要多样化、多层次化。既要培养掌握最先进的科学技术的人才，又需要培养懂得一般技术的初级技术人员和管理人员。

因此，我国高等教育的理想应是社会主义的、崇尚文化传统的、学术和技术并重的。

第二，克服学历主义倾向。当前我国教育正被学历主义所困扰。讲究学历，相对于讲究门第，这是社会的进步。但是，学历主义则使教育走入误区，造成了对人的异化。当前我国教育的最大弊端是失去了教育的本意，一切为求得高学历而努力（所谓"应试教育"，即通过应试达到升学为目的的教育），忽视了对人的培养。学历主义对高等教育的危害至少有3个方面。

（1）助长了高等学校的升格风。许多学历层次低的学校不满足于自己的位置，中等专业学校想升格为高等专科学校，高等专科学校想升格为本科学院，学院想升格为大学，使我们的高等教育结构长期处于不合理的状态。如果把中学后的学校都升格为大学，学历层次是提高了，但却脱离了社会实际的需要，教育质量也可能就降低了。大学本来是综合学科的意思，可是我国大地上近年来出现了许多单科性大学，翻译到外国，洋人们都不能理解。《中国教育改革和发展纲要》中明确指出，"要大力加强和发展地区性的专科教育"，但几年来进展不大。结构失调，实际上是一种教育浪费。

（2）重视学术性和专业性教育，忽视技术性和职业性教育。我国高等学校设置一个专业往往不是以社会实际需要为依据，而是以某一学科体系为依据，强调学术性、理论性，忽视工艺性、实用性。因此，高等职业教育体系在我国长期建立不起来，学历主义追求高学历，视学术性高等教育为顶点，看不起职业性高等学校，从而阻碍了我国高等职业教育的发展。

（3）重学历教育，轻非学历教育；重正规教育，轻非正规教育。使得非学历的在职培训难以开展。

学历主义之所以在我国能够成为一种思潮，有社会经济和人事制度等外部原因，也有我国文化观念的深层原因，需要在社会主义市场经济发展的浪潮中冲击这些思想，逐渐从教育观念上加以改变。

第三，树立终身教育的观念。高等教育就其性质来讲，除了培养专门人才以外，还有继续教育、终身教育的功能，即在青年或社会其他成员需要的时候给他们提供学习的机会。终身教育是现代社会的基本特征。科学技术的迅猛发展及其在生产和社会生活各个领域中的应用（参见拙作《论学历主义与教育》，载《教育研究》1995年第4期），使得学生在校学习的知识迅速过时，人们不论从事什么职业都必须不断更新知识。高等学校是社会知识最密集、最新鲜的地方，在职青年应该不断到高等学校去吸取新的营养。因此，高等学校不再是一个封闭的学习场所，而是一个开放的学习园地。在开放活动中，不仅在职青年可以获得新知识，高等学校也可以从在职青年中获得社会信息，以充实和改进自己的教学和科学研究。

（二）要提高大学生的文化素质

高等教育是培养高级专门人才的一种社会活动，但是，从高等教育的功能来讲，高等教育的目的不仅是培养专门人才，而且要培养一批知识群体，他们将是我国社会发展的栋梁。因此，大学生不仅要有扎实的专业知识，而且要有较高的文化素质，有正确的世界观和人生观，有高尚的思想情操和对社会的责任感。当前，提高我国大学生的文化素质尤为迫切，这是因为，第一，我国正处在社会变革的时期，各种思潮无不影响着学生的思想和价值观念，特别是在东西方文化的冲突中，青年学生不知道何去何从。第二，我国高等教育的现状迫切需要提高大学生的文化素质。我国高等学校以往采取苏联模式，除少数综合性大学外，学校分类太细，各种专业除开设几门政治理论课外，很少开设人文科学的课程，极大地削弱了我国大学教育的文化基础。其结果是大学生缺乏对国情的了解，缺乏对其他国家文化的了解，缺乏应有的文化修养和高尚情操。第三，我国中学生的人文科学基础太差。高中过早地分科，为升学考试做准备，忽视文化素质的教育。

为了提高大学生的文化素质，就要在大学课程中增加人文社会科学的内容，使他们了解东西方文化的渊源及其主要核心内容。加强人文科学之所以重要是因为人文科学可以告诉人们，人类文明是怎样产生的，人类社会是怎样组织和发展的；人对自然、人对社会、人对他人、人对自己应该有什么态度；什么是正义，什么是邪恶；什么是高尚，什么是卑鄙；什么该捍卫，什么该摒弃等。人文科学可以使人们了解世界，了解社会，了解自己，了解对社会的责任。

（三）要改革课程设置和内容

当代科学技术迅猛发展，不断有新的发现或发明问世。大学课程要随着时代的进步和社会的变革不断更新自己的内容。但是大学期间的时间是有限的，不可能让课程无限膨胀。这里就有一个整合和选择的问题。当代科学技术发展的另一个特点是向着分化和综合两个方向发展，而综合则是基础。它好比是金字塔的塔基一样，塔基越宽，塔身越高，科学技术只有在综合的基础上才能向纵深发展，许多科学发现和新技术的发明统统在学科的交叉点上。高等教育的本科阶段应该是整个高等教育的基础。因此，加强文理科的基础教育是十分必要的。

当前课程改革遇到了内容和时间的矛盾，用增加课程的办法只能加剧这种矛盾。同时，分散的课程也只能进一步肢解学生的知识体系，无助于学生的知识的综合。因此，只有通过课程改革把新的知识整合到现有的课程中，才能解决课程内容与时间的矛盾，也才能使学生掌握更完整的知识体系，培养综合思维的能力。

（四）要改革教学方法和模式

我国传统教育是以教师讲解为主，这与西方大学教学方法有很大的不同。据了解，美国大学教学过程中纯讲演式教学只占总数的百分之十几，其他有讨论式、研习班式等，特别是讨论式被广泛使用。讲演式使学生处于被动的状态，无助于促进学生的积极思维。大学生应该以自学为主，适当辅以讨论，这样才能促进学生积极投入到学习中，同时积极思维，培养分析问题、解决问题的能力。

当代信息科学技术在教学中的运用必然会引起教学过程的变革。历史上班级授课制的产生改变了过去手工业式的个别教学形式，大大提高了教育效率，但是，无论是个别教学还是集体教学，都没有摆脱教师讲学生听的局面。在这个过程中，学生的潜在能力没有能充分发挥，从而影响学生对客观世界的认识。信息技术（教育技术）在教学过程中的应用改变了这种局面。第一，它改变了学生在教学过程中认识事物的过程。教育技术有形有声、有动有静，能够引导学生直接揭开事物的本质和内在的联系。第二，它改变了某些教学原则。传统教学过程强调教学要由近及远，由浅入深，由具体到抽象。教育技术改变了这个顺序，它可以把远方的东西放到学生眼前，把复杂的东西变得简单，把抽象的事物化为具体。它可以把时间和空间放大，也可以缩小，有利于学生的认识。第三，它改变了教学内容和教材形式。教育技术可以把许多新科技内容增加到课程中，使教学内容现代化；可以把内容编制为教学软件，把声、像和文字结合起来，便于学生自己学习。第四，它改变了教学过程中师生的关系，克服了过去教学过程中以教师为中心的弊端，把教师和学生的主动性都调动起来。教师从单纯地讲授知识转变为设计教材，学生从单纯地接受知识转变为自我学习、自我发现。因此，在高等学校中要特别重视教育技术在教学过程中的应用。在改革教学方法和模式中，首先也还是要解决教育观念的问题，如果教育观念的问题不解决，还是坚持以教师为中心，看不到学生的潜在能力，不信任学生的学习主动性，就不可能改革教学方法和模式。因此说到底，教育观念的转变是首要的。

世界研究生教育发展和改革的动向[*]

研究生教育与学位制度的建立是联系在一起的。学位源于中世纪的大学，早于研究生教育。当时大学毕业就可以获得一个学位——硕士或博士，它表明一种职业资格，而且硕士和博士没有本质的区别。到15世纪末，硕士和博士在等级上才出现区分，博士学位授予高级学科（神学、法学、医学）的学生，硕士学位则授予低级学科（文科）的学生。到18世纪初，博士学位才授予传统自然科学和人文科学知识的文科学生，取名为哲学博士（Ph. D），并要求注重纯学理的科学研究及学术探究。

现代意义的学位制度产生于19世纪初，1810年普鲁士教育大臣威廉·冯·洪堡创立柏林大学，把科学研究引入传统大学，实行教学与科研统一的原则。大学任务的改变，导致了研究生教育重心的转移，即要获得博士学位，不仅要学习大学的课程，而且要从事科学研究，并完成对科学发展有所贡献的学术论文。柏林大学的改革对世界各国的高等教育起了巨大的影响。

美国研究生教育开始于19世纪20年代。当时美国哈佛学院进行改革，为已经取得学士学位并愿意继续学习的毕业生开设课程。它可称为美国研究生教育的开端。1847年，耶鲁学院开设博士研究生课程，新

---

* 原载《学位与研究生教育》，1996年第2期。

高等教育　177

建哲学与人文科学系，给获得学士学位的人"讲授从未讲授过的高级人文科学和自然科学以及自然科学在人文科学中的应用之类问题"。同时，还仿照德国大学，建立了应用化学研究所。1861年该系授予第一个哲学博士学位。①密执安大学则于1858年开设硕士研究生课程。1876年约翰斯·霍普金斯大学的成立，标志着美国研究生教育制度的确立和完善。霍普金斯大学校长吉尔曼和全体教师几乎全部曾留学于德国，受德国大学的影响甚深。大学一成立就宣布实施研究生教育是它的最重要的使命，该校只设研究生院，不招收大学本科生，是美国历史上第一所以研究生为主的大学。之后，哈佛、耶鲁、康乃尔大学也都效仿霍普金斯大学成立专门的研究生院。

虽然美国的研究生教育制度是仿效德国而建立的，但在以后发展的过程中，两国都形成了各自的特点。其主要差别是美国较注意研究生课程的学习，德国则注重科学研究。这与两国高等教育整个传统有关。美国高等教育植根于英国大学的传统。英国大学以"博雅教育"（"General Education"或"Liberal Education"）为传统，而德国强调学生参与科学研究，他们认为，学生与教授一起参与科学研究，向教授们学习研究方法和思想方法，本身就是最好的"博雅教育"。尽管两国研究生教育的培养方式有所不同，但对研究生的最终要求是一致的，特别是对博士要求都应该具备高深的学识和有创造性的科学研究成果。例如，1979年美国L.威尔逊将哲学博士学位标准归结为3条：①彻底掌握本学科某一专门化方向的知识；②广泛通晓本学科知识，熟悉相关领域；③有对本学科发展做出个人贡献的能力。②

博士学位是德国唯一的高级学位，它建立在较长学制（一般5年左

---

① 符娟明、迟恩莲：《国外研究生教育研究》，74页，北京，人民教育出版社，1993。

② 郭玉贵：《美国和苏联学位制度的比较研究》，65页，上海，复旦大学出版社，1991。

右）的学术性高等教育基础之上，它在新人文主义教育思想指导下，成为一种纯粹的科学教育。博士生的培养与教授及其领导的研究所有密切的联系。博士生没有专门的课程，而是成为教授及其研究所的重要科研力量，最终要求有一篇具有创造性的、学术水平较高的论文。可见，无论是美国还是德国都要求博士生有广博的知识和创造性的科研成果。

20世纪60年代到80年代，西方国家研究生教育的规模、结构和功能都发生了巨大的变化。过去研究生教育主要为高等学校和科研单位培养人才，随着20世纪60年代科学技术的迅猛发展及其在生产经济部门的应用，世界各国的研究生教育都重视科技人才的培养，强调研究生教育在经济腾飞中的作用。概括起来大致有以下一些变化。

一、研究生数量由激烈增长到缓慢发展

从研究生的数量来说，20世纪60年代到80年代经过了一个由激烈增长到缓慢发展的过程。20世纪60年代是研究生教育发展的高峰期。例如，美国1970年授予博士学位的数量大致是1940年的8倍，授予博士学位的大学也由100多所增长到350多所，增加2.5倍。[①]日本在20世纪60年代前半期授予博士学位的人数每年递增28.6%，加拿大为15.5%，法国15.4%，英国8.7%。到20世纪70年代初，由于本科生入学人数的增长率下降，研究生入学率和学位授予数增长也变慢，甚至有所下降。[②]这种入学人数的扩张和收缩造成了就业中的矛盾。研究生人数扩张时期造成了人才过剩，但到停滞时又感到人才缺乏，甚至造成学术界

---

① ［美］盖利·罗兹：《世界研究生教育模式之演变》，李盛兵译，载《外国高等教育资料》，1993（2）。
② 同上。

年龄分布的不合理和两个时期大学教师质量上的差异。

二、研究生教育的结构发生了变化

第一，硕士研究生的增长比博士研究生的增长更快。例如，美国1980年博士学位获得者人数与1970年相比增长1.9%，而同一时期硕士学位获得者人数则增长28.2%。在这10年中，日本硕士学位获得者人数是博士学位获得者人数的10倍。英、法等国也有同样的现象。在这个时期内，不仅硕士研究生增加很快，而且学位的种类增多，美国就新设了1560种硕士学位。第二，学位授予的领域发生了变化。自从研究生教育建立以来，主要重视文理科学位的质量和声誉，重视学位的学术性。但从20世纪60年代开始，专业学位受到重视，而且发展很快。到20世纪70年代专业硕士学位已经处于主导地位，授予的数量超过了文理硕士学位。1971—1981年，在美国，硕士学位授予数增长最大的几个专业是：计算机、信息科学增长210%，卫生科学增长190%，商业与经营增长131%；生命科学、体育和社会科学领域则处于停滞或下降状态。博士专业学位增长也很快，大部分博士专业学位授予医、法、工程和商业管理领域。其他国家也是如此，英国和法国增长最快的领域是商业经营和管理，日本占统治地位的领域是工程。这些领域研究生增长快的重要原因是科技进步引起的产业结构的变化对人才需求的变化。学位获得者就业的领域已经不限于研究机构和高等学校，而且扩大到社会各个方面，特别是工业和商业领域。据经合组织研究表明，"过去数十年中博士学位获得者在高等学校任职的人数在不断下降"[1]，而进入私营企业的博士

---

[1]［美］盖利·罗兹：《世界研究生教育模式之演变》，李盛兵译，载《外国高等教育资料》，1993（2）。

人数日益增多。美国1985年有43%的博士学位获得者在学术圈外供职①，而过去绝大多数是在研究机构和高等学校工作。也就是说，研究生教育的功能这几十年发生了变化。

三、研究生教育的资助方式发生了变化

国家资助减少，而科研项目的资助增加。例如，在德国，国家资助和公共基金资助在1983—1984年只能保证9%的学生，而60%的学生需依靠他们帮助导师工作而得到。在美国，助教奖学金在减少，而研究助手奖学金在增加。这种情况，一方面说明国拨经费紧缺，而学校与科研机构或企业横向合作的经费在增加，另一方面也说明许多企业需要专业学位获得者。

四、博士生教育的模式近些年来都以美国为样板并逐渐形式化和专业化

前面讲到世界研究生教育大致有两种模式：一种以美国为代表，强调课程的学习；另一种以德国为代表，强调科学研究。但是近些年来，由于各国对研究生教育增加了效益观念和实际功效的观念，各国政府对研究生教育资助的原则也发生了变化，这种变化引起了博士生教育模式的变革。德国博士生教育也开始引进美国形式化的教育制度，包括博士生资格候选人的挑选、资助、选课和管理等。例如，选课时强调学习与职业或专业需要相联系。同时，讨论建立博士生学院的问题。

---

① ［美］盖利·罗兹：《世界研究生教育模式之演变》，李盛兵译，载《外国高等教育资料》，1993（2）。

美国大学的研究生院强调基础科学理化的教学和跨学科科研与教学，特别把研究生参加科研放在突出地位。1961年，美国成立了一个综合性并有广泛代表性的研究生院委员会（CGS），它与全美大学联合会下设的研究生院协会（AGS）共同努力，对于各学校新开设的研究生课程和教学计划提供咨询指导，大大提高了研究生教育的质量。[①]按照美国研究生教育的模式，硕士生在入学的头半年或一年内暂不选导师，研究方向也不确定，只上基础课。博士生也要经过一年半到两年左右的基础课学习，掌握两门外语，并通过对所修课程的全面性考试成为博士资格候选人。博士生的基础课需修30学分，一般分为5个专业领域，其中一个领域需是别的系的相关专业，每学期至少要选3门课，要写大量的书评和论文，还要通过多次考试。

德国和日本都采用讲座制，一个讲座只有1名教授，日本还有1名副教授，因此研究生教育就是师傅带徒弟的方式。战后，日本引进美国研究生院的制度，但是讲座制没有改变。许多学者对这种讲座制有过严厉的批评，如著名原子物理学家坂田昌一曾批评，讲座制是产生封建师徒关系的温床。他说："近代科学绝不可能从封建环境中产生出来。"[②]但是这种讲座制在日本依旧保存下来。为了弥补它的不足，有些学校设立研究会、教育会等教学组织，教授、副教授、助教及博士研究生避开职位上的差别，都作为研究者重新组成跨越讲座制的研究小组。例如名古屋大学，物理学有8个讲座，研究小组则有超传导、强磁性、阴极线、宇宙线、胶体学、地球物理、基本粒子理论、科学史8个。还有一些大学，如东京大学、北海道大学、广岛大学的一些学部，把讲座制改组成

---

① ［美］盖利·罗兹：《世界研究生教育模式之演变》，李盛兵译，载《外国高等教育资料》，1993（2）。

② 关正夫：《从国际比较的观点看日本研究生院的历史现状和改革动向》，陈武元译，载《外国高等教育资料》，1991（1）。

大讲座制，克服讲座的封闭性，适应跨学科研究。

德国博士生的培养历来是以指导教授个别指导的形式进行的，博士生一般无须上课。但这种传统方式日益受到批评，认为博士生跟着一名导师，埋头写一篇论文，眼界会日益狭隘，论文过分专门化，缺少科研合作。而现代的科学研究则要求科学工作者具有较宽的知识面，强调跨学科的科学研究以及不同学科研究人员的共同合作。于是20世纪80年代，德国也在借鉴美国研究生培养制度。1984年，科隆大学成立了分子生物学研究生院，这是最早的尝试，其特点是注重跨学科的研究，发挥教授的集体力量，让博士生受到多方面的课程训练。德国高等教育发展的权威咨询机构科学审议会很快看到这种研究生院组织的意义，认为建立研究生院有利于改善博士生的培养，促进跨学科的、集体性的科研活动，还可以利用研究生院奖学金吸引大学生尽快完成其学业。因此，科学审议会于1986年2月提出了"关于高校学业结构的建议"，明确提出应在德国高校建立研究生院。此建议一出，马上得到各方积极响应，先后建立起10余所研究生院。1988年，科学审议会又进而提出"关于促进研究生院的建议"，对建立、发展与促进研究生院提出了更具体的建议。联邦和各州政府接受这一建议，于1989年做出决定，共同提供经费，促进研究生院的发展。目前研究生院的数量已超过200所。但德国的研究生院与美国的研究生院又不相同。第一，它不是永久性机构，每3年接受一次评估，评估通过可以继续办下去，否则自行解散；第二，它的规模很小，最多包括15名教师与30名博士生和博士后，一所大学可以有若干所不同专业的研究生院；第三，它几乎毫无例外地是跨学科、多学科性的，教授来自不同的专业领域；第四，它的专业领域只限于某一特定课题，而不是涵盖一个大的专业领域。可以看到，关于博士生的培养，越来越多的人认为，应逐步由传统的个别指导转向有课程要求、有组织的培养方式。

五、20世纪80年代以来国外研究生教育还有一些新的动向值得我们注意

（一）研究生教育出现了新的形式

研究生教育出现了新的形式，即建立大学—工业联合体。美国有的叫科学园、工业园，有的叫工程研究中心（ERC）、大学—工业合作中心（UICRC）。1986年春，美国白宫科学委员会提交了一份题为《重建伙伴关系》的报告，指出美国社会的兴旺与大学的兴旺紧密相关，要重新思考重建大学与工业界的关系，强调必须采取广泛跨学科的方法来解决问题，把重点放在建立以大学为基础的交叉学科研究中心上。其他国家也都有类似的做法。

（二）研究生教育中跨学科课程不断加强

美国对跨学科学习注意较早，20世纪50年代就鼓励跨学科的学习和研究，20世纪60年代中期跨学科所授予学位的只有几千人，但到1980年达到近4万人。[①]日本则主张成立不受学部限制的有弹性的研究生院，课程多样化、弹性化。1988年10月，日本出现了综合研究科的研究生院。在筑波市的高能物理研究所、东京的统计数理研究所、爱知县的分子科学研究所、基础生物学研究所、生理学研究所、静冈县的国立遗传研究所、大阪的国立民族博物馆7个机构的基础上开设了数理科学、生物科学、文化科学3个研究科，从1989年4月开始招生。

（三）建立培养大学教师的研究生课程

日本在1968年出现了"准备担任学院教师的学位"，叫学艺学位（Doctor of Arts, DA）。他们认为研究生院的博士课程通常是进行理论

---

① ［美］盖利·罗兹：《世界研究生教育模式之演变》，李盛兵译，载《外国高等教育资料》，1993（2）。

性研究论文的撰写，因而获得博士学位者作为本科课程的教师在资质上存在问题。DA课程是在修完硕士学位后，必须在研究生院进行三四年的课程学习、工作和教学实践。到1977年，教授DA课程的机构有25所大学，21个专业。美国在1984—1985年由国立教育研究所等提出的大学改革建议中，也强调了对培养大学教师的研究生院的改革。由此可见，这种DA课程可能还会进一步发展。

（四）建立尖端科学技术研究生院

为了迎接新技术革命，培养掌握尖端科学技术的人才，日本从1981年起就设想建立一所尖端科学技术研究生院大学。次年，在东京工业大学内成立了尖端科学技术研究生院大学筹备委员会，经过两年多的积极筹备，于1990年6月在石川县金泽市正式成立了北陆尖端科学技术研究生院大学。目前只设两个专业：信息科学研究科和材料科学研究科，专业下面各设10个讲座。在校生规模为硕士生500人、博士生222人。主要教师在世界上都是有名的学者。为扩大研究生的视野，学校设立了国际经济、国际专利和外语会话、作文等共同课程；为加强研究生研究能力的培养，学校为每名研究生配备2名指导教师。研究生从事的研究工作有主题和副题之分，主题是按专业选定的课题，副题与所定专业相邻，是为扩大基础知识、基本概念而选定的第二个研究课题。

从国外研究生教育近十多年来的改革可以看到，21世纪研究生教育将日趋多样化，学术性研究与应用性研究并重，专业学位越来越受到重视。在培养方式上，课程学习与独立研究两者有机结合，强调拓宽研究生的知识面；重视跨学科的课程和研究，培养研究生的创新意识。以上各点都是值得我们借鉴的。

从我国的研究生教育实际出发，我认为研究生教育在面临21世纪的形势下，借鉴国外经验，有几点值得我们重视。

第一，要根据不同层次、不同类别规范研究生的培养方式。当今世界培养研究生提倡多样化，提出规范化似乎不合时宜。但我认为，为了确保学位的质量，对学位课程和论文的要求应该有统一性。培养目标和要求可以有多样性、灵活性，但对同一类别的研究生的要求要有统一性。例如，对研究生的课程是否应该规范化，现在除政治理论课和外语有一定要求外，其他课程没有具体要求。同样是一个二级学科的专业，各校课程设置相去甚远，即使同一学校、同一专业，由于导师不同，设置的课程也不同。据我所知，有的学校有的专业把本科生的专业理论课分成几大块，就变成学位课程，这样培养出来的研究生质量是难以保证的。因此我认为，对研究生的课程要根据不同专业适当地规范化。

第二，要拓宽研究生的知识领域。当前国外，无论是对本科生还是对研究生都重视基础知识的教育。作为一个高层次人才的研究生应该掌握人类全部文化遗产的基本知识，要在哲学、历史、文学艺术、伦理学和自然科学发展史等各个领域都有较深刻的理解。科学技术进步固然给人类带来了高度物质文明，但也给人类带来了灾难，研究生不懂人类的文化遗产，只搞狭隘的专业技术也不可能造福人类。

第三，要开设一些跨学科课程，拓宽研究生的视野。研究生阶段时间不长，要开设许多课程是不可能的，但可以开设一些学术讲座，请该学科领域中最有研究、最有权威的学者讲学，把当代科学技术发展的前沿信息告诉研究生，让他们听到不同学派的理论见解，从而开阔视野、开拓思路，使他们不至于埋头在一个狭小的专业领域里。

第四，要鼓励研究生选择跨学科的研究课题。从科学技术发展的趋势来看，学科一方面分化得越来越细，另一方面又越来越交叉综合，分化中也有交叉和综合。科学的新发现和技术的创新往往在学科交叉点上，因此要鼓励跨学科的研究。学位授权的专业应该调整，应该扩大专业面，允许跨专业招生。

第五，在充分发挥导师作用的同时，要重视研究集体的作用，这样既有利于拓宽专业面，也有利于跨学科研究。

第六，提倡与企业事业单位联合培养研究生，加强专业学位的建设。从国外的经验来看，近些年来研究生教育与企业的合作越来越紧密，大学一方面为企业培养高科技人才，另一方面也可以从企业得到资金。研究生教育的内容，特别是专业学位研究生教育的内容也在随着企业的发展和市场的要求变化。例如，IBM学位在美国近些年来内容变化很大，我国研究生教育今后要加重专业学位的比重。

试论21世纪研究生的知识结构和能力结构*

一、问题的提出

国务院学位委员会于1997年4月第十五次会议通过了《授予博士、硕士学位和培养研究生的学科、专业目录》修订方案。修订后的目录，学科门类由11门增加到12门；一级学科由原来的72个增加到88个；二级学科（学科、专业）由原来的654种调整到381种。这次修订学科、专业目录的目的，是为了拓宽培养研究生的路径，打好理论基础，使研究生具有较宽厚的知识和较强的适应能力，以适应科技发展和社会发展的需要。

这里就涉及几个问题：未来研究生需要有什么样的知识结构和能力结构？影响这些结构的因素是什么？如何来设计研究生的学习和研究，以达到应有的知识结构和能力结构？本文想就这几个问题发表一点个人的意见。

---

* 原载《学位与研究生教育》，1998年第3期。

二、影响研究生知识结构和能力结构的因素

在教学过程中，学生的知识结构和能力结构是由一系列课程来完成的，研究生阶段也不例外。根据一般原理，课程设计的主要依据是教育目标，即培养什么样的人才。而教育目标的设定又受到社会需要的制约，课程本身又受到科学技术发展的影响。就某一个阶段的学习来讲，课程设计还要考虑受教育者的文化背景和学习基础，如图1所示。

当然，各种因素之间的关系及影响程度是错综复杂的，并不是简单的线性关系。同时，研究生能力结构的形成也不完全是靠课程，还要靠科研和其他实践活动。图1中的课程是扩大了的概念。以上说的是一般的关系，具体到当代，面向21世纪，影响我国研究生知识结构和能力结构的有如下主要因素。

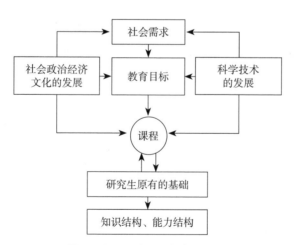

图1 课程设计需要考虑的因素

（一）科学技术的加速发展和急剧变革

根据中国科学院院士卢嘉锡教授的分析，20世纪50年代至今，现代科学技术的发展经历了5次伟大的革命。知识成倍增长，新学科不断涌

现，无不影响到研究生的知识结构和能力结构，特别是现代科学的高度分化和高度综合。而以高度综合为主的整体化趋势，更要求研究生有宽厚的基础知识和综合思考的能力。

（二）社会政治经济的变革

20世纪80年代以后，世界的政治格局发生了剧烈的变化，冷战的局面已经结束，世界各国由冷战时期的军备竞赛转入经济的竞争和综合国力的竞争。所谓综合国力的竞争，实际上是高科技的竞争、人才的竞争。在21世纪的竞争中，谁能站在科技的制高点上，谁有足够的人才，谁就能稳操胜券。研究生的培养就要瞄准21世纪的竞争，培养掌握最新科学技术的、有竞争意识和竞争能力的人才。

（三）人类面临的种种困难

现代科学技术的发展及其在生产上的应用，固然给人类带来了丰富的物质财富，但是造成资源浪费、环境污染、土地沙漠化、生态失去平衡，使人类赖以生存的生物圈受到严重威胁。解决这些困难固然需要依靠科技进步，但更重要的是要依靠人类自身对环境和社会的责任心。至于由于丰富的物质财富而引起的享乐主义滋生、个人主义膨胀、道德水准下降等社会问题，更需要人文科学、社会科学的教育来提高人类的文化素质。

（四）经济体制转轨和经济增长方式转型的挑战

我国的教育，包括教育制度、教育思想和教育方法，是在计划经济体制下形成的。它强调统一性，缺乏灵活性；强调专业性，忽视通识性。市场经济的主要特点是开放性、竞争性、创造性、法制性。为适应这些特点，就要求培养的人才具有宽广的视野，善于捕捉信息；有果断的决策能力，敢想敢干，勇于创新；有经济头脑，注重经济效益，讲究工作效率；同时还要有较强的法制观念，具有较强的社会责任心，善于处理人际关系等。我国研究生分配制度的改革也要求学生具有较宽的知识面和较强的能力，便于选择多种职业。

（五）"传统文化与现代文化""中国文化与西方文化"两种文化冲突的挑战

中国是具有悠久历史的文明古国，有着悠久的民族文化传统。但是，民族文化传统是经过长期的历史积淀形成的，不免带有旧时代的痕迹。而且，民族文化传统中既包含着民族的精华、优秀的文化传统，也包含着某些封建的糟粕或者不适合现代社会的东西。因此，对待文化传统，既不能抱虚无主义态度，一概否定，又不能不加区分地全盘继承，而是要采取辩证唯物主义的态度，批判地继承，以弘扬中华民族的优秀文化传统。

我们在建设现代化的过程中，实行改革开放政策，引进西方的科学技术，开展各种学术交流，与世界各国开展贸易，必然会带来西方文化，因此中西文化的冲突也不可避免。对待西方文化，我们也应该采取辩证唯物主义的态度，优秀的我们要吸收，以丰富我国的民族文化；拙劣的要排斥，或者有些文化在西方是适宜的，但不符合中国国情，我们也要加以选择和改造。

研究生教育处在文化教育的最高层次，必然会遇到这两种文化的冲突，因此，在研究生的知识结构中，人类文化的内容应该占有重要的位置。

（六）我国教育的现状对研究生的知识结构和能力结构的影响

我国高等教育长期受计划经济的影响，本科生阶段专业面太窄，知识基础不够宽厚。如果再追溯到中学阶段，过早的文理分科，使学生缺乏应有的科学文化知识。这两者造成研究生的基础先天不足。如果研究生阶段的培养再不重视加宽、加厚学生基本知识、基础理论的培养，将来他们研究的后劲就会不足，发展就会受到限制。

以上种种因素都在影响着我国研究生教育，我们在探讨研究生的知识结构和能力结构时不能不考虑到这些因素。

三、教育目标的重新设立

探讨研究生的知识结构和能力结构，首先要确定研究生的教育目标。追溯历史，可以看出，研究生的教育目标是发展的，它最初开始于教学与科研的结合，主要是为提高大学本科毕业以后的学生的学术水平和科研能力。以前研究生毕业获得学位以后，大多在大学任教，但是到20世纪60年代，研究生教育的规模、结构和功能都发生了巨大的变化。过去研究生教育主要为高等学校和科研单位培养人才，随着20世纪60年代科学技术的迅猛发展及其在生产、经营部门的应用，世界各国的研究生教育都重视科技人才的培养，学位授予的领域也发生了变化。过去主要重视文理科学位，重视学位的学术性，但从20世纪60年代开始，专业学位受到重视，而且发展很快，其原因就在于科技进步引起的产业结构的变化使得对人才的需求产生了变化。学位获得者的就业领域已经不限于研究机构和高等学校，而是扩大到社会各个方面，特别是工业和商业领域。这种变化不能不引起研究生教育目标的变化，从而影响到研究生的知识结构和能力结构。

研究生教育的专业领域很广泛，各个专业的教育目标不同，知识结构和能力结构自然也会不同。另外，研究生教育的层次不同，硕士研究生和博士研究生的教育目标不同，他们的知识结构和能力结构也会有区别。在中国，由于硕士学位是独立的一级学位，这种区别就会更大一些。尽管如此，研究生教育作为一个完整的教育阶段，对它的教育目标总有一个基本设定。

《中华人民共和国学位条例》中对硕士学位和博士学位的学术水平有一个明确的要求。

硕士学位的要求是：在本门学科上掌握坚实的基础理论和系统的专门知识；具有从事科学研究工作或独立担负专门技术工作的能力。

博士学位的要求是：在本门学科上掌握坚实宽广的基础理论和系统深入的专门知识；具有独立从事科学研究工作的能力；在科学或专门技术上做出创造性的成果。

这可以说是中国对研究生教育目标的设定。其他国家或学位授予单位也会有不同的教育目标的设定。例如，美国L. 威尔逊于1979年曾将美国哲学博士学位的标准归结为3条：①彻底掌握本学科某一专门化方向的知识；②广泛通晓本学科知识，熟悉相关领域；③有对本学科发展做出个人贡献的能力。①

以上都是对研究生教育目标最一般的确定。在培养过程中还需要结合上述各种科技发展和社会变革的因素使教育目标具体化。我认为，在当今时代，在研究生教育目标上还应有如下一些要求。

（1）要把培养研究生获取知识的能力作为重点，使他们能够不断地和有效地更新知识，以便适应科技发展的需要和实际工作的需要。

（2）除了掌握本学科坚实的基础理论和系统的专门知识以外，还应掌握相关学科的知识和理论，以便拓宽视野，适应科技发展高度综合的趋势，从事跨学科的研究。

（3）掌握必要的人文科学和社会科学知识（文科研究生要掌握必要的自然科学知识），以提高研究生对人类文明的认识，增强社会意识及对社会的责任心。

（4）具有创新的能力和开拓的精神。

（5）具有较强的组织能力和交往能力。

---

① 郭玉贵：《美国和苏联学位制度的比较研究》，65页，上海，复旦大学出版社，1991。

四、21世纪研究生知识结构和能力结构的初步设计

钱学森教授把人类科学知识分为6个组成部分，即哲学、自然科学、社会科学、数学科学、技术科学和系统工程6个门类。他说："我们现在的科学技术体系有6个组成部分，概括一切的是哲学，哲学通过自然辩证法和社会辩证法（指历史唯物主义）这两座桥梁和自然科学、数学科学和社会科学相连接。自然科学研究自然界，社会科学研究人类社会，数学科学则是自然科学和社会科学都要用的学问。在这3大类学科之下，介乎用来改造世界的工程技术之间的技术科学……在工程技术问题中新起的一大类，是各门系统工程。"[1]除了上述分类以外，当然也还有别的分类方法。

能力的分类也是多种多样的。有人把人的能力分为一般能力和特殊能力两种。前者是人们为完成各项活动所均需具备的，后者则指从事某种专业活动必须具备的。若要顺利完成任何活动，都需要一般能力与特殊能力的诸种结构要素的协调配合，形成合理的结构。加涅把后天习得能力分为5种：言语信息——回答世界是什么的问题的能力；心智技能——回答为什么和怎样办的问题的能力；认知策略——有意识调节与监控自己的认知加工过程的能力；运动技能——以肌肉协调为主的能力；态度——增加个人对人、事的积极或消极反应的强度的能力。[2]以上有关能力的分类主要是从心理学的角度，把能力看作顺利完成某种活动所需的个性心理特征来说的。如果按照人与自然和社会的关系来分类，可以将人的能力分为3个方面：①对外界客观世界的关系方面的能力。包括认知能力，即接收、加工、贮存和应用信息的能力；创造能

---

① 田夫、王兴成：《科学学教程》，32页，北京，科学出版社，1983。
② 教育大辞典编纂委员会：《教育大辞典》，222页，上海，上海教育出版社，1990。

力，即改造世界的能力。②自我控制和自我表现的能力。包括口头和书面表达的能力；自我控制能力，即调节心理的能力。③与社会和他人的关系方面的能力。包括组织（行政）能力、人际交往能力、职业能力。这3个方面是互相影响、互相促进的，其中尤以认知能力为基础，认知能力提高了，其他能力也能相应提高。其关系如图2所示。

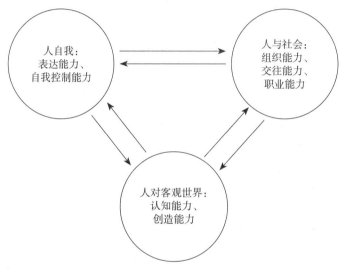

图2　人的能力及其相互关系

以上是我们对知识和能力的一般理解，而知识和能力又是密不可分的。个体后天获得的能力是在获得的知识的基础上形成的，个体在获取知识的过程中就获得了认知能力和其他各种能力。但知识不等于能力，如果获取的是陈旧的、死的知识，或者获取知识的方法只是呆读死记现存的知识，则不可能发展认知能力、创造能力和其他能力。反过来，能力的提高又有利于知识的获取。

面对21世纪，研究生的知识结构和能力结构将如何调整呢？根据当代科学技术的发展和社会的变革，应该做如下的调整。

（1）在知识结构方面要强调3点：拓宽基础知识和基础理论；拓宽

相关学科的知识；提倡文理科的结合。

（2）在能力结构方面也要强调3点：创造能力的养成；自我控制能力的养成；人际交往能力的提高。

（3）在知识和能力的关系上要强调重视能力的提高。

最近，我们在研究生中做了一次问卷调查，收回问卷186份。其中，硕士生132人，占总数的71%；博士生54人，占总数的29%；文科研究生114人，占总数的61.3%；理科研究生72人，占总数的38.7%。调查结果如表1和表2所示。

表1　知识结构（取前5项）

按重要性排序	总体	理科	文科
1	本专业的基础知识	本专业的基础知识	历史知识
2	历史知识	历史知识	本专业的基础知识
3	当代科技知识	当代科技知识	跨学科知识
4	哲学知识	高等数学	当代科技知识
5	跨学科知识	法律知识	哲学知识

表2　能力结构（取前5项）

按重要性排序	总体	理科	文科
1	创新能力	创新能力	创新能力
2	科研能力	科研能力	交往（人际）能力
3	口头表达能力	书面表达能力	口头表达能力
4	交往（人际）能力	教学能力	科研能力
5	书面表达能力	组织（行政）能力	书面表达能力

调查结果表明，文理科研究生都把本专业的基础知识、历史知识和当代科技知识作为最重要的基础知识；把创新能力、科研能力和表达能力放在最重要的地位。这说明，研究生的认识与我们的目标设计基本上相一致。但是，如果再深入一层分析，则发现，在文科研究生中竟有83.3%的人认为学习高等数学不重要，26.3%的人认为了解国际形势不重要；在理科研究生中分别有30.6%和26.4%的人认为阅读世界名著和阅读中国名著不重要。可见，有一部分研究生对文理交叉的知识还不够重视。这就需要教育工作者去进行正确的引导，以使文理科研究生都具备更合理、完善的知识结构。

试论高考制度的改革*

> 教育的社会需求越来越高涨，然而教育的资源是有限的。
>
> 要靠改革高考制度来解决教育供求矛盾是缘木求鱼。
>
> 要建立终身教育体系，使暂时不能上大学的青年有出路。
>
> 光靠改革高考制度是不够的，必须从对人才的认识上找出路。
>
> 不只是考上大学、当上干部的才是人才。

高等学校入学考试的问题是当前社会上议论最多的问题之一，也是关系到千家万户的问题。人们普遍有一种意见，认为高考是指挥棒，当前应试教育的弊端、学生负担过重，都是源于高考，因此高考制度必须改革。我觉得，得出这样的结论，未免过于简单。

应试教育是一个表面现象，应试教育的背后隐藏着一个重大的社会问题，就是青年的出路问题。追求升学、追求学历，说到底是追求一个好的职业。这是一个社会问题，这个问题的存在有着深刻的社会历史根源。

第一，我国经济不够发达，特别是长期实行计划经济，就业机会不

---

* 原载《人民论坛》，1999年第7期。

充分。青年追求升学，就是追求就业，因为学历越高，就业的机会就越多。过去高等学校毕业包分配，考上大学就像进了保险箱，必然能够得到一份像样的工作。现在虽实行了双向选择，但人们总觉得上了大学找份工作总不是难事。

第二，是我国长期以来形成的劳动人事制度造成的。我国的劳动人事制度，只讲学历不讲能力。哪一级学校毕业，工资级别就是哪一等，不论能力的大小，不论学校的质量，一律按学历划等级。升学是人们追求社会升迁的途径，这在哪个国家都如此，但在我国尤其突出。因此，追求升学也就不足为奇了。

第三，除了上述经济原因和人事制度外，还有更深层的文化根源。中国文化有重视教育的优良传统，无论达官贵人，还是庶民老百姓，只要有条件，总是想让自己的子女多读一些书，这是好的一面。另外一面，是讲究学历，"学而优则仕""读书做官"以及科举制度的影响，都为现在的学历主义埋下了文化的根子。

第四，人们的生活水平提高了，对教育的需求也相应增加。常常听到许多家长讲，过去自己没有条件上大学，现在无论如何要让孩子上大学。特别是独生子女增多，家长总希望他们能上学，这是情理中的事。

第五，对于学校来讲，追求升学率就是追求学校的声誉，这也关系到学校和老师的切身利益。

说到底，对教育的社会需求越来越高涨，然而教育的资源却是有限的。也就是说，高等教育为青年提供的机会是有限的。拿我国每年出生人口与高校招生的比例来说，高等学校的入学率（不包括成人教育）大致在5%左右，加上各种类型的成人高校也只能达到9%左右。也就是说，有很多的青年永远不可能接受高等教育。因此，追求升学率实质是反映了教育资源的供求矛盾问题。

高考在这里面起一个什么作用呢？起到一个教育资源分配调剂的作

用，起到一个"阀门"的作用。因此，仅靠改革高考制度来解决教育供求的矛盾是缘木求鱼，是一种天真的想法。

包括中学考试问题，实际上也是一个教育资源分配问题。这里面还隐藏着一个"公平"和"效率"的关系问题。取消小学升初中的考试，就近入学，看来解决了一个升学竞争的问题，似乎也解决了一个公平问题，但又带来另一个不公平。因为学生的能力有差别，学生的勤奋努力的程度有差别，学校也有办得好坏的差别，抹杀这些差别，一律按电脑分配，对学习好的学生是极大的不公平，也不利于出人才。事实上，尽管考试科目减少，学校的作业负担减轻，但回到家里，家长却会主动地增加学生的负担。这样，作业负担可能减轻，学生的心理负担一点也没有减轻。

因此，要缓和升学压力，光靠改革考试制度是不够的，必须从根本上找出路。也就是要发展经济，拓宽就业门路；改革人事制度，重视能力，参考学历，把学历证书与资格证书分开；要改革整个教育制度，建立终身教育体系，使学生不至于一次考试定终身，使学生能够有再学习、终身学习的机会。同时，可改变教育观念，克服重理论、轻实践，重学术、轻技术的思想，建立行行出状元、人人都能成才的思想。有人说，苏南乡镇企业的发展全靠高考落榜生的贡献。这句话很有意义。确实是这样，上大学的学生几乎都在外面工作，留在县里或农村的一部分是没有参加高考的中学毕业生，一部分就是高考落榜生。他们在乡镇企业的创建中发挥了很重要的作用，现在他们许多成了企业家，成为企业管理的人才。当然，在管理现代化企业中他们有一个再学习的问题。这就给我们提出两个问题，其中一个问题就是什么叫人才的问题。不只是考上大学，当了干部的才是人才，而是只要勤奋努力，能为社会做出贡献的就是人才。另一个问题就是要建立终身教育体系的问题。使没有上大学的人也能有机会继续学习、终身学习，不断提高文化科学水平和业务能力。这样，暂时不能上大学的青年才有一个不断前进的方向和出路。

总之，高考制度改革只能解决如何择优选拔人才的问题。改革得好，选择制度变得更合理、更完善，就更有利于普通教育推行素质教育，但不能从根本上解决高等教育供求的矛盾。要解决高等教育的供求矛盾，减轻升学竞争的压力，只有两条出路，一是扩大招生名额，把大学的门开得大一些；二是建立终身教育制度，使青年有再学习的机会，打破现在普通中学和职业高中的双轨制，建立互相沟通的渠道，特别是沟通职业高中通向高等学校的渠道，允许职业高中毕业生报考任何一所高校。这既是一个理论问题，更是一个实际问题。

文化传统与高等教育思想观念的转变[*]

一

高等教育改革是一项十分复杂的工程。从整体上看，它包括办学物质条件的改善、管理体制的完善和教育思想观念的转变等多方面的内容。其中，教育思想观念的转变是最复杂而艰难的，也是最深层次的工作。因为，教育思想观念的转变不仅与社会政治制度和经济发展水平紧密相关，而且从更广泛的意义上说，它还涉及民族文化传统和传统文化观念的转变。纵观世界教育发展，我们可以发现一种十分有趣的现象，即同样是资本主义国家，政治制度和经济发展水平极其相近，而其教育制度和教育观念却大相径庭，相去甚远。例如，同在欧洲，英国和法国的高等教育就有很大不同；与此同时，一些政治制度和经济水平不同的国家，在教育制度和教育观念上却有着较大的相似之处，如东方的中国、日本和韩国。对于这种现象，如果不用文化学的观点和视角进行分析，就很难解释清楚。因此，我认为，转变旧的高等教育思想观念，就必须深入文化传统之中去寻找原因。

文化传统，也可以称之为传统文化，是在人类社会发展过程中所形

---

* 原载《北京高等教育》，1999年第Z1期。

成的。它以观念的形态体现着社会的发展与变迁，同时又以观念的形态植根于人们的思想意识之中。就其性质而言，文化传统是历史的积累性和民族的独创性的统一体。也就是说，文化传统是在社会发展的历史进程中，物质和精神生产不断积累和积淀的结果。由于文化传统是在特定的社会和自然环境中形成的，所以，每一种文化都有自己的个性特征。在文化不断积累和形成个性特征的过程之中，文化保留下来许多优秀的迄今仍有价值的东西，同时也保留下来许多不符合时代要求的东西，从而使之既成为人类社会发展的宝贵遗产，又成为阻碍社会发展的沉重包袱。正因为如此，对待文化传统不能轻易地加以肯定或否定，不能笼统地说发扬传统和放弃传统，要看到传统文化所具有的积极和消极的正负两面性，就如一块金币一样，既有它的正面，又有反面。我们拿到金币，不可能只要它一面，而不要它另一面。我们只能把它们一起拿来，然后再对它们重新加以改造。

二

文化与教育有着十分紧密的关系。一方面，教育是文化的一个组成部分，但它又有相对独立性。教育对文化有选择、传播、改造、创新的作用。没有教育对知识的创造和传播，就不会有文化的继承与发展。另一方面，文化传统又顽强地影响着教育的观念、内容和方法。我国是一个历史悠久的国家，具有五千年以上的文明史，积累了丰富的文化遗产和独特的文化传统。在我们的文化传统中，许多内容都是十分宝贵的文化遗产，如积极进取、奋发图强的精神，强烈的民族意识和爱国主义思想等，都成为我们社会发展的巨大推动力。它们都值得我们很好地继承和发扬。但是，由于长时期的封建统治，我国的文化传统中也有许多糟粕，如封闭保守、安于现状、求大求全心理等。

影响我国高等教育发展的有害的传统观念有许多，我只想讲一点，就是唯学历主义的思想。所谓唯学历主义就是把追求学历作为高等教育的唯一目的，用学历高低来衡量高等教育的价值；用学历的高低来划分社会阶层，去衡量人自身的价值的思想倾向性。从历史的角度来看，可以说，学历主义思想是伴随科举制度而生的，在我国已有千年之久。早在隋唐时期，封建帝王为了网罗"贤才"，使"天下英才皆入我瓮"，采取了科举考试的办法选拔各级政府官员，从而使各个家庭，尤其是庶人家庭的子弟把通过科举考试看成是通向仕途、改变社会地位的唯一途径。这就使中国的文化传统中有了"万般皆下品，唯有读书高"的思想观念。尽管20世纪初，我国废除了科举制度，但是唯学历主义的思想观念在人们的头脑中业已根深蒂固。中华人民共和国成立之后，我国高等教育有了较大的发展，尤其是在制定高等教育目标时注意遵循了马克思主义关于人的全面发展理论，开始实施全面发展的教育。人们教育思想观念也有了较大变化，但是唯学历主义的思想并没有从人们的头脑中消失。相反，由于把高等教育作为干部预备教育，实行统包统分制度，以及按学历制定的劳动人事制度，在一定程度上强化了唯学历主义思想观念。当然，用历史唯物的观点来看，讲求学历是必要的。就整个国家来讲，各种学历人数占总人口的比例，说明这个国家的发展水平，是一个重要的人文指标。讲求学历也是现代社会的重要标准。按学历选拔人才相对于封建社会的"世袭制度"和"特权思想"具有一定的进步意义。即使在今天也不能完全否定学历的某些合理性。因为，尽管学历不能代表人的素质的全部，但是仍然说明素质的部分内容。现在的问题不是我们要不要学历，而是我们怎样看待和理解学历。在现阶段，我们的高等教育仍然处于"英才教育"阶段，高等教育还不能百分之百地满足更多人的需要，所以高等教育系统中的分层次、分等级是必然的现象。但是，关键的问题是我们不能把学历作为判断和衡量教育和个人价值的全部标准。由于多方面的原因，学历本身多半反映在人的知识水平层面，而没有反映出人的能力水平，过分强调学历就势必造成"高学历，低水平"的现象出现。

唯学历主义的产生除了受文化传统的影响之外，也是社会一些不合理制度造成的恶果。第一，在小农经济和计划经济占主流的社会里，社会提供给个人的就业门路较狭窄，毕业生们只能通过追求升学，追求高学历获得较"理想"的工作，进了大学就进了保险箱，结果造成"千军万马抢过独木桥"的局面。近几年，随着商品经济的发展，中学毕业生可以选择的就业机会相对增多，学历主义思想有所转变，但是要想彻底改变，还需要漫长的时间。第二，我国现在的劳动人事制度还存在一定的问题，在相当大的程度上大大强化了学历主义思想观念。一些用人单位在选用大学毕业生时，只看学历证书，盲目追求高学历，很少考虑毕业生的能力水平；还有一些单位，尤其是一些事业单位，在提拔和考核干部时也把学历作为一项重要的指标。结果进一步强化了唯学历主义思想观念。这里面有两方面的原因：①因为任何传统的思想观念一旦形成，就会具有强大的历史惯性，它们常常按照自身的逻辑形成一种相对独立的超稳定结构，形成一种严密的封闭系统，所以，从一定意义上说，改变传统的思想观念要比改变旧的制度困难得多。②中华人民共和国成立以后，我国的一些社会制度，如劳动人事制度、干部聘任制度等也为唯学历主义思想观念的滋长提供了丰厚的土壤。从劳动人事制度上看，专科毕业生与本科毕业生、本科毕业生与研究生毕业在工资待遇和选择机会上存在较大的差别，在一些事业和企业单位领导的头脑中错误地认为本单位、企业职工人员的学历层次越高，就越有办事效率、越有竞争力，出现了一种使用人才的"高消费"现象，结果造成各个用人单位不考虑实际的需要和条件，盲目追求职工人员的高学历化、高层次化，造成人才资源的浪费。在干部选拔制度上，邓小平同志提出，干部要知识化、专业化、年轻化和革命化。这些思想对于我党的干部队伍素质的整体提高无疑具有极其深远的意义。但是，有些部门错误地理解了邓小平同志的知识化的内涵，将知识化与学历化混为一谈，结果造成一些年轻同志盲目追求高学历，甚至于在学历上弄虚作假，而不是将主要精力放在对自己自身能力和素质的提高上去。这种干部考核和选拔制度也不断地强化了学历至上的思想，使唯学历主义的思想泛滥，影响了高等教育的正常、健康的发展。

唯学历主义作为一种文化的传统对我国高等教育思想观念具有深刻的影响。首先，助长了高等学校的升格风。许多低学历层次的学校不满足于自己的位置，中等专业学校想升格为高等专科学校，高等专科学校想升格为大学本科院校，学院又想升格为大学。实际上，社会上需要各种层次的人才，特别是我国社会主义建设需要各种层次、各种类型的人才。

其次，重视学术性和专业性教育，忽视技术性和职业性教育。高等教育的职能不只是培养学术性人才，而且要发展科学技术，普及科学技术，培养社会上需要的有高等教育水平的实际应用人才。但唯学历主义追求高学历，视学术性高等教育为顶点，看不起职业性高等学校，从而阻碍了我国高等职业教育的发展。

最后，重学历教育轻非学历教育。高等教育作为终身教育的重要环节，应该不仅为青年或成人提供学历教育，而且要为他们提供继续教育。但是由于学历主义作祟，非学历的在职教育和培训难以开展。

唯学历主义还影响到教育内容、教学方法和考试方法等。在我国的文化中，从古到今素有尊师重教的传统。从帝王将相，到平民百姓，每个家庭都期望自己的子女接受最好的教育。这种传统本身是好的，但是不好的是人们往往把读书与做官联系在一起，崇尚"学而优则仕"，即使到了今天，中国的老百姓仍然希望自己的子女能够上大学。这种文化心理是唯学历主义的一种反映。在这种情况下，高等教育发展得不论有多快，都无法满足每个家庭百分百想要自己子女接受高等教育的需要。为此，我认为，转变教育思想观念必须从转变旧的文化传统观念开始，具体说就是要转变唯学历主义的思想观念。

第一，要走出单纯看重学历，忽视能力价值取向的误区。不论在干部考核，还是聘用员工时，不仅应该考虑学历的高低，更要注意考察他们的实际能力。如果有条件的话，力争在完善学历证书制度的同时，加快建设我国各个行业的资格证书制度。目前，在欧美许多国家以及一些发展中国家都已做到这一点。例如，印度在盲目发展高等教育以后，为了纠正学历主义，颁布专门法律，把学位与职业分开。在这些国家，获得学位只是个人获得某种普通知识和专业知识的一种凭证，但不是就业的保障。这种制度淡化了学历的概念，使人不再盲目地追求高学历，而是更加注意对自己实际能力的培养。

第二，要超越求大求全的传统思维定式。不要以为高等教育规模越大，效益就高，盲目追求毫无实际意义的升格、更名，把许多精力和心思用在考虑自己学校有多少多少学院，有多少多少博士、硕士授权点上，而是要把主要精力用于提高质量上来，尤其是放在提高本科教育的教学质量上。在进行高等教育质量管理时，政府部门最好"抓一头，放一片"。所谓"抓一头"就是重点抓400所至600所本科院校的教育质量；"放一片"就是将本科院校以下学校放给地方，任其自由发展，让这些学校学会在市场机制的调节下求得生存，办出自己特色，具有实用性、灵活性的特点。

第三，要规范成人教育，将学历教育和就业培训分开，使之成为真正意义上的继续教育。

第四，必须把转变教育思想观念放在社会各项改革的大背景下进行，把它同人事制度、干部聘用制度的改革联系起来，一起来抓，只有这样，才能逐步从根本上保障高等教育思想观念从传统的模式转向现代模式。

走向新世纪的中国高等教育*

　　20世纪最后10年，我国高等教育有了长足的进步。无论在体制上、结构上，还是在专业调整上、课程设置上都进行了很大的改革。特别是1999年扩大招生规模，在社会上引起了很大的反响。这不只是多招几个学生的问题，而是我国高等教育的一个战略性转变。也就是说，我国高等教育开始由英才教育向大众教育转变。这对于提高我国整个民族素质、社会文明进步和经济转型，都具有十分重大的意义。但是要建成具有中国特色的现代高等教育体系，还需要我们做出更大的努力。高等教育必须进一步深入改革，关键在于我们的思想能否进一步解放，观念能否进一步更新。

一、高等教育面临的种种挑战

　　第一，高等教育面临着科学技术加速发展的挑战。20世纪科学技术的发展是惊人的。特别是后半叶，以核子、电子技术发展为核心，人类在材料科学、宇宙科学、海洋科学、信息科学、生命科学等各个领域都

---

* 原载《清华大学教育研究》，2000年第3期。

取得了重大的成就。进入21世纪,世界科学技术的发展会更加迅速,多学科交叉愈加明显,知识更新显著加快。高等教育如何适应科学技术发展的形势,培养高素质人才,是世界各国都在思考的问题。

第二,高等教育面临着社会变革的挑战。从世界范围来讲,"冷战"已经结束,世界的格局发生了巨大的变化,但并未和平,国际竞争越演越烈。科学技术在社会各领域中的应用,也引起了社会的变革,人们的价值观发生了变化。社会的物质财富丰富了,但人们的道德水准却下降了。吸毒人数的增加、犯罪率上升以及其他社会问题日益困扰着教育工作者。

第三,中国高等教育还面临着经济体制转轨和生产方式转型的变革的挑战。由计划经济向市场经济转轨,要求高等教育的领导管理体制、招生分配制度、专业结构、课程设置等都应相应地变革;生产方式由粗放向集约转型则要求高等教育能培养具有创新精神和实践能力的人才。

第四,中国高等教育还面临着两种文化冲突的挑战。一种是东西方文化的冲突。开放必然要加强国际交往,先进科学技术的引进也必然带来西方文化的渗透。哪些应该吸收、哪些可以借鉴、哪些应该摒弃,高等学校作为文化机构有责任领导社会来判断,选择有益于我们民族发展的优秀文化,吸收世界一切文明成果。另一种是中国传统文化与现代文化的冲突。中国有悠久的、优秀的文化传统。但作为传统,毕竟是旧时代的产物,而且其中有精华,还有糟粕。对传统文化去粗取精,赋予新的时代内涵,也就是在传统的基础上创造新文化,应该是中国高等教育的神圣责任。

二、高等教育的对策

面对如此众多的挑战,中国高等教育应该如何应对?其实,挑战就是机遇。挑战给中国高等教育出了题目，文章做好了，中国高等教育就会跃上新的台阶。我认为，当前要着力解决以下几个问题。

第一，正确处理好学校与社会的关系。要加强高等学校与社会的联系，为社会的可持续发展服务。在市场经济体制下，学校只有与社会联系，特别是为本地区的科技、文化、经济发展服务，才能办得活，才能有生气。高等学校遍布全国各地，除几个大城市中的全国重点大学要为全国培养人才外，各地区的学校应该重视为当地的社会发展服务。学校要根据当地条件和本校的优势办出特色。每所学校都应该做到普及与提高的结合，有些学科是一流的，大多数学科是普通的，但它能为当地培养对口适用的人才。高等学校往往是当地的最高学府，它不仅要为当地的经济服务，还要重视当地的文化建设，为当地社会可持续发展服务。

第二，正确处理好政府干预和学校自主办学的关系。国家实行市场经济以来，高等学校办学自主权的呼声很高。但从世界范围来讲，20世纪以来，政府干预高等学校的趋势越来越强。这是由于高等学校在国际竞争中的作用越来越重要的缘故。国外政府对高等学校的干预主要是通过立法、拨款来实现的。学校的具体办学则是自主的。目前我国办学体制还较混乱，一方面学校认为办学自主权不大，另一方面学校的办学又表现出随意性。因此要加强法制，明确自主办学的权限与职责。

第三，正确处理好普及与提高的关系。世界高等教育已走向大众化，也即大多数发达国家的高等教育入学率已经超过30%，有些国家已超过50%。我国目前还只有10%左右，在21世纪头几年我国高等教育将有较大发展。高等教育在21世纪将如20世纪的中等教育一样成为每个青年人享有的权利。但是高等教育的普及并不等于不要精英人才。高等教育内部有层次，每个层次的质量也有差别。任何一个国家都会支持一些重点大学，让它们培养高质量的人才。我国在发展高等教育数量的同时，要注意建立合理的高等教育结构体系。高等学校要多样化、多层次，既要照顾到广大青年求学的要求，又要考虑到国家对高新科技人才的需求，办好一批高质量、高水平的学校，同时也要办好一批高等职业学校。目前我国对高等职业教育投入不足，过去的高等专科学校办学的指导思想和模式都存在着不少问题，社会上对职业教育缺乏认识，使我国高等职业教育至今没有形成规模和体系。事实上，当今社会十分需要具有中级技术能力的人才。即使在美国这样发达的国家，它的社区学院每年的毕业生超过了本科生。我国则更需要这种中级人才。

第四，正确处理好掌握知识与发展能力、培养社会责任心的关系。20世纪80年代以来，在高等教育的培养目标上有了很大的调整。专家们不再只强调掌握高深的学问，更强调要具备各种能力。正如美国卡内基教学改革基金会前主席博耶在《学院——美国本科生教育的经验》一书中所说："今天大学教育最成功之处是培养能力。"同时他又十分强调对社会的责任心。他说："本科生教育的最高目的是促进学生从具有能力到承担责任。"

第五，我国提倡素质教育。素质教育的重点是培养学生的创新精神和实践能力，高尚的道德是其灵魂。素质可以理解为思想品德素质、科学文化素质、身体心理素质等。我认为，概括地说，也可以是"四个正确对待"，即正确对待自然、正确对待社会、正确对待他人、正确对待自己。能够做到这四个正确对待，就是一个高素质的人才。

第六，正确处理好教学与科学研究的关系。高等学校是培养人才的场所，它的主要任务是培养人才。但是在当今科学技术迅猛发展的时代，高等学校不进行科学研究就会落后于时代，就不可能培养出符合时代要求的人才。因此可以说，科学研究是高等学校的生命。同时，高等学校是国家科技创新体系的重要基地。高等学校不仅要传承人类已有的知识，而且要创造新的科学知识，创造新的思维方式、新的价值观，推进社会的发展。从这个意义来讲，科学研究是高等学校必不可少的任务。但是，时刻不能忘记培养人才的任务，高等学校要把教学，特别是本科生教学放到中心地位。尤其是一些以本科生或专科生为主的高等学校更要把教学放在第一位。

第七，正确处理好基础研究和应用研究的关系。过去高等学校比较重视基础研究。在科学和技术愈益紧密结合的时代，特别是高等学校要参与国家科技创新体系，高等学校就要重视应用研究。应用研究还可以给学校带来经济效益。但是，高等学校的优势是基础研究，而且基础研究的成果更有利于教学质量的提高。因此，高等学校不能忽视基础研究。

第八，正确处理好基础知识与专业知识的关系。高等学校是培养专门人才的机构。过去强调专业知识的教学，因而专业设置过窄，课程过专。美国称之为"应用手册性人才"，苏联称之为"开处方式的专家"。在科学技术日新月异的今天，这种人才已经不能适应社会的要求。加强基础是应付千变万化的最好的办法。

推进素质教育更需要加强基础。国外都十分重视"通识教育"。所谓通识教育，又称一般教育、博雅教育、自由教育，是指大学生均应接受的有关共同内容的教育，它是以一般文化修养课程为主要内容来促进人的智慧、道德和身体等多方面发展的教育。博耶把通识教育内容分为7个主题，即语言：最基本的联系工具；艺术：美学素养；渊源：生活的历史；制度：社会结构；自然：行星状态；工作：职业价值和认同；发展：自身价值及其意义。1992年哈佛大学提出的通识教育课程包括外国文化、历史、文学与艺术、道德修养、自然科学、社会分析6个领域应选修的课程。从这些课程中可以看到，人文学科受到相当的重视。

从毕业生的出路来讲，也需要改变过去专业过窄的状况。计划经济时，按照专业分配工作，现在则要双向择业，很难按专业对口择业。因而毕业生需要有较宽的专业面，较扎实的基础知识。

第九，正确处理好学科分化与综合的关系。20世纪下半叶以来，科学技术越来越分化，也越来越综合，但总的趋势是综合，科学文化知识总量逐年地成倍增加。面对教育要求和教学内容不断增加的趋势，高等学校如何在有限的时间内合理地组织课程，有效地进行教学，是一个极为重要而复杂的问题。许多专家认为，在课程改革上不应简单地增加课程的门数，而应该通过课程的整合吸收新的内容。要帮助学生综合他所学到的知识，而不是肢解他的知识结构。要重视交叉学科、边缘学科，创新往往就在这些交叉点上。

第十，正确处理好教与学的关系。要培养学生的创新精神和实践能力，就要给学生留有思考和自学的空间；要引导学生积极参与教学。在当今信息化时代，教师无法也无必要传授全部知识，更重要的是教会学生学习，让学生自己去获取信息。网络技术为学生自主获取信息和学习提供了条件。但也应该认识到，机器代替不了人，计算机代替不了教师。学生的学习还是要靠教师的引导和帮助。尤其是教师的人格魅力，由教师集体营造的校园文化和学术氛围是任何机器所不能替代的，也不是自学所能获取的。

中国高等教育传统的演变和形成[*]

中国现代高等教育产生的时间很晚，始于鸦片战争以后洋务运动和维新运动时期。1862年创办于北京的京师同文馆和1895年创办于天津的中西学堂，是最早出现的中国近代高等学校的雏形。1898年京师大学堂的建立及1904年颁布的《奏定学堂章程》，标志着中国近代高等教育制度的建立。它比西方高等学校的创立晚了800年。

中国近代高等教育从建立之时起就受到中外两种思想的影响。一方面，中国近代高等教育的建立是在西方列强逼迫之下，为了"师夷之长技以制夷"而创立的。"中学为体，西学为用"成为当时高等教育的主导思想。另一方面，中国近代高等教育又是从西方引进的，它必然渗透着西方文明与思想。在教育内容上，西方的科学与中国的经书并存。直到辛亥革命以后，南京临时政府在蔡元培主持教育部的时候，才批判了清末的"忠君，尊孔，尚公，尚武，尚实"的封建主义的教育宗旨，提出了军国民教育、实利主义教育、公民道德教育、世界观教育、美感教育的"五育"并举的教育宗旨。但自从袁世凯篡夺辛亥革命胜利果实之后，一切革新计划又都遭到破坏。国民党统治期间，始终存在着中西文化的冲突、传统教育观念与现代教育观念的冲突，而中国自己的教育传

---

* 原载《高等教育研究》，2001年第1期。

统并未真正地建立起来。

任何一个国家的教育传统与整个文化传统一样，都有一个形成发展的过程。一定的历史时期有一定的文化传统，必然就有一定的教育传统。这种教育传统是受当时的政治、经济以及文化的影响而形成的，同时也是对过去的教育传统的继承和发展。中国高等教育的传统也是在中国整个社会变革中不断变革的，一方面接受符合时代要求的先进的教育思想和制度，包括外国的和自己创造的，另一方面又要受到传统教育思想和制度的影响。这里需要指出几点。

一是教育传统不同于传统教育。传统教育是指从历史上承袭下来的教育思想、制度和方法，即在过去教育实践中形成并得以流传的具有一定特色的教育体系，总是指一种旧的教育体系。而教育传统是指一个国家或一个民族的特有的教育体系。当然，它包含了该国或该民族的传统教育的因素，同时又具有现时代的新的因素。

二是对传统教育本身不能简单地加以肯定或否定。传统教育中有好的、优秀的教育思想、制度和方法，也有不好的或者过时的教育思想、制度和方法。有些教育思想、制度和方法符合教育发展规律，符合人的认识规律，就是好的、优秀的教育传统，就会世代流传下来。例如，我国古代的"因材施教""教学相长"等教育思想，至今仍然有强大的生命力。传统教育中有些教育思想、制度和方法在当时的历史条件下是进步的、可取的，但随着时代的变化和社会的进步可能变成落后的、腐朽的、不可取的。例如，我国的科举制度在开始时取代世袭制是一大进步，但发展到后来的八股文考试，使科举制度变成阻碍社会发展的障碍，就变成了落后的、需要改革的传统。

三是应该看到，在教育传统的变革中，教育制度的改革往往比教育思想的改变要容易得多。例如，我国的科举制度作为一种制度已经消失了近百年，但是与科举制度相伴随的教育思想作为一种传统的教育思想却仍残留在人们的头脑中。这就说明，传统教育思想的改变要比传统教育制度的改变困难得多。这就是为什么在教育改革中要特别重视教育思想转变的原因。中国高等教育现在的传统是经过洋务运动、维新运动、辛亥革命、五四运动、国内革命战争、新中国成立以后向苏联学习以及改革开放以后社会变革的种种冲突和洗礼逐渐形成的。因此，要分析今天中国高等教育的传统及其思想观念，就需要分析形成今天中国高等教育传统的各种因素。

一、中国现代高等教育制度的建立（鸦片战争至辛亥革命）

中国的高等教育是舶来品，是鸦片战争以后从西方引进的。首先是西方传教士在中国办学，然后在洋务运动和变法维新的推动下，中国清政府被迫废科举，兴学堂。因此，中国教育受西方教育传统的影响甚深。据史料记载，1807年最早来华的英国基督教传教士玛利逊于1818年在马剌甲开设了一所"英华学校"，是中国最早的西方式的教会学校。1835年，玛利逊死后，香港等地教士成立了"玛利逊教育协会"来纪念他。1839年，美国传教士布朗（S. R. Brown）在广州开设了一所小学，不久被当地人赶走，迁往澳门开设了一所玛利逊学校。鸦片战争失败，《南京条约》签订后，外国传教士开始大量进入中国，并在中国办学，通过办学传教。最早办的学校有，1844年由英国"东方女子教育协进社"派遣的霭尔特色（Aldersey）在宁波开设的中国最早的女子学校；1845年，美国长老会在宁波建立的一所学塾（1867年迁往杭州，名为育英书院，后来发展为之江大学）。

19世纪下半期，随着美国殖民主义势力的向外扩张，美国教会掀起了一个国外办学的热潮。这一时期创办的学校有：1864年，美国长老会狄考文在山东登州开设文会馆，1866年，英浸礼会在青州设广德书院，后二校合并为广文书院，设在潍县（今潍坊），到1917年发展为齐鲁大学；1871年，美国圣公会在武昌设学堂，1891年命名为文华书院，以后发展为华中大学；1879年，美国圣公会合并在上海的培雅学堂和广恩学堂为上海圣约翰书院，1894年发展为圣约翰大学；1881年，美国监理会传教士林乐知在上海创办中西书院，1897年又在苏州创办中西书院，1901年合并，改名为东吴大学；1885年，美国长老会在广州设立格致书院，后来发展为广东岭南大学；1888年，美以美会在北京设立汇文书院，1893年，公理会在通县（今为通州区）设立潞河书院，1919年合并为燕京大学。而中国人自己设立的高等学校只有1862年（清同治元年）由奕訢奏办的京师同文馆；1863年江苏巡抚李鸿章仿京师同文馆在上海设立的上海同文馆；1864年在广州设立的广东同文馆，都是培养翻译人才的。另外就是1866年闽浙总督左宗棠创办的福州船政学堂，1881年李鸿章筹办的天津水师学堂，1886年李鸿章在天津创办的天津武备学堂，1895年张之洞在湖北创办的湖北武备学堂。其他还有福州电报学堂、天津电报学堂、上海电报学堂、南京路矿学堂等，大都培养军事和工程技术人才。但以上这些学堂，大致只能相当于中等专科学校，少数具有高等专科的水平。

维新运动的领导人很重视教育，认为中国之所以衰弱的根本原因是教育不良、学术落后。梁启超说："亡而存之，废而举之，愚而智之，弱而强之，条理万端，皆归本于学校。"他们主张兴办"西学"。康有为于1891—1895年在广州设立万木草堂，梁启超、谭嗣同等于1897—1898年在长沙创办时务学堂。维新运动期间，光绪采纳维新派的计划，筹办京师大学堂，于1898年奏准成立，并任命孙家鼐为京师大学堂的管学大臣、许景澄为中学总教习、美国传教士丁韪良为西学总教习。与此同时，在维新运动的影响下，清政府津海关道盛宣怀于1895年在天津创办中西学堂（1903年改为北洋大学堂），1897年在上海创办南洋公学等。据统计，直到1921年以前，中国国立大学只有北京大学1所，省立大学只有山西大学、北洋大学2所，私立大学只有武昌中华大学（1912）、北京中国大学与朝阳大学（1913）、上海复旦大学、天津南开大学（1919）和厦门大学（1921）6所，而基督教教会大学则有16所之多。

从专业设置和课程内容上来讲，大多是学习日本仿照西方高等教育的分科。如《钦定高等学堂章程》中称："日本高等学堂之大学预科分三部，其第一部为入法科文科者而设，第二部为入理科工科农科者而设，第三部为入医科者而设。今议立大学分科，为政治、文学、格致、农业、工艺、商务、医术七门，则政科为预备入政治、文学、商务三科者治之，艺科则预备入格致、农业、工艺、医术四科者治之。"当时的高等学堂是大学的预科，课程主要是伦理、经学、诸子、词章、外国语及文理科的一般基础课。高等学堂和大学堂设立之初，不仅生员极少，而且其宗旨与其说是研习学术，不如说是变相地求科第。正如喻长霖在《京师大学堂沿革略》中所说的："大学堂虽设，不过略存体制。士子虽稍习科学，大都手制艺一编，占毕呻唔，求获科第而已。"

从洋务运动到维新变法，都主张办学堂，采用西方的教育制度来改变我国原有的教育制度。维新运动从发展资本主义出发，要求改变封建专制政体，学习西方文化。他们努力输入西方资产阶级的伦理道德观念，以西方某些民主观点来反对封建专制思想。虽然维新运动失败了，但经过他们的斗争，封建伦理纲常开始发生动摇，封建主义教育思想受到批判，封建教育制度开始崩溃。废科举、兴学堂就是这两次运动的结果。借此，西方的教育制度和先进的科学教育内容才得以在中国建立和传播。但是，从总体上来讲，中国封建主义教育的传统并未彻底崩溃。无论从高等教育的内容，还是从管理体制上，与西方现代高等教育还相距甚远。

二、辛亥革命后我国高等教育的发展

辛亥革命对封建教育传统是又一次重大冲击。虽然辛亥革命并未成功，但它摧毁了统治中国几千年的封建王朝体制。袁世凯称帝，张勋复辟，不过是一时的闹剧。中国的历史从辛亥革命起走上了一个新阶段。中国的教育制度得以彻底摆脱封建教育束缚，开始走向现代化。

民国元年，蔡元培担任教育总长，7月在北京召开中央临时教育会议。同年9月，教育部公布了新的教育宗旨："注意道德教育，以实利教育、军国民教育辅之，更以美感教育完成其道德教育。"同时公布了教育会议所决定的学制系统，即《壬子学制》。不久又颁布了有关高等教育的《大学令》。《大学令》中规定：大学以"教授高深学术，养成硕学闳材，应国家需要"为宗旨。大学分文、理、法、商、医、农、工7科。大学设预科及本科，预科修业3年，本科修业年限按各科性质，3年或4年不等。本科毕业称学士。大学另设大学院，培养研究生。大学设校长一人及各科学长一人；教师分教授、助教授及讲师3种；各科设讲座。大学设评议会，由各科学长及各科教授组成，负责评议大学的一切重大问题。从《大学令》的整个内容可以看到，这个高等教育体系完全抄袭自邻国日本。而日本的学制又是以欧洲高等教育体系为蓝本。

这个学制公布以后没有实行多久，就被美国式的学制所代替，这就是民国十年的学制改革，称《壬子癸丑学制》，整个体系都是抄自美国。为什么刚从日本搬来的学制又换成美国的呢？研究者早有许多评论。周谷平在其《近代西方教育理论在中国的传播》一书中详细地分析了个中原因。她指出：一是中国人对日本态度的转变。随着甲午战后日本军国主义野心的日益暴露，日本对中国的侵略行径和种种不平等条约的签订，中国人民对日本从和睦、钦慕逐渐发展为防范和仇恨。二是中国人对美国的认识。中国人认为君主立宪制的日本已不再适合中国新的国情，而被美国自我标榜的民主、自由和科技发达、经济繁荣所吸引，中国高等教育传统的演变和形成转而把美国作为中国建设共和国的蓝本。三是美国对中国的全面扩张，美国对中国文化教育的扩张也大大加强。除继续利用教会对中国教育进行渗透外，还对中国的整个的学务表现出更大的关注。美国利用退还庚子赔款，吸引大量的中国留学生。四是从新文化运动到五四运动，中国人以民主、科学两大旗帜，反对封建主义旧思想、旧道德。而美国教育界占主导地位的实用主义教育理论和进步主义教育运动，正是以标榜民主和反传统的面目出现的，颇迎合中国教育界的需要，为中国批判旧教育提供了理论武器。这种分析是很有见地的。

教育的发展和变革离不开国际国内的大环境。20世纪初，资本主义已经发展到垄断资本主义的阶段。第一次世界大战是帝国主义重新瓜分世界的战争。大战以后美国一跃而为世界最发达的强国。中国人把美国的共和、民主看作资本主义国家发展的典范。在中国国内，由于辛亥革命的不彻底，先进的知识分子觉悟到，只有思想革命才能彻底摧毁封建主义的思想体系。俄国的十月革命和马克思主义在中国的传播，使中国社会开始步入新的阶段，即新民主主义革命阶段。五四运动标志着这个新阶段的开始。五四运动实际上是一场思想革命。它沉重地打击了封建主义文化传统，包括封建主义的教育传统，在学校里废除了尊孔读经的内容；在文学革命的推动下，学校采用白话文进行教学，使学校教育接近人民大众的生活实际，为教育的普及创造了条件；在科学和民主的口号下，提倡男女受教育的权利平等，提倡科学的教育内容和方法等。这一切都使我国教育进入世界现代教育的行列，逐渐建立起我国自己的教育传统。中国高等教育在这段时间里虽然发展得还很缓慢，但无论是从办学思想，还是在教育内容及教育体制上都有很大的转变。特别是中国知识分子受到五四运动的洗礼，中国高等教育成为反帝反封建的一条战线。

在高等教育的思想转变上，不能不提到著名教育家蔡元培。他在民国初期就提出了军国民教育、实利主义教育、公民道德教育、世界观教育、美感教育的"五育并举"的教育方针。他在担任北京大学校长的时间内又为北京大学的长远发展奠定了思想基础。

民国之初，北京大学仍然死气沉沉，封建复古思想仍占优势。1917年，蔡元培担任校长以后，厉行改革，提出"思想自由，兼容并包"的改革方针。他说："我对各家学说，依各国大学通例，循思想自由原则，兼容并包，无论何种学派，苟其言之成理，持之有故，尚不达自然淘汰之命运，即使彼此相反，也听他们自由发展。"

蔡元培1907年留学德国，以后又多次到欧洲访问。他的"思想自由，兼容并包"的思想不能不说是来源于德国柏林大学的办学思想。他在担任北京大学校长期间，进行多种改革，首先是多方罗致学识渊博、热心教育、具有先进思想的新派人物担任教师。他聘请陈独秀担任文科学长、李大钊任图书馆主任兼经济、史学等系教授，聘请鲁迅为兼职讲师，其他还有胡适、钱玄同、刘半农、沈尹默、杨昌济、马叙伦、陈垣、沈兼士等造诣深厚的学者。其次是调整科系设置，实行"选修制"，规定本科学生学满80单元就可以毕业。把"门"改为"系"，全校设14个系，系主任由教授选举。第三是设立评议会和教授会，提倡"教授治校"。第四是主张男女同校，并于1920年正式招收女生。第五是主张学生自治，鼓励学生成立各种研究会、社团，办刊物、开讲座等。从这些改革可以看到，北京大学已经成为一所名副其实的现代大学。而北京大学的改革无疑对中国整个高等教育的改革产生了重大的影响。

影响中国高等教育的另一位教育家是南开大学的创始人张伯苓。他早年在北洋水师学堂学习驾驶。甲午战争中他正在海军服役，亲眼看到北洋舰队的覆灭，异常震惊，转而弃武从文，在天津任家庭教师。1904

年他曾到日本考察教育，1907年留学美国，入哥伦比亚大学师范学院学习。回国后，他推行美国教育模式，于1919年在天津开办南开大学，设文、理、商3科。张伯苓是著名的爱国教育家。他主张教育救国，重视培养学生的爱国主义精神。他认为："有爱国之心兼有爱国之力，然后始可实行救国之宏愿。"他提出南开大学的办学宗旨是："本校教育宗旨系造就学生将来能通力合作，互相扶持，成为活泼勤奋、自治治人的一般人才，以适应时势的需要。"他为南开制定了5项"训练方针"，即重视体育、提倡科学、倡导团体组织、注重道德训练、培养救国力量。他把这5项称之为"公能"教育，并作为校训。

清华大学是1925年才设立大学部的。它的前身是1911年成立的清华学堂，是清政府用美国"退还"的部分庚子赔款举办的一所留美预备学校。1912年改为清华学校，1925年设大学部，开始培养本科生，1928年改为"国立清华大学"。梅贻琦于1928年代理校长，1931年任校长。他主张大学的目的，一是研究学术，二是造就人才。他认为清华大学要向高深专精努力。他对大学部进行改组调整，把普通科和专门科的两科制改为学系制，设文、理、法3个学院15个学系，1932年又增设工学院。抗日战争爆发后，与北京大学、南开大学组成长沙临时联合大学，1938年迁昆明，更名为"国立西南联合大学"（以下简称西南联大）。西南联大为中国培养了众多学术人才，被誉为抗日战争大后方的"民主堡垒"，举行过"一二·一"反内战、反暴行、争取民主的游行。

五四运动以前建立的大学还有北京师范大学、浙江大学、上海交通大学、复旦大学、山西大学等。这些大学都经过五四运动的科学和民主的洗礼，都具有爱国民主的传统。

这一时期，虽然教会大学仍占优势，但它们的规模不大。因为学费昂贵，学生都为有钱人的子女。中国自己办的大学中，学生数还是超出教会大学的学生。①教会大学对中国高等教育的影响很大，但中国自办的大学已初具规模，而且通过中国社会的变革，逐步形成了中国高等教育自己的传统，可惜这方面的研究甚少，根据我们肤浅的认识，可以归纳为以下几点。

第一，中国高等教育建立起了爱国和革命的传统，突出表现在五四运动、抗日战争和解放战争中。中国大学生前赴后继，不怕牺牲，为祖国的独立和解放把鲜血洒遍中华大地。

第二，有追求真理、重视学术的传统。中国高等学校的师生治学严谨、学习刻苦，具有孜孜不倦、追求真理的精神。西南联大在那样艰苦的条件下，教授的治学精神和培养出大批人才的事实就是很好的证明。

第三，既重视吸收外来文化，又重视保存中国民族文化的传统。辛亥革命，特别是五四运动以后，尊孔读经等封建文化受到严厉的批判，但中国文化中的优秀的东西仍然受到高等学校的重视。民国时期中国出现了许多国学大师。即使是新文化运动的主将鲁迅也十分重视中国传统文化的整理、继承和发展。有些学者把五四运动说成是全盘西化是不正确的。五四运动的参加者很复杂，但其主流是反帝反封建，是吸收西方先进的思想，改造中国的旧文化，建立中国新民主主义的新文化。这种吸收、融合、继承世界一切优秀文化的传统，并有所创造，保证了我国高等教育的质量和学术繁荣，是值得我们永远继承和发扬的。

但是，我们不能不看到，这个时期的中国高等教育处在北洋军阀统治和国民党统治时期，它的发展不仅缓慢，而且带有严重的半封建半殖

---

① 许多著作在引用日本《帝国教育杂志》中的统计数字时有误。该文统计，1917年中国学校学生人数与外国人所设学校学生人数是，中国学校为15000人，外国学校为12000人。也即，外国学校的学生数约合中国学校的学生数的80%。而熊明安著《中国高等教育史》和周谷平著《近代西方教育理论在中国的传播》两书中都把它说成外国学校的学生占中国学生总数的80%显然是错误的。请参阅舒新城编《中国近代教育史资料》（下册），第1090页。

民主义性质。高等学校受制于北洋军阀和国民党的专制统治，学校中充塞着各种反动特务组织。同时，学校中的复古势力始终没有消停。另外，中国近代高等教育的发展一直是向西方学习，甚至完全照搬西方国家的，创办或主政高等学校的也大多是从欧美归国的知识分子，必然带来许多西方的思想和传统。当时西方流行实用主义教育思潮，杜威曾应北京大学和江苏教育学会的邀请来华讲学两年零两个月，这对中国高等教育也有重大影响。总之，这一时期充满着矛盾和冲突，很难说已经建立起中国自己的高等教育传统。

三、新中国成立前革命根据地的高等教育

五四运动以后，中国革命走向了新民主主义革命的道路。1927年，蒋介石背叛革命以后，中国共产党领导土地革命，在革命根据地建立了崭新的工农政权。革命根据地时期可以分为两个阶段，一是苏区时期，二是抗日民主根据地时期。两个时期因革命性质不同而有所区别。

苏区时期处于土地革命和国内战争的环境中。为了土地革命的成功和反对国民党军事"围剿"的胜利，党和苏维埃政府提出了"一切苏维埃工作服从革命战争的要求"，教育工作也不例外。1934年1月，毛泽东在第二次全国苏维埃代表大会上所做的报告中提出，苏维埃文化教育的总方针是："在于用共产主义的精神来教育广大劳苦民众，在于使文化教育为革命战争与阶级斗争服务，在于使教育与劳动联系起来，在于使广大中国民众成为享受文明幸福的人。"在当时的战争条件下不可能举办普通的高等学校，主要以干部教育为主，培养党、政、军干部。苏区的高等学校主要有：中国工农红军大学，创建于1933年11月，学员共有六七百人，分指挥科、政治科和参谋科。苏维埃大学，1933年8月创立，毛泽东任校长，设特别工作班和普通班，特别班是本科，开设土地、国

民经济、财政、工农检察、教育、内务、劳动、司法8个专业班，次年又增设外交、粮食两个班，共10个专业班，普通班为预科。还有马克思共产主义大学，主要任务是培养革命政治工作干部（1933）；中央农业学校（1933）；高尔基戏剧学校（1934）等。

1937年卢沟桥事变，中国共产党深入敌后，在陕甘宁、晋察冀、晋冀鲁豫、华中、东江等地区建立了抗日民主根据地。根据地实施"抗战教育"。毛泽东在《论新阶段》的政治报告中提出，"实行抗战教育政策，使教育为长期战争服务"。高等教育主要为抗日战争培养军事、政治、经济和文化等方面的人才。在当时特殊的战争环境下，不允许开办所谓的正规大学，必须实行新制度、新课程，以短期训练为主。当时建立的大学有：中国人民抗日军政大学（以下简称抗大），1936年6月创建于陕北瓦窑堡，并先后在山东、晋察冀、淮北、苏北、苏中、鄂豫皖、太行、太岳等解放区办了12所分校，直到1945年，共培养了20余万干部；陕北公学，1937年7月成立，为到延安求学的知识青年而设的干部学校，1941年并入延安大学；鲁迅艺术文学院，1938年4月成立于延安，初设戏剧、音乐、美术3个系，后又设文学系，1943年4月并入延安大学；中国女子大学，1939年7月成立于延安，1941年并入延安大学；华北联合大学，1939年夏由陕北公学、鲁迅艺术文学院、青年训练班、延安工人学校合并而成，初设社会科学、文艺、工人、青年4个部，后改为社会科学、文艺、教育3个学院，1948年8月与北方大学合并为华北大学；延安自然科学院，1940年9月创办，设有物理、化学、生物、地矿4个系，学制3年，是抗日根据地第一所理工科大学，1943年4月并入延安大学；延安大学，1941年9月由陕北公学、中国女子大学、青年干部学校合并而成，设三院：社会科学院、教育学院、法学院，两个专修科：英文、俄文专修科，1943年4月又有鲁迅艺术文学院、延安自然科学院、民族学院和新文字干部学校并入。此外，在延安还有医科大学、军政学院、俄文学院、民族学院等高等学校。

以抗大为首的抗日根据地的高等学校师生，一边打仗，一边学习，为抗日战争和解放战争的胜利培养了大批革命干部。毛泽东为抗大制定了"坚定正确的政治方向，艰苦朴素的工作作风，灵活机动的战略战术"的教育方针和"团结紧张、严肃活泼"的校训，成为抗日根据地高等教育的传统。

整个革命根据地的高等教育完全是一种新型的教育。它是以马克思列宁主义、毛泽东思想为指导的，民族的、科学的、大众的新民主主义教育。它的教育方针、教育制度、教育内容和方法都不同于传统的高等教育。它创造了许多新的经验，形成了许多新传统，影响着以后我国高等教育的发展。在这方面的研究已经很多，我们只从教育传统的角度谈几点看法。

第一，建立起了高等教育为现实斗争服务的信念和传统。无论在土地革命时期的反"围剿"斗争，还是抗日战争，当时的现实是要争取战争的胜利。没有这种胜利就没有工农政权，就没有中国人民的解放。因此，高等教育要为革命战争的胜利服务。这种传统是值得继承和发扬的。

第二，建立起了教育与生产劳动相结合的传统。革命根据地受到敌人的封锁，物资匮乏，只有靠生产自救，才能取得革命战争的胜利。因此，高等学校的师生必须参加生产劳动，边学习边生产，教育与生产劳动紧密结合。

第三，建立起了理论联系实际的优良传统。革命根据地处于战争状态，不容许学校脱离实际、坐而论道，而是要把学习与应用结合，联系中国革命的实际，研究解决中国革命的问题。特别是毛泽东在1930年发表《反对本本主义》的文章，1941年又发表了《改造我们的学习》，并经过延安整风运动，克服了教条主义和脱离实际的倾向。因此，高等学校十分重视理论联系实际，重视实践能力的培养。

第四，形成了顽强奋斗、艰苦朴素的思想作风，生动活泼、自觉主动的学习风气，团结民主的管理方法。

革命根据地高等教育的经验是很丰富的。它所形成的优良传统，为新中国高等教育的建设提供了宝贵的经验并得到了继承和发展。革命根据地的高等教育的另一个特点是以干部教育为主，对学生实行统包统分制度，享受干部待遇，这种制度对中华人民共和国成立以后的高等教育也产生了很大的影响。

四、新中国高等教育的发展

中华人民共和国成立以后，中国高等教育进入了一个发展的新阶段。解放战争的胜利，彻底推翻了封建主义和帝国主义的统治，半封建半殖民地的教育传统失去了它的基础。《中国人民政治协商会议共同纲领》第41条提出，要"肃清封建的、买办的、法西斯的思想"，建立民族的、科学的、大众的新民主主义教育。经过新中国成立初期的教育改革、收回教育主权、知识分子思想改造、学习苏联经验、院系调整等一系列运动，中国高等教育的传统发生了新的变化。在这段时间里，变化比较大的是：①确立了中国共产党对高等学校的领导，建立了政治工作机构，开设了马列主义课程，明确了高等教育为工农开门，为生产服务的方向。为此，1949年12月16日政务院通过了成立中国人民大学的决定。②高等教育开始学习苏联经验，全盘搬用苏联高等学校的教学模式、教材、教学组织形式等。从1952年起，教育部规定大学从一年级开始采用苏联教学计划和教学大纲，组织教师翻译苏联教材，成立教研室。哈尔滨工业大学和中国人民大学就是学习苏联的典型。③批判了"通才"教育和理论脱离实际的思想，明确高等教育的任务是培养高级专门人才。为了改变旧中国通才教育和重文法轻理工的倾向，1952年下半年开始在全国范围内进行了院系调整。经过调整，高等学校由1949年的129所调整为143所，综合大学由49所调整为14所，工业院校由28所增加到38所，农业院校由18所增加到29所，医药院校由22所增加到29所，师范院校由12所增加到33所。1958年又建立了一批新的工科院校，如航空学院、邮电学院、钢铁学院、石油学院、地质学院等。以后，院系和专业调整工作进行过多次。到1966年以前，我国初步形成了一个包括基础学科、技术学科、社会学科、艺术、体育、外语、师范教育的高等教育体系。④院系调整促进了我国高等教育的发展，培养了大批新中国建设所需要的人才。但是，这种调整也是按照苏联的模式进行的。许多著名的综合大学被拆散，变成文理大学或工科大学，使理工分家、文理分家，为今天的改革留下了消极的影响。⑤中央对高等学校实行统一集中领导。1953年10月，中央人民政府政务院《关于高等学校领导关系的决定》中规定，高等教育部颁发的有关全国高等学校的建设计划、财务计划、财务制度、人事制度、教学计划、教学大纲、生产实习规程以及其他重要法规、指示或命令，全国高等学校均应执行。

新中国成立以后，经过17年的发展，中国高等教育基本上建立了完整的体系，形成了自己的教育传统。这种传统，吸收了我国革命根据地的传统和苏联教育的经验。但是，这种教育传统是在计划经济条件下形成的，照搬苏联的一套也脱离了中国的实际，形成了比较僵化的模式。同时，我国封建主义教育思想作为一种体系已经彻底崩溃。但是我们不能不认识到，思想体系的崩溃不等于这些思想从此绝迹。某些封建主义教育思想残余仍然会存留下来，至今可能在一些人的头脑中还在起作用，而且不同程度地阻碍着教育改革的进行和发展。

五、改革开放以来的高等教育改革

改革开放以后,我国社会发生了巨大的变化。党的十一届三中全会确立了以经济建设为中心的总路线;党的十四大确定了建立社会主义市场经济的新体制;党的十五大又确立了"科教兴国"的方针。这一切都要求高等教育进行深入的改革。20世纪80年代世界形势的变化、科学技术的突飞猛进、国际竞争的日益激烈、世界高等教育改革的新形势,都使人们认识到,旧的教育制度、教育内容和方法已经不适应新的要求,迫切需要改革。1985年《中共中央关于教育体制改革的决定》拉开了新时期教育改革的序幕。1992年国家教委召开了第四次高等教育会议,使高等教育改革进一步深入。10多年来,高等教育体制有了较大的变化。高等教育体制改革包括5个方面:一是办学体制改革。采取了"调整、共建、合作、合并"等办法达到资源互补,提高效益。二是管理体制改革,实行三级办学,二级管理的体制,给高等学校办学的自主权。三是投资体制改革,由国家拨款改为以国家拨款为主,多方筹资的体制,鼓励个人捐资,社会团体办学。四是招生、就业、缴费体制改革。五是校内管理体制改革。为了办好一批大学,国家实施"211"工程,重点投资建设。

从1995年开始,高等教育改革深入教学领域,调整专业设置、改革课程和编写面向21世纪的新教材,以迎接新世纪知识经济到来的挑战。根据十五大确定的"科教兴国"的战略方针,1999年6月中共中央、国务院召开了改革开放以来第三次全国教育工作会议,做出了"深化教育改革,全面推进素质教育"的决定。教育部制订了《面向21世纪振兴教育行动计划》,提出了高教改革的思路和实施措施,要使高等教育不仅培养高质量的人才,而且要在国家科技创新体系中发挥重要作用。

以上这些改革,实际上是对以往已经形成的中国高等教育传统的一次否定,新的传统正在逐步形成之中。因此,要使改革顺利进行,就必须在教育观念上加以转变。我们在改革过程中明显地感到，改革的艰难就在于思想观念的转变。往往是"山重水复疑无路，柳暗花明又一村"，只要思想解放，观念转变，办法就出来了，改革就能顺利进行。为了转变教育观念，就必须研究我国高等教育传统形成和演变的过程，用辩证唯物主义方法分析形成教育传统的因素，分析教育传统的内涵和特点，继承和发扬优秀的教育传统，摒弃陈旧的、不符合时代要求的教育传统。同时，还要学习外国一切优秀的教育经验，为我所用。对于外国的经验也要研究和分析，并与我国的实际相结合，防止盲目照搬。

从以上我国高等教育发展的历程可以看到，形成今天我国高等教育传统的因素是多方面的，不能简单地归之于某个国家教育模式的影响。例如，有些同志认为，中国高等教育就是苏联高等教育的翻版，这是不确切的。当然，中华人民共和国成立以后，我国推行向苏联学习的政策，高等教育也照搬苏联的高等教育模式，但是我国高等教育传统中还渗透着我们自己的传统。这种传统是长期积淀而成的。正如英国教育家阿什比讲的："任何类型的大学都是遗传和环境的产物。"遗传是指本身固有的传统，包括本民族的文化传统；环境是指时代的影响，外部条件的影响。大学是如此，一个国家的高等教育传统更是如此。高等教育的模式是不能简单移植的，日本战后的大学以美国为蓝本的改制就是最好的例子，最后他们还是走自己的道路。高等教育的传统更不能移植。因为任何传统中总渗透着本国、本民族的文化传统，这有如人的遗传素质一样是不易改变的。当然，文化传统也是变化的，但是在长期的过程中，随着时代的发展而变化。高等教育的传统也是随着时代的发展和社会的变革而变革的。今天认为优秀的传统，明天可能又会落后于时代的要求，又要不断变革。同时，它又和民族文化传统一样，又应坚持民族的特性，保持民族的特色。但是在社会剧烈变革的时代，特别是在当今我国经济体制改革和生产增长方式转型的时代、在科技迅猛发展的时代、在国际激烈竞争的时代，我们更应该重视传统观念的转变，这样才能较快地适应时代的要求，建立起新的有中国特色的高等教育体系。

【参考文献】

［1］陈景磐：《中国近代教育史》，北京，人民教育出版社，1979。

［2］舒新城：《中国近代教育史资料》，北京，人民教育出版社，1961。

［3］周谷平：《近代西方教育理论在中国的传播》，广州，广东教育出版社，1996。

［4］蔡元培：《蔡元培选集》，北京，中华书局，1959。

高等教育的多样化与质量的多样性[*]

据"十五"计划纲要，至2005年，我国高等教育毛入学率将达到20%左右，这标志着我国高等教育将提前进入大众化阶段。其实，这不仅仅是数量概念，同时也预示着高等教育从精英走向大众以后，除了量的变化以外，还有质量的变化而引起的高等教育的一系列变革，包括财政与管理、学生入学与选拔、课程与教学、教学与科研、教师的职能等。因此，仅从扩大规模上来理解高等教育大众化是不够的，必须全面研究高等教育从体制到培养模式的改革。本文只从高等教育的结构和水平上谈点个人的看法。

高等教育的大众化是客观趋势。高等教育的大众化必然伴随着高等教育结构的多样化、多层次化。一方面，科学技术的发展伴随着生产的现代化、社会生活的现代化，必然需要多种多样的人才；另一方面，青年求学的要求和他们自身的能力是多样的，要满足他们多样的要求，高等学校也需要多样化。这可以从第二次世界大战以后发达国家高等教育从单一性向多样化的发展中看到。例如，日本战后按照美国的模式改造高等教育，把绝大多数高等学校都改建为四年制的新制大学，只有小部分高等学校因不合格而作为短期大学暂时保留下来。但是这些短期大

---

* 原载《中国高等教育》，2001年第9期。

学却有很强的生命力，很受日本青年的青睐，它培养的应用性人才很受社会的欢迎。以至到1964年，日本国会不得不正式承认它为高等教育永久性学制。为适应20世纪60年代工业发展对技术工人的需求，日本政府于1961年又设置了高等专门学校，招收初中毕业生，学制5年，培养技术工人。随着高中阶段的普及，1974年日本开始又设置了为高中毕业生做职业准备的专修学校。美国20世纪初出现的二年制初级学院，当时是作为弥补大学基础教育不足而出现的，开设转学性（学术性）、终结性（职业性）两种课程，但终结性课程受到了社会和青年的极大欢迎，发展很快，到20世纪50年代发展为以服务于社区经济和社会发展的社区学院。在1960—1970年的10年内，社区学院在校学生从66万人猛增到250万人。到1980年，全美有社区学院1231所（其中公立1049所），占高校总数的1/3，在校学生已达480万人，占全美大学总数的40%。法国、德国也是在20世纪60年代出现短期高等教育。为什么这类学校发展这么快呢？就是因为这类学校适应了当时科学技术和社会发展对人才的需求，同时又满足了大批青年升学的强烈要求。从这些实际是否可以得出这样一个结论：社会越是现代化，高等教育越是大众化，高等教育的结构也越是多样化、多层次化。因此，我国在实现高等教育大众化的过程中不能一味地贪大求高，要更多地举办短期高等教育机构。这种机构投资少、见效快、能满足社会的多种需要。

高等教育的多样化、多层次化又必然会带来教育水平的多样性。近年来高校扩招以后，社会对于教育质量的关注日益重视，生怕降低了高等教育的质量。这确实是值得担心的问题。数量和质量总是一对矛盾。数量增加了，如果投入不增加，包括物力和人力，势必影响到教育质量。但是，质量也是有层次的，不同层次的高等学校应该有不同的质量标准，不同类型的学校也应有不同的质量要求。我们说保证教育质量是指确保不同水平、不同类型的学校应有的质量要求不仅不能降低，而且要不断提高。但是从整个社会来讲，所谓高等教育质量，是指"高等教育所具有的，满足个人、群体、社会明显或隐含需求能力的特性的总和。这些特性往往通过受教育者、教育者和社会发展所要求的目标、标准、成就水平等形式表现出来。"由此可见，高等教育的质量不应只是一个标准，个人、群体、社会都有不同的要求，这三者的要求会有所不同，但最后要统一到社会的要求上。因为除了像闲暇教育完全是为了满足个人的爱好外，青年的求学总是为了谋求一种社会职业。前面已经讲到，由于科技的进步、社会的现代化，社会的职业需要是多样的、多层的，因此不同层次、不同类型的学校只要培养出来的人才能够受到社会的欢迎，就应该说是达到了质量标准。如果同意这个观点，那么就应该允许不同水平的高校存在。当然，并不是说不要管什么教育质量，听之由之，而是说，对不同层次、不同类型的学校应有不同的要求。更何况低层次的学校也能出人才，我国有许多专科毕业生考上研究生，后来成为博士生导师的。因此，不要笼统地提教育质量，而是要区别不同层次、不同类型，提出不同的质量标准。

当然，应该确保高等教育的基本质量要求。这种基本质量要求除了适应职业的要求，具备职业的知识和能力外，还应当具备较好的整体素质。它包括高尚的思想品德、对社会的责任心、有创新精神和能力、有终身学习的意愿和能力等。这是对任何层次、任何类型学校的学生都应要求的。如果说我们担心高等教育的质量的话，最担心就是这些方面，即学生的整体素质。

重要的是要建立高等教育质量保证体系，对各类学校有一个基本要求，定期进行评估。最有效的评估是社会评估，即用人单位对学校毕业生的评价。当然这只是结果评估。要达到满意的结果，必须要有满意的过程，因此还应有学校培养过程的评估。这种过程评估涉及影响教育质量的各种要素，包括人员、财物、信息（教育内容）、管理等各个方面。

高等教育评估是一门学问，需要有专门的机构专门研究。在社会主义市场经济的条件下，最好建立高等教育评估中介机构。这样既有利于教育行政部门的职能转变，又有利于发挥专家的作用。通过评估，一部分学校就可以建立起自己的声誉，声誉不高的学校就会被淘汰出局，从而确保高等教育的质量。香港学术评审局的做法值得借鉴。香港学术评审局既非政府机构，又非民间组织，而是由香港政府设立的负责评审学位水平的法定组织，由香港政府首脑委任港内外知名人士组成委员会，下设办事机构，负责评审香港专上学院所颁授的学位水平，确保其学位能达到国际认可的水准。评审时要请港内外专家参加，以确保评审的权威性。我国内地也可以建立民间的高等教育评估机构，有如律师事务所那样，接受政府或学校董事会的委托对学校进行评估。不论什么形式，都需要有专家，包括专业的专家和评估专家参加，才能具有权威性。在评估中切忌媒体的炒作。这并非怀疑媒体的真实性，而是媒体报道往往缺乏评估的科学性，一旦炒作，会干扰评估的科学性、客观性和公正性。媒体应与评估机构配合，在评估的基础上客观地报道。

高等教育与人文精神[*]

近代高等教育如果从中世纪的大学算起至今已有800多年的历史。在它开始之初，所谓大学是一批学者研究学问的场所，是没有太多功利想法的。自从工业社会产生以后，工业发展需要科学技术人才，才使高等教育成为工业资本的附庸。于是，高等教育的功利主义增长了，人文精神减退了。今天人们又在呼唤高等教育人文精神的回归，为什么？我认为有以下几方面的原因。

第一，科学技术的发展确实把人类带入了高度物质文明的世界，物质极大丰富，生活条件极大改善。但是，科学技术却是一把双刃剑，一方面创造着为人们享受的物质财富，另一方面却在制造着毁灭人类的武器。不同的国家、不同的人群为了争夺财富而争斗，为了财富而不惜破坏人类赖以生存的环境。人类如果再不理性，前途只会是自我毁灭。呼唤人文精神的回归就是呼唤人类理性的回归。高等学校是培养掌握科学技术人才的场所，高等教育不能用唯科学主义的精神教育学生，应该教育他们如何对待科学技术、如何使科学技术为人类的幸福服务。

第二，高等学校是社会的最高学府，是知识的殿堂，它不仅培养科学技术人才，而且培养社会的知识群体，他们是社会的中坚，是影响社

---

* 原载《高等教育研究》，2002年第1期。

会文化乃至整个社会发展的知识力量。因此，大学生不仅要学习专业知识，还应该有较高的文化素养，也就是有较高的人文精神，有高尚的思想情操和对社会的责任感，能够正确对待他人、正确对待自己。

第三，高等教育逐渐走向大众化和普及化。大众化和普及化不只是一个数量概念，它包含着教育资源的合理配置、教育结构的重新组合、课程内容的调整更新、管理体制的改革变化。高等教育不再培养少数精英，更重要的是提高国民素质。这种素质包括科学素质和人文素质。

第四，知识经济时代需要科学精神和人文精神融合的人才。知识经济是以知识为基础的经济，即建立在知识和信息的生产、分配和使用上的经济。毫无疑问，知识经济要依靠高新技术，而高新技术的发展要靠创新。今天的科技创新如果不渗透人文精神就将一事无成。就拿电脑来讲，软件越来越人性化，电脑才能普及到千家万户。所以我们常常听到一个口号，叫作"科技以人为本"，就是指科学技术的创造发明要充分考虑人的需要，为人的发展服务。

第五，当前高等教育的误区就在于功利主义太强，人文精神不足。高等教育的专业设置不是从职业的需要出发，就是从学科体系出发，很少考虑青年的全面成长。现代的大学生对祖国的历史知之甚少，对世界文化了解不多，于是缺乏历史的观念、发展的观念，缺乏远大的理想、广阔的胸怀。加强人文素质教育就是培养大学生成为"有理想、有道德、有文化、有纪律"的人才。

高等学校的人文精神体现在哪里？首先体现在办学思想上，或谓大学的理想上。

大学的理想既有时代性，又有民族性。不同的国家的大学理想都不相同。例如，英国的大学重视博雅教育，是一种人文主义理想。他们认为，大学的职责是实施博雅教育而非专业训练，大学生的教养比有高深的学识更重要。但是，随着时代的变迁，这种理想也在变化，科学技术教育也逐渐受到重视。英国长期以来把多科技术学院排除在大学以外，实行高等教育的双重制，但到1991年，政府不得不废除双重制，建立单一的高等教育框架。大学也重视科学技术教育了，但人文主义仍是他们的理想和传统。

又如美国的大学重视为社会服务，是一种功利主义理想。这与美国的发展历史有关。美国是一个移民国家，为了生存和发展，美国的拓荒者们必须摆脱英国传统大学的模式，寻求有利于发展本国经济的大学理想，因而他们重视职业技术教育，特别是在20世纪50年代，为社区服务的社区学院有了很大发展。但是，美国许多著名大学也都十分重视博雅教育，哈佛大学于1945年就提出了一个"一般教育方案"，1978年又修订这个方案，要求所有学生都要学习文学艺术、历史、社会哲学分析、外国语言文化、数学和自然科学等领域的基础知识。20世纪80年代，美国人文科学基金会又提出《必须恢复文化遗产应有地位——关于高等人文学科的报告》，呼吁"以历史、哲学、语文和文学的学习为基础，重新布局大学生必修的课程"。

由此可以看到，高等教育办学的思想各国虽有不同，但因为时代的要求，逐渐趋同。这就是科学精神和人文精神的结合。在今天，高等教育不是专业教育的代名词。高等教育之高，不是大楼之高，而是学识之高，学生的素质之高；大学之大，不是校园之大，而是学问之大。高等学校是人文荟萃的殿堂，不是贩卖知识的市场。学校当然要传授知识，但更重要的是创造一种富有前瞻性的思维方式，一种创新的精神，一种价值观，给学生以人生的启迪，使他们能够正确对待自然、正确对待社会、正确对待他人、正确对待自己。

中国是有着悠久历史的文明古国，中华民族重视人文精神，中国高等教育继承着中华民族优秀文化的传统，历来重视人文素质教育，教育学生首先要做人，做一个有理想的人、品德高尚的人。但是近些年来高等学校却笼罩着一种功利主义气氛。虽然20世纪90年代中期以来，许多学校重视起人文素质教育，开展了许多活动，也取得了一些成绩，但总体上还没有摆脱市场经济中功利主义对高等教育的冲击。高等教育需要为社会经济发展服务，需要考虑市场对人才规格的要求，需要为学生的求职考虑，但更要为学生的长远发展考虑，为社会的持续发展服务。为此，高等教育必须重振人文精神。

学校要建立一套人文素质教育的课程。高等教育的人文精神主要体现在课程上。高等教育分为许多专业，大的门类就有文、理、工、农、医、财经、师范、管理等，具体的专业有几百种。各个专业都有不同的课程。但是，不论是何种专业，都是要培养促进社会发展、人类进步的人才，因此，就有一些共同的课程，这就是人文素质教育课程——教学生如何做人的课程。西方称之为通识教育课程，或者叫作博雅教育课程，我国只称之为共同课程。但共同课程的称谓太一般，说明不了它的性质，应该明确提出人文素质教育课程，或者人文科学教育课程，内容包括语文、历史、文化、艺术、自然、哲学等领域。美国卡内基教学促进基金会前任主席欧内斯特·博耶曾提议构建如下基础课教育学习框架：语言（关键的联系）、艺术（美育的经验）、传统（活着的历史）、机构（社会的网络）、自然（地球的生态）、工作（职业的价值）、同一性（意义的寻找），并对每一项做了详细的解释。这对我们很有启发。除了建立人文素质教育课程之外，在专业课程教学中也需要渗透人文精神。

专业课程教学中的人文精神主要体现在专业课程的教学目标上。文科不用说，专业知识本身就包含着人文精神。理、工、农等专业主要是研究物质世界的，但是研究物质世界也还是为人类的发展服务。人是主体，不仅研究的主体是人，研究的目的也是为了人。例如，学习开矿，不仅学习如何开采矿石，还应了解某种矿石是如何形成的，开采这些矿石与周围的生态的关系，矿石的用途，与人类社会的关系；又如学习建筑，不仅学习建筑的技术，还要了解人们对建筑物的要求，建筑物与周围环境的关系，怎样设计一幢令人温馨、人文气息浓郁的建筑物。20世纪80年代以来，科学教育的目标有了改进，克服了纯科学主义的偏执，主张科学教育的首要任务是培养学生的科学素养，指的是要使学生理解科学哲学，即科学的本质、科学的价值，了解科学与技术、科学与社会、科学与人的关系。把这种精神渗透到专业课程教学中，就能培养学生的人文素养。

高等教育的人文精神还体现在校园文化和校风学风上。校园文化实际上包含了校风学风，是一种无形的课程，或称"隐性课程"，它无时无刻不在影响着学生。校风学风问题是全校师生的思想方法问题、工作态度问题，也即全校师生共同努力，在教学、科研、思想教育和管理工作中逐步形成的相对稳定的治学态度和方法。一流大学的校园文化有着浓郁的学术气氛，团结民主、生动活泼的精神风貌，严谨求实、开拓创新的学风。要建立这样的校园文化，需要精心设计和培育，需要全校师生的共同努力。

【参考文献】

［1］《高等教育的框架》，见国家教育发展与政策研究中心：《发达国家教育改革的动向和趋势》第五集，北京，人民教育出版社，1994。

［2］［美］威廉·詹·贝内特：《必须恢复文化遗产应有的地位》，金锵译，外国教育动态，1991（5）。

［3］［美］博耶：《学院——美国本科生教育的经验》，见国家教育发展与政策研究中心：《发达国家教育改革的动向和趋势》第二集，北京，人民教育出版社，1987。

高等教育如何应对加入世贸组织[*]

加入世贸组织对中国教育来讲既是挑战又是机遇。它将刺激我国教育的发展，促进我国教育的国际化和现代化。

一、加入世贸组织对中国高等教育的影响

加入世贸组织对中国教育的影响，不能就教育论教育。加入世贸组织对中国的影响是极其广泛而深刻的。它影响到我国的政治、经济、文化各个方面，但最终都与教育有关。例如，我国要对世贸组织成员在华企业和公民实行国民待遇，需要提高公共部门的管理能力和办事效率，公共管理人才的培养要依靠教育；我国许多产品的科技含量不高，竞争力不强，改变这种状况要靠教育培养科技人才；为了与国际规则和习惯接口，中国人的思维方式和行为习惯都需要改变，这也要依靠教育。因此，"加入世贸组织"对中国教育的影响是全方位的。具体到高等教育，大致有以下3个方面。

第一，遵照服务贸易总协定，我国承诺开放教育市场。据现在了解的情况看，我国承诺的主要是非义务教育阶段。我国在初等、中等、高

---

* 原载《北京教育（高教版）》，2002年第3期。

等、成人教育及其他教育服务5个项目做出承诺，许可外方为我国提供教育服务。在教育服务提供方式上，对跨境交付的教育服务未做承诺；对境外教育消费未做任何限制；允许中外合作办学，但不一定给予国民待遇；对自然人流动，承诺具有一定资格的境外个人教育服务提供者应中国学校或教育机构聘用或邀请，可以来中国提供教育服务。国家正在制定境外来华合作办学的条例，规定准入条件。我认为，这方面对我国教育的主体直接影响不会很大，特别是在教育体制上不会冲击太大。因为，办学的主权在我国，在我国办学就要遵守我国的法律，来华合作办学要遵照我国的办学条例并经过审批手续。但成人教育、短期培训会大量涌进来。至于大量学生流向国外造成境外消费，是难以控制的，现在已经成为潮流。这是我国高等教育资源不足造成的，与加入世贸组织没有直接关系。外国教育机构来华办学对我国教育的改革与发展也有好处：一是，它们可以补充我国高等教育资源的不足；二是，可以带来一些外国办学的经验，促进我国教育的改革和开放。但我们对外国教育机构要有所选择，切忌一哄而起。

第二，加入世贸组织必然会冲击我国的产业结构，从而影响到人才的专业结构。高等教育必然要改革专业结构、课程设置，以适应人才专业结构的变化。据专家预测，我国加入世贸组织以后，农业、汽车制造业、机械仪表业等行业的就业人数将减少，食品加工、轻工、家电、建筑、服装制造、服务等行业的就业人数将增加。从高级人才来讲，需求量比较大的是：掌握高新技术的科技人才、能够管理现代企业的高级管理人才、懂得国际贸易规则的外贸人才、懂得国际法的涉外经济律师、有专业知识的外语人才、懂得国际事务的公共管理人才等。金融财会、文化旅游等行业的人才也会紧俏起来。

第三，加入世贸组织对我国最大的挑战是人才问题，包括人才素质、人才战略与人才管理问题。对高等教育来说，最重要的是对人才规格和人才素质的要求。教育需要研究如何培养适应国际竞争的人才。我们要思考我国今天的高等教育能不能培养适应国际竞争所需要的人才，需要做哪些改进才能培养出基础知识宽厚、具有国际视野、创新精神和实践能力的人才。

二、我国高等教育的对策

加入世贸组织给我国教育带来了很好的发展机遇：一是促进我国教育进一步对外开放，更好地学习外国教育的先进经验，促进教育教学改革；二是吸收外国资金和教育资源，补充我国教育资源的不足；三是引进竞争机制，推动我国教育体制的深入改革，缩小我国教育与发达国家的差距。

我国高等教育如何应对加入世贸组织的挑战？具体有以下几点。

第一，调整高等教育的结构，促进高等教育的大众化，并办好一批高质量的研究型大学。近几年来，我国高等学校连续扩大招生规模，预计在2005年实现高等教育的大众化。但高等教育大众化不只是一个数量概念，它涉及学校的结构、专业设置、课程设置、资源配置等许多方面。有一条是明确的，即高等教育的大众化必然伴随着高等教育的多样化。多样化包含着纵向和横向两个方面：从纵向来讲，高等教育是分层次的。联合国教科文组织1997年修订的国际教育标准分类把整个教育分成三级七等，高等教育为第三级，又分三等，即高等教育本科、硕士研究、博士研究。如果像通常理解的中学后教育（如日本的专修学校）也是高等教育，则还有非二级、非三级教育；在第三级教育的第一等级中又有短期高等教育这一等。这样，高等教育内部就有5个层次：中学后教育（指一定年限的、获得某种职业资格的职业培训）、短期大学或高等专科学校、大学本科、硕士研究、博士研究。从横向来讲，有综合大学、文理学院、单科学院。从办学体制来讲，有公办的、民办的，有中央办的、地方办的。各级各类的办学水平也是千差万别的。只有高等教育的多样化，才能做到高等教育的大众化。

高等教育的大众化不仅是为了满足广大青年求学的需要，还因为现代化社会需要各种各样的人才。在精英教育时代，高等教育主要培养高级科学技术人才和高级管理人才。但在知识经济即将到来的现代，不仅高等科学技术和高级管理人才需要接受更高一级的高等教育（研究生教育），而且一般技术人员和管理人员也需要接受高等教育；社会上还需要具有较高文化的白领工人和职员。社会的职业多样化、多层次化，要求高等教育也要多样化、多层次化。

办好一批高质量的研究型大学才能培养出高质量、高素质的人才，才能提高国家科技水平、综合国力，才能应对加入世贸组织以后的国际竞争。

第二，根据产业结构的调整和加入世贸组织后国际贸易的需要调整专业结构。食品加工、轻工、家电、服装、旅游、建筑、服务等行业将获得新的发展机遇，高科技人才、高级管理人才、涉外经济律师、外语人才、金融财会人才、公共管理人才等会有激烈的人才竞争。高等教育要为人才的竞争做准备，要改变过去"因人设庙"的办法（即有什么教师就设什么专业，有什么专业就招什么学生），要根据市场的需求设置专业，必须采取超常规的办法培养上述急需人才。当然，为了科技创新有后劲，高等教育还要确保基础学科，并不断提高质量。

要大力发展高等职业教育，培养第三产业人才。我国现有的第三产业在整个产业中的比例还太小，占GDP的比重还不到36%，与发达国家相差甚远。加入世贸组织以后，我国第三产业将有较大的发展，因此，要及早培养高素质的第三产业人才。

第三，调整课程内容，培养高素质人才。未来社会的人才需要基础厚、知识广、视野宽，因此，高等学校要加强通识教育。不论学什么专业都要对语文、历史、哲学、伦理、文化、科学哲学和科学史等领域有所了解，要把自然科学和人文科学结合起来，提高大学生的人文素养。在信息社会，掌握外语和信息技术是走向社会最起码的能力，高等学校要把它作为战略性工作抓好。

第四，转变教育观念，变以传授知识为主为以培养能力为主。对于能力的理解要改变过去那种狭窄的观念，即仅仅把它理解为知识应用于实际的能力。能力表现在许多方面。UNESCO（联合国教科文组织）的21世纪委员会的报告《学习：内在的财富》中提到未来教育的四大支柱：学会认知、学会做事、学会与人相处、学会发展。这些都是能力。加入世贸组织以后，我国与外国的交往会大量增加，因此，特别要注意培养学生的交往能力、表达能力、组织管理能力等，成为具有国际视野、懂得国际规则，又有交往能力的国际化人才。

要改革陈旧落后的教学模式和教学方法，采取先进的教学方法和手段进行教学；重视学生的自主学习、个性发展；鼓励学生勤于思考，勇于实践，敢于向权威挑战；培养学生的创新精神和实践能力。

第五，深化学校内部体制改革，提高办学效率，增强我国教育的竞争力。我国的教育体制是在长期的计划经济体制下形成的，十多年来的体制改革已取得很大进展，但教育观念、运行机制、管理体制等仍然比较落后，办学效率不够高。要增强我国教育与外国教育机构的竞争力，关键是增加效率，提高质量。学校要进行人事制度改革，切实实行聘任制，选贤任能，提高教学与科研质量；改革后勤工作，逐步把它从学校中剥离，使学校的领导能够专心于教学和科研的管理；改革学校的评价制度，分层次、分类型开展评价工作，克服用一种标准评价学校的办法；鼓励学校办出特色。

第六，加强职业培训，建立终身教育体系。加入世贸组织以后，高新技术产业的发展和传统产业的改造要求不断提高职工的素质，技术变革造成的生产的变革必然会带来行业的转移、职业的变更和职工的流动，这就要求职工继续学习、终身学习，以适应这种变革。下岗职工需要再培训，以便再就业，农业释放出来的几千万劳动力也需要经过培训后在城市就业，因此，职业培训要加强。

终身教育当然不限于职业培训，它是指能给予社会所有成员在他们需要学习的时候提供学习机会，但职业培训是终身教育的主要形式。要建立终身教育制度，就要把职前培养和职后培训结合起来，要把各级各类学校打通，向社会开放，条条渠道向学习者开通，全社会都成为学习社会。

第七，要鼓励多种力量办学，扩大国内的教育资源。当前，我国内部蕴藏着一股办学热潮，但因为许多政策未落实，这股力量未能得到充分发挥。国家虽然制定了"积极鼓励，大力支持，正确引导，加强管理"的方针，但在实际中并未落实。主要是产权不明晰、对不以营利为目的的解释不清晰、与公办学校的待遇不平等，影响了民间投资教育的积极性。国外把中国教育看作一个巨大市场，我们应该首先鼓励和支持国内企业占领这个市场。这就需及早立法，规范民办学校的行为，调动民间办学的积极性。

第八，加大对西部教育支持的力度，促进东西地区相对均衡发展。西部大开发战略关系到我国的综合国力的增强，也是我国加入世贸组织以后的一大优势。实现西部大开发，最重要的是人力资源。目前，西部高等教育资源特别紧缺，人才外流现象十分严重。要改变这种状况，首先要发展经济，但发展经济又需要人才。要采取超常规的措施发展西部高等教育，如加大西部高等教育投入；由东部重点高校对口扶植西部高校；开发名师课程，利用远程教育传播到西部高校等。

第九，树立网络教育的观念。信息化时代的到来使得网络教育愈益重要。网络教育最大的特点：一是虚拟化。在现实社会人与人的交往中起着重要作用的年龄、性别、外貌、职务、地位等特征在互联网上统统毫无意义，网上只有网民，通过网络主页、电子邮件互相认识、互相交流。二是跨国家、跨种族、跨文化性。教育的对象很可能来自不同的国家、不同的种族、不同的文化背景。三是个别化。不是在同一个班级、同一个时间学习同一的内容，而是根据个人的需要选择不同的学习内容。现代高校的教师要懂得网络教育，利用网络教育技术，做好面对众多网民学习的准备。教师已经不是知识的唯一载体，教师也不再是把现有的知识传授给学生，而是在汹涌而来的滚滚信息潮流中，指导学生选择和设计正确的学习路线和学习策略；培养学生处理信息的能力，把信息转化为知识。

第十，加强党对高等学校的领导，加强思想政治教育，抵制西方不良思潮的侵蚀。经济全球化、教育国际化必然会带来东西方文化的冲突。西方的生活方式、意识形态必然会侵蚀学生的思想。我们必须坚持党和国家的教育方针，以马克思列宁主义、毛泽东思想特别是邓小平理论为指导，把高等学校办成推动我国先进生产力和先进文化发展的重要阵地。要加强和改善学校的德育工作，加强爱国主义、集体主义、社会主义教育，培养学生具有政治头脑，国际意识，爱祖国、爱人民，有高尚的人格，重视国格，有团队精神等品质。

对策还可以举出许多，但归结到一点就是要扩大教育资源，增强办学效益，提高教育质量。

高等教育大众化与高考改革[*]

　　我国自1999年开始，高等教育连续3年扩大招生规模，计划在2005年毛入学率达到20%，进入高等教育大众化阶段。但是高等教育大众化不只是毛入学率一个指标，它涉及学校的结构、专业设置、课程设置、资源配置等许多方面。有一条是明确的，即高等教育的大众化必然伴随着高等教育的多样化。多样化包含着纵向和横向两个方面：从纵向来讲，高等教育是分层次的。联合国教科文组织1997年修订的国际教育标准分类把整个教育分成三级七等，高等教育为第三级，又分三等：高等教育本科、硕士研究、博士研究。如果像通常理解的中学后教育（如日本的专修学校）也是高等教育，则还有非二级、非三级教育这一等，在第三级教育的第一等级中又有短期高等教育这一等。如此看来，高等教育内部就有5个层次：中学后教育（指一定年限的，获得某种职业资格的职业培训）、短期大学或高等专科学校、大学本科、硕士研究、博士研究。从横向来讲，有综合大学、文理学院、单科学院。从办学体制来讲，有公办学校、民办学校，中央办的、地方办的。各级各类学校的办学水平也是千差万别的。只有高等教育的多样化，才能做到高等教育的大众化。

---

[*]　原载《湖北招生考试》，2002年第4期。

高等教育的大众化不仅是为了满足广大青年求学的需要，还因为现代化社会需要各种各样的人才。在精英教育时代，高等教育主要培养高级科学技术人才和高级管理人才。但是在现代社会，知识经济即将到来的时代，不仅高等科学技术和高级管理人才需要接受更高一级的高等教育，而且一般技术人员和管理人员也需要接受高等教育；社会上还需要具有较高文化的白领工人和职员。社会的职业多样化了、多层次化了，要求高等教育也要多样化、多层次化。所以，短期大学和高等专科学校就应运而生。美国社区学院发展的高潮是在20世纪六七十年代。1960年美国有社区学院663所，在校学生816万人，但到1980年就达到1231所，学生482万人。德国在1968年决定创办3年制的高等专科学校，到1975年就达到136所。日本在1964年确认短期大学为高等教育的一部分，发展十分迅速，到1985年发展到543所，在校学生36.6万人。可见，高等教育的多样化是社会的需要，也是实现高等教育大众化的重要途径。

高等教育的多样化要求入学考试的多样化。因为各类学校培养目标不同，要求的基础也不相同，因此考试的科目与内容应该有所不同。但是，我国目前的高考制度却只有一种考试，虽然也分文理，某些艺术类加试一些艺术科，其他则完全按照综合大学学术性学科的标准来测试所有不同的学生。它的优点是容易组织考试，一个标准，录取也很方便，只要按分数排队即可，但是却抹杀了不同学校的特点和不同学生的特长。

尤其值得反思的是，这样的考试制度，指挥着中小学的教育，使中小学摆脱不了"应试教育"的阴影。当然，"应试教育"的根子并不是考试制度，更深的根子还在于教育资源的不足与教育需求的矛盾。高等教育的大众化可以缓解这个矛盾。但是，如果高等学校入学考试不改变，大家奔向一张考卷，等于毫无区别地把学生驱向一条道路，即学术性的大学。这样既达不到高等教育大众化的社会要求，又不能缓解"应试教育"的压力。

本来扩招的重点是放在高等职业技术学校，但从这两年的实际发现，考生不愿意报考高职，还有不少被高职院校录取而不报到的。分析这个问题很复杂，有用人制度偏重学历的问题，也有轻视职业技术教育的传统观念问题，与我国高考制度单一化、重学术轻技术的倾向也不无关系。既然高考的内容以学科知识为主，重知识重学术，考生怎么会重视技术课程，怎么会想去报考职业技术高校呢？

为了实现高等教育的大众化，为了高等教育切实为社会主义现代化建设服务，高考制度必须改革。高考改革可以分纵向、横向两个方面展开。从纵向来说，把高考的权力下放给省、市、自治区，由它们组织考试录取。教育部考试中心起指导和服务的作用。如果有的省、市出题有困难，可以请考试中心帮助出题，或从题库中组题。现在全国统考，而各地录取的分数线又不一样，造成许多矛盾。各省、市、自治区自己组织高考，就可以根据各地不同的情况出题、评分、录取。我想这一步是容易做到的。而比较难的是横向的改革。一种是分类命题，不同类型的学校不同的试卷。现在推行的"3+X"有点这样的意思，但不彻底。"3+X"重点是在"3"上，而不同试卷的重点应该放在"X"上。"3"的内容要减少、水平要降低，只考一般的基础，重点放在考核不同的要求上。例如，文理各科可以考不同的学科知识和能力；技术工程科可以考学生的必要技术知识和技能。二是分类考试在不同时间进行，允许考生多次报考。这不仅可以消除一次考试定终身的弊端，而且可以解决有些学校报到率低的问题。不是所有考生都不愿学高职，否则怎么解释有那么多人报考民办高校呢？有些考生第一次报考总想考"好"学校，"好"专业，第二次报考可能会实际得多。分类考试、多次考试，会给考生多次的选择机会，不仅有利于高等职业教育第一志愿的报考率，而且可以减轻学生的心理压力；中学也可以分类指导，有利于素质教育的推行。当然，工作量要大大增加，有些人甚至认为在我们这样的大国难以推行。但是如果权力下放了，不就相对地减少集中的工作量了吗？总之，事在人为，如果是正确的，我们应该去争取。

高等学校要向学生进行创业教育[*]

1999年我国高等教育扩招的学生，本科生明年就面临着毕业和就业的问题。根据这两年就业的形势来看，并不乐观。那么，是不是我国的人才太多了呢？恐怕不是。我国现在高等教育的毛入学率才13.2%，离高等教育的大众化还有一段距离，怎么会嫌人才太多呢。问题出在两个方面：一是专业结构的失衡，有些人才短缺，有些人才过剩；二是地区性就业的失衡。中国的农村非常需要人才，但是许多毕业生不愿到农村去，于是就出现就业困难的现象。当然也还有一些人事制度的问题，如有些岗位已经被不合格的人员所占领，因而造成合格人才无岗可上。这要通过劳动人事制度的改革来逐步解决。现在实行公务员公开招聘制度以及各种专业人员的资格认定制度就是为了解决这个问题。但是，毋庸讳言，随着高等教育的大众化，就业形势会越来越严峻。高等学校面对这个形势，应该有所对策。我认为，可以从下面几方面入手。

第一，拓宽专业面。计划经济时期，高校毕业生国家包分配，学生没有就业的竞争，所以专业面窄，但还显不出它的弊端。现在的学生如

---

* 原载《中国大学教学》，2002年第10期。

果专业面、知识面太窄，且不说跟不上时代发展的需要，连找工作都困难。因此，高等学校拓宽专业，加强基础知识，已经被大家所共识，许多学校都调整了课程。这里就不多讲了。

第二，允许在学期间调整专业。高中生报考大学时，有一部分学生对学科已经有了认识和兴趣，立志从事某种专业，但大多数学生报考专业有一定的盲目性，等到上课以后发现自己并不喜欢这个专业。因此，为了满足学生的爱好和特长，应该允许学生调换专业。这会给学校工作带来一定麻烦，但是为了培养人才，遇到一些麻烦又算什么。当然，调整专业要立一个规矩，什么样的情况能转，什么样的情况不能转；转学时要有一定要求，甚至有些科目要进行测试。

第三，对学生进行就业指导。应该在学生入学时就告诉学生，本专业的培养目标是什么，将来的职业前景如何。在平时教学中也应时时与本专业将来从事的工作联系起来，使学生了解专业的前景。到毕业班，学校应有专门的就业指导，介绍就业的形势，介绍用人单位的需求，向学生推荐，直至帮助学生联系具体单位。国外学校都很重视学生的就业指导，因为毕业生就业率越高，学校的声誉就越好。到毕业前夕，系的布告栏里贴满了各种单位的招聘启事，并有教师提供帮助。我国高校也应建立就业指导制度，帮助毕业生就业。

第四，向学生进行创业教育。长期以来，在计划经济时代，不出现就业困难问题，虽然当时有不少单位人浮于事，但分配的毕业生也只好接受，于是积压了不少人才。自从实行市场经济以后，各单位、各企业都要进行成本核算，这种盲目进人就不可能了，毕业生的就业形势就发生了变化。有些毕业生就可能找不到工作。根据这种情况，我认为，应该在学校里就向学生进行创业教育。所谓创业教育，就是教育学生不是消极地等待单位招聘就业，而是在没有就业机会的情况下勇于自己创业。前几年媒体报道的清华学生开办公司，就是创业的一种很好的尝试。现代社会有许多创业的机会，特别是我国，创业的空间很大。我国第三产业在整个产业结构中的比重还很低，不到40%，第三产业中的创业空间更大。当前许多便民措施没有人去做，例如，老年人的娱乐、保健护理问题，社会教育、社区文化问题，家庭保育问题，家庭废旧物品处理问题，小件行李运输问题等。我在日本发现他们有许多便民服务都是私营的。例如，有一家名为"劳声"的连锁小超市，几乎遍及每一个角落，店铺很小，一般只有两个房间那么大，但五脏俱全，有食品、常用药品、日用品、报纸等，昼夜24小时服务，而且设有求助电话，随叫随到，如果夜里发生急病，打电话给他，他会马上派医生来。如果居家附近有这样一家店，心里就有安全感。又如，我们从日本回国前想到别处玩几天，行李怎么办？不用发愁，有宅急便，他把你的行李先运到机场存起来，你可以轻装去旅行，回国那一天到机场去取。这种便民措施在我国没有人去做。大学生难道不可以在这个领域里创业吗？这是讲的是第三产业，第一、第二产业领域中也有许多创业的空间。例如，农业的科技改造、农产品的加工、营销等环节都可以创业。当然，创业并不容易，需要得到政府、社会的支持。但首先要有创业的愿望和办法。

高等学校在学校里就应该对学生进行创业教育。

第一，要培养学生的创业意识，要向学生介绍市场经济条件下就业的形势、可能遇到的就业困难、怎样克服困难。学校可以向学生介绍毕业生创业的案例来启发他们。

第二，要培养学生一定的创业能力。这种能力是多方面的，需要与专业结合起来考虑，但更重要的是了解社会需求、把握市场前景的能力。这种能力在课堂上是无法培养的，需要走向社会，在社会实践中学习。因此，学校利用假期组织学生参加社会实践活动就特别重要。最近看到媒体报道，某校几名学生身揣50元钱，到青岛去生活12天，学生在这12天中各自找工作，经过艰苦曲折的过程，体会到社会的方方面面，也体验到生存的艰难。我想，这就是一种很好的锻炼方式。当然不能每个学生都这样去做，但只要让学生走上社会，他们就能受到锻炼。

对学生进行创业教育，这在高等学校还是一件新鲜事，没有现存的经验，我只是想把问题提出来，供大家思考和实践。

科学精神和人文精神的结合是大学教育的主旋律[*]

一

20世纪90年代，中国大学的校园里不时响起呼唤人文精神的声音。这绝非偶然，而是社会的客观现实和大学教育本身的缺陷使然。就中国的社会变化而言，改革开放20年来，经济有了较大的增长，人民生活有了很大改善，但是年青一代的道德水准不仅没有提高，相反，滋长了一些享乐主义、个人中心主义的思想，破坏公共道德的事情时有发生。从教育内部来看，功利主义的思想较重，强调了为国民经济建设服务的专业教育，忽视了提高人的素质的人文教育，致使大学校园中的人文气息淡化。因此，有识之士纷纷呼吁加强大学的人文素质教育。

在世界范围内，自从科学技术得到迅速发展，资本主义工业生产打破了农业小生产的宁静，机器和道德就成了一对矛盾。到20世纪，这个矛盾转化为科学技术发展与伦理道德进步的关系。对于它们的关系历来有不同的看法。一种观点认为，社会道德的堕落是由于科学技术的发展

---

* 原载《杭州师范学院学报（社会科学版）》，2003年第2期。

引起的。他们认为，科学技术的发展破坏了人与环境的平衡，现代化带来了物欲的增长、人际关系的疏离和淡漠。特别是两次世界大战给人类造成的苦难，使人们对科学技术到底给人类带来幸福还是带来灾难，提出了质疑。另一种观点与此相反，认为科学技术的发展促进了社会的进步，也必然会提高人们的道德水平，甚至可以医治社会弊端，科学的进步提高了人们的科学精神和求真意识。近些年来，科学主义者和人文主义者都提倡科学和人文的结合。他们普遍认为，科学技术是一把双刃剑，一方面它给人类带来可供享受的丰富的物质财富，极大地改善人们的生产条件和生活条件，促进了社会的变革，从而促进了社会的民主和平等；另一方面它带来了资源的浪费、环境的破坏、人的物欲增长，人类对财富的争夺而引发战争，科技不仅创造财富，同时制造杀人的武器。因而呼吁自然科学与人文社会科学结成联盟，共同克服科学技术发展带来的弊端，使科学技术真正造福于人类，并不断地提高人们的科学精神和人文精神。

要做到这一点，教育负有不可推卸的责任。教育的本质就是提高人的素质，而人的素质的核心是科学精神和人文精神。但是，长期以来，在教育中科学精神和人文精神都有所失落。自然科学教育只教给学生死的知识，不告诉学生科学的价值；人文社会学科教育只教给学生空洞的道理，不培养学生的人文精神，更不会运用社会科学的知识去分析科学与社会的关系。社会大环境中由物质生活和精神生活失衡而造成的精神危机，更加冲淡了学校的人文教育。由此，有识之士无不呼唤人文教育的回归，大声疾呼对现行教育模式的改造。

要改造教育，首先要切实转变教育观念，重视教育的本体性，克服教育的工具性。教育的本体是育人，是提高人的素质。但长期以来人们常常把教育视为工具。政治家把教育视为阶级斗争，乃至政治斗争的工具；经济家，特别是在人力资本理论的影响下，把教育视为实现经济增长的重要手段；广大家长则把教育视作他们的子女谋取优裕职业的敲门砖。于是，"重科技，轻人文"的思想至今还在蔓延，"学好数理化，走遍天下都不怕"仍然是中国青少年的"座右铭"。中国的领导人和政府一再强调两个文明一起抓，江泽民同志号召全社会关心教育事业，切实加强对学生的思想政治教育、品德教育、纪律教育、法制教育，提倡"以德立国"。但如果教育的价值观不改变，精神文明建设在学校中仍然会落空。教育离不开社会，教育受社会政治经济制度和发展水平的制约，反过来又为它服务；教育也确实是谋生的手段，从这一点来看，教育有工具性。但这种工具性是通过育人来实现的，也即教育的工具性是通过教育的本体性来实现的。只有人的素质提高了，才能更好地为社会服务。

提高人的素质主要是要提高人的科学精神和人文精神。这要从中小学就抓起。现在中小学课程中理科分量偏重，人文学科分量偏轻。中小学教育是打基础的教育，最重要的是打好做人的基础。人文学科可以告诉学生人类发展的历史，树立对自然、对社会、对他人、对自己的正确态度，培育爱国主义、集体主义精神。我认为，人的素质主要表现在四个正确对待上。正确对待自然，理解人类与自然的关系，懂得爱护自然，保护环境，保护人类赖以生存的生命圈；正确对待社会，认识个人与社会的关系和个人对社会的责任，遵守法律和公共道德，为社会的进步做出应有的贡献；正确对待他人，善于理解他人，懂得尊重他人，尊重他人的价值观，善于与人相处，具有团队精神；正确对待自己，正确认识自己的价值，善于解剖自己。中国古人说"吾日三省吾身"就是经常剖析自己，还要既经得起荣誉，也经得起挫折。培养这种素质就需要科学精神和人文精神的结合。

要改变重知识轻价值的教育。功利主义的教育只重视知识对经济建设的价值，不重视培养人的价值。其实任何学科都具有人文精神。科学在本质上是一种人文事业，科学技术的创造，科学的价值，科学所要求的严谨态度、团体精神等充满着人文精神。学校在进行科学教育时要着重培养学生的科学素养，使学生理解科学的价值、科学的历史，了解科学与技术、科学与社会、科学与人文的关系。

在过去的时代里，不管科学技术带来什么负面效应，在总体上它不断推动着人类文明。因此，我们今天提倡人文精神并不是排斥科学技术，而是要重视科学技术为人类服务，"以人为本"，将科学精神和人文精神相结合。

二

高等院校要建立一套人文素质教育课程，大学教育的人文精神主要体现在课程上。大学的专业有几百种，各个专业都有不同的课程。但是，不论是何种专业，都要培养促进社会发展和人类进步的人才。因此，应该有足够的促进人文精神的课程，包括语言、历史、艺术、哲学、伦理、自然等领域。我国大学历来都开设公共课程，但涉及面太窄，只有政治经济方面的知识，缺乏历史、艺术等方面的知识。特别是当今学生获取信息的渠道很多，获得的信息很广，如果大学没有正式的课程引导，学生会迷失在茫茫的信息海洋之中。要开设许多课程，又不能增加学生的学习负担，这是一个矛盾。我想可以从两个方面来解决：一是开一些短小的课程或讲座，不考试，由学生自由选学；二是给学生开列一些阅读书目，如有些大学曾经给学生开列了"中外文学名著"百卷等由学生课外选读。列了课程，又不考试，如何保证学生选读呢？可以采取学术沙龙、读书会等方式吸引学生参加。

大学除了建立人文素质教育课程外，在专业课程的教学中也要渗透人文精神。也就是说，专业课程教学不仅要传授专业知识，还要培养学生对知识的态度。文科不用说，专业知识本身就包含着人文精神。理、工、农等专业主要是研究物质世界的，但研究物质世界也还是为人类的发展服务。例如，学习微电子学，不仅学习微电子学的理论和高新技术，还应了解它与人类的关系，如何用它来造福人类；又如学习农业，不仅学习农业种植知识，还应认识农业对我国社会发展的重要意义，怎样改变我国农村的落后状况。

大学的人文精神还体现在校园文化上。校园文化包含了校风学风。什么叫校风学风？校风学风是指全校师生的一种思想方法和工作态度。中国的大学很讲究校训。实际上校训就是校风学风的一种表述。例如，求实创新，就是很好的校训。它引导师生脚踏实地地做人做事，但又勇于开拓，敢于创新。北京师范大学的校训是"学为人师，行为世范"，充分体现了师范大学培养教师的特点。校园文化是无形的课程，无时无刻不在影响学生。良好的校园文化应当有浓郁的学术气氛，团结民主、生动活泼的精神风貌。建立这种校园文化需要师生长期的共同努力，在教学、科研、思想教育和管理工作中逐步形成相对稳定的思想方法和治学态度。特别要发挥学生在校园文化中的主体作用，让学生自由选修各种课程，积极主动地开展课外学术活动，加强师生之间的交流。

当前大学校园中出现一些浮躁情绪，不利于大学生素质的提高。这种情绪表现在急功近利，急于求成。这里有学校管理制度的问题，也有个人的原因。从制度上来讲，教师实行聘任制的改革完全是必要的，必须打破论资排辈、平均主义的旧体制，鼓励竞争，鼓励冒尖。但是有时执行得不够周密，使得一部分教师，特别是年青教师急于求成而不能认真踏实地做学问。有的学校实行计件津贴制，以发表论文著作多少来发放津贴，使得一些教师在论著上只求数量，不求质量。还有的学校为了创收，盲目办班，忽视质量的要求。这一切都不利于良好校风的建设，不利于培养学生的科学精神和人文精神。因此，建立良好的校园文化需要全校师生努力。

　　总之，大学是社会的最高学府，大学的责任不仅是培养人才，而且要与时俱进，创造新的思想方式、新的价值观。科学精神和人文精神的结合将是大学的主旋律。

【参考文献】

［1］教育部高教司：《文化素质教育与人才成长》，北京，高等教育出版社，1996。

［2］《中国大学人文启思录》，武汉，华中理工大学出版社，1999。

略论社会科学研究生培养问题[*]
——兼谈学位制度的改革

近些年来，研究生招生规模扩大很快，研究生培养质量问题成为大家关注的焦点。研究生规模的扩大，是国家对人才的需要。为了保证质量，就需要有一系列措施。其中最关键的当然是导师队伍的建设。除此以外，我觉得，研究生制度和学位制度也有改革的必要。《中华人民共和国学位条例》（以下简称《条例》）颁布于1980年，至今已20多年，我国研究生教育的情况已发生很大变化，《条例》中的有些规定已经不适应当前发展的形势。例如，研究生培养年限，硕士研究生和博士研究生都是3年，现在看来，硕士研究生阶段嫌长，博士研究生阶段嫌短。

当初，因为我国学位制度刚建立，依靠国内培养博士研究生的条件还不成熟，因此我们把培养力量主要放在硕士研究生上，而且把硕士作为一个独立的学位来对待，所以硕士研究生的培养时间比较长。现在的情况是，我们不仅能够独立地培养博士研究生，而且规模已经很大，有没有必要再把硕士作为一个独立的学位？对于硕士阶段，我认为应该做两种考虑：把硕士学位分成职业性和学术性两类，前者作为独立的学位

---

[*] 原载《高等教育研究》，2003年第6期。

存在，后者作为向博士研究生过渡的学位，修学年限都可以缩短为2年。攻读学术性硕士学位的研究生，如果达不到博士研究生的要求，则及时让他们转为职业性学位。这样，既能保障社会对应用型人才的需求，又能保证博士研究生的质量。博士研究生的学习年限应该宽限到3至5年，以便让博士研究生能做完研究。现在的情况是，研究刚刚要深入，但时间已到，匆匆忙忙地结题，写完论文答辩。问题没有研究透彻，需要做实地调查或实验的来不及做，论文的质量难以保证。

研究生培养很复杂。研究生学科门类很多，研究方向各不相同，因此培养的方式方法也不一样。我对自然科学是外行，在社会科学中也只知道教育这一门学科。这几年来，教育学科博士研究生的质量，从总体上讲还是有进步的。大多数博士论文的选题能够结合当前教育实践中出现的重大理论问题，有些基础研究也有一定深度。但是也不能否认还存在许多问题。较为突出的问题是，普遍反映教育学科的博士论文思辨性的较多，实证性的较少；能够结合教育实际，经过充分调查研究，或经过实验研究，得出科学结论并能被实际所应用的研究成果太少。这种批评不能不引起我们的重视。实际上，这种情况不限于研究生，整个教育学科的研究都存在同样的问题。因此，要改变这种状况，还要从导师做起，同时要给予学生充裕的研究时间。如果博士研究生的修业年限不是限制得那样死，研究的选题就能考虑到教育实践的需要，研究过程就能更充分。

作为社会科学研究生的培养，结合我自己的经验，我觉得有几个环节需要抓住。

首先是招生。现在的招生办法也需要改革。光凭书面考试是测试不出研究生的水平的。虽然有面试一说，但是十几分钟的面试，只能见见面，问几个简单的问题，并不能从中了解到考生的水平。近些年来考生越来越多，面试也变成走过场，凭印象打分，在录取时不起什么作用。

录取博士研究生应该给导师较大的自主权，导师应该有权选择自己的学生。考生应该把他们的硕士论文，或硕士研究生阶段写的论文、作业寄给导师，让导师在考试之前就了解考生的水平。今年我们研究所就遇到这样一位考生，她平时曾写过多篇文章在我们办的核心刊物上发表，有一定水平，看来是有培养前途的，但有一门课考砸了。虽然我们打算破格录取她，但作为计划外的名额要缴费上学，她觉得难以承担，结果未能入学。在评判考生的试卷时，对社会科学研究生的考卷要求也应与理科不一样。不仅要看他对问题答得准确与否，更要看他的思维和逻辑。有些考生虽然对问题答得很全面，似乎要点都答到了，但逻辑很混乱，思维不清晰，这样的学生将来写论文会有困难。还有的考生卷面很潦草，字迹不清，我一看这种卷子就不想录取他。思维清晰、逻辑性强的卷子，即使问题答得不全面，我总是给他加分，能从卷面上看出他的学习态度和培养前途。有几年，研究生院要求导师命题后还要附标准答案。这简直是笑话，把小学生考试的要求搬到博士生考试中来了。博士生考试就是要看思维能力、科研能力。

入学以后的第一个环节是课程。我认为博士研究生学习课程是次要的，主要在于研究，课程也是靠他们自己钻研，而不是老师的讲课。我要求研究生选择两类课程：一类是哲学和哲学史，这是培养社会科学研究生的思维方法所必需的。一名社会科学的研究生，如果没有哲学的基础，没有正确的思维方式，是做不好研究的。另一类是根据研究生的学术背景选择不同的课程。现在研究生的来源很杂，特别是我们教育学科，生源有来自其他社会学科的，也有来自自然科学的，甚至于工程科学的。我们欢迎来自不同学科的研究生，教育学科需要有不同学科背景的人，他们的视野宽阔，不同的知识可以互相补充，不同的研究方法也可以互相借鉴，有利于教育研究。但因为他们的学术背景不同，课程也不能千篇一律。除了本学科的基本课程以外，有的研究生需要补习缺门，有的研究生需要对某门专业课进行深入钻研。我要求他们做读书笔记，我要定期检查他们的读书笔记。

研究生培养的第二个环节是学术活动。研究生要在学术活动中吸取知识和方法。大学本来就是学术殿堂，大学每年都会举办各种学术研讨会、国际会议、各种讲座，要鼓励研究生有选择地参加或旁听各种学术研讨会和讲座，在会上可以见到国内外的知名学者，可以增长见识，开阔视野。要在研究生之间开展学术活动，我们常用的方式是组织研究生学术沙龙，研究生轮流坐庄，选择一个主题做主题发言，大家发表意见。沙龙举办之前贴出海报或在网上发布消息，吸引不同专业的研究生来参加。老师也可以参加，也可以由研究生自己组织。这种学术沙龙如果组织得好，对研究生的学习和研究会有很大帮助。

研究生培养中的第三个环节，也是最重要的环节，就是选择研究课题。自然科学的研究生的课题往往跟着导师做研究。社会科学的研究生当然也可以跟着导师做研究，但是，社会科学的科研课题往往具有整体性，很难把课题分解，导师研究的课题有时候不适宜学生来做。另外，研究生的学术背景不同，可能与导师的研究方向不一致。因此要帮助他们选好、选准课题，要根据研究生的不同背景、不同特点，帮助他们选择合适的题目。我们常常遇到两种情况：一种是不知道选择什么题目。看了许多书，觉得问题一大堆，理不出头绪，不知道选哪个好。这就需要导师耐心地和他讨论，了解他对各种问题的了解程度、收集资料的情况，向他介绍本学科当前发展中需要解决的前沿理论问题，通过讨论帮助研究生厘清思路，集中到一个他可以完成的课题上。另一种情况是，一般研究生对课题的选择总是贪大求全，题目选得很大，面铺得很宽，动不动就想建构一个什么理论体系。在这种情况下，我往往劝他们选择一个小题目来研究，才能研究得深入，出水平，有价值。在社会科学领域里大题目是很难研究的。因为社会问题很复杂，很难由一个人在一个很短的时间内研究出结果。教育领域里有许多宏观的大问题，也很难由一篇博士论文来完成。但教育领域中也有许多具体问题，包括学校的教育教学工作、学校管理中的许多问题需要理论来回答，我认为教育科学研究中更需要的是这类研究。

在选题上，既要引导研究生关注学科发展的前沿课题，又要指导他们关注当前的教育实际问题，并且实事求是地根据研究生的具体条件，选择适宜于他们在研究生学习阶段能够完成的课题。对于博士研究生，我们应该有更高、更远的要求，我们要培养学科带头人。但是，要成为学科带头人，就要在学科的某一领域有较深的造诣。任何一个学科带头人都不可能占领整个学科，只能在某个领域成为真正的专家。博士研究生如果选题合适，就能够在某个领域中钻研下去，成为专家，成长为学科带头人。因此，指导研究生选题，就要为他的长远发展考虑。我的一位研究生，曾获2001年百篇优秀博士学位论文奖，他做的题目是"国际科学教育理论研究"，这个课题既是教育科学研究领域里的前沿课题，又是当前我国新一轮课程改革中的重大理论问题。论文做完以后受到教育界的重视，他本人也就认准了这个方向继续做下去，将来就有希望成为这一领域的专家。我的其他研究生毕业以后大多也仍然坚持自己在某个领域的研究。我很鼓励他们这样做，有些确已成为某一领域的学科带头人。

研究题目选好以后，开题也很重要。我们很重视开题报告的讨论，题开得好，做题的思路、方法很清楚，等于论文做了一半。因此，不应要求研究生过早地开题，要在收集到充分的资料、对课题有较深的理解、研究设计比较具体的情况下再开题。博士研究生的开题报告会实际上是一次小型的学术讨论会。这里导师集体要发挥重要作用，有时还要邀请校外的专家来参加，帮助研究生来理解课题，厘清研究思路。对社会科学的研究生来讲，开题时很重要的是要求他们对课题做文献分析。

因为文献分析的程度，说明研究生对该课题掌握资料的程度、对问题了解的深度，同时也可以避免重复劳动。

最后一个环节就是根据开题报告中的研究方案开展研究，写成论文。社会科学的研究，如果不做实验研究（教育实验往往难于在一年半载中完成），则主要由研究生自己收集资料，研究论证，遇到问题再与导师讨论。如果做的是导师的课题的子课题，则需要和导师共同讨论，使研究生的最后论文既有独立性，又能融入整体课题中。社会科学的论文要重视马克思主义、邓小平理论的指导，思想路线要正确。至于学术观点，我们主张学术自由、百家争鸣，提倡学术创新，有自己的见解，不一定与导师的观点相同，只要言之成理，就会受到鼓励。20世纪90年代初，我的一位研究生，他在论文中专门有一段对我的学术观点进行评论，我觉得评论很中肯，我很赞同。他的那篇论文得到了同行们很高的评价。

我的经验告诉我，论文没有经过修改，一次就完成的，几乎没有过。也许这也是社会科学的特点。我们还发现，凡是没有经过认真修改就通过的论文，一般水平不会太高，而且研究生也得不到锻炼，水平也不易提高。因此，我要求研究生提前把论文交给我，经过讨论，多次修改，才能定稿。有时还要请别的导师审阅，提出修改意见。我非常同意北京大学要求博士学位论文预答辩的制度。但现在研究生越来越多，工作量太大，难以都实行。

以上仅是我个人在培养研究生过程中的一些体会，不一定正确，更不一定有普遍意义。

高等教育大众化过程中值得思考的
几个问题[*]

　　2003年，我国高等教育毛入学率达到17%，2004年，我国高等教育的毛入学率达到了20%，这标志着我国的高等教育进入了国际上承认的大众化阶段。我今天主要讲问题，高等教育的大发展是需要的，但我们在思想与组织上的准备都是不足的。我们的高等教育大众化并不是按照市场规律走出来的，而是自上而下推行的。1998年，山东和江苏因为高考录取扩招几名学生就受到教育部的点名批评。1999年，召开第三次全国教育工作会议前夕，教育部突然决定高校扩招30%，实际上是扩招了43%。2002年，我国高校在校生人数达到1600万人，是1998年高校在校生人数的4倍。虽然考生和家长对高校扩招欢欣鼓舞，但是由于各个方面准备不足，各级政府手忙脚乱，各学校措手不及，校舍紧张、教师紧张、教学资源紧张，各校扩建，贷款紧张，现在第一年就业就有问题。

---

*　原载《复旦教育论坛》，2005年第1期。本文是徐萌萌根据顾明远先生在苏州召开的由教育部重点研究基地厦门大学高等教育发展研究中心与苏州大学教育学院联合主办的"高等教育与社会发展学术研讨会"上的发言记录整理。

一、大发展如何适应国民经济的需要

日前我国经济正在转型中，2002年，第一、二、三产业各占的百分比是15.2%、51.1%、33.6%，发达国家第一、二、三产业各占的百分比是5%~10%、20%~25%、65%~75%。韩国第一、二、三产业各占11.3%、19.4%、69.4%。在中国劳动力结构中，第一产业占50%，中国的主干产业是第二产业，今后一段时期内以第二产业为主体，第三产业会有较大的发展。高等教育如何调整以适应目前这种劳动力结构成为我们关注的问题。我们就高等教育的结构做出分析：产业结构对高等教育的需求还是集中在第二、第三产业方面，高等教育要适应这种产业结构要求。而目前的产业结构并不需要这么多的研究型人才，专业结构要求与产业结构不适应，其实最缺的是技术人才，如高级蓝领。目前不少高等学校的办学目标是"办一流大学，办研究型大学"，这与我国产业结构发展的需要不相符，而且这种倾向也不利于大学及民办大学的发展。目前，我国民办教育的发展正处于困难阶段，濒临破产。所有大学追求研究型是不是合适？美国3000多所大学，高水平的研究型大学不过50多所，而本科院校有名的就很多。我国教育强调重点中学升学率，这与中国文化传统有关系，我最近写了一本《中国教育的文化基础》，就是关于这方面的。

二、高等教育如何通向农村

高等教育大众化，教育结构随之发生变化。高等教育如何面向农村，为"三农"（农业工业化、农村城镇化、农民市民化）服务。解决"三农"问题是实现小康的关键，解决"三农"问题关键是提高文化水平，我们的高等教育应该为技术下乡，把农民改造为市民服务。现在城市里的"农工潮"已逐步转变为"农工荒",没有合格的、有文化、有技术的民工。这说明我国产业结构正在发生变化,农民没有一技之长,只能承担低级简单的劳动,而第二产业需要的有技术的民工很难找到,所以高等教育的发展也要考虑农民的需要。

城市结构问题,学校的升格风,搭车升格,影响了高等教育结构。我国师范教育普遍由三级向两级转变,一些大学流行组成"航空母舰",升格之风盛行。一些中专水平的学校一夜之间升格到大学。高等教育的大众化并不意味着大学都要办成同等层次,大众化的任务应该由职业学院来完成。出现升格之风的原因要从我国传统文化的背景上来分析。

三、高等教育办学的效益问题

我国高等教育的经费占教育总经费的24.24%,而世界上其他国家一般不超过20%。教育应该以基础教育为主,我国对高等教育如此之高的投入却没有取得应有的效益。我国高等学校的办学效率缺乏有效的评估机制。

四、高等教育办学的质量问题

高等教育的大众化导致了高校生源录取标准的降低,教育质量受到影响。扩大招生并不可怕,但应分层办学,确保精英人才的培养取得最大化效益。目前高校中师生比过高,有些高校甚至达到1:20,大学教师每周平均授课由4~6节增加到16~18节。以北京师范大学为例,在校本科生8000人,研究生7000人,教师资源相对缺乏,师生比偏高。

教育部今年(2005)5月成立了社会科学委员会,以规范学术问题。目前市场上教育书籍多如牛毛,但科研质量普遍不高,有一种急功近利的思想：学校搞"计件工资"，"学术失范"现象严重，学术环境的问题、学术制度建设的问题等。这些不良现象导致学术界普遍"集体无意识"。作为学者，我们首先应该自律。

五、高等教育的规模以多大为合适？

20世纪80年代初，大多数高校在校生人数不到2000人，学校规模在5000人以上的全国也只有几十所。闵维方教授曾指出，高等学校的发展规模应该以4000人为宜，超过4000人就超过了边际成本。现在苏州大学在校生5万人，浙江大学12万人，吉林大学是大学中的"航空母舰"，人数最多。出现这种情况的原因是，大学排名靠人数，人数多，论文就多。中国缺乏"袖珍大学"，大学都希望成为综合大学，忙于搞分校。在办学过程中，要同时注重经济效益和社会效益。

推进人文精神和科学精神的结合*

职业技术教育是不是只进行技术教育，培养职业技能就可以了？要不要对学生进行人文教育？如何进行人文教育？这是一个值得研究的课题。

一、科技高度发达时代尤其要提高人的人文素养

人文教育的宗旨就是提高学生的人文精神、文化素养，这是任何学校都需要加强的，特别是在当代科学技术高度发达的时代，尤其不能迷信技术。科学技术固然为人类带来了丰富的物质财富，但同时也带来了生态的破坏、资源的浪费、道德的滑坡。因此，需要加强人文教育，提高人的人文素养，以消解科学技术所带来的负面影响。

二、素质教育的核心就是人文精神和科学精神的结合

推进素质教育是我国当前的教育方针，而素质教育的核心就是人文精神和科学精神的结合。其实，人文精神中也包含着科学精神；在科学精神中也应包含人文精神。人的素质包含许多方面（生理心理素质、科

---

* 原载《南方日报》，2005年2月2日。本文是作者在顺德职业技术学院研讨会上的发言。

学文化素质、思想道德素质），就人文素质来讲，我认为一个人要做到"四个正确对待"。一是正确对待自然，认识到人是生活在自然中的，人类要保护环境、节约资源，也就是保护人类生存的家园。二是正确对待社会。人是社会的一员，人对社会的发展有不可推卸的责任，因此要培养学生对社会的责任心，这也是我国传统文化所提倡的，即"国家兴亡，匹夫有责"的精神。三是正确对待他人。人不是孤立存在的，而是和他人一起生活在一个共同的社会中，因此，每一个人需要学会与人相处，要善于理解别人、尊重别人、尊重别人的价值观，即我国传统文化中所提倡的"和而不同"的处世原则。四是正确对待自己。这是最不容易做到但却是最重要的。许多学生有心理障碍，就因为不能正确对待自己，不能把自己放在一个适当的位置。有的人遇到了挫折就气馁，就自暴自弃，甚至走上绝路；有的人不能正确对待荣誉，获得了荣誉、有了地位就忘乎所以，结果因此而犯错误。我认为一个人如果能做到以上"四个正确对待"，就是一个高素质的人、高尚的人，学校中的人文教育就是要培养学生这"四个正确对待"。

三、提倡技术中的人文精神，在技术服务中渗透对人的关怀

职业技术院校要加强人文教育，怎样进行？可以从两个方面展开。一是加强人文学科的教育。现在都在提倡通识教育，就是为了提高学生的人文素质。所谓通识教育，就是每个学生，不管他将来从事什么职业都必须接受的那种教育。哈佛大学在1945年提出、1978年修订的普通教育方案，提出5个领域。美国卡耐基教学促进基金会前主席博耶在他的《美国的大学教育》中提出7个领域，综合起来，即语文、文化艺术、历史、哲学、伦理、自然、自我认识。职业技术院校中也需要加强通识教

育。但是因为职业技术院校的学制较短，就不能更多地设立通识教育的课程，只能抓住其中一些核心领域，如在语言文化、历史、伦理等领域开设一些精要的课程。

二是在专业教育中，也即在技术教育中加强人文精神的教育。科学教育在20世纪后半叶特别是20世纪80年代以后，其理念有了很大的变化。20世纪五六十年代以前，科学教育重点是传授科学知识，20世纪80年代以后提出科学教育的本质应该是让学生认识科学、认识科学的本质、科学的价值观。所以，20世纪80年代首先在英国出现了一门新的课程——STS课程（科学、技术与社会课程），即让学生了解科学与技术的关系、科学技术与社会的关系、科学技术与人类的关系。美国有些专家甚至把STS课程称为新的公民课，是每一个公民都应该学习的。STS课程后来传遍了全世界。根据这个新理念，职业技术院校中的专业教育应该重视STS的理念，即让学生认识技术与社会的关系、技术与人的关系，克服技术至上的观点，提倡技术中的人文精神，懂得技术是为人服务的，在技术服务中要渗透对人的关怀。

高等教育评估中几个值得探讨的问题[*]

高等教育评估研究，如果从1985年镜泊湖会议开始算起，至今刚好20周年。我国高等教育评估研究开展得较晚，但发展得很快。特别是教育评估的实际工作，这几年搞得轰轰烈烈。但是教育评估的研究却没有跟上。也可以反过来说，教育评估的实践没有很好地得到理论的指导。因此，各高等学校对现在评估之多、评估之烦琐，颇有怨言。当然，实践总是走在前头，并对理论提出课题，不能等理论完善了再实践。但是，实践也不能是盲目的，总应该有初步的理论作为指导，同时初步的理论又在实践中检验，在实践中吸收营养，进一步提高理论认识，更好地指导实践。因此，高等教育评估进行了20年，有必要从理论上反思一下，从而提高我们的认识，使高等教育评估制度更加完善。我想有几个问题是值得探讨的。

一、高等教育评估的目的和功能问题

这个问题似乎是老生常谈，不言而喻的，但我们在评估过程中往往并不太明确。我国高等教育评估界曾经提出过很好的口号，叫作"以评

*　原载《高教发展与评估》，2006年第3期。

促改，以评促建，评建结合，重在建设"。这就是评估的目的。评估可以分为形成性评估、总结性评估。不论哪种评估，都是肯定成绩，找出问题，便于改进。但是，在实际工作中，往往重视评估的结果，重视评估以后带来的学校的声誉。这是对评估的理性认识和情感认识的差异。由于这种认识上的偏差，就造成评估工作缺乏客观性和科学性。表现在许多学校在自评中不是寻找缺点和差距，而是盲目地提高自我评价的水平，有的甚至弄虚作假。这就违背了"以评促改、以评促建"的宗旨。

教育评估的目的总是和教育评估的功能问题联系在一起。那么，教育评估有哪些功能？我想可以列出如下几点。

（一）诊断性功能

教育评估是对教育事实进行诊断，是否达到教育目标的要求，学校采取的措施符合不符合教育规律；教育行为中有没有出现什么毛病，毛病出在哪里？通过教育评估就可以找出这些毛病，这样就可以有的放矢地改进工作。对教师和学生来讲，这种诊断性评估更为重要，因为旁观者清，评估专家会在评估中找到问题的症结。

（二）导向性功能

教育评估过程中总是要设立一些评估指标，而且每个指标都有不同的权重。这些指标就像一根指挥棒，对学校的工作起到导向作用。因此，在教育评估中设立指标体系是非常重要的。如果我们在评估中重视科研成果的发表，则学校就会增加科研投入；如果在评估中重视教学工作，教授上讲台，学校就会重视教学工作。当前高等学校中就有重科研轻教学的倾向，就是因为许多学校在聘任教授、副教授时重科研成果轻教学的反映。

（三）激励功能

也就是说，通过教育评估可以调动评估对象的积极性。如果评估对象在评估中取得好的成绩，也就是他的教育行为受到肯定，他就能够在精神上、心理上得到一种满足感和成就感，从而使得其更加努力。对教师也好，对学生也好，他们的教育行为总是会有一种动机在驱动。动机有内部动机和外部动机之分。内部动机是内心出于对教育行为的渴求，外部动机是外部的刺激迫使其去从事某种教育行为。外部动机往往是不能持久的，而内部动机才有持久性。但外部动机也可以转化为内部动机。高等教育评估也要重视这种激励作用，并且通过激励来激发评估对象的内部动机。

（四）改进功能

改进功能与诊断功能是联系在一起的。前面已经讲到，高等教育评估的目的就是"以评促改，以评促建"。通过评估可以发现哪些教育行为是正确的、哪些教育行为是不正确或者是不完善的。在评估过程中评估专家还会随时反馈评估信息，提出改进意见。这就便于评估对象不断优化正确的教育行为，控制和改进工作，从而提高教育质量。

（五）鉴定功能

这是评估最后总要做的、对评估对象的一个整体的评价。鉴定评估对象达到教育目标的程度和水平。鉴定可以有几种表述：一种是合格、不合格；一种是达到教育目标的水平，一般分优秀、良好、合格、不合格几个等次。有时还可以把评估的结果量化而排序，把评估对象列入被评估对象的序列之中。采取什么方式要根据评估之前设计的目的而定。一般说来，排序是最难以把握的，而且会产生一些消极影响。因为，评估工作是十分复杂的，评估对象又千差万别，很难用一把尺子来衡量。对学生来讲，考试的排序最易伤害学生的自尊心、自信心，应该明令禁止。

（六）咨询决策功能

教育评估不仅对评估对象有诊断、激励、改进等功能，而且对于教育行政决策部门有了解信息、判断实情，以及为决策提出咨询的信息和意见的功能。教育行政部门有时为了制定一项政策，可以事前找一批典型机构进行教育评估，收集信息，分析信息，提出科学的决策意见。

二、高等教育评估与教育质量保障系统

教育质量保障系统是20世纪80年代才提出来的。为什么在这个时候提出来？我想与高等教育大众化的进程有关。高等教育在20世纪六七十年代有了很大的发展。量的发展必然要带来质的问题，因此，如何保证高等教育的质量就提到议事日程。在欧洲，欧盟的出现也促进了这个运动的发展。因为，欧盟作为一个共同体，它要协调成员国的高等教育质量。

高等教育质量保障系统可以分为外部系统和内部系统。外部系统是政府通过评估和审计对高等学校质量的监督。在海外，政府一般不直接参与评估，而是支持和资助中介机构来进行。外部系统虽然由校外机构进行，但还是要以自我评估为主。教育保障系统的内部系统主要是指高等学校内部建立的系统。现在一般在教务处建立评估室。但是，教务处的评估室只对学校的本科生教学起到监督保障作用，对整个学校的办学质量无法起作用。教育质量的保障不仅仅是教务处的事情，它涉及学校方方面面的工作，因此需要研究成立一个什么机构来保证这项工作的进行。是由各校的高等教育研究所来承担，还是在校长领导下成立专门机构？

从概念上来讲，高等教育质量保障系统的概念要比高等教育评估的概念大得多。高等教育评估只是高等教育质量保障系统的一种手段。高等教育质量保障系统是一套组织行为，而评估则是实行这一套组织行为的手段，但是两者是互相依存的。既然高等教育评估是为了保证教育质量，那就不能等到最后已经形成的教育结果出现了再来评估。就像某

一种产品一样，不能等产品出来以后再检验合不合格，当然这也是需要的，不能让不合格的产品流入市场。但更重要的是要在生产的各个环节把好质量关，使它不出废品。教育是培养人才的活动，更不能出废品。因此，也必须在教育过程的各个环节把好质量关。这样才能真正称得上是质量保证系统，而不是鉴定系统。鉴定系统是检验结果，而保障系统则是监督过程，使结果合于目标的要求。从教育质量保障系统来看，可以看出高等教育在评估时诊断性评估、形成性评估的重要性。

如何建立高等教育质量保障系统？外部教育质量保障系统需要建立教育评估的中介机构。现在教育部成立了研究生与学位评估研究中心，之后又成立了高等教育教学评估中心。我不知道能否成为高等教育质量保障系统的中介机构？如果要成为中介机构，还要在管理体制上、职能上加以调整。第一，目前它们还是教育部直属的事业单位，还不是独立的法人单位，还带着许多行政的色彩。当然教育行政部门应该支持，甚至资助这些中介机构，但不应做行政干预。第二，两个机构缺乏联系一，一个是评估研究生，一个是评估本科生，缺乏对整个高等学校办学效率和办学质量的整体保障。应该说，教育部下属的考试中心，也是一个教育评估机构，也能检验学校的质量。但是它主要是负责高等学校入学考试，恐怕难以起到质量保障的作用。因此，如何建立一个完善的高等教育质量保障系统，还值得我们进一步探讨。

三、高等教育评估与人文精神

高等教育评估是高等教育管理的一种手段，用来保障教育质量。但教育管理正在由20世纪五六十年代的科学管理转向人文管理。所谓人文管理，就是强调以人为本，重视人与人之间的关系，调动人的积极性和自主性。教育以育人为目的，学校不同于物质生产的企业，学校以学生为本，以教师为主体。因此，教育管理更应该人文化，重视调动教师和学生的积极性。高等教育评估也应该体现这个精神，把它作为人文管理的一种手段。要做到这一点，高等教育评估的办法要改进。评估主体和评估对象要对话、要沟通、要理解。现在的评估往往是填写一大堆表格，使人感到厌烦。评估的信息采集应该放在平时，不应该在评估的时候才提出要求。评估时除检查信息是否符合学校的实际外，更重要的是评估专家与学校教师和学生的对话，通过对话来了解学校的办学思想、管理水平和办学质量，同时共同讨论如何改进学校的教育教学工作。学校内部的评估更要人文化。教师对学生的评估考核、学生对老师教学的评估也应该达到以评促改的目的。考核要严格要求，要坚持原则，否则会形成不良的学风，难以纠正。但考核的指导思想和方式要人文化，即重视调动积极因素，避免消极因素。例如，教师考核学生，就不宜故意出难题、出偏题，用考试来卡学生；学生考核老师的教学也要尊重老师的人格，实事求是，善意提出改进教学的意见。总之，都要用发展的眼光来看待评估的对象，做到互相沟通、互相理解、共同进步。

四、高等教育评估的再评估问题

高等教育的评估程序是否科学、指标体系设计是否合理、评估过程是否客观、评估结果是否确切，是不是需要检验？这就是高等教育评估的再评估问题。一般说来，在一项正式评估以前，对评估的设计要反复研究，特别是对评估指标体系的设计，要反复测试，找出最科学的、符合实际的指标。我记得20世纪90年代初，航空航天部教育司对全国4所航空院校进行了一次社会评估。评估的结果，第一名是西安航空学院，北京航空学院排在最后。问题出在一个权重特别大的指标，就是毕业生愿意不愿意到基层，有多少人到了基层。这当然是非常重要的指标，但能不能就这一个指标来说明学校的办学质量呢？又如20世纪90年代初，国家教委高教司在北京科技大学、中国人民大学等4所学校进行试评，也出现不科学的结论，文科院校排在最后。后来才觉得应该分类评估。由于我们的评估总是不能做到十全十美，因此，评估的再评估就十分必要和重要。每次评估以后应该及时地进行再评估，以弥补评估中的不足，使有些带有导向的问题可以得到及时纠正。

再评估还有一个对评估的成本加以评估的问题。高等教育评估是要付出成本的。但这个问题常常被组织评估的行政部门所忽视。为什么现在高等学校对上级布置的各种各样的评估颇有怨言？就是因为成本太高。学校为了应付一次评估要花一两年的时间准备，许多学校为此调集人马，成立"迎评办公室"，花费的经费不用说，花费的人力是难以用价格来计算的。因此，评估要考虑到成本，再评估也要评估一下评估的成本，使评估的投入和产出相对称。如果评估的投入太高，产出太少，或者评估的效果太低，那就应该考虑这项评估的必要性。总之，评估不能走形式，要讲究实际效果。

以科学发展观为指导稳步推进教育硕士专业学位试点工作*

全国教育硕士专业学位教育指导委员会成立以来，在国务院学位委员会办公室的直接领导及培养院校的大力支持下，解放思想，开拓进取，认真履行国务院学位委员会与教育部有关文件中所确定的专业学位教育指导委员会的职责，在开创我国教育硕士专业学位教育方面，在教育硕士专业学位的学科建设、探讨教育硕士专业学位教育的规律及指导培养院校的工作等方面做了大量的工作，取得了令人瞩目的成绩，得到了各院校的认可。现将所做工作总结如下。

一、坚持为基础教育服务的正确方向，准确把握教育硕士专业学位的教育目标

（一）认真探讨，形成共识

早在1996年全国教育硕士专业学位专家指导小组（全国教育硕士专业学位教育指导委员会前身）成立会议上，对教育硕士专业学位设置的

---

* 原载《学位与研究生教育》，2006年第5期。本文根据作者在2006年3月21日召开的全国教育硕士专业学位教育指导委员会换届会议上的讲话整理而成。

背景、教育硕士专业学位的培养目标及规格定位、培养模式等问题已进行了探讨并统一了思想。全体专家小组成员一致认为，教育硕士专业学位的设置不仅是调整我国学位与研究生教育结构、完善我国学位制度的需要；还是加速我国教师专业化进程、优化我国中小学教师队伍结构、培养高素质教师的需要。作为一种新型的学位教育，教育硕士是一种具有教师职业背景的专业性学位，对其培养目标需合理定位，必须保证教育质量，坚持教师教育理论与教师教育实践的有效结合，对教育硕士专业学位研究生进行专门的、高水平的教师职业专门训练，使其树立科学的现代教育观，具有较高的教育学科的理论素养及从事中小学教育教学的能力，并掌握现代教育教学技术与方法，成为高素质教师。

（二）采取多种有效形式，向社会宣传

为了保证教育硕士专业学位教育目标的正确体现，针对创办初期普遍存在的对教育硕士专业学位教育性质的误解，教育指导委员会加大了对工作的宣传力度，尤其是重视对培养院校内部的宣传。为此，教育硕士专业学位教育指导委员会采取工作会议宣讲、撰写专门文章、到培养院校做报告等形式，进行广泛的宣传。委员们也在报纸、杂志上发表了10余篇专门的文章。另外，教育指导委员会秘书处还编辑了文件、论文集，许多院校将其转印供教师、管理人员学习。这些做法取得了较好效果。

（三）发挥教育指导委员会的权威性，及时制止培养院校偏离正确轨道的苗头

受传统学术型研究生培养定势的影响以及市场运作的误导，有的培养院校在制订具体的培养方案以及在培养过程中，出现了一些偏差，对此教育指导委员会不是指责，而是对培养院校进行有针对性的专门指导或专项培训，使培养院校很快纠正了偏差，坚持了教育硕士专业学位教育研究生培养的正确方向与定位。

二、以科学发展观为指导，坚持正确的工作方针

（一）积极稳妥地扩展专业

多年来，为适应中小学教师职业发展与学习的需要，教育指导委员会针对我国中小学教育实际特别是基础教育课程改革发展的需要，认真研究教育硕士专业设置的指导思想、原则及扩展方向，采取了先论证、后设置，按其必要性、科学性、可行性逐步扩展的工作思路，积极稳妥地进行专业建设。到目前为止，已初步形成了我国教育硕士专业学位专业设置框架。

（二）坚持开放，积极稳妥地扩展培养院校

从整体上优化我国中小学教师队伍的学历学位结构、培养高素质教师，不能仅仅依靠少数院校。积极扩展教育硕士培养单位才能提高培养能力，促进规模与效益的提高。如何做好培养院校的扩展工作，经多次研究，统一了思想，明确了工作的指导思想与原则。

第一，积极稳妥地扩展。因教育硕士专业学位教育正处于试办阶段，培养与管理经验不足，为保证整体的教育质量，培养单位的扩展要稳步、分批进行。

第二，坚持以普通高等师范院校为主体，向具备条件的综合大学开放。

第三，坚持准入制度。为保证教育硕士的培养质量，教育指导委员会提出了培养单位的准入资格与条件，并按资格、条件对申请院校进行考察、审核。审批工作按规定程序进行。

第四，坚持合理布局。从我国教师培训现行管理体制出发，教育指导委员会认为，基于发展极不平衡的国情，培养院校的布局必须合理，并向西北地区倾斜。

三、以培养工作为中心，积极开展基础性工作

培养工作是教育指导委员会的中心工作。围绕这一中心，教育指导委员会主要做了以下几方面的工作。

（一）组织研制、论证、审核培养方案

培养方案是教育硕士的培养与管理工作的基础。在此项工作中，教育指导委员会抓的第一项工作是统一对教育硕士专业学位的性质与培养目标的认识。第二项工作是组织由有关院校专家组成的若干专业培养方案研制组，研究制订具体的专业培养方案。

在研制培养方案的过程中，研制组重视对教师职业活动进行分析，在教师应具有的现代职业素质、教师教育课程理念、培养方式、培养过程、课程结构等方面形成了较为一致的、相对稳定的认识，形成了关于培养方案的一般模式。

（二）重视课程建设，构建教育硕士专业学位课程体系

如何设计结构合理的课程体系，一直是我们探讨的主要问题。教育硕士专业学位课程设计的基本思路是：本着少而精的原则，体现宽、新、实的精神，加强基础、关注实践、拓宽口径，体现现代教育新观念与改革新进展。在对培养目标及规格准确定位的基础上，教育指导委员会在组织、研制课程计划的过程中，在理论课与实践课、教育学科课程与学科专业课程、一般教育类课程与学科教育课程、必修课与选修课之间的关系和具体的课程设置等方面形成了较为稳定的认识，并设计了体现教育硕士专业学位层次特点、适应教师职业发展需要并具有时代特点的课程体系。

教育硕士专业学位课程体系的建构工作，集中在两个方面：一是课程标准的研制工作；二是编写教学大纲。

（三）积极推进教材建设及案例教学

案例教学以研究"问题"为中心，提倡师生共同参与。通过对实际案例的讨论分析，有效地提高学生分析问题、解决问题的能力及在案例分析中理论应用的能力，加深对理论实质的理解、把握。为适应课程教学工作需要，教育指导委员会一方面组织专家学习，借鉴国外案例教学的经验；另一方面设立案例教学专项研究项目，进行案例教学理论与实践研究，积极推进案例教材建设与案例教学。

为适应教育硕士课程教学学习需要，教育指导委员会拨出专款组织专家编写教材，并作为推荐教材供各试点院校教师使用。

（四）制定学位论文标准，保证学位论文质量

各试点院校十分重视教育硕士专业学位论文的撰写工作。为了规范教育硕士学位论文的撰写，教育指导委员会在专家充分研讨和广泛征求院校教师意见的基础上，制定了《关于教育硕士专业学位论文标准的规定》，强调选题的针对性、实践性及论文理论联系实际的水平，对论文字数、论文形式和论文参考文献等都做出了具体、可操作的规定。

四、采取积极有效措施，加强师资培训和导师队伍建设

在教育硕士专业学位试办过程中，试点院校普遍感到现有教师队伍在适应教育硕士培养规模发展与保证培养质量方面存在一些亟须解决的问题，主要有：①随着培养规模的扩大，师资队伍存在数量上的不足，且在某些学科专业方向上较为突出。②教育硕士专业学位教育对于培养院校来说是一种新的教育。在课程教学与学生指导方面，原有教育学硕士学位教育的定式对任课教师与指导教师影响较大。③培养院校中相当一部分教师对基础教育教学现状与改革不是很了解，在课程教学与学生论文指导工作中表现出针对性不强等问题。

对师资队伍方面存在的问题，教育指导委员会给予了高度重视，并采取了一系列措施，取得了较好成效。

第一，认真总结、推广试点院校在师资队伍建设方面所取得的富有成效的做法与经验。这包括提出教育硕士导师聘任条件；积极开展对试点院校任课教师与导师的培训工作，将编写、修订课程教学大纲与师资培训有机结合起来，使之适应教育硕士课程教学与学生指导的需要。

第二，积极开展教学研讨活动。由教育指导委员会委员主持，分片、分学科举办课程教学研讨会，发挥各试点院校教师教育资源优势，做到优势互补。另外，通过送专家报告上门的方式，就课程教学与建设、学位论文指导等问题组织专题报告会，对试点院校教师进行有针对性的辅导。

第三，举办新增培养单位培训班，提高新增试点院校对教育硕士专业学位教育的认识，使之了解教育硕士专业学位教育培养与管理工作的特点及基本要求。教育指导委员会委员实地考察申请教育硕士研究生培养单位，通过现场指导，统一其思想，提高申请单位对教育硕士专业学位教育的认识。

五、组织联合检查，开展调查研究

第一，及时了解教育硕士专业学位教育试办情况，并对其进行有效的监控、指导。鉴于教育硕士专业学位教育工作尚处于试办、摸索阶段，教育指导委员会将联合检查目的，定位为以调查研究为主，检查工作为辅。通过自检、联检、总结、报告，教育指导委员会不仅发挥了其指导、监督的职责，还从中归纳出一些培养与管理规律，并以教育指导委员会名义下发了一些文件，规范试点院校的培养与管理行为。

第二，积极开展评估研究。评估对培养院校具有指挥棒的作用。科学的评估方案对于今后提高教育硕士研究生培养质量至关重要。教育指导委员会十分重视评估工作研究。这经历了一个从内容到步骤不断调整和完善的过程。经过多次研讨，形成了包括培养条件等4个一级指标、学位点建设基础等13个二级指标和导师队伍结构等37个三级指标的评估指标体系及等级标准。

六、积极开展研究工作，以科研促培养

教育指导委员会制定科研立项指南，组织申报与立项，并于1998年11月开始启动。截至2003年上半年，培养院校共撰写论文105篇，其中公开发表论文77篇，有3篇文章获得省级教学、科研成果奖励；编写案例75个；研制多媒体教学课件50余个，其中有6个课件分别获得全国第一、二、三届计算机多媒体教学研究成果评比交流大会一、二等奖。

七、健全教育硕士专业学位教育指导委员会的工作制度与方法

试办阶段教育指导委员会建立了年会工作制度、学科教学小组专项工作研究制度和信息资料通报制度。通过这些制度的建立，保证了教育硕士专业学位试点工作顺利开展。教育指导委员会还十分重视行业自律。为了提高试点院校的自律意识，正确处理自主与自律的关系，我们通过联合检查，规范教育硕士研究生培养单位办学行为；针对教育硕士专业学位试办阶段出现的一些情况，当很难对其培养行为做出正确与错误的结论时，教育指导委员会采取重点调查、研究的方式，规范其办学行为；通过各种会议，交流经验，进行正面引导；针对存在问题，教育指导委员会领导进行集中点评；在普遍调研和重点调研及广泛征求专家

和院校意见的基础上，出台了行业内部的规范文件，在制度上保证教育硕士专业学位教育行为的规范性；收集社会和院校的反映。根据不同情况，采取不同的处理方法，维护教育硕士专业学位的教育形象。

八、关于招生工作为教育硕士专业学位保持良好的社会形象

教育指导委员会要求培养院校自觉贯彻《中华人民共和国学位条例》中有关招生工作的精神，处理好质量与数量之间的关系。根据当前招生工作的现状，教育指导委员会十分重视对录取工作的指导和招生信息的沟通工作。

九、有待进一步深入研究和解决的问题

教育硕士专业学位教育指导委员会要继续认真贯彻国务院学位委员会与教育部确立的"在保证质量的前提下，积极发展专业学位教育"的工作方针以及坚持科学发展观，树立品牌意识，以质量、特色求发展的工作思路，特别要重点抓好以下几方面的工作：第一，加强教育硕士专业学位的宏观规划研究，如对我国教育硕士专业学位教育的专业设置、原则与发展方向、教育硕士专业学位教育的宏观布局等带有全局性的问题进行研究；第二，加强教育硕士专业学位标准研究，继续下大力气研究培养方案及教学大纲，使之符合专业学位特点及教师职业发展需要；第三，建立教育硕士专业学位质量评估制度，构建质量保证体系；第四，研究制定2006—2008年教育硕士专业学位教育科研项目指南，深入开展科学研究工作；第五，继续完善教育硕士专业学位教育指导委员会的工作制度，更好地发挥其作用；第六，进一步扩大宣传，要加强与外

界的交流，要关注基础教育与教师教育改革与发展动态，要建立专门网站，为试点单位搭建交流平台，扩大影响，引起全社会的重视；第七，积极开展设置教育博士专业学位的研究工作，对设置教育博士专业学位的可行性、必要性进行论证，同时要研究教育博士专业学位课程设置、学习内容、招生对象等具操作性的问题；第八，要继续研究在大学本科生中招收教育硕士专业学位研究生的工作，论证其必要性、可行性等问题。

早在教育硕士专业学位教育指导委员会成立之初，国务院学位委员会办公室明确指出：教育指导委员会的宗旨在于指导、协调全国教育硕士专业学位教育工作，监督教育硕士专业学位教育质量，推进基础教育师资队伍和管理干部队伍的建设，加强教育硕士专业学位教育的国际交流与合作，促进我国教育硕士专业学位教育制度不断完善和发展。8年的工作实践证明，在国务院学位委员会办公室领导下，教育指导委员会出色地完成了对教育硕士专业学位教育工作的指导、协调、监督和为国家教育主管部门提供有关政策建议和咨询的任务。

一扫乌云见光明*
——纪念高考恢复 30 周年

高考一扫"读书无用论"的思想，改变了社会风气，培养了大批人才，促进了社会进步。高考功不可没。但当前出现了一些缺点和弊端，需要进行改革和完善，使它有利于人才的公正公平的选拔，有利于促进素质教育。

一、10年灾难

"文化大革命"10年对教育来讲是一次空前的大灾难。学校制度被打乱，学校秩序被破坏，高校停止招生多年，1970年虽然部分院校开始招生，但采取的是推荐的方式，没有考试。全社会弥漫着"读书无用论"的思想，全中国成为一片文化沙漠。直到1977年，邓小平同志提出恢复高考，才一扫"读书无用论"的乌云，重新见到尊重知识的光明。

据统计，"文化大革命"开始到恢复高考，11年中高中毕业生共计4445.8万人，这部分学生都没有参加高考。1970年部分高等学校开始招

---

* 原载《中国教师》，2007年第4期。

生，至1976年共招生217048人。也就是说积聚了4420余万人未能上大学。如果按照1965年的招生指标不变，11年应该招生180.6万人。且不说1970年以后招的21万人是否合格，单从数量来讲，11年少招160万人。这对国家的发展无论如何都是一个重大损失。不仅贻误了整整一代人，而且使我国各条战线的干部断档20年，直到20世纪90年代才逐渐恢复元气。

1970年6月27日，当时中共中央批转《北京大学、清华大学关于招生（试点）的请示报告》。报告中规定的招生条件是：政治思想好、身体健康、具有3年以上实际经验、年龄在20岁左右、有相当于初中以上文化程度的工人、农民、解放军战士和青年干部。办法是："实行群众推荐、领导批准和学校复审相结合"；分配原则是："学习期满后，原则上回原单位、原地区工作，也要有一部分根据国家需要统一分配"。这一年部分高等学校试点招收了工农兵学员41870人。

当时高校招生不举行统一考试，因此文化程度无法保证，说明不重视文化知识。而且当时一系列斗争都是为了贬低知识和知识分子的价值，把知识和知识分子推到了无产阶级的对立面。下面一些政治运动把知识和知识分子推入了无底的深渊。

1971年4月15日，国务院召开全国教育工作会议，张春桥、迟群一伙抛出"两个估计"，即"文化大革命"之前的17年教育战线是"资产阶级专了无产阶级的政"；广大教师和17年培养出来的学生是"资产阶级知识分子"，并作为《纪要》发到全国。这严重挫伤了学校和知识分子的积极性。

1972年，周恩来总理召开综合大学和外语院校座谈会，会议提出要提高教育质量，要加强基础理论教学和基础学科研究。学校开始整顿秩序，但是1973年"四人帮"又发动"批林批孔"运动，矛盾直指周总理，学校恢复秩序也变成"修正主义教育路线复辟""回潮"。

1973年7月19日，《辽宁日报》以《一份发人深省的答卷》为题，刊登了辽宁省兴城白塔公社下乡知识青年、生产队长张铁生的一封信。张铁生的信写在省高等学校入学文化考查的物理化学试卷背面。信中说：为了实现他上大学的"自幼理想"，"希望各级领导在这次考试中"能对他"这个小队长加以照顾"。当时辽宁省委书记毛远新得知后，将原信做了修改，令《辽宁日报》加上按语发表。《辽宁日报》在按语中说，张铁生"物理化学这门课的考试，似乎交了'白卷'，然而对整个大学招生的路线，交了一份颇有见解，发人深省的答卷"。8月10日，《人民日报》转载了《辽宁日报》的按语和张铁生的信，并再加按语。全国再一次煽起了一股否定文化学习的歪风。更有甚者，辽宁、北京、上海等地都对高等学校的教授、副教授进行数理化考试，许多教授对这种做法进行了抵制。我校白寿彝教授就曾拂袖而去。而"四人帮"则借此荒唐事来羞辱知识分子。从此，"读书无用论"的思想像一层厚厚的乌云笼罩在中国的上空，其造成的后果是十分严重的。

二、严重后果

第一，高等学校招收的工农兵学员文化程度太低。1972年5月，北京市革委会科教组向国务院科教组写了一个关于高等学校试办补习班的报告。报告反映：北京市11所高等学校招收的工农兵学员文化程度参差不齐，初中以上文化程度的只占20%，初中程度的占60%，相当于小学程度的占了20%。为此，北京市提出按照学员的实际文化程度和专业的不同要求，有重点地为学员补习半年左右的文化基础知识。但是这一举措在1974年也被指为"修正主义教育路线的复辟"和"回潮"。

第二，走后门成风，败坏了党风和学风，污染了整个社会风气。1972年5月1日，中共中央就发出了《关于杜绝高等学校招生工作中"走后门"现象的通知》（以下简称《通知》）。《通知》指出，有少数（实际上何止少数）干部，利用职权，违反规定，采取私留名额，内定名单，指名选送，授意录取，甚至用请客送礼，弄虚作假等不正当手段，将自己、亲属和老上级的子女送进高等学校。中央发出这样的通知，可见问题之严重。

第三，不仅高等学校学员的文化程度太低，教学质量无法保证，而且影响到整个教育系统，中小学也是一遍混乱。再加上"四人帮"利用"一个小学生的日记"大批师道尊严，学校陷入了瘫痪的状态。受害最深的是青少年学生，使他们不仅没有安静的环境学习，而且深受"读书无用论"的毒害，以为读书不读书一个样。

三、拨乱反正

"文化大革命"以后，拨乱反正，国家要建设，建设要人才。但是当时教育界的混乱状况难以满足国家建设的要求。人们正在忧心忡忡的时候，邓小平提出恢复高等学校入学考试的主张。这一个举措，把"读书无用论"的乌云一扫而光，从此中国的大地上重新响起了朗朗的读书声。

邓小平同志的主张是经过调查研究、周密思考的。早在1975年9月26日，邓小平同志主持国务院工作时，在听取教育部周荣鑫部长汇报提纲时就说："现在有个危机——不读书。"9月27日，在农村工作座谈会上邓小平同志又插话说："现在相当多的学校学生不读书，这也不符合毛泽东思想。毛泽东同志反对的是教育脱离实际、脱离群众、脱离劳动，不是不要读书，而是要读得更好。"粉碎"四人帮"以后，恢复各方面的秩序，邓小平同志把恢复科教方面的秩序放在重要位置。1977年5月24日，邓小平同志在座谈"尊重知识，尊重人才"时就说："我们要实现现代化，关键是科学技术要能上去。发展科学技术，不抓教育不行。"又说："要办重点小学、重点中学、重点大学。要经过严格考试，把最优秀的人集中在重点中学和大学。"1977年8月，邓小平同志召开科学和教育工作座谈会，在会上他讲了6个问题，首先讲了对"文化大革命"前17年的估计，否定了"四人帮"炮制的"两个估计"，讲了教育体制改革和教育质量问题、学风问题。他说："今年就要下决心恢复从高中毕业生中直接招考学生，不要再搞群众推荐。"

当时教育部门思想还不解放。1977年6月29日至7月15日在太原召开的高等学校招生工作座谈会上还继续提出采取前几年"群众推荐"的招生办法。直到邓小平同志明确指示要恢复高考以后，教育部才于8月13日至9月25日再次召开高等学校招生工作会议，制定了《关于一九七七年高等学校招生工作的意见》，招生办法是：自愿报名，统一考试，地、市初选，学校录取，省、市、自治区批准。恢复高考从此开始，全国一片欢腾。这一年报考青年达570万人，高等学校共招收新生27.3万人。这批学生于1978年春季入学学习。

高等学校入学全国统一考试像一股强劲的春风把读书无用论的思想一扫而光，使青年人看到了前途，看到了希望。高考至今已30年，高等学校招收学生2000多万人，为我国现代化建设培养了大批人才。目前在岗的骨干几乎都是恢复高考以后高等学校培养出来的。统一高考改变了社会风气，为现代化建设培养了人才，推动了社会进步，功不可没。

四、深化改革

恢复高考至今已30年。虽然它为社会发展做出了巨大贡献，但它的缺点和弊端也逐渐显现了出来。考试作为选拔人才的手段，具有公正性、公开性的特点，但它的缺陷也是明显的。首先，一次考试很难考出学生的真实水平，所谓一次定终身，使一些真正有才能的学生，可能因为一次失误而遗恨终生。其次，对教育会起到制约作用，容易束缚学生的思想，把学习束缚在应对考试的轨道上。有些论者认为，当前素质教育难以推行，就是因为有高考指挥棒。最后，由于我国地区发展差异很大，采取全国统一考试的办法，造成地区间的不公平。因此，改革高考的呼声越来越高。

对于高考需要做具体的分析。30年来，它的功绩是无可非议的。它的弊端有些并非是高考自身的。许多问题是和社会就业、文化传统、社会思潮联系在一起的。高考竞争的激烈实际反映了就业竞争的激烈。即使近年来因高校扩招，毕业生就业出现了困难，但取得大学学历总比中学毕业的就业机会要多得多。再加上我们文化传统重视高学历，用人单位追求高学历等社会原因，造成高考的残酷竞争。因而，高考成了社会矛盾的聚焦点，受到全社会的关注。

我的结论是，高考一时还不能取消，但要改革。我认为，高考在高等教育尚未普及之前仍然是十分必要的。因为在我国当今社会上，唯有高考是最公正、最公开的一块净土。目前还没有别的方法可以替代。广大家长目前也都认同高考。因此，高考影响到千家万户，改革既要积极，又要稳妥。高考在考试的内容、方式上都需要进一步改革，以利于基础教育减轻负担，推进素质教育，有利于学生个性和创造能力的发展。

今年有几个省市已经着手改革，如江苏、广东、山东、海南四省都单独命题、单独考试招生。有些有权自主招生的学校也在尝试改革。上海复旦大学的自主招生考试值得关注。报名的学生有5800人，初步考试了一下，入围1200人。然后组织150名教授口试。每个学生口试要经过5名教授，每个教授口试15分钟。也就是说，一个学生可以和5个教授谈话，差不多有一个多小时，发挥自己的想法。150名教授用了整整两天时间口试了1200个学生，最后录取了298名。这种做法应该说很周密，通过5名教授的口试，可以较全面地了解学生的知识、能力、思想、举止仪表等综合素质，同时也很公平、公开，因为你不可能找5名教授去走后门。

但是，自主招生也有空可钻。据报道，针对复旦大学、交通大学等这种自主招生口试办法，上海个别高中已经开设个性化辅导班，提前让学生补习人文知识和进行口才训练，企图用应试教育的方法来对付这种自主考试。中国的社会真是了不得，总是上有政策，下有对策！不管高考怎么改革，学校总有办法来对付！由此想到，思想观念不改变，什么改革都没有用。这种思想观念不仅仅是指教育的思想观念，更重要的是做人的观念，对社会责任感的观念。现在某些学校的校长和教师办学不是为了培养人才，而是开学店，用升学率来招徕学生，美其名曰保持名校的品牌，处处用应试办法来对付高考。因此，我认为高考招生的改革应该从以下3个方面入手。

首先，是从思想观念入手，要让全社会认识到高考是一种选拔人才的考试，不是评价学校的标准。选拔人才人人有责，教育主管部门有责，学校有责，教师有责。教育主管部门有责任公开公正地选拔出真正优秀的人才，学校和教师有责任把优秀的人才推荐给大学，而不能像不法厂商那样想方设法地以次充好。有了这种对社会、对国家的责任感，上下同心协力才能把高考改革好。社会要树立诚信风尚。选拔人才尤其要诚信。

其次，是改革考试的方式。有些省市，改革的力度是否可以大一些。例如，上海、北京，高等教育的毛入学率已经超过50%，高中毕业生的入学率已接近80%。我想这些地区，高等专科学校的招生是否可以不参加高考，取得高中毕业资格就可以录取。这样就可以解放一部分学生。另外，高考是否可以分3个层次：一是基本学业水平考试，考最基本的知识，考试合格者可以升入高等专科学校；二是高级学业水平考试，按专业门类考少数几门科目，考试合格者可以升入现在所谓"二本"的学校；三是重点学校的个别考试或复试、口试。这样，虽然考试的次数多一些，学生可能会增加一些负担，但考试的机会多了，学生的心理负担会减轻，学生也可以量力而行。当然，缺点是考试的组织工作会很繁重。

最后，除了改革考试方式外，还要改革考试的内容。考试的内容不仅关系到能否选拔到真正优秀的人才，还关系到中学的课程和内容，影响到素质教育的推进。考什么教什么，已经成为学校的潜规则。但是，高考的科目又不宜过多，不能课程中的科目门门都考试，那样学生负担会很重，因此这是一个矛盾。解决这个矛盾的办法就是要坚持温家宝总理去年教师节与教师座谈时谈到的，考核要综合性、全面性、经常性。所谓综合性，就是要求学生既会动脑，又会动手；所谓全面性，就是要求学生德智体美全面发展；所谓经常性，就是要根据学生长期的学习表现决定成绩。近些年来，高考内容也在不断改革和完善，注意考核学生的能力。

总之，高考是一件十分复杂的事，关系到千家万户。高考改革既要积极，又要稳妥，逐步试点，不断研究，特别是要坚持公开、公正的原则，尽量听取各方面的意见，集思广益。我想凭着中国人的聪明才智，这个问题也一定能够完满解决。我对高考缺乏全面深入的调查研究，因此只能谈点肤浅的意见，供有关部门参考。

中国民办高等教育的基本特征及发展趋势*

中国私人办学的历史悠久，可以追溯到2500多年前春秋战国时代的孔子办私学，这是大家都知道的事。中华人民共和国成立后不久，由于走国有经济和集体经济的道路，所有私立学校都收归国有，私立学校从此销声匿迹。其实，学校国有也并非都是国家出资，农村地区建学校全靠农民集体出资、出力。我国近30年如此迅速普及九年义务教育，农民大众可谓功不可没。

改革开放以后，为了满足广大青年的学习要求，北京、辽宁等地率先建立起国家自学考试制度。同时，为了帮助自学考试青年应对考试，社会上出现了一批民间培训机构。20世纪80年代初，有一批从各级领导岗位退下来的干部，有志于发展教育事业，利用他们的影响集资办起了比较正式的高等学校。之后有些私人企业或个人也开始举办高等教育，民办高等教育由此发展起来。据教育部统计，2007年全国各级各类民办学校共有9.52万所，其中民办普通高校297所，在校生163.07万人；附属于大学的独立学院318所，在校学生186.62万人；其他类型的民办

---

* 原载《教育发展研究》，2009年第12期。本文系作者在"2009国际交流与合作：培养全球视野公民"会议上的讲话。

高等教育机构906所，注册学生87.34万人。据数据推算，民办普通高校已占全国普通高校总数的1/6。其中，民办高等职业学校与公办高等职业学校之比已达1∶3。民办高等教育已经成为中国高等教育的重要组成部分。

中国民办高等教育虽然发展得很快，但发展时间较短，有许多不同于其他国家的特点，归纳起来主要如下。

第一，高等教育机构的多样性。2007年全国民办高等学校共有615所，其中297所是私人或民间团体举办的，318所是大学与企业或私人联合举办的独立学院。前者大部分只招收专科学生，只有少数招收本科生；后者则相反，主要招收本科生，少数专业招收专科生。除了这615所具有颁发学历证书资格的高等学校外，还有906所非学历教育的高等教育机构，一部分是为自学考试学生提供课程帮助，另外就是多种资格考试培训。从投资模式来看也较为多样，包括公司、企业、教育集团投资的办学模式，个人或多人捐资合作办学的模式，房地产开发商垫付资金的办学模式，依托大学的独立学院的模式，中外合资办学的模式等。

第二，缺乏充足的资金。国外私立高等学校大多由基金会、教会举办，资金充足。而中国民办高等学校大多由私人出资或由私人筹资举办，资金来源短缺。许多学校是靠学生的学费收入滚动发展起来的，除个别学校可以获得政府少量奖励外，主要是依靠自身的积累。可以说，资金短缺制约着中国民办高等教育的可持续发展。

第三，专业的应用性强。中国民办教育是在中国实行社会主义市场经济的条件下发展起来的，与中国的经济发展紧密相连，举办的专业大多适应人才市场的需要，以应用专业为主。同时，由于缺乏充足的资金，这些学校在举办之初总是选择最容易筹办的专业，如文秘、外语、技术性服务行业等，主要是因为这类专业不需要专门的设备和条件。

第四，办学起点低、规模小、层次低。由于资金短缺、设备简陋，民办学校刚开始创办时规模往往都很小，再加上开始时民办高校主要聘请的是离退休教师，缺乏专职教师，更没有学科带头人。因此，办学层次普遍偏低，大多限于专科层次。经过近30年的发展，不少民办高校积聚了人力资源，开始举办本科专业，但至今仍为数不多。297所独立设置的民办高校中有本科学历的只有45所，占所有独立设置的民办高校的15%。大学举办的独立学院因为有大学的专业支持，并且得到贷款支持，因此，无论在校舍设备上还是在师资水平上都比较占优势，所以办学的起点也高，一般一开始就举办本科专业。不过从总体上看，中国的民办高校还是低重心、低层次的，至今还没有一所学校有权授予研究生层次的学位。

第五，民办学校的产权不甚明晰，办学性质不够明确。《民办教育促进法》第35条规定："民办学校对举办者投入民办学校的资产、国有资产、受赠的财产以及办学积累，享有法人财产权。"第36条规定："民办学校存续期间，所有资产由民办学校依法管理和使用，任何组织和个人不得侵占。"但上述条款都没有明确规定学校的产权性质，这就影响到投资者的继续投入。《民办教育促进法》第3条规定："民办教育事业属于公益性事业。"第51条规定："民办学校在扣除办学成本、预留发展基金以及按照国家有关规定提取其他的必需的费用后，出资人可以从办学结余中取得合理回报。"这些规定都没有明确投资办学者的权益。中国的民办教育不像国外私立学校主要依靠基金会、教会和捐赠，而是要由创办者自筹资金。投资创办者往往是私人企业家，而私人企业总有寻利动机。法律规定民办教育事业属于公益性事业，也就是说不能营利，这就与企业寻利动机之间产生了矛盾，企业缺乏进一步投入的动力，进而导致民办高等教育缺乏可持续发展的资金支撑。

以上特征制约着中国民办高等教育的发展。要改变不利状况，实现民办高等教育的持续健康发展，需要在思想观念和制度政策上有所转变，也需要民办高等学校自身的努力建设。

第一，要进一步解放思想，支持民办教育发展。

如果说，允许民办教育存在是第一次思想解放，突破了教育事业只能公办的框框，那么，现在则需要第二次思想解放，也就是说要对民办、公办一视同仁，对民办教育不仅要给予政策上的支持，而且要给予财政上的支持，特别是在学校发生困难的时候要积极扶植，使其继续发展。《民办教育促进法》的颁布本应达到促进民办教育发展的目的，但实际状况是这几年民办学校发展越来越艰难。造成这一状况的原因是多方面的，有民办学校的外部环境问题，也有民办学校自身的问题。但政府对民办学校的认识不到位、支持不力也是其中一个重要因素。把民办教育看作私营产业还是公益事业，是对民办教育的思想认识问题。这个问题不解决，民办教育便难以得到发展。如果将民办教育看作私营产业，政府可以不管，让其在市场上自由发展；如果将其看作公益事业，政府就应该支持。但不少地方政府仍抱着前一种认识，认为民办学校就是私营的。在不少人看来，虽然《民办教育促进法》规定民办学校不以营利为目的，但并不排除合理回报。而既然可以有回报，但政府不仅不在财政上给予支持，还要收税，这就给民办学校发展造成很大困难。

其实，民办教育虽然是民间投资，但办的仍然是公益事业。教育是培养人才的事业，不管谁投资，培养出来的人才都是全社会受益的，所以它应该是公益事业而不是私营产业。我国民办学校不像国外私立学校大多由基金会或教会举办，不求回报，我国大多数民办学校由私人投资，总企求有所回报，但只要在合理范围内就应该支持，因为它总是在为社会培养人才。

我国是有13亿人口的大国，全部教育由国家包办是不现实的，也没有这个必要。《中华人民共和国宪法》规定："国家鼓励集体经济组织、国家企业事业组织和其他社会力量依照法律规定举办各种教育事业。"以政府投入为主、多种渠道集资办学的政策是正确的。政府主要保障义务教育的公平，但公民一生多样化的学习选择不可能由政府全部包揽下来。特别是非义务教育阶段，选择性很强，不可能都由公立学校来承担，必须采取多种形式办学，实行成本分担。民办教育就是一种有力的补充。《民办教育促进法》中认定，民办教育是我国国民教育的组成部分。当前我国民办教育在国民教育中所占的比重还很小，因此，民办教育的发展空间还很大。这就需要我们解放思想、转变认识，真正将民办教育看作国民教育的组成部分，进而在政策上、财政上加以支持。同时加强管理、规范办学制度，淘汰那些不符合条件的办学机构。

第二，民办高等学校自身要努力建设、规范办学、严格管理、办出特色、提高质量。

首先要正确定位。根据目前的实际情况，民办高等学校应以低重心为主，紧密联系就业市场的需要，设置与经济发展相适应的专业，培养社会急需的人才，提高毕业生就业率。有了较高的就业率，就会得到家长的信任、社会的认可。民办高校要充分利用灵活的办学机制，锐意改革，在改革中求生存、谋发展。

其次要努力提高质量。质量是民办高校的生命线，有了质量才有高的就业率，才能有好的生源。当然，不同群体对质量有不同的要求，不同规格的学校也有不同的质量标准。民办高校的质量不是与重点大学去比，而是指能满足不同群体的利益要求，学生毕业后能胜任工作。要提高质量，学校就要根据民办高校生源特点，加强管理，规范办学行为；严格管理教育教学工作；加强学生思想品德教育，密切和企业的联系，着重培养学生的创业精神和实际能力。

最后要选准专业方向和学科，办出特色、办出品牌。民办高校不能永远是低重心、低层次，如果找对专业和学科，要抓紧机遇，重点发展，重点突破，也可能会很快提升办学水平。英国20世纪50年代和60年代举办的"大姊妹"新大学就是一个很好的例子。特别是沃里克大学，短短几十年就办成名列英国前几名的知名大学，这在很大程度上得益于校长和教师的办学理念和不懈努力。我国民办高校的举办者和管理者也应该有这样的雄心壮志，不断提高教育质量，不断创新品牌，向高水平大学迈进。

大学文化的本质是求真育人[*]

关于大学文化，这几年议论得很多，但什么是大学文化，为什么要建设大学文化，怎样建设大学文化则众说纷纭，见仁见智。我也来说说一家之言。

我觉得，文化这个概念是很普遍的，只要有人群的地方就有文化。当然有先进的文化和落后的文化，高雅的文化和庸俗的文化之分。大学文化应该从大学里的一群人来分析。大学里的一群人聚集在一起是干什么的？也就是大学的本质是什么？大学文化要从大学的本质中来挖掘。大学的本质是研究学术、追求真理、创造知识、创新价值观和培育人才。我们常常说，大学的职能是教学、科研和服务。但其最本质的东西是求真育人。研究学术、创造知识都是求真，是认识世界、追求真理，然后创造新的知识、新的思维方式和价值观。培育人才无须解释，大家都理解。但是大学的育人与其他社会机构的育人不同，它是在求真中育人。凡是科研机构都要研究学术，当然在开展科研的过程中也培养年轻人，但那是其衍生物，不是主要的任务。中小学、幼儿园都是育人的机构，但是其主要是传授现存的知识，没有科研的任务。只有大学又要开展科研，又要培养人才，而且要用科研成果来培养人才。所以说求真育人是大学区别于其

---

* 原载《教育研究》，2010年第1期。

他社会机构的本质特征。大学文化要建立在这个本质特征之上。

从教育与文化的关系来讲，教育既是文化的一部分，又有相对的独立性。教育具有传承文化、选择文化和创造文化的功能。教育在传承文化的过程中不是原封不动地把原有的文化传承下去，而总是有所选择的。历史上西汉董仲舒提倡"罢黜百家，独尊儒术"就是一次文化选择；宋明理学吸收佛教的思想，又是一次文化选择和文化创造。西学东渐是西方文化在中国经过拒绝接受、被迫接受和自觉接受的过程，其中也有文化的选择。大学教授们在传授学问的时候，无论是对经典的诠释，还是对新生事物的创新发展，总是在前人经验基础上的传承、选择和创造。由于大学具有传承文化、选择文化、创新文化的功能，所以其有引领社会先进文化的责任。求真是大学文化的核心价值取向。人们常讲，大学要有大师，正如梅贻琦所说的："所谓大学者，非谓有大楼之谓也，有大师之谓也。"什么样的教师能称得上大师？恐怕除了有渊博的知识外，还要有一种引领学界的精神。大师最重要的精神是什么？是求真。2009年去世的季羡林先生、任继愈先生、钱学森先生为我们树立了大师的具体形象，他们最重要的精神就是求真，一辈子不论遇到什么风吹浪打，都坚持追求真理不动摇。我们现在的大学就是缺少这样的大师。特别是近些年来，大学浮躁，为了排名、为了获奖，不惜粗制滥造，抄袭之风盛行，甚至有的大学校长都抄袭文章。这真是斯文扫地，有失大学体统。大学的失真是当前大学文化的腐蚀剂。因此，要建设大学文化，就要还大学求真的本质。

大学的教师不仅要有渊博的知识，带领青年学子开展科研、创造知识，还要以个人的睿智、人格魅力培育和影响人才，引领学界追求真理。因此，大学的文化建设重在教师的学风建设和人格建设上。北京师范大学的校训"学为人师，行为世范"不仅适用于北京师范大学，也适用于其他大学对教师的要求。坚持优良的学风，反对学术腐败，已经不只是个人道德问题，而且关系到用什么人格影响学生的问题，关系到大学的文化建设问题。

学术腐败有制度问题，也有个人学风修养问题。大学文化建设与功利主义是对立的。当然，办大学不能不讲功利，但不能成为功利主义。在制度方面要改变急功近利的那种重量不重质的要求，改变那种"计件工资"制度，对教师最好实行年薪制，鼓励教师坐冷板凳，出优秀成果。1925年，清华大学成立国学研究院，梁启超向当时清华大学校长推荐陈寅恪。校长问，陈寅恪在哪里获得的博士学位？梁启超说，没有学位。校长又问，有什么著作？梁启超说，没有著作。校长说，既没有学位又没有著作怎么能当大学教授？梁启超说，要说著作，我的著作可算等身，但我这些著作抵不上陈寅恪的几句话有价值。于是陈寅恪就成为清华大学国学研究院的四位国学大师之一，名垂青史。所以说，做学问不一定要出多少书，更重要的是要有真学问。

在学风建设方面，学校领导要带好头。学校领导要重视学校的学术研究，建立学术核心。这就要依靠教师，充分发挥教授的作用。如果学校领导是学者，也应该融入教师的团队中，不要与教师去争项目、争奖项。现在许多评奖都变了味。就拿教学优秀成果奖来说，我曾担任过三届评选委员会的副主任，我记得当初国家教委设立教学优秀成果奖的指导思想很明确，就是鼓励第一线的教师提高教学质量，要像奖励科研成果一样奖励教学成果，因此当时鼓励奖给教师个人。第一届的一等奖获得者是北京师范大学的一位物理教师，第二届的一等奖获得者是上海幼儿师范专科学校的一位数学教师，都是奖给教学工作突出的教师。但是近几年来变了味儿，申报的大多是校长牵头的所谓教学改革。近两届求我来推荐的尽是校长牵头的集体项目。我不能说他们的教学改革不好，更不能说他们不应该领导教学改革。但这却与评选教学优秀成果奖的宗旨相悖。这种争奖项的风气对学校的学风建设产生了极不好的影响。这是大学文化缺失的又一个方面。

当前大学文化缺失的另一种现象是行政化太浓。这既表现在形式上，也表现在内容上。表现在形式上、制度上是行政层次太多，办一件事情要经过层层审批。有些事情领导之间互不通气、互相推诿。领导与教师互不沟通、互不交心。过去学校领导都有几位教授朋友，时常交流，现在的校长能和几个教师成为朋友？行政化表现在内容上就是教授在办学上，在学校发展上，在学科、专业发展上几乎没有发言权，都是学校行政会议做决定。这样就形成不了学校共同的愿景，学校行政的决定未必为广大教师所认同，形成不了统一的学校文化。当前大学文化的缺失还有一种表现，就是市场化，见物不见人。最近就有研究生向我反映，说研究生毕业了对母校没有感情。我问为什么？她说，后勤限定他们一天之内就必须把房子腾出来，同学们感到太不讲人情，有的女同学哭起来。我分析，学校后勤让学生腾房也有道理，宿舍要修缮，要迎接新同学。但是否可以更人性化一些，预备一些周转房等。但有些后勤干部是让学生早点出去，可以把房租出去。学校的市场化当然主要不在后勤，更主要的是把知识商品化。学校为了营利，办一些与大学本质没有联系的培训班，有些教师在外面讲课还有经纪人，有一定的出场费等。当然，按劳取酬，无可非议，但与大学应有的文化精神总有些格格不入。

大学文化建设是一个长期的过程，是在不断冲突和融合中逐步建立起来的。因此，大学文化建设要克服上述大学文化的种种缺失，通过冲突逐渐达到融合，最后回归到大学的本质。

大学文化是社会文化的组成部分，因此大学文化首先要认同社会的主流文化。改革开放、继承创新，弘扬中华优秀传统文化，吸收人类一切优秀文明成果，建设和谐社会，是当前我国社会的主流文化。大学是各种文化交汇的场所，是国际文化交流的舞台，因此，大学文化要在各种文化冲突和融合中，选择符合国情，符合我国社会主义核心价值观的优秀文化，创造中国特色的大学新文化。

推进文化创新　彰显求真育人[*]

听了胡锦涛总书记在清华大学百年校庆大会上的重要讲话，十分振奋，十分鼓舞。总书记在分析了国际国内形势以后指出："推动经济社会又好又快发展，实现中华民族伟大复兴，科技是关键，人才是核心，教育是基础。"这段讲话为今后高等教育的改革和发展指明了方向。过去我们总是讲，高等教育有三大职能，即教学、科研、服务。这次总书记提出"四个必须"，即必须大力提高人才培养水平、必须大力增强科学研究能力、必须大力服务经济社会发展、必须大力推进文化传承创新。这比以往普遍认可的三大职能更加全面、更加深刻。特别是在今天，要实现中华民族的伟大复兴，建设创新和谐的社会主义国家，提出推进中华文化的传承创新，发挥文化育人的作用，有着特别重要的意义。

当代科学技术迅猛发展，它在给人类带来丰富的物质财富的同时，也带来了不少灾难，特别是环境污染、道德滑坡，值得我们高度重视。总体来讲，科技发展和道德进步是辩证统一的。科技发展不仅为道德进步提供了物质基础，同时促进了人们对世界的认识，对人们形成科学的世界观、人生观、价值观起到重要的影响。但我们也必须看到，科技

---

* 　原载《中国高等教育》，2011年第10期。

发展和道德进步不是同步的。科学技术和它所创造的生产力，要通过一系列社会因素来作用于道德的发展，这里面人文社会科学教育起着极其重要的作用。所以，总书记把推进文化传承创新作为高等教育的重要职能，有着重要意义。高等教育不仅要创新科学技术，而且要加强人文社会科学研究和教育，推进文化的创新，促进道德的提升。

总书记讲话的核心是提高高等教育质量，培养创新人才。他强调指出："高等教育作为科技第一生产力和人才第一资源的重要结合点，在国家发展中具有十分重要的地位和作用。"因此，高等教育要把创造知识和培养人才结合起来。可以说，求真育人是高等教育的本质特征。高等学校是最高学府，是培养高级专门人才的地方，同时又是学术研究的殿堂，两者结合起来就能培养出高素质的、适应时代要求和社会发展的人才。高等学校必须大力增强科学研究能力，提高科学研究水平，才能用科学研究所创造的新知识、新思维来武装学生，才能提高人才培养的质量。

增强科学研究能力，推进文化传承创新，提高人才培养质量，人文社会科学有着重大的作用和责任。高等教育培养人才首先要解决培养什么人的问题。高等教育不仅要培养专门人才，而且要培养一批知识群体，他们是社会的中坚，是影响社会文化乃至整个社会发展的知识力量。因此，大学生不仅要有扎实的专业知识，而且要有较高的文化素养，要树立正确的世界观、人生观、价值观，有高尚的思想道德情操和对社会的责任感。这就是人文社会科学教育的任务和作用。高等学校的人文社会科学工作者要把社会主义核心价值观渗透到教育的全过程，引导学生坚持社会主义方向、弘扬中华民族的优秀传统文化、研究当代社会变革中的重大理论问题、吸收世界文明的一切优秀成果，要培养学生服务国家和人民的社会责任感、勇于探索的创新精神和善于解决问题的实践能力。

人文社会科学工作者要克服浮躁心理，甘于坐冷板凳，潜心研究。无论是基础研究还是应用研究都要深入调查研究、实事求是，敢于坚持真理，说真话，做实事。要坚决克服学术研究中的不正之风，坚持学术规范，同时又要提倡"百家争鸣"，开展正当的学术批评。学术问题总是越争越明，只有在不断碰撞中才能促进学术的发展与繁荣。

北京师范大学是一所在人文社会科学方面具有优秀传统和一定优势的大学。建校100多年来，有一大批名师在校执教。中华人民共和国成立以前有鲁迅、钱玄同、黎锦熙、范源濂等名师，中华人民共和国成立以后有陈垣、白寿彝、钟敬文、启功等名师。北京师范大学虽然是一所综合性大学，但是以教师教育为特色，培养优秀的教师，直接影响到我国基础教育的改革和发展。因此，增强科学研究能力、推进文化传承创新，是北京师范大学义不容辞的责任。我们要坚持北京师范大学"学为人师，行为世范"的校训，踏踏实实地开展基础研究和应用研究，特别要理论联系实际，潜心研究当代社会变革中的重大理论问题。就当前我国教育来讲，我们有责任研究如何贯彻去年全国教育工作会议的精神，如何落实《国家中长期教育改革和发展规划纲要（2010—2020年）》的重大问题，如何创建具有中国特色、中国风格、中国气派的现代教育理论体系。同时，我们要培养一大批热爱教育事业，懂得教育规律和儿童及青少年身心发展规律，有高尚的师德、渊博的学科知识和教书育人能力的优秀教师，为我国基础教育的改革和发展服务，为高等教育的发展提供优秀的生源。

第三次工业革命与高等教育改革[*]

一、什么是第三次工业革命？

第一次工业革命发生在18世纪60年代的英国，标志是蒸汽机的发明和应用，首先是棉纺织业发明了珍妮纺纱机，将手工业生产带入了机器大工业生产时代。第二次工业革命发生在19世纪末，标志是电动机、内燃机的发明和应用。第三次工业革命正扑面而来，2012年4月英国在《经济学人》杂志上提出，3D打印机的出现标志着人类开始进入第三次工业革命时代。

为了解释工业革命，先要说说工业革命与科学技术革命的区别。首先，科学与技术不是一回事，科学革命是指人类认识世界的一种飞跃，科学是靠发现而不是发明出来的，比如，万有引力、反粒子、反物质、黑洞等，这都是科学家发现的规律和真理。而技术革命是指生产工具和生产工艺过程发生的重大变革。技术则是可以发明的，比如，科学革命发现了电，技术革命就发明了电动机、飞机、电话、汽车等。其次，工业革命与科技革命又有所不同。工业革命不仅仅具有科学技术方面的变

---

* 原载《教育学报》，2013年第6期。本文由北京师范大学国际与比较教育研究院滕珺根据顾明远先生2013年4月9日在北京石油化工学院的演讲整理，经本人审定。

革，而且带来了经济和社会性质的变革。我认为，科学革命是技术革命的基础，技术革命又是工业革命的基础，工业革命则是科技革命的延续与拓展。

科学的原理要转变为技术要经过一个漫长的历史时期。但随着科学技术的迅速发展，技术从发明到应用的时间也越来越缩短了。如蒸汽机的发明到应用经过了80年的时间，电动机的发明到应用也经过了65年的时间，电话经过了50年，飞机第一次飞跃大西洋到真正的应用经过了20年的时间……从爱因斯坦提出质能转换方程这一理论到发现核裂变，制造第一颗原子弹只用了6年的时间，而激光从发明到制造只用了1年的时间。关于技术革命自古以来发生了很多次，说法不一。我们的四大发明就是中国最早的科技革命，近代科技革命一般认为是从蒸汽机开始，到现在也经过了无数次的科技革命。原中科院院士卢嘉锡在1995年参加教育部组织的自然科学和人文科学论坛时就指出，现代科学技术的发明是加速度的发展，最近10年的知识相当人类知识的总和；科学技术的发展越来越综合，越来越分化；技术革命差不多每10年进行一次，第二次世界大战后，世界先后经历了五次科技革命（表1）。

表1　第二次世界大战后五次科技革命

次序	时间（年）	内容指标
1	1945—1955	以核能的释放与利用为标志，人类开始了利用核能的新时代
2	1955—1965	以人造地球卫星的发射成功为标志，人类开始摆脱地球引力，向外层空间进军
3	1965—1975	以1973年重组DNA实验的成功为标志，人类进入了可以控制遗传和生命过程的新阶段
4	1975—1985	以微处理机的大量生产和广泛使用为标志，揭开了扩大人脑能力的新篇章
5	1985—1995	以软件开发和大规模产业化为标志，人类进入了信息革命的新纪元

［资料来源］卢嘉锡：《当代科技发展与高等教育的教学改革》，见《当代科学技术发展与教学改革》，北京，高等教育出版社，1995。

第一次科技革命是1945—1955年，核能不光用来制造原子弹，不光是发电，还包括治病、化疗等。第二次科技革命是1955—1965年，以人造地球卫星成功发射为标志，人类开始摆脱地球的引力向万物空间进军，苏联发射第一颗人造地球卫星，脱离地球的引力，飞行速度达到每秒11千米。第三次科技革命是1965—1975年，以1973年的人类重组DNA实验的成功为标志，人类进入了可以控制遗传和生命过程的新阶段。当时中国成功合成了胰岛素，在DNA重组方面占据世界领先地位，但可惜当时正处于"文化大革命"时期，错过了获得诺贝尔奖的时机。第四次科技革命是1975—1985年，以微处理机的大量生产与广泛使用为标志，揭开了扩大人脑能力的篇章。第一台计算机发明于1946年，但当时的运算速度很慢，每秒钟是10万次，而且是一个庞大的机器，用了1.4万个真空管。到20世纪80年代，美国就出现了微处理机。第五次科技革命是1985—1995年，以软件开发和大规模产业化为标志，人类进入了信息革命的新纪元。1993年时任美国总统的克林顿提出了建设"信息高速公路"的计划，当时我们的学术界还有很大的争论，说中国要不要建？有没有能力建？话音刚落，信息高速公路就已经走到我们面前了，这不以人的意志为转移。

从1995年到2013年又过去了18年的时间，这18年来信息化发展的速度非常快。第三次工业革命就是以信息化为标志，包括新能源、新材料的开发和纳米技术。2011年，前欧盟委员会主席顾问、华盛顿特区经济趋势基金会主席杰里米·里夫金在《第三次工业革命》中为我们描述了一幅宏伟的蓝图：数以亿计的人们将在自己家里、办公室里、工厂里生产出自己的绿色能源，并在"能源互联网"上与大家分享，这就好像现在我们在网上发布、分享消息一样。可再生能源的转变、分散式生产、储存（以氢的形式）、通过能源互联网实现分配和零排放的交通方式，构成新经济模式的五大支柱。[1]2012年4月，英国《经济学人》也发表了保罗·麦基里的专题文章，指出人类已进入第三次工业革命时代，标志是3D打印技术，关注点是数字化制造和新能源、新材料的应用。尽管人们对"第三次工业革命"的界定不一，但人们普遍认同第三次工业革命实质就是以数字制造技术、互联网技术和再生性能源技术的重大创新与融合为代表，从而导致工业、产业乃至社会发生重大变革，这一过程不仅将推动一批新兴产业诞生与发展以替代已有产业，还将导致社会生产方式、制造模式甚至生产组织方式等方面的重要变革，最终使人类进入生态和谐、绿色低碳、可持续发展的社会。[2]

第三次工业革命的特点是什么呢？第一、第二次工业革命是以机器代替人的体力，过去是用人力纺纱，后来变成用机器纺纱；电动机、蒸汽机的出现更是提高了人的生产能力。电子计算机的出现，代替了人的部分脑力，正如卢嘉锡讲的扩大了大脑的功能，互联网将大众的智慧连接起来，极大地拓展了人的脑力。第三次工业革命以互联网、新材料、新能源的结合为标志，其特点就是网络化、信息化、个性化、国际化，特别是3D打印机强调个性化的设计，国际之间信息的流通和交往也越来越频繁。

二、第三次工业革命对教育有什么要求？

第三次工业革命对教育有什么影响？

第一，第三次工业革命要求人才培养的多样化。过去人才培养是一个模式、一个计划，比如中小学，我们学习苏联时有教学计划、教学大

---

[1] ［美］杰里米·里夫金：《第三次工业革命》，张体伟，孙豫宁译，31～34页，北京，中信出版社，2011。

[2] 芮明杰：《第三次工业革命的起源、实质与启示》，载《文汇报》，2012-09-17。

纲、教科书，这三套全国一样。现在变成了课程标准了，稍微灵活一点了，但总体来讲还是统一的。这是工业化的一个结果。我们的课堂教学是班级授课制，班级按照年龄来分段，这是工业社会的产物。我们知道，在手工业时代，教育采取的是一对一的教学方法。如过去的私塾，四五个小孩子跟老师上课，但是课程也不一样，有的读的是《大学》，有的读的是《孟子》，年纪小的读《三字经》，虽然高度个性化，但效率很低。资本主义工业发展后，西方社会出现了班级授课制，一个班一个教师可以教40个学生。但现在又反过来了，现代社会需要的是多样化的人才。过去封建社会的人才，要不就是人上人，要不就是人下人；要不就是统治阶级，要不就是劳动人民。现在社会有几万种职业，中产阶级是多数。新的工业革命来了，人才更要多样化了。

第二，第三次工业革命要求人才培养的个性化。第三次工业革命带来的是个性化的消费时代，现在的生产方式是大规模标准化的机器生产，而新的生产方式是以互联网为支撑的智能化大规模定制的方式，根据消费者需要进行生产，需要什么生产什么。甚至提供体验式的生产、参与式的生产，满足个性化需求的消费。[1]人才的培养更应该注重个性的发展。从智力上讲，人和人之间也有差异，单从智力的品质来看就有很多不同。有的人逻辑思维好，有的人形象思维比较强，有的人喜欢文学艺术，有的人喜欢理工科。我本来喜欢文学，你非要我去学奥数，这不是对我最大的不公平，对人才的埋没吗？我们现在采取的还是工业化的教学手段，因此，《国家中长期教育改革和发展规划纲要（2010—2020年）》（以下简称《教育规划纲要》）提出要"为每个学生提供最适合的教育"，这才能发挥每个学生的潜能。这才是最好的教育，也是最公平的教育。

---

[1] 芮明杰：《第三次工业革命的起源、实质与启示》，载《文汇报》，2012-09-17。

第三，第三次工业革命要求培养创新人才。从江泽民到胡锦涛再到习近平总书记都在讲创新。没有创新就要落后，落后就要挨打。我国经济发展转型过程中最需要的是技术创新、产品创新。我国经济虽然增长得很快，但缺乏自己的核心技术和品牌。例如，美国转移到中国的加工产品，其品牌和技术都是美国人的，企业真正的"大脑"还在美国。而中国缺乏全球公认的品牌。最近几年评选的全球100个最有价值的品牌中，美国占据51个，而中国榜上无名。比如，汽车品牌，大众、福特都是国外的，奇瑞虽然是中国的，但很多零部件还是国外的。服装品牌也是如此，意大利、法国的服装世界有名。出访俄罗斯等国时，我们的第一夫人彭丽媛穿了中国的品牌，但真要打入国际市场还需要一个过程。现在许多核心技术并不在我们这里。2010年2月，美国权威市场调查机构Supply公布了iPad的物料清单和详细成本，不同型号iPad在美国的售价从499美元至829美元不等，其物料成本分别在229.35美元到346.15美元之间。而加工成本（很多由中国的富士康完成）仅为10美元到11.2美元。物料的成本占一半，而中国人拿到的加工成本仅占1/40，其他的45%都是靠它的品牌挣的钱，所以我们要培养创新人才。

第四，第三次工业革命要求培养国际化人才。近几年我们在国际上的地位有极大的提高，重大的国际事务如果没有中国参加就很难解决，如反恐问题、环境问题，包括现在的金融问题、金融危机。但是在国际人才的培养上与我们的国际地位极不相称，联合国秘书处最新公布的数据显示，2010年7月1日至2011年6月30日在联合国秘书处就职的工作人员共有43747人，其中中国人为473人，属于任职人数偏低的国家。其中，具有高级职位的人员仅为11人。这不仅与发达国家如英美等国相去甚远，而且与一些发展中国家也有一定的差距，如作为非常任理事国的印度在联合国秘书处就职的工作人员为622人，其中高级官员为10人（表2）。

表2 2010—2011年联合国秘书处部分国家职员分布状况

国家	工作人员总数（人）	占总人数的比重（%）	高级官员（人）
中国	473	1.08	11
美国	2694	6.16	39
英国	934	2.14	17
法国	1531	3.50	18
德国	503	1.15	18
加拿大	691	1.58	11
澳大利亚	301	0.69	6
日本	258	0.59	11
韩国	114	0.26	6
印度	622	1.42	10
巴西	167	0.37	4

近年来，随着我国经济的快速发展，我国的国际地位有了极大的提升，越来越多的中国人在国际组织中担任重要的职位。如2005年10月24日，时任中国教育部副部长章新胜首次当选联合国教科文组织（UNESO）执行局主席；2006年11月9日，陈冯富珍在瑞士日内瓦当选世界卫生组织总干事；11月10日，国际电联选举中国籍的赵厚麟为副秘书长；2007年11月27日，张月姣当选世界贸易组织大法官，成为世界贸易组织（WTO）首位中国大法官；2008年1月20日，林毅夫被世界银行任命为首席经济学家；2009年11月25日，联合国粮农组织（FAO）宣布任命何昌垂为该组织副总干事；2010年4月14日，唐虔被任命为联合国教科文组织（UNESO）教育助理干事，成为迄今为止中国在联合国教科文组织负责教育的最高官员；2011年7月26日，中国央行前副行长朱民正式出任国际货币基金组织（IMF）副总裁，成为进入该组织最高管

理层的第一位中国人。但总体上我们为国际组织输送的人才仍然不足，所以《教育规划纲要》中提出要"培养大批具有国际视野、通晓国际规则、能够参与国际事务与国际竞争的国际化人才"。

三、高等教育需要进行哪些改革

2010年我国发布的《教育规划纲要》对高等教育主要提了3个方面的要求：提高学生的培养质量、提高科研水平和服务水平。现在我们要迎接第三次工业革命，首先要落实规划纲要的指导思想，在培养目标、课程实施、培养方式、教学方式上进行改革和创新。改革创新是教育发展的最大动力。《教育规划纲要》提出了人才培养模式改革、管理体制改革、学校制度改革等改革，其中最基本的精神就是培养人才。过去的改革只讲人事制度的改革、管理制度的改革等外围的改革，而这次改革的中心问题就是人才的培养，其他的改革都是为人才培养服务。

第一，改革人才培养目标。高等教育需要培养学生具有服务国家服务人民的社会责任感、勇于探索的创新精神和善于解决问题的实践能力的、德智体美全面发展的人才。这与过去有所不同，1999年全国教育工作会议提出深化教育改革，全面推进素质教育，主要讲的是培养创新精神与实践能力，德智体美全面发展。这次特别强调培养服务国家、服务人民的社会责任感，我觉得这个非常重要。我们培养的人才首先要有社会责任感，然后是要有创新与实践能力。高等学校到底是培养专才还是通才，是培养共性还是个性，这是高等教育里长期争论的一个问题。比如，"培养专才还是通才"，中华人民共和国成立以前极少数人接受教育，所以我们进行精英教育培养通才；中华人民共和国成立以后我们就批判通才教育，通才教育不能培养社会主义建设的人才，特别是理工科人才极其缺乏，所以1958年我们建立了八大学院，包括地质学院、石油学院、航空学院等；现在我们又提出要培养通才。对于这个问题，我个人认为两者要结合起来，我们要加强本科生基础知识教育，时代在发展，基础是根本。我们过去学苏联培养专才，其实苏联学习的是德国模式，没有学士学位，只有专家的证书。但是专门人才的培养也在变化，如美国几个工程学院发表了一个报告，批评过去培养的是"手册式"的人才，苏联也批判他们20世纪五六十年代培养的是处方式的专家。现在，工程教育要培养设计人才、团队式的人才，培养学生的团队精神，加强基础，不是唯技术，不是唯学科至上。所以要加强基础，基础打得宽了眼界就宽了。同时，我们还得培养学生某方面的专业，化工学校毕业和北京大学毕业的学生在专业能力上是不一样的。

另外，共性和个性也要二者结合。如社会的责任感、思想政治品德是大学需要培养的共性，但同时也要培养学生的个性，特别是培养科学的思维方式。中国古代那么多科技发明，为什么近代科学革命没有在中国发生？有人认为原因在于长期的封建专制，思想不解放。我个人认为还是思维方式，中国人的思维方式只讲究结论不讲实证，只讲归纳不讲演绎。比如，《论语》的每一句话都是断句，没有论证。长期以来，重学术轻技术，重经典轻技术，认为技术是雕虫小技。古代的青铜器技术为什么失传？就是因为这个技术掌握在工人手里，没有把它物化为知识，知识分子只念四书五经。我在编写《教育大辞典》时发现中国古代有几百本课本，其中只有十几本是有关自然科学的，如《本草纲目》《九章算术》。最近有一本书叫《中国人的思维批判》讲的是中国人的思维定式影响了我们的发展，有一定的道理。

2012年3月，经济合作与发展组织曾发表了一份题为《为21世纪培育教师提高学校领导力：来自世界的经验》的报告，介绍了21世纪技术评估和教学项目组，汇集来自世界各地60多个研究机构250多位研究者的意见。该报告指出21世纪学生要掌握的4个方面的技能。①思维方式：要培养学生的创造性、批判性思维、问题解决思维、决策与学习能力，现在我们教育中的一个很重要的问题是没有批判性，教师讲的都是对的。曾经有一个笑话，教师出了一个题是没有答案的，让高一学生作答，居然还有百分之五十几的人答出来了，这就是思维定式，认为教师讲的就应该有一个结果。②工作方式：就是要培养沟通、合作能力，前文提及的美国工程教育报告中也强调要培养工程师的合作能力和团队精神。③工作工具：即信息技术、信息处理能力。④生活技能：也就是作为一个公民应该具有的品质，会自己设计自己的生活和职业生涯，具有个人与社会责任感。20世纪80年代，美国教育署署长马兰就提出了"生涯教育"的概念，现在中国的很多中学也在开设生涯教育课程。报告提出，教师必须将21世纪的生存技能更有效地教给学生，使他们成为终身的学习者。"掌握无定式的复杂的思维方式与工作方式，这是计算机无法替代的。"①

第二，要把提高教育质量放在首位。要牢固树立人才培养在高等教育领域的中心地位，着力培养信念执着、品德优良、知识丰富、本领过硬的高素质专门人才和拔尖创新人才，把教学工作作为考核教师的首要任务。近年来，中美高校都有一种倾向，即把科研替代教学。但是高等学校的根本任务是培养人才，应该把教学放在中心地位，尤其是本科生教学。大学的本质就是求真育人，求真就是搞科研，发现世界，发明技术，创造新的知识；育人就是培养人才。这两个都不能偏废，而育人更是大学的使命。大学跟科研单位不同，科研单位没有育人的任务，大学为了育好人，所以我们要搞科研。当然，社会的发展也需要我们为社会服务，需要我们创造知识，提高质量是首先要提高育人的质量。

20年前，卡耐基促进教学基金会的主席博耶，就讲到当时美国的

---

① OECD, "Preparing Teachers and Developing School Lead ers for the 21st Century," OECD, 2012.

大学有一个弊端就是评职称靠写几篇文章，而真正搞教学工作的人却得不到承认。因此，他写过一本书叫《重建本科生教育——美国研究型大学发展蓝图》，提出大学主要是要培养学生的"从能力到责任感"[①]。美国许多大学在该书的启发下纷纷制定能力培养目标。阿尔费诺学院（Alverno College）最早制定了学院的能力目标，包括以下8个方面的能力：培养有效的交流能力、完善与分析能力、提高解决问题的能力、培养做出正确判断的能力、完善社会交往能力、养成理解个人与环境之间关系的能力、培养理解当代世界的能力、培养理解和感受艺术和人文科学的能力。[②]

当然，博耶也指出，提高教育质量还要有一些条件。首先要提高教师本身的素质和水平。我们总是讲名师出高徒，他认为提高教育质量有3个条件：①学生的投入学习，投入的时间、积极性，要是学生真正投入学习，教育就有了质量保证；②严格要求，老师对学生要严格要求，国外都实行淘汰制；③评价和反馈，对学生进行评价，并反馈给他，要使学生知道有哪些缺陷。

第三，加强通识教育。通识教育是指培养人的独特的品格与个人生活能力，为他作为一个公民和共同文化的继承者能与其他社会公民在共同的领域中和睦相处做准备的那部分教育。这是翻译过来的。即人人都要接受的教育，当然它跟基础教育不同。大学的通识教育要求学生选学语言历史、社会学、自然科学方面的知识，以扩大学生的视野，提高学生的素质。博耶也提出了"通识教育"的7个主题：①语言，是最基本的联系工具；②艺术，即美学素养；③渊源，了解生活的历史；④制度，了解社会结构；⑤自然，了解行星状态；⑥工作，了解职业价

---

① ［美］欧内斯特·博耶：《学院——美国本科生教育的经验》，见《发达国家教育改革的动向和趋势（第二集）》，24页，北京，人民教育出版社，1987。
② 芮明杰：《第三次工业革命的起源、实质与启示》，载《文汇报》，2012-09-17。

值和认同；⑦同一性，认识自身价值及其意义。①哈佛大学的通识课要求学生在每一个领域内都要选1～2门。麻省理工学院虽然是工科院校，但是它的一、二年级的通识教育占的比重也很大。

第四，改变教学模式。改变教学模式首先要把学生放在主体的地位，充分发挥和调动学生的主动性和积极性，要学生自己愿意学。现在我们中小学的改革就要求把学生放在主体地位，探索性地学习，而不是教师讲、学生听，而我们大学的改革往往比较滞后。但西方国家基本上不是这样，前几年我在巴黎第八大学访问了一个月，上过他们几次课，教师都提前布置一些作业，看完了大家在课堂上讨论。比如，讨论了一个贫困群体怎么形成与解决的，很少有教师讲。

另外，要转变教师的观念。教师已不再是知识的唯一载体，也不是知识的权威。教师的任务在于给学生设计一个适合于他学习的学习环境，如该布置什么样的书给学生看，要求学生参加什么活动；同时帮助学生学习，对学生不会的问题加以指导。教师是设计者，指导者，帮助者。正如历史学家沃尔特·拉塞尔·米德（Walter Russell Mead）所说，高等教育机构必须行动起来转变模式，从注重花了多少时间学习转变为注重实际学到了什么。这是因为，这个世界越来越不在乎你知道什么。所有的知识都可以通过谷歌（Google）找到。这个世界只在乎你能利用自己的知识做什么。②

我们必须超越当前的传授模式——教授是"讲台上的圣人"，学生做笔记，然后再进行肤浅的评估——进入另外一种制度，要求学生，并且赋予他们能力在网上按自己的步伐掌握更多基础知识，而教室则成了和教授讨论的地方，对所学知识的运用，也可以通过实验室里的实验得

---

① 芮明杰：《第三次工业革命的起源、实质与启示》，载《文汇报》，2012-09-17。

② 王斌华：《能力培养——八十年代美国本科教育的改革动向》，载《外国教育资料》，1991（1）。

到磨炼。这就是所谓"反转式"教学。现在哈佛大学、麻省理工学院把很多课放到网上——慕课（MOOCs），网上可以注册、拿学分。2012年秋天，圣何塞州立大学（San Jose State）使用了MIT电路与电子学的入门网络课程和互动练习。学生在家里观看MIT的课程并完成作业，然后再来上课。课堂上，前15分钟用来向教授提问，教授做出解答，剩余45分钟用来解决问题，进行讨论。初步数据显示，这门课考试及格的学生人数比例从近60%增加到了大约90%。[①]

美国还出现了一个可汗学院，是由孟加拉裔美国人萨尔曼·可汗创立的一家教育性非营利组织，利用网络影片免费授课。现有数学，物理、化学、生物、天文学、历史、金融等科目的内容，教学影片超过2000段。他曾获哈佛大学MBA学位，毕业后从事金融业。但为了帮助远方的亲戚学习，把有关课程录制放在网上。这个课程一出现在网络上就受到很多人的欢迎，后来他就辞职专门建立了可汗学院。可汗学院有3个特点：①网络传送便捷且成本低，每段影片10分钟。②影片生动，引起学习者的兴趣。目前还开发了练习系统，记录学习者对每一个问题的完整的练习记录。教师可以了解学习者有哪些不懂。③要求学习者必须跨过一定门槛才能继续学习。让学习者弄懂每一个基础概念之后，再继续学习。我们现在的考试，考了80分了，可能最重要的20分没有掌握，等再往后学习的话，这20分就起作用了。可汗学院的课程就像打游戏一样，只有你全都弄懂了才能进入下一个环节。目前，可汗学院的注册人数已经有好几十万了。信息技术将对我们的教学起到革命性的作用，颠覆原来的教学模式。做课件是利用信息化最初级的阶段，真正信息化要靠互联网互动、师生互动、学生间互动。

第五，加强教育国际化。教育国际化是必然趋势，国际交通便捷，

---

① Friedman, Thomas L, "The Professors' Big Stage," *The New York Times*, 2013-03-09.

信息交流快捷，大大降低了时间空间的距离，大量在国外学习的留学生，大量在异国工作的专家，在世界各地举行的国际会议，学术之间的信件来往等都促进了教育国际化。一国的某项改革马上会传到学术界。美国著名的教育专家克拉克认为，学习的国际化可以分为4个部分：①新知识的流动；②学者的流动；③学生的流动，目前中国留学生的年龄越来越小、越来越多，今年留学生人数达到47万；④课程内容的流动，包括基本的知识课程等。教育国际化已成为教育发展的必然趋势。

第六，加强创业教育。学校要对学生进行生涯教育，指导学生设计职业生涯。同时创造条件和环境，帮助学生创业。现在许多学校都成立了学生创业园或孵化器。我前年到温州大学考察，看到学校专门为学生创业提供了场所，学生在那开公司，开了公司后，学校里给一定的经济的补助，高年级毕业后，移交给低年级同学，如果找不到工作，学校还可以为公司保留一年的延长期。另外，温州的私营企业比较多，为学生创业提供了很多支持。所以，学校应与社会各界联手，为学生创业创造一个良好的氛围。

大学文化的共性与个性*

一、大学文化的共性

2009年，我在清华大学的论坛上曾经说过：大学文化的本质是求真育人。这是大学的共性。自中世纪大学建立以来，众多老师和学生集聚在一起自由讨论，研究学术，追求真理。随着现代科学技术的发展，大学成为知识创新的引擎，很多新知识、新科技都是在校园里诞生的。大学不仅通过学术研究创造了知识，而且创造了新的思维方式、新的价值观。中国古代大学也注重创新。中国经典《大学》中第一句话就是："大学之道，在明明德，在亲民，在止于至善。"程子在注释中说："亲当作新。"又说："新者革其旧之谓也。"所以要"苟日新，日日新，又日新"。要创新，就要有新的思维方式。举一个通俗的例子来讲，我们日常生活中缝衣服用的针，针眼总是在粗的一头，一根针一根线，缝制衣服是很慢的，但是把针眼设在针尖上，就发明了缝纫机，缝衣服的效率增加了不知道多少倍。这就是改变思维方式所创造的奇迹。

当今时代，科学技术日新月异，社会思潮变幻莫测，如果没有思维方式的创新，很难适应时代的变化。2012年3月，经济合作与发展组织

---

* 原载《大学（学术版）》，2013年第10期。

发表了《为21世纪培育教师提高学校领导力：来自世界的经验》报告，介绍了21世纪技术评估和教学项目组，汇集来自世界各地60多个研究机构250多位研究者的意见。该报告指出21世纪学生要掌握的4个方面的技能：①思维方式。要培养学生的创造性，批判性思维，问题解决思维，决策与学习能力。②工作方式。培养沟通、合作能力。③工作工具。掌握信息技术，信息处理能力。④生活技能。作为一个公民应该具有的品质，会设计自己的生活和职业生涯，具有个人与社会责任感。报告还特别提到要培养学生无定式的复杂的思维方式与工作方式，以应对千变万化的世界，并说这是计算机无法替代的。①

育人更是大学的使命，这是大学区别其他社会机构的本质特征。过去常说，大学的三大职能是教学、科研、服务，2011年胡锦涛同志在清华大学百年校庆时又提出大学要传承文化，大学就有了四大职能。尽管大学的功能在不断丰富，但大学的核心任务还是育人，培养适应时代的新人。大学的文化建设既要重视传统，又要不断创新，跟上时代的步伐。说到跟上时代的步伐，使我想起邓小平为北京景山学校的题词："教育要面向现代化，面向世界，面向未来。"今年（2013年）是题词30周年，8月，中央文献研究室、教育部和四川省政府在四川广安召开了纪念会暨研讨会。我对"三个面向"有了一些新的体会。过去往往把"三个面向"割裂开，仅从教育的角度理解"三个面向"，以为教育要面向现代化，就是教育要为社会主义现代化服务；面向世界就是向外国学习科学技术，学习外国办学经验；教育要面向未来是要为未来社会培养人才。这种理解当然也是对的。但我认为"三个面向"的核心是面向未来科学技术的发展。从邓小平1978年在科学大会上的讲话就可以看出，邓

---

① OECD "Preparing Teachers and Developing School Leaders for the 21st Century," OECD, 2012.

小平当时对我国恢复经济，实现现代化是心急如焚，对人才需求是如饥似渴。实现"四个现代化"，一要资金，二要技术，三要人才。那时我们什么都没有。要实现"四个现代化"，就要培养掌握现代科学技术的人才，但现代科学技术掌握在外国人手里，所以教育要面向世界，向世界学习。我们实现"四个现代化"不是跟在人们后面，而是要超越，要创新，而且因为科学技术发展日新月异，所以教育要面向未来，面对科学技术的未来发展。邓小平在科学大会上还详细论述了现代科学技术发展的特点和发展趋势。所以我认为，"三个面向"的核心是面向未来的科学技术的发展，并培养掌握科学技术发展的人才。在今天，这个思想更重要。大家都在议论第三次工业革命正在到来，这对我们是很好的机遇。要抓住这个机遇，就要面向未来的科学技术，培养有国际视野、掌握前沿科技的人才，这是大学的使命。我们要实现中华民族的伟大复兴，大学就要创新思维方式，创新知识，培养德才兼备的人才。大学文化建设不能离开这个历史使命。

当然，大学的文化建设不只是重视科学技术的发展，还要重视人文社会学科的建设，树立人文精神。其实，科学技术发展中也充满着人文精神，如创新精神、严谨学风、团队精神、合作精神等。把自然科学与人文社会科学相结合，是当今大学文化的发展趋势。

二、大学文化的个性

求真育人是大学的共性，大学文化要围绕着求真育人这个核心来建设，所以大学要建立学术中心，要有大师，要有创新的机制，这是大学文化的共性。大学文化还应该有个性。也就是说，不同的大学应该有不同的文化。清华大学、北京大学就有不同的文化。我不能妄加概括它们的不同，但恐怕大家心里都会有这种感觉。两校的文化是不同的。而就北京师范大学而言，它的文化特质就是北京师范大学的校训"学为人师，行为世范"。即使现在北京师范大学已经不是纯粹的培养师资的师范大学，但仍然传承着这个校训，它体现了北京师范大学的文化。

大学文化的个性是从哪里来的？是从大学的历史传承中来，也是从大学求真育人的使命中来，从大学的办学特色中来。不同的大学有不同的历史、不同的办学定位、不同的培养目标、不同的办学模式、不同的学术中心、不同的课程设置、不同的教师风格、不同的管理方式等，经过长期积累、碰撞和磨合，形成全校师生的共识，逐渐成为学校的传统。纵观历史，有名的大学无不是有卓越的领导人和多位大师级的人物，办出特色，形成学校独特的文化。北大有蔡元培，清华有梅贻琦，南开有张伯苓，天津大学有茅以升，并且各校都有许多大师级的人物。

前不久，财经频道记者访问牛津大学和耶鲁大学的校长，问他们为什么能培养出那么多首相、总统、诺贝尔奖获得者。他们都认为因为有自己的文化传统。牛津大学实行导师制，导师每周都要与学生一对一地座谈讨论，考试的时候必须穿正装；耶鲁大学的目标是培养领袖，强调活动能力、组织能力，小布什在耶鲁时学习成绩并不好，每门功课都是C，但他是棒球队的队长、俱乐部的领袖。这说明这两所大学都有自己的传统。当然，他们有些是培养贵族的传统，但我们也应该结合我国的文化传统建立自己大学的文化传统。

当前我国大学缺乏个性，同质化现象十分严重。许多大学都以清华、北大为蓝本，贪大求全，没有特色。在办学上没有特色，也就没有个性化的学校文化。就拿学校的校训来说，也是千篇一律，什么"求实创新""追求卓越"等，都是口号式的，缺乏个性，没有体现本校文化的特色，也没有自己的文化传统。

三、大学文化的缺失

为什么今天大家呼吁大学文化建设？因为大学文化缺失，主要表现在以下方面。

一是大学缺乏高雅文化的引领。大学文化是社会整体文化的一部分，但大学文化又有它的特殊性。大学文化可以说是一种亚文化。它不同于一般的社会文化。社会文化是多元的，有主流的、非主流的，有高雅的、低俗的。当然大学文化要认同社会主流文化、主流价值观，它是社会主流文化主要阵地。但对非主流文化要有选择、批判、改造和宽容的精神。社会文化有雅俗之分，大学文化应该是高雅的文化。大学校园里当然不可能完全排斥俗文化，特别是当今时代，新媒体传播的大多是俗文化。这种俗文化对大学的影响很大，但大学毕竟是学术的殿堂，是精英荟萃的地方，大学应该树立雅文化的大旗，引领社会的先进文化。

二是大学官僚化，缺乏科学民主。几年前，周光召就说"今天的科技界民主氛围太少"。我们今天的大学何尝不是这样。校务委员会、学术委员会很少开会，形同虚设；教授的话语权太小；学校建设什么学科，学校怎么发展，以什么学科为学术中心，往往是在学校领导行政会议上决定的，而不是通过学术委员会来决定。这也不能完全怪学校，教育行政部门统得就很死。没有科学民主，也不可能有科学决策。科学精神、民主精神、人文精神应该是大学文化建设中最核心的精神。

三是功利化太盛。急功近利，只看眼前的成果。评价体系都是发表了多少文章，得了多少奖。现在评职称竞争越来越激烈，主要看发表的论文著作，很少看教书育人的表现。世界上诺贝尔奖获得者大多是六七十岁的老专家，他们的成果是经过多少年的磨炼和考验才被学术界认可。做学问不一定要出多少书，更重要的是要甘居斗屋，甘坐"冷板凳"，真正对一些问题有深入的理解、创新的见解。

四是商品化气息太浓，把创收放在重要的位子上。办大学需要资金，但是应该在创新科技成果，把成果转化为生产的过程中获取资金，在为社会服务中获得资金。但现在许多大学靠开办高价培训班、乱发文凭取得资金；甚至有些教师在走穴讲课时讲价钱等，败坏了大学的名声，也破坏了大学文化。

四、大学文化的回归

大学陷入了文化危机，急需理性回归。那么，大学文化应该是什么样呢？大学文化是由大学的本质决定的。大学是培育人才的地方，是创造知识的地方。大学要引领社会先进文化。大学的灵魂是学术。人才要用学术思想、学术知识来培养；创造知识要靠学术研究；大学为社会服务的职能也要靠学术研究创造的知识和培养的人才来完成。因此，学术是大学的核心，也是大学文化的核心。文化分物质文化、制度文化、精神文化，三者有不可分割的关系，但精神文化是最深层次的，它是文化的核心。大学文化的核心也是精神文化。这话没有错，但太笼统。中小学文化也要以精神文化为核心，其他社会组织也要以精神文化为核心。那么大学文化区别于其他组织的文化在哪里？我认为，就在于大学以学术为业。可以说，大学的真、善、美都体现在学术研究之中。

大学的真，就是通过学术求真。追求真理，是大学的本质特征。哈佛大学的校训就是"以柏拉图为友，以亚里士多德为友，更以真理为友"。大学的善，就是通过学术培养高尚品德的人才。真理总是和善良联系在一起的，追求真理的师生必然是善的。他们总是具有志存高远，勤奋努力，团结合作，诚信治学的精神。大学的美，就是在追求真理过程中的团结、合作、和谐的美，求得真理结果喜悦的美。

因此，看一个大学文化建设得好不好，就看这个学校的学术气氛浓不浓。当然，大学，或者说高等学校也是分层次的，有的是学术性、研究型大学，有的是职业技术性高校。不同层次、不同类型的学校，学术要求是不同的，文化氛围也应有所不同。高等学校应有自己独特的学术文化。即使是职业技术高校也应该密切关注新技术的发展及其带来的文化变革，在新技术创新过程中创造先进的新文化。

重塑大学文化[*]

前几年曾经掀起过一阵大学文化热，但是这几年似乎又有点冷下来了。但是，大学文化永远是大学人（校长、教职员工、学生）应该坚守的。大学是人类文明进步的标志，是人文荟萃的场所。大学如果不坚守独有的大学文化，那就会有其他文化入侵，如官僚文化、商业文化、娱乐文化等庸俗文化的入侵。文化无处不在，有人群的地方就有文化，不过有不同的文化。不同的社会领域都有自己独特的文化。大学应该坚守自己的文化。

一、大学的本质是求真育人

2009年我在清华大学举办的大学文化论坛上讲到，大学的本质是求真育人。求真就是研究学术，追求真理；育人就是培养真才实学的人才。大学从它产生那天起，就是一群学者自由研究学问的地方，同时在研究学问的过程中培养人才。当初大学以培养文科神职人员、法律人员、医生等为主。经过几百年的变迁，大学的职能有了很大变化，特别是工业革命以后，科学技术与生产的结合，迫使大学走出象牙塔，为社会服务成为大学的重要职能之一。一方面，大工业生产需要大学为其创

---

* 原载《中国大学教学》，2015年第2期。

新知识、培养科学技术人才；另一方面，大学需要从企业获得资金，从而更新设备、聘任高水平的教师，得到进一步发展。但是大学的本质没有变化。为社会服务也需要建立在知识创新和人才培养的基础上。没有创新的知识，如何为社会的发展服务？没有人才的培养，谁去为经济发展创造财富？因此，大学的本质仍然是求真育人。大学不同于其他研究机构，研究机构的任务是单纯地研究学问，虽然参加研究的青年会随着经验的积累而成长，但人才的培养不是研究机构的主要任务。大学是既要开展学术研究又要培育人才，两者是结合的。只有开展学术研究，创造新知识、新学术，才能培养高质量的人才。

大学如果泛指高等教育而言，那么，近百年来已从精英教育阶段发展到大众教育阶段，即由少数人能够接受高等教育发展到一大批人有接受高等教育的机会。也就是我们常常引用的马丁·特罗（Martin Trow）的定律：高等教育毛入率超过15%为大众高等教育阶段，超过了50%为普及高等教育阶段。那么，高等教育进入大众教育阶段以后，大学的本质有没有变化呢？我认为，高等教育在层次、结构上有了变化，但大学的本质没有变。大众教育阶段的高等学校有了层次的差别，有一批研究型大学，大批的以本科教学为主的大学、学院，还有一批培养应用型人才的高等专科学校。如果按照中国的称呼都把它们称为大学的话，其职能的构成会有所调整，但求真育人的本质没有变。即使培养应用技术人才的高等职业院校，他们不以研究学术为主要任务，但仍然要追求真理，追求知识的创新、技术的创新。特别是当今科学技术日新月异的时代，没有创新，怎么能培养时代需要的人才？

二、大学文化应是高雅文化

大学文化就是要围绕着大学的本质来建设。大学文化应该是具有浓厚学术氛围的、生机勃勃的、具有青春活力的文化，集高大、深厚、浓郁、清新于一体，是一种高雅文化。文化有高雅文化、低俗文化之分。大学是学术的殿堂、知识分子荟萃的地方，是社会的最高学府，大学应该具有高雅的文化，培育高雅的人才，引领社会的风尚。

大学文化体现在学风上，学校学风好坏，关系到学校的质量。学风问题，就是学校办学的理念问题、师生的思想方法问题、工作态度问题。大学学风建设要以学术为中心，应该具有追求真理、独立思考、批判创新、敬业爱生、严谨笃学、团队合作的精神。教师为了追求真理，把学术视为自己的生命；为了发现人才、培养人才，爱生如子，诲人不倦。学生为了追求真理，志存高远、孜孜以求，爱师更爱真理，这样才能青出于蓝而胜于蓝。学校管理要以学术为中心，充分尊重教授治学的权利，为教学科研服务，为师生服务。学校管理者与教师之间、教师与教师之间、师生之间形成一个和谐进取的共同体。

但是，当前大学文化却不尽如人意。功利主义盛行，官僚化、商业化、娱乐化泛滥成灾。学校行政化气氛越来越浓。学校去行政化的呼声已经喊了多年，但似乎没有什么改变。办事手续之烦琐、效率之低下，难以言状。例如，一个报表，学校可以让你填几十回。其实每个教师的基本信息，学校早已有之，特别是现在信息技术应用已很普遍，教师的信息都在电脑之中。但申报一个项目要填一大堆表，年终考核要填一大堆表，课题总结要填一大堆表，填表的时间浪费了许多教师本该搞科研的时间和精力。学校领导整天陷于文山会海之中，脱离课堂、脱离群众，他们不了解老师在干什么，也不了解学生是不是真正在努力用功。请问，现在有几位领导能在教师中有几位知心朋友？能静下心来和老师聊聊天？

商业文化已经渗透到学校每个角落，什么都要收费。一些大学举办高级研修班，收取高额学费；各种培训班泛滥成灾，都是为了经济利益。孔子曰："君子喻于义，小人喻于利。"这个古训在大学中好像已不复存在。

娱乐文化在学校中泛滥。学生中有一批"低头族"、游戏族，不是埋头读书，而是埋头玩手机。甚至有的学生说，因为在小学中学时代备考太紧张，丧失了幸福的童年，到了大学要好好轻松玩一下，补上幸福的童年。某些学校甚至出现一种低俗文化，什么"男神女神"在大学中广为传播。甚至一些高校官方宣传也开始用帅哥美女照片吸引青年考生眼球，什么"女神在×大等你""上××变白富美"等，真是斯文扫地，作为一名大学教师都觉得脸红。

学生的学风也存在问题。有的研究生写论文，言必哈贝马斯，文必海德格尔，拉着虎皮当大旗，美其名曰理论性强。其实他并不懂什么叫理论，什么叫学问。做学问首先要把事实理清楚，然后加以分析、探究，得出结论和判断，有自己的见解和创新。做学问有几种态度，第一种是深入浅出，深奥的理论，都能让学生读得懂；第二种是深入深出，学问很深，写出来的论文也很深奥；第三种是浅入浅出，学问不多，但实事求是，有什么想法就说什么；第四种是浅入深出，学问不多，却装成大学问家，写出来的论文东拉西扯，让人看不懂。第一种是最有学问的人才能做到；最糟糕的是第四种，不懂装懂。现在有的学生的论文就是这样，实在让人担忧。

三、重塑大学文化

由于当前大学文化的缺失，我们要大声疾呼，重塑大学文化，创造追求真理的学术氛围，营建良好的育人环境。

学校文化是社会文化的组成部分，因此学校文化首先要认同社会的主流文化。当前我国社会的主流文化是改革开放、继承创新，弘扬中华优秀传统文化，吸引人类一些优秀文明成果，创造社会主义新文化。党的十八大提出，立德树人是教育的根本任务。大学的本质是求真育人，就要坚持德育为先、厚德载物，把中国特色社会主义核心价值观作为大学文化建设的核心，贯穿到教育的全过程。为国家，树立富强、民主、文明、和谐的理想信念，坚持走中国特色社会主义道路；对社会，建立自由、平等、公正、法治的精神，奉公守法，做合格的公民；对个人，养成爱国、敬业、诚信、友善的品质，增强服务国家、服务人民的责任感，学好为实现中华民族伟大复兴的扎实本领。

这是大学文化的共性，每个大学还应有大学文化的个性。大学的文化建设是根据大学办学的性质目标、历史文化积淀、师生共同信念、对学校发展的共同愿景长期积淀起来的。因此，要在普遍的大学求真育人的共同精神下，塑造自己学校的文化。例如，研究型大学与应用型大学的文化就应该有所不同，综合性大学与专业性大学的文化会有差别。清华大学的校训"自强不息，厚德载物"，反映了清华大学立德树人、严谨笃学的精神；北京大学自蔡元培做校长以后，提出"兼容并蓄、学术自由"的主张，其文化精神一直延续至今；北京师范大学以师范教育为特色，所以提出"学为人师，行为世范"的校训，这是北京师范大学文化的主要精神。一些应用型大学，大多有联系实际、求实创新的文化。

当前的问题是，全国高等学校同质化十分严重。专科想升本科、本科（学院）想升大学、大学都想办成清华、北大那样的研究型大学，所以大学文化也没有个性。没有个性，就没有大学的特色，也不会有师生的凝聚力，也培养不出有特色的创新人才。现在大家都在谈地方院校转型，有的学校领导感到困惑迷惘。其实就是让一些院校重新定位，根据学校发展的历史、学科的优势、队伍的建设、社会的需要，重新确定学校的性质、培养目标、专业设置、培养方案，包括学校文化的建设。转型不是抛弃原来的一套，重新搞一套，而是使学校适应时代的进步、社会经济发展的要求，更好地为我国社会主义现代化建设服务。

高等学校要取消等级观念。学校只有层次之分，不应有等级之别。应用型高校、专科学校也能办成世界一流。美国达特茅斯学院是一所本科院校，是常青藤联盟之一，同样全美有名；美国纽约银行街学院是一所小小的培养幼儿园教师的学院，但在幼儿教育界世界闻名；中华人民共和国成立初期，我国上海的立信会计学校为中华人民共和国的建设培养了大批会计人才，闻名全国，堪称一流。可见，不在于学校的层次，而在于能否办出特色，办出质量。

大学文化不是一朝一夕能够建立起来的，是几代人的努力积淀的结果。今天我们提倡重塑大学文化，不是抛弃传统，另建一套，而是要去腐求精，摒弃低俗文化，提倡高雅文化。大学要挖掘历史优秀传统，根据时代的新要求、教育的新理念，在传统的基础上创造新的大学文化。大学文化建设也不是学校领导几个人的事，需要全校师生的积极参与，共同策划，细心培育。学习永远是大学文化建设的动力和源泉。在我国建设学习型和谐社会的今天，大学应该成为学习的典范。通过学习求学校的发展，通过学习求师生的发展，使终身学习成为学校的主流文化。

浅谈中西大学价值观之异同*

在2016年国际书展上，我与加拿大许美德教授进行了对话交流，许美德教授在谈到其主编的《东西方高等教育碰撞》一书时说，世界大学有两种模式：一种是西方的模式，一种是中国的模式。她说："很多西方高等教育比较学的专家，以为只有一种大学模式，以为所谓全球研究型大学的来源只是欧洲的大学。但是在世界史上，大学确实有两个主要的模式，一个是欧洲中世纪的大学，另一个是中国的科举制度。中国科举制度比欧洲中世纪大学早1000多年，两者都有它重要的价值观。比如中国方面，科举是为国家服务的，士大夫是属于国家官僚制度的，为国家工作，是公务员。但是欧洲本来就非常讲究自主权，学习自由和大学自主权有法律的保护，国家不能干扰，这就是中世纪时代欧洲的大学。但是到十七八世纪，欧洲的新国家形成的时候，法国还有其他的国家受到中国的影响，比如我们看看法国的大学，他们是属于政府的体系，所有的教授都是公务员。所以确实可以说有两种这样的模式。"这段话引起了我极大的兴趣。她说的是大学的模式，并谈到这两种模式背后的大学价值观。从表面或形式上来看，世界各国的大学都差不多，大学里设学院，有各种文理学科，大学的职能是教学、科研、社会服务，似乎都

* 原载《高等教育研究》，2017年第3期。

一样。中国大学的模式也是从西方引进的，机构和教学、科研都有共同性。但是隐藏在大学背后的价值观却有很大的不同。

大学的价值观是什么？怎么确定的？有没有发展变化？都是值得研究的问题。我认为，大学的价值观是由大学的起因和功能来确定的。从价值观出现的形态来说，许美德教授把它分成两种模式，这种分类是从东西方两种文化的不同以及大学的起因说起的。但是从大学的功能发展来看，大学价值观表现出来的形态，远远不止这两大模式，而且它是随着时代的变迁而不断变化的。自从欧洲民族国家建立以后，大学的价值观也随着民族主义的高涨而发生了新的变化，各国大学的价值观就有着很大的不同。

中世纪的大学原本是一群学者自主组织起来研究学问的地方。那时民族国家尚未建立，社会活动主要由教会控制。虽说学者能自由活动，大学甚至有许多特权，但教会的影响很大，许多大学的建立都得由教皇批准，违反教义的要受到教会惩罚。特别是大学的神学院，主要培养神职人员。那时还没有公务员，但神职人员是由教会供养的，是为教会服务的，也可说是教会的公务员。只有等到宗教革命以后，大学才逐渐摆脱教会的控制。从这个意义来讲，中世纪的大学也不是完全自由的。

工业革命以后，特别是欧洲民族国家建立以后，大学的功能发生了很大的变化。一方面，大学再也不能躲在象牙塔之中了，大学逐渐被工业财团所控制，为发展工业服务。只要看一看西方的大学，哪一所名校没有大财团的资助？另一方面，民族国家始终要求大学为国家利益服务。大学在学术上是自由的，但它的职能是服务于国家的。这与中世纪的大学有很大的不同。欧洲在建立民族国家的过程中，大学起了重要的作用。英国神学家亨利·纽曼虽然在他的《大学的理想》一书中反复强调，大学不是传授实用知识，而是培养人的智能，但是扭转不了"新大学"运动，英国一批新大学随着工业发展而兴起。德国洪堡大学就是在普鲁士寻求独立统一时建立起来的。至于法国大学教师的公务员制是不是受中国科举制度的影响，还值得考证研究。但它是在拿破仑建立专制帝国时建立起来的，它的价值观充满了国家意志。美洲的大学又与欧洲有不同的价值观。美国是一个移民国家，欧洲移民初到美洲，他们的首要任务是通过自由竞争开拓疆土，因而自由主义是他们的核心价值观。所以最早成立的 9 所常青藤学校都是私立的。大家都知道的达特茅斯诉讼案，当时州政府想把该学院收归公有，遭到学院的强烈反对，诉讼到最高法院，最后达特茅斯学院胜诉。其背后的价值观就是自由主义。这与欧洲的大学价值观又有许多不同。

大学价值观也是随着时代的变迁不断变化的。随着赠地学院的建立和威斯康星大学的社会服务意识的确立，美国大学的价值观又发生了重大的变化。特别是州立大学，已经把服务州的发展作为大学的主要价值观。

中国的大学是从西方引进的，但它一开始就与西方起始办大学的宗旨不同。它是在中日甲午战败以后，在洋务运动中建立起来的，为的是救国图强，重点始终在为国家服务上。1904年1月13日（清光绪二十九年十一月二十六日）颁布的《奏定学堂章程》中开宗明义地提出："无论何等学堂，均以忠孝为本，以中国经史之学为基，俾学生心术壹归于纯正，而后以西学明其知识，练其艺能，务期他日成才，各适实用。"这充分体现了"中学为体，西学为用"的思想，以期维护封建王朝的统治。

辛亥革命以后，封建君主制度废除，共和政体建立，大学的价值观也随之发生了变化。民国初期，1912年10月政府发布关于大学教育的第一个通令，规定大学以教授高深学术、养成硕学闳材、应国家需要为宗旨。1922年学制改革，1929年4月26日，国民政府公布教育宗旨为："中华民国之教育，根据三民主义，以充实人民生活，扶植社会生存，发展国民生产，延读民族生命为目的，务期民族独立，民权普及，民生发展，以促进世界大同。"同年7月26日公布的《大学组织法》规定：大学应遵照《中华民国教育宗旨及其实施方针》，以研究高深学术，养成专门人才为宗旨。①几个学制都提到研究学术、培养人才、为民族的独立和发展服务。

中华人民共和国成立以后，1950年教育部提出"为工农服务，为生产建设服务"的教育方针。1957年毛泽东主席提出"我们的教育方针，应该使受教育者在德育、智育、体育几方面都得到发展，成为有社会主义觉悟的有文化的劳动者"。大学的价值观就是根据这个总的教育方针，以培养各种专门人才为社会主义的政治体制和经济建设服务。

改革开放以后，大学教育的价值观有了很大的变化。随着20世纪下半叶科学技术的发展，邓小平率先发出"尊重知识，尊重人才"的号召，并在1978年的全国科学大会上提出"科学技术是生产力"的论断，提出要加速发展科学技术。于是20世纪80年代初，学界就提出大学既是教学中心又是研究中心，大学不仅要培养人才，而且要开展学术研究，创造新知识。近些年来，中国大学在建设一流学科、一流大学的过程中，更加强调学术自由和科技创新，为中华民族的伟大复兴做出贡献。

西方大学进入20世纪以来，大学的价值观也在发生变化。特别是在第二次世界大战中，大学科研为战胜法西斯起了重要的作用。在当今全球化的国际竞争中，各国都把大学作为提升国家竞争力的重要阵地。因此，世界各国大学的价值观总体上正在日益趋同。与此同时，由于全球化的快速发展，大学还承担着人类共同命运体可持续发展的使命。1998年，联合国教科文组织举办的世界高等教育会议指出，高等教育的使命不仅仅是教学、研究，高等教育应该有更为广阔的目标，如促进可持

---

① 顾明远：《教育大辞典（第10卷）》，上海，上海教育出版社，1991。

续发展，进行文化传播，消除贫穷、偏见、暴力、文盲、饥饿、环境恶化以及疾病。[①]2009年，联合国教科文组织再次召开世界高等教育会议，强调面对当前和未来全球挑战的复杂情况，高等教育肩负着增进人们对社会、经济、科学和文化各方面问题的理解及其应对能力的社会责任。高等教育应引领社会，创造知识，以应对全球挑战，特别是来自食品安全、气候变化、水资源、跨文化对话、可再生能源和公共健康方面的挑战。高等教育不仅要为当前和将来提供可靠的技能，而且也应为培育有道德的公民做出贡献，应担负起构筑和平、捍卫人权及民主价值观的责任。[②]当然，在这种大学价值观趋同的情况下，影响各国大学治理和发展的张力并不完全相同。伯顿·克拉克在1983年提出了协调高等教育系统的三大势力，编制了一个三角形模型，三个角分别是国家权力、学术权威、市场。[③]这三种势力的张力在各国是不相同的，而且在不同类型的大学中也是有很大差异的。例如，英国的老牌大学牛津大学、剑桥大学与后来建立的新大学在三大势力的张力中就有很大的不同。后者中市场的力量就大于学术权威的力量。各种张力的不同也体现出大学价值观的不尽相同。

但是我认为，协调高等教育系统除了这三种势力外，还有一种无形的势力，这就是民族传统文化。教育是文化的组成部分，必然受到民族传统文化的影响。教育的价值观无论是服务于国家，还是个人的发展，最终目的都是要把学生培养成才。所以说，立德树人是教育的根本

---

① UNESCO, "World Declarationon Higher Education for the Twenty-First Century:Vision and Action," http://www.unesco.org/educa- tion/educprog/wche/declaration_eng.htm# worldde- claration.

② 熊建辉：《2009年世界高等教育大会公报——高等教育与研究在促进社会变革和发展中的新动力》，载《世界教育信息》，2009。

③ ［荷兰］弗兰斯·范富格特：《国际高等教育政策比较研究》，王承绪等译，5页，杭州，浙江教育出版社，2001。

任务。但是在人的发展要求上，在具体的培养目标上，东西方文化确有很大的不同。东方文化把人的发展放在人与人的关系上，强调培养人的德行，是一种伦理文化。西方文化重视人的个体的发展，是一种个体文化。这种不同必然会影响到大学的价值观。中国的大学，很难说是继承了中国科举制度的价值观，但中国的高考制度确实受到中国科举制度选拔人才的影响，因而人们在观念和心理上确有科举制度的阴影。在大学的治理上和培养目标上，政府权力的张力确实大于学术权威和市场的张力。这也许是许美德所认为的与西方大学模式不同之处。

许美德教授把大学的模式追溯到大学发展的源头上，分析了由于东西方文化的不同，导致大学发展的模式不同，大学的价值观不同。这就提醒我们，在研究和规划大学的发展时，不能忽视民族传统文化对大学的张力。今天我国建设一流大学也不能忽视中华民族文化传统，要认真继承中国的优秀文化传统，吸收世界文明的一切优秀成果，紧跟时代的步伐，建设具有中国特色的一流大学。

马克思论个人的全面发展[*]

——纪念《资本论》发表 150 周年

我第一次读马克思的《资本论》是在1949年，那时我在北京师范大学教育系学习。学校为全校师生开设了两门公共课，一门是社会发展史，由侯外庐教授讲授；另一门是政治经济学，由胡明教授讲授。以后在苏联学习，政治经济学是重点课程，要学习两年——四个学期，每周四节课，自然又要读《资本论》。回国以后在北京师范大学教授教育学，讲到马克思教育思想时也总要提到《资本论》。但是，似乎并没有学透学懂。今天再一次阅读《资本论》，感到又有一些新的体悟。

一、《资本论》中马克思对个人的全面发展的历史考察

《资本论》是一部研究资本主义生产和发展的著作，正如马克思在《资本论》第一版序言里写的："这部著作是我1859年发表的《政治经济学批判》的续篇。"^①但谈到资本主义生产，总要谈到人，而且正是资本

---

* 原载《教育研究》，2017年第8期。本文为作者在北京明远教育书院第四次学术沙龙上的讲话。

① 马克思：《资本论》，7页，北京，人民出版社，1975。

主义生产改变了人类社会的进程，改变了个人的地位和作用。在《资本论》中，马克思对个人的全面发展做出了深刻的考察和分析。

（一）大工业机器生产把人变成机器的工具

在《资本论》第十三章，马克思集中讨论了生产和人的关系。马克思用历史唯物主义方法论对资本主义的生产方式进行了考察，认为由于资本主义条件下的社会生产劳动分工，人在生产过程中，已经不是抽象意义上的人，而是经济范畴的人，是背负着阶级关系的人。马克思在序言中说："不过这里涉及的人，只是经济范畴的人格化，是一定的阶级关系和利益的承担者。"①所以，马克思在分析资本主义生产时，用了很长篇幅谈到资本主义生产对工人阶级的剥削，特别是对妇女和童工的摧残，同时也指出未来教育的出路。可以说，《资本论》第十三章集中反映了马克思对教育的看法和观点。

在《资本论》第十三章中，马克思首先澄清了"工具"和"机器"两个不同的概念。人之所以从猿变成人，是因为从人会制造工具开始的。所以，马克思认为，人的本质是劳动。马克思讲道："劳动首先是人与自然之间的过程，是人以自身的活动来引起、调节和控制人和自然之间的物质变换的过程。人自身作为一种自然力与自然物质相对立……当他通过这种运动作用于他身外的自然并改变自然时，也就同时改变了他自身的自然。"②马克思认为，人的劳动是创造性的，是从创造工具开始的，人制造工具和使用工具都是为了生存和发展。但是，到了资本主义机器生产阶段，在资本主义劳动分工的条件下，就不仅仅是人利用工具生产了，而是人变成机器的工具了。机器生产使劳动简单化了。马克思运用印刷生产来说明。印刷品过去是由一个手工业者用自己的工具来

---

① 马克思：《资本论》，7页，北京，人民出版社，12页。
② 同上书，201~202页。

完成的，现在由机器来完成，每小时可以制成3000多个信封。而工人只要简单地把纸送到机器上就可以了。"机器成了一种使用没有肌肉力或身体发育不成熟而四肢比较灵活的工人的手段。"①

在马克思看来，大工业生产使劳动变得简单，生产力得到了提高，社会分工更加细化，但在这种分工条件下，一方面，人利用机器来完成生产过程；另一方面，人也变成机器的工具了。这在很大程度上改变了人的自然属性，增加了经济属性和阶级属性，正是这种变化，影响着人的发展。

（二）大工业机器生产摧残了人的智力

大工业机器生产带来的简单劳动给使用廉价的妇女和童工提供了条件。"机器用没有肌肉力或身体发育不成熟而四肢比较灵活的工人的手段。因此，资本主义使用机器的第一个口号是妇女劳动和儿童劳动！"②马克思用了大量的事实，说明工厂雇用大量的妇女和童工，工人家庭受到破坏，妇女受到压迫、儿童受到摧残。"为资本家进行的强制劳动，不仅夺去了儿童游戏的时间，而且夺去了家庭本身通常需要的、在家庭范围内从事的自由劳动的时间。"③马克思充分揭露了资本家对童工的摧残。他们雇佣的童工年龄越来越小，劳动的时间越来越长，身体受到摧残，儿童死亡率极高，儿童的智力受到破坏。马克思指出："把未成年人变成单纯制造剩余价值的机器，就人为地造成了智力的荒废——这和自然的无知完全不同，后者把智力闲置起来，并没有损害它的发展能力、它的自然肥力……"④也就是说，机器摧残了妇女和儿童的身体，而且特别是摧残了儿童、少年的智力。虽然英国议会最后不得不

① 马克思：《资本论》，433页，北京，人民出版社，1975。
② 同上书。
③ 同上书。
④ 同上书，439页。

在工厂法中规定："受初等教育是'在生产上'使用14岁以下儿童的法定条件。"但仍然徒有其名，工厂主反对这个教育法令。马克思运用工厂视察员的报告揭露了工厂主违背教育条款的行为。工作日延长到超过一切自然界限，劳动强度不断加强。

机器生产出现了劳动的分工。"在自动工厂里重新出现分工，但这种分工首先就是把工人分配到各种专门机器上去……在那里，他们在并列着的同种工作机上劳动"，"机器上面的一切劳动，都要求训练工人从小就学会使自己的动作适应自动机的划一的连续的运动"。[1]马克思指出："机器劳动极度地损害了神经系统，同时它又压抑肌肉的多方面运动，侵吞身体和精神上的一切自由活动。"[2]由于只用一种肢体进行劳动，工人不仅智力受到荒废，而且肢体也受到伤害，使人变成畸形发展的人。

一方面，大工业机器生产使更多的妇女参与到社会生产中成为可能，对妇女解放、增加社会劳动生产力有着积极的意义；另一方面，在马克思看来，大机器生产对人的发展的限制和影响也波及了妇女，对家庭生活、传统家庭"自由劳动"也产生了破坏性的影响。马克思认为，未成年人参与到大工业机器生产中造成了"智力的荒废"和身体的伤害。随着资本主义社会的发展，在马克思所处的时代之后，随着社会民主化的发展，雇佣童工逐渐受到了更严厉的法律限制，实际上也是资本主义社会的一种自我修正。而大工业机器生产对人的智力的摧残也引起了更广泛的关注。

（三）大工业机器生产需要全面发展的个人

大工业机器生产一方面摧残工人，特别是妇女、儿童的身心；另一方面又要求工人有一定的文化，能够适应机器不断地变化，对人的发展

---

① 马克思：《资本论》，460～461页，北京，人民出版社，1975。
② 同上书，463页。

提出了新的要求。

因为大工业机器生产的技术基础是不断变化的。资本家为了追逐利润，不断变革生产工具，减少产品生产的时间以获取更多的利润。这就要求工人能够适应这种生产技术的变革，这与工场手工业的劳动是很不相同的。马克思在《资本论》中详细论述了这个过程。他写道："现代工业从来不把某一生产过程的现存形式看成和当作最后的形式。因此，现代工业的技术基础是革命的，而所有以往的生产方式的技术基础本质上是保守的。现代工业通过机器、化学过程和其他方法，使工人的职能和劳动过程的社会结合不断地随着生产的技术基础发生变革。这样，它也同样不断地使社会内部的分工发生革命，不断地把大量资本和大批工人从一个生产部门投入到另一个生产部门。"[1]因此，"大工业的本性决定了劳动的变换、职能的更动和工人的全面流动性"[2]。机器生产的工具变革了，劳动就要变化，原有的工人不适应，就只能被工厂所抛弃，成为劳动后备军。马克思揭示了劳动变换这一大工业生产的普遍规律，认为，劳动的变换成为大工业不能克服的自然规律，并且带有自然规律的盲目破坏力。也就是说，当生产技术发生变革时，就要甩掉一批工人。因此，承不承认这个自然规律，如何遵循这个规律就成为大工业能否继续下去的关键问题。马克思说："大工业又通过它的灾难本身使下面这一点成为生死攸关的问题：承认劳动的变换，从而承认工人尽可能更多方面的发展是社会生产的普遍规律。"[3]他又说："大工业还使下面这一点成为生死攸关的问题：用适应于不断变动的劳动需求而可以随意支配的人员，来代替那些适应于资本的不断变动的剥削需要而处于后备状态的、可供支配的、大量的贫穷工人人口；用那种把不同社会职能当

---

[1] 马克思：《资本论》，533页，北京，人民出版社，1975。

[2] 同上书，534页。

[3] 同上书，535页。

作互相交替的活动方式的全面发展的个人，来代替只是承担一种社会局部职能的局部个人。"①也就是说，大工业生产的技术不断变革，要求能够适应不断变动的全面发展的个人来代替只适应一种劳动的局部发展的个人。

马克思考察了人类社会生产的历史，提出人的片面发展是私有制及其分工造成的，只有消灭私有制及其分工才能使个人得到真正的全面发展。但是反过来，只有个人得到全面发展了，私有制才能最终被消灭。正如《德意志意识形态》中讲到的："私有制只有在个人得到全面发展的条件下才能消灭，因为交往的现有形式和生产力是全面的，所以只有全面发展的个人才可能占有他们，即才可能使它们变成自己的自由的生命活动。"②

在这里，马克思第一次全面深入、辩证地考察了个人的全面发展问题。一方面，大工业生产让人变成生产流水线上的工具，局限、摧残着人的智力和体力，影响了个人的全面发展；另一方面，它又提出了对个人全面发展的要求，即全面发展的人才能更加适应资本主义工业化大生产不断变革的要求。这是资本主义社会在人的发展问题上面临的深刻矛盾。

（四）大工业为个人的全面发展创造了条件

大工业生产不仅要求个人的全面发展，而且为个人的全面发展创造了条件。传统的手工业的手艺掌握在个别的人手里，成为一个秘密，在同行中互相保密，只有经验丰富的内行才能洞悉其中的奥妙。马克思把它称之为掩盖生产过程的帷幕。"这层帷幕在人们面前掩盖起他们自己的社会生产过程"③，但"大工业撕碎了这层帷幕。大工业的原则是，首

---

① 马克思：《资本论》，535页，北京，人民出版社，1975。
②《马克思恩格斯论教育》，142页，北京，人民教育出版社，1958。
③ 马克思：《资本论》，533页，北京，人民出版社，1975。

先不管人的手怎样，把每一个生产过程本身分解成各个构成要素，从而创立了工艺学这门完全现代的科学……工艺学揭示了为数不多的重大的基本运动形式，不管所使用的工具多么复杂，人体的一切生产活动必然在这些形式中进行"①。这就使得人们掌握生产过程的基本原理成为可能。

同时，大工业生产通过技术革新，不断提高劳动生产率，也有可能逐渐缩短劳动时间，使工人有自由时间用于学习。这当然在马克思《资本论》创作的时代是不可能做到的。因此，工人阶级要为缩短劳动时间而斗争，国际劳动节就是工人阶级斗争的结果。马克思认为，个人的片面发展是资本主义社会分工造成的。他预言，在工人阶级夺取政权以后，工艺教育将在工人学校中占据应有的位置，使工人在生产劳动和教育的结合中得到全面发展。正如恩格斯在《共产主义原理》一文中所指出的："教育可使年轻人很快就能够熟悉整个生产系统，它可使他们根据社会的需要或他们自己的爱好，轮流从一个生产部门转到另一个生产部门。因此，教育就会使他们摆脱现代这种分工为每个人造成的片面性。"②过去，我们对这句话的理解是抽象的、模糊的。不能理解一个人怎么能从一个生产部门转到另一个生产部门，而现在这已经是普遍现象了。

马克思和恩格斯充分肯定了教育在个人的全面发展中的重要作用，他们对大工业生产为个人的全面发展创造了条件的观点，随着社会发展得到了实践的检验。

（五）生产劳动和教育的结合是培养个人的全面发展的唯一途径

在工人阶级的斗争下，英国国会不得不通过工厂法。马克思积极肯

---

① 马克思：《资本论》，533页，北京，人民出版社，1975。
②《马克思恩格斯选集》第1卷，223页，北京，人民出版社，1995。

定工厂法中的教育条款，虽然其内容十分贫乏，且工厂主往往拒不执行。他说："工厂法的制定，是社会对其生产过程自发形式的第一次有意识、有计划的反作用……是大工业的必然产物。"①他从工厂法的教育条款中看到了教育与生产劳动结合的可能性。他写道："尽管工厂法的教育条款整个说来是不足道的，但还是把初等教育宣布为劳动的强制性条件。这一条款的成就第一次证明了智育和体育同体力劳动相结合的可能性，从而也证明了体力劳动同智育和体育相结合的可能性。"②而且他认为这些在工厂劳动的儿童虽然学习时间比正规学校学习的时间少一半，但学到的东西一样多，而且往往更多。马克思在注释中解释，因为这些儿童学习的积极性较高，半工半读的制度使得两种活动互为休息和调剂，比不间断地从事其中一种活动要适合得多。而上层阶级和中层阶级的孩子的片面的、不生产的漫长学习，不仅无益并且有害地浪费着儿童的时间、健康和精力。他十分欣赏罗伯特·欧文在工厂里为儿童举办的实验学校。他说："正如我们在罗伯特·欧文那里可以详细看到的那样，从工厂制度中萌发出了未来教育的幼芽，未来教育对所有已满一定年龄的儿童来说，就是生产劳动同智育和体育相结合，它不仅是提高社会生产的一种方法，而且是造就全面发展的人的唯一方法。"③

在《资本论》中，马克思始终围绕资本主义大生产来考察个人的全面发展。马克思的伟大就在于他不是抽象地论述个人的全面发展，而是第一次把个人的发展与社会的发展、与社会生产联系起来，而且预见未来发展的必然。从这些论述中可以看到，马克思主义认为个人的全面发展是大工业生产的必然要求；个人的全面发展是指脑力和体力的充分的

---

① 马克思：《资本论》，527页，北京，人民出版社，1975。
② 同上书，529页。
③ 同上书，530页。

自由的发展和运用；①个人的全面发展是通过生产劳动同教育的结合实现的；个人的全面发展是历史的概念，必须在消灭私有制及其分工以后，才能真正达到这个理想。同时，马克思又辩证地指出，只有在个体得到全面发展的条件下私有制才会彻底消灭。

研究马克思关于个人的全面发展的思想还应该从马克思其他著作来探讨。本文限于篇幅就不再展开。

二、马克思关于个人的全面发展的现实意义

《资本论》发表在150年以前，那时正是开始原始积累的资本主义初期，是对工人阶级特别是对妇女、儿童残酷剥削的时期。一百多年来，社会生产发生了巨大的变化，资本主义也由初级阶段发展到高级阶段。特别是20世纪下半叶的新的科技革命、信息技术进步，把人类带入了知识经济时代、信息时代，社会生产形式发生了巨大变化；教育得以普及，人们受教育的机会普遍增加，蓝领工人与白领工人逐渐融合，阶级阶层不断发生变化。马克思关于个人全面发展的理论的现实意义何在？

（一）马克思为我们提供了科学的研究方法

马克思以历史唯物主义的方法论，总是在现实生产和发展过程中来考察人的发展。马克思认为，人的本质是劳动，是自觉有意识的创造性活动即劳动。劳动改变了世界，也改变了人自身。而劳动总是在一定的社会中进行的，个人不是孤立的劳动。因此，个人的发展，不是由人们随意设计的，是由社会生产条件所决定的，而社会生产本质上是实践的。所以，马克思在《关于费尔巴哈的提纲》中说："人的本质并不是

---

① 《马克思恩格斯选集》第3卷，322页，北京，人民出版社，1995。

单个人所固有的抽象物，在其现实性上，它是一切社会关系的总和。"①
马克思这个历史唯物主义的方法论，仍是我们今天研究个人的全面发展
需要遵循的方法。个人的全面发展仍然要在社会劳动和社会实践中获
得。个人的发展是与社会生产发展相一致的。个人的全面发展不是像古
代思想家提出的那样基于善良愿望，而是科学技术与生产劳动相结合的
现代社会发展的客观要求。个人的全面发展这一命题只有在大工业生产
的基础上，也即现代社会才能提出来。同时，也只有在现代大工业生产
条件下，才能为个人的全面发展提供条件。信息化、知识经济时代的到
来，更证明了体脑结合的必要性和可能性。现在教育界提倡生命教育，
教育要把个人的生命放在首位，尊重生命、提高生命的质量和生命的价
值。而个人生命的发展总是和社会劳动联系在一起的，是在劳动（包括
体力劳动和脑力劳动）中发展的。离开了劳动、离开了社会，就难以理
解生命的价值。

马克思关于个人的全面发展的观点是充满辩证法的，他既看到了大
机器生产对个人的全面发展存在伤害、限制和制约，也看到了大机器生
产为个人的全面发展创造了条件。如果不能用辩证法的观点来加以分
析，是不能真正理解个人的全面发展与社会发展之间的关系的。

（二）马克思关于个人的全面发展与社会分工、社会生产之间的关系的观点至今仍不过时

研究马克思关于个人的全面发展的思想，需要结合马克思所处的时
代来理解。《资本论》创作在资本主义的初级阶段，工人阶级受到残酷
的剥削和压迫，阶级矛盾非常突出。马克思以阶级分析为方法，分析了
社会劳动的分工所造成的人的片面发展。但由于当时科学技术还不够发
达，虽然马克思已预见到个人的全面发展是大工业生产的生死攸关的问

①《马克思恩格斯选集》第1卷，18页，北京，人民出版社，1995。

题，但还没有也不可能预见到科学技术如此迅猛的发展，不可能预见到今天，知识已不再是资本奴役的工具，而是成为现代生产的第一要素，知识生产正在逐步冲破体脑的分离。同时，资本主义也在自我调节社会关系，旧式的分工已经被新式的分工所替代。

但是，今天虽然由于科学技术高度发展，生产发展主要靠智力劳动的推动，但劳动分工依然存在。在高科技企业中，劳动分工甚至可能比以前任何时代都更加复杂。同时，在许多劳动密集型工厂中仍然存在简单劳动，尽管这些工厂大部分已经从发达的资本主义国家转移到落后的发展中国家。据有关方面的报道，在一些国家和地区甚至依然存在童工。即使在现代社会，由于私有制没有消灭，贫富差距越来越大，人类仍然还不能实现马克思讲的充分自由的发展，马克思当年所分析的社会生产与个人的全面发展之间的辩证关系依然存在，《资本论》的理论光辉依然闪耀。近年来经济学界的学者也承认，只要由竞争、效益和剥削主导的社会经济架构继续存续下去，《资本论》将一直保持它的影响力。[1]

有人会问，在教育普及和人工智能时代，还会不会有个人片面发展的存在？我的回答是肯定的。诚然，今天我们所处的知识经济时代与马克思所处的工业革命初期的时代有很大的不同。信息技术的发展和应用、互联网的普及，给世界带来了无穷的变化，也为个人的全面发展创造了条件。新时代的生产不仅要求工人全面发展去适应大工业生产，而且要求劳动者创新知识、创新技术，把这种知识和技术的创新当作社会生产的必要条件，去推动社会生产。过去劳动者主要指从事体力劳动的工人，现代的劳动者已经不是指体力劳动的蓝领工人，而且包括参加生

---

① 阿根廷经济学者克劳迪奥·卡茨认为马克思理论具有当代意义。参见《马克思理论具有当代意义》一文，载《参考消息》，2017-05-29。

产的所有人员。因此，新的时代要求所有劳动者不断学习、终身学习，在学习中创造新的知识、新的技术，成为全面发展的个人。但是，如果劳动分工依然存在，总会有一部分人从事简单的劳动，使得智力荒废；同时，如果人只会使用智能机器，成为智能机器的附属品，他的智力会衰退，情感会被虚拟现实所削弱，也会是片面发展。随着信息技术、人工智能的发展，个人的全面发展问题会面临更多新的挑战，人工智能的使用并不能完全代替人类自身的发展。深刻认识马克思关于个人的全面发展的思想，对认识人类自身发展、对教育发展都具有重要的现实指导意义。

（三）教育与生产劳动相结合是现代大工业的普遍要求，也是现代教育应当遵循的普遍规律

马克思在《资本论》中提出，把"生产劳动同智育和体育相结合，它不仅是提高社会生产的一种方法，而且是造就全面发展的人的唯一方法"。大工业生产一方面造成了人的片面发展，另一方面又为个人的全面发展创造了条件，这就是把生产劳动和教育结合起来。马克思的科学论断，在当今科学技术高度发达的时代，显得更有现实意义。今天的社会生产由于科学技术的发展，已经进入了一个新的时代。科学技术的发展要求全面发展的人代替旧式分工中的局部发展的人尤为突出。1972年，联合国教科文组织的报告《学会生存——教育世界的今天和明天》（以下简称《学会生存》）就提出，世界进入了学习化社会。该书的序言中写道："到目前为止，还没有什么东西足以和我们现在所说的科学技术革命所产生的后果相比拟。"18世纪的产业革命是用机器去代替和加强人类的机体功能，20世纪新的科技革命是用智能机器代替和加强人类脑的功能。特别是知识经济的到来，知识成为生产的第一要素，生产过程因此发生了深刻变化，虽然私有制并未消灭，但旧式的分工正在逐渐被打破，蓝领工人正在与白领工人相融合。这就更加要求个人的体力和脑力的全面发展。因此，现代教育必须与生产劳动相结合，与整个国民经济相结合，培养体脑结合的全面发展的具有创新能力和实践能力的人才。可见，教育与生产劳动相结合这个现代教育的普遍规律不会变，而结合的内容和方式会随着科技的发展而变化，未来的劳动将会以智力劳动为主导，但体力劳动也并不会完全消失。同时，马克思认为，教育与生产劳动相结合不仅是大工业生产的要求，提高生产力的必要手段，而且是改造旧社会、培养革命新人的唯一方法。当今世界，科学技术高度发达，劳动生产力的不断提高，为人类创造了丰富的物质财富，但人的精神世界并没有因此而提高，经济主义、享乐主义盛行。只有教育与生产劳动结合起来，理解劳动是人的本质，是人的生命价值所在，才能培养促进时代发展的新人。

（四）马克思关于个人的全面发展的理论为终身教育奠定了理论基础

我第一次接触到终身教育的概念是在1974年的联合国教科文组织第十八届大会上。当时对它并不理解，认为这是发达资本主义国家提出的概念，直到看到《学会生存》这本书，才逐渐领悟它的意义。《学会生存》提出，由于科学技术的进步，社会已经进入学习化社会，人们只有不断学习，终身接受教育才能生存。[①]科学技术革命引起的生产变革，正如一百多年以前马克思揭示的，劳动的变换是大工业生产的自然规律，大工业生产造成劳动的变换、职能的更动和工人的全面流动。为了适应这种变化，工人要接受教育，力求多方面的发展。马克思的这一论断，为今天的终身学习提供了理论基础。劳动的变换、职能的变动和工人的全面流动在20世纪下半叶以来更为严重。我国20世纪90年代的经济方式转型，造成了大批工人下岗，证实了马克思的科学论断。《学会生

---

① 联合国教科文组织：《学会生存——教育世界的今天和明天》，199~201页，北京，教育科学出版社，1996。

存》一书用了差不多同样的语言描述了这种情况："教育的目的，就它同就业和经济进展的关系而言，不应培养青年人和成年人从事一种特定的、终身不变的职业，而应培养他们有能力在各种专业中尽可能多地流动并永远刺激他们自我学习和培养自己的欲望。"[1]终身教育就是在这样的背景下提出来的。我们之所以长期对终身教育不能理解，正是因为我们还身处于小生产时代。随着现代工业化的发展，我们的认识也就迎刃而解了。

新的科学技术革命不仅对教育提出了新的要求，同时也为建立新的教育体系创造了条件。信息技术的发展及其在教育中的应用，特别是互联网的发展，使教育和学习冲破了学校教育的樊篱，使得人人可学、时时可学、处处能学。

终身教育在20世纪60年代刚刚提出来的时候仅仅被理解为成人适应生产变革的职业培训，但随着科学技术革命的不断发展，人们开始意识到整个教育系统都要纳入终身教育系统之中。教育应该贯穿于人从摇篮到坟墓的一生中的各个年龄阶段。教育不限于普通的学校教育，也包括了一切正规教育和非正规教育、正式教育和非正式教育。《学会生存》一书对终身教育是这样描述的："最初，终身教育只不过是应用于一种较旧的教育实践即成人教育（并不是指夜校）的一个新术语。后来，逐步地把这种教育思想应用于职业教育，随后又涉及整个教育活动范围内发展个性的各个方面，即智力的、情绪的、美感的、社会的和政治的修养。最后，到现在，终身教育这个概念，从个人和社会的观点来看，已经包括整个教育过程了。"[2]

可见，终身教育的概念有一个发展的过程。终身教育开始是一种理

---

① 联合国教科文组织：《学会生存——教育世界的今天和明天》，14页，北京，教育科学出版社，1996。

② 同上书，18页。

念、一种思潮，逐渐发展成一种制度、一种教育系统。到21世纪初，终身教育的概念逐渐被终身学习的概念所代替。终身学习更强调学习者学习的主动性和主体性，更体现了学习化社会的特征。终身教育不仅要求所有教育都纳入它的系统，而且要求改变传统的教育模式。传统教育只传授僵死知识、脱离实际的教育模式再也不能适应现代社会对人的要求了。

早在《资本论》中，马克思就深刻指出了社会生产的变化对工人不断接受教育、力求多方面发展的要求，尽管在他所处的时代，劳动者还不可能实现不断学习、终身学习，但随着社会的发展，人类社会已经认同了终身学习的重要性，并逐步使终身学习成为可能。

站在今天的社会发展现实基础上，回顾一百多年来人类社会发展历程，重读《资本论》，更能深刻体会到马克思关于个人的全面发展思想的现实针对性、预见性和科学性。马克思关于个人全面发展的思想在他的其他论著中也有谈到，我们要结合起来，并联系到马克思生活的时代背景，与时俱进地进一步深入研究，以指导我国的教育现实，发展中国特色社会主义教育理论体系。

高等学校亟须加强人文学科教育[*]

高等教育是培养高级人才的活动。虽然高等教育已经进入大众化时代，但高等学校毕业生是社会的知识群体。尤其是像我国还是一个发展中国家，据测算，我国劳动年龄人口（16～59岁）中受过高等教育的只占10.3%。大学毕业生还是社会的精英。他们是社会的中坚，是影响社会文化，乃至整个社会发展的知识力量。因此，大学生不仅要有扎实的专业知识，而且要有较高的文化素养，有正确的世界观和人生观，有高尚的思想情操和对社会的责任感。为此，高等学校要把立德树人作为主要任务。习近平总书记在高校思想政治工作会议上的讲话中指出："高校立身之本在于立德树人，只有培养出一流人才的高校，才能够成为世界一流大学。"这就为我国高等教育的发展指明了方向。

高等学校是实施高等教育的最高学府，肩负着传承文化、追求真理、创新知识、培养人才的重任。高等学校培养出来的人才要有奉献祖国的精神，有为社会主义现代化建设服务的本领，能够担当起实现"两个一百年"的中国梦和中华民族伟大复兴的历史使命。高等学校就亟须加强人文学科的教育。

人文学科教育之所以重要，是因为它从哲学、历史、语言、文学、

---

* 原载《中国高等教育评论》，2018年第1期。

艺术等多方面使大学生了解人类发展的历史，人类文明的起源和发展，世界发展的形势和矛盾，能够辨别善与恶、真与假、美与丑，从而树立起正确的世界观、人生观、价值观。人文者，以文化育人也。人文科学是大学文化的基石，不论什么性质的高等学校都应重视人文学科的教育。

高等学校加强人文学科教育是当今世界高等教育的共同要求。联合国教科文组织于2015年11月发布了一份新的研究报告《反思教育：向"全球共同利益"的理念转变？》。报告面对世界新的挑战和种种矛盾，认为应该重新定义知识、学习和教育。报告说：教育应该以人文主义为基础，以尊重生命和人类尊严、权利平等、社会正义、文化多样性、国际团结和为可持续的未来承担共同责任。在教育和学习方面，要超越狭隘的功利主义和经济主义，将人类生存的多个方面融合起来，采取开放的、灵活的、全方位的学习方法，为所有人提供发挥自身潜能的机会，以实现可持续的未来，过上有尊严的生活。教育要以人文主义为基础，就需要加强人文科学的教育。因此，世界一流大学都十分重视通识教育课程。所谓通识教育，也就是以人文学科为主，不管是什么专业的学生都需要以此来提高学识、拓展视野、提升品位的教育。如哈佛大学自1914年以来就一直倡导通识教育。2007年5月，哈佛文理学部教授委员会投票通过，废除自1979年以来实施的核心课程，并实施通识教育，主要包括以下8个模块：美学（Aesthetic and Interpretive Understanding）、文化和信仰（Culture and Belief）、实证与数学推理（Empirical and Mathematical Reasoning）、道德推理（Ethical Reasoning）、生命系统科学（Science of Living Systems）、物理宇宙科学（Science of the Physical Universe）、世界他国（Societies of the World）、美国与世界（United States in the World）。2016年1月，哈佛大学通识教育审查委员会在原本八大模块通识教育的基础上又进一步改革，改为了"4+3+1"模块。其中，"4"代表合并后的通识教育，即将原有的"美学"和"文化和信仰"

合并为"美学与文化"（Aesthetics，Culture，Interpretation）；将原有的"世界他国"和"美国与世界"合并为"历史、社会与个人"（Histories，Societies，Individuals）；将原有的"生命系统科学"和"物理宇宙科学"合并为"社会中的科学与技术"（Science and Technology in Society）；将原有的"道德推理"改为"伦理与公民"（Ethics and Civics）。"3"代表分布在各院系的课程，即每个学生必须在人文艺术、社会科学、科学与工程这3个领域分别选修"1"门课程，之所以这么设计是因为哈佛认为通识教育包括显性的通识课程（"front-of-the-book"courses）和隐性的通识课程（"back-of-the-book"courses）。显性的通识课程就是前面列举的4大模块，这些课程必须和各院系的专业课程相结合，在院系专业课程中渗透通识教育的精神，才能培养真正的通识人才。而2007版中原有的"实证与数学推理"被单独列出，作为学生必须掌握的"定量工具"，构成"4+3+1"模块中最后一项单独的模块。该模式将于2018年秋季启用。麻省理工学院要求每个本科生必须选修人文、艺术和社会科学领域中的8门课程。美国卡内基教学促进基金会主席博耶曾提出通识教育的内容包括7个主题，即语言（最基本的联系工具）、艺术（美学素养）、渊源（生活的历史）、制度（社会结构）、自然（行星状态）、工作（职业价值和认同）、发展（自身价值及其意义）。

我国高等学校也亟须加强人文学科教育，使我们的大学生了解国情、了解世界；坚定社会主义的理想信念，提高道路自信、理论自信、制度自信、文化自信；提高历史使命感和奉献祖国的精神，提高文化艺术修养和道德情操。

当前，我国高等学校的现状更提醒我们要加强人文学科教育。学校文化不尽如人意，功利主义、经济主义盛行，娱乐主义在学生中弥漫，学校行政化气氛越来越浓。学校去行政化的呼声已经喊了多年，但似乎成效甚微，办事手续烦琐、效率低下。例如，一个报表，学校可以让你填几十回。其实每个老师的基本信息，都在学校的信息中心。但申报一个项目要填一大堆表、年终考核要填一大堆表、课题总结要填一大堆表。填表的时间浪费了许多教师本该搞科研的时间和精力。学校领导整天陷于文山会海之中，脱离课堂、脱离群众。现在很少有领导能静下心来听听课、和老师聊聊天。

商业文化渗透到学校每个角落。一些大学举办高级研修班，收取高额学费；各种培训班泛滥成灾，都是为了经济利益。

娱乐文化在学校中泛滥。学生有一批"低头族""游戏族"，不是埋头读书，而是埋头玩手机。甚至有的学生说，因为在小学中学时代备考太紧张，丧失了幸福的童年，到了大学要好好轻松玩一下，补上幸福的童年。

教育的国际化也要求高等学校加强人文学科教育。当前教育国际交往越来越频繁，学校与国外学校的合作交流越来越多。我们的学生需要具有国际视野、懂得国际规则、了解世界形势、尊重别国文化的知识和能力。这就要求学校加强人文科学的教育。

因此，高等学校如果不加强人文学科教育，就难以完成党和人民交给我们的历史使命。

高等学校加强人文学科教育，首先要加强和改革政治理论课程。政治理论课是重要的人文学科教育，它培养学生正确的世界观、人生观、价值观，树立正确的政治方向。但政治理论课需要改革，使它针对现实、贴近生活，使学生愿意听、能听进去，提高认识，化为行动。现在许多学校创造了许多好经验，值得学习、交流、推广。

高校人文学科教育光有政治理论课还不够，还需要从情感上、意志上培养和陶冶学生。因此，还要开设一些人文学科课程，让学生从哲学、历史、语言文学、艺术、科技发展史等领域中选学若干课程，使他们有广阔的视野、丰富的情感、充实的精神生活。

要加强中华民族优秀文化传统教育。中华民族是优秀的民族，中华文明绵延几千年而没有断裂，就是因为中华民族厚德载物、自强不息和爱国主义精神凝聚了全国人民冲破一切艰难险阻，战胜列强的侵略压迫，从胜利走向胜利。中华民族的优秀传统包括了我国古代传承下来的中华美德、近现代的革命传统和建设社会主义的优秀传统。我们要通过中华民族优秀文化传统教育，培养学生的爱国主义精神和奉献祖国的精神，使学生担当起实现中华民族伟大复兴的历史使命。

要把社会主义核心价值观教育贯穿于教育的全过程。在各科教育中都要渗透价值观教育，但不是贴标签，而是融化于自然而然的教学中。教学在重视知识的传授、能力培养的同时，要重视学生价值观的形成。国外曾经出现过STS课程，即"科学、技术、社全"课程，即把三者联系起来，使学生了解三者的关系、形成正确的世界观和价值观。其实，任何一门课程，不论是理科还是工科，都蕴含着人文精神，因为各种学科都是科学家创造出来的，体现了科学家的创新精神和对真理的不懈追求。同时，他们的研究成果（学科内容）蕴含着对人类发展的意义和作用。人文知识是做人的道理，是提高人的精神世界的重要途径，是任何专业、任何学科的发展都不可或缺的。

高等学校的人文学科教育不仅体现在课堂上，还体现在大学生的各种活动中，如大学生的各种社团活动、读书会、学术沙龙、研学旅行、志愿者活动等。学校要有意识地组织这些活动。校园文化也是进行人文科学教育的重要因素。校风学风、校园环境的设计和氛围都是进行人文科学教育的潜在课程。学校需要认真设计，精心培育。

苏联教育[*]

苏联普通教育的几次改革*

20世纪50年代以来，科学技术革命进入了一个新时代，它给社会生活各个方面带来了巨大的影响，对教育的冲击尤大。世界各国无不根据新的形势对教育进行改革，其改革浪潮至今虽未平息，但似乎都没有找出一条很好的路子来适应社会各方面的要求。苏联也不例外，从1958年的教育改革以来，又经过了几次变动。这一切说明了教育改革，特别是普通教育改革不是一件易事。

一、1958年的教育改革

苏联1958年的教育改革是苏联现代教育史上一次最重大的事件，它一直影响到现在。这次改革实际上在1956年就开始酝酿了。1958年9月21日赫鲁晓夫提出了"关于加强学校同生活的联系和进一步发展全国国民教育制度的建议"。同年11月12日，苏共中央和苏联部长会议根据这个建议发出了《关于加强学校同生活的联系和进一步发展苏联国民教育制度的法律》（以下简称《法律》），由全民讨论。最后于同年12月24日经苏联最高苏维埃讨论通过成为法律。

---

* 原载《外国教育动态》，1982年第2期。

《法律》对普通教育部分做了如下规定。

第一，确定苏维埃学校的主要任务是培养学生走向生活和参加公益劳动，进一步提高普通教育和综合技术教育的水平，培养通晓科学基础知识的有学识的人。明确规定苏联中学的使命是培养能够深刻理解科学基础知识，同时能够经常进行体力劳动的有学识的人。

第二，实行八年制的普及义务教育代替七年制的普及义务教育。

第三，规定青年从15岁或16岁起都要参加公益劳动。

第四，中等教育分两个阶段。

第一阶段为八年制学校，是不完全的劳动综合技术普通中学。

第二阶段通过三个途径来施行。

第一个途径，也是主要的途径，在八年制学校毕业后从事生产的青年可以在职业学校，以及通过生产队学徒制或训练班受初步的生产训练，然后不脱产地在青年工人学校或农村青年学校学习，学习年限为3年。

第二个途径，八年制学校毕业的青年进兼施生产教学的劳动综合技术普通中学学习，学习年限也是3年。

第三个途径，八年制学校毕业的青年进中等职业技术学校（中等技术学校、技工学校等）学习。

第二种类型的学校为普通中学，这类学校的学生除了受中等教育以外，还要受职业训练，毕业后便于到国民经济和文化部门工作。这些学校的生产教学将依照工厂艺徒学校的形式组织起来。教学计划中将把1/3的时间用于理论和实践的生产教学和生产劳动。

第五，扩大寄宿学校网，增加延长学日的学校和班级。

第六，高等学校招收新生时要给有实际工龄的人以优先权。后来具体要求逐步实现从具有2年以上工龄的青年中招收学生，直接从中等毕业生中招生不超过20%，废除原来规定的中等毕业生获得金质、银质奖章者升入高等学校的优先权。

《法律》还规定从1959—1960学年起就开始过渡到八年制义务教育，改组十年制的普通中学，并在3~5年内完成。

　　这次改革的最大特点如《法律》的标题所说，加强学校同生活的联系。办法是：一方面，在普通中学大幅度增加生产劳动的时间；另一方面，要求八年义务教育以后的青年都参加劳动，主要通过业余教育完成中等教育，少数毕业生进入兼施生产教学的劳动综合技术普通中学，同时进行职业训练。因为大量增加生产劳动时间，中学学制由原来的10年延至11年。

　　教学计划做了如下相应的变动：第一，改革前的十年制中学是统一的普通中学，虽然也分别设立不完全的七年制中学和十年制完全中学。但教学计划是一贯的，不分段的。改革以后，中学分为两个阶段：八年制学校是一个完整的计划；九年级至十一年级另有一个完整计划，分城市中学和农村中学两类。第二，中小学学制增加了1年，但总的学时增加了2822学时，比原十年制计划增加了28.6%。这是因为从三年级开始，每周的总学时都增加了，过去高年级每周学时最多达33节，而新的计划达36节，也就是说学生的负担大大加重了。第三，增加的学时绝大部分用于生产教学和劳动。这部分时间比改革前增加了4倍，由原来在计划中的比重5.3%增加到21.06%。由于知识教学的时数也略有增加，共增加679学时（7.2%）。

　　1958年苏联教育为什么要做这么大幅度的改革呢？原因是什么？

　　最主要的原因是要解决青年的升学和就业的矛盾。20世纪三四十年代，普通中学的数量很少，中学的任务主要是为高一级学校培养合格的新生，而且毕业生不能满足高等学校招生的要求。但是到了20世纪50年代，随着中等教育的逐渐普及，七年制学校和十年制学校的毕业生越来越多，而高等学校和中等技术学校的容量是有限的，不能满足中学毕业生的要求。据统计，完全中学毕业生人数1957年比1945年增加了10.6

倍，而高等学校招生数只增加了85.8%；1953年以前全日制十年制毕业生还不能满足高校的招生要求，但到1954年以后全日制十年制毕业生就大大超过了高校的招生数。大批的中学毕业生不能升学，就有一个就业问题，但是他们在中学里受的是普通教育，没有职业准备，不能适应就业的思想准备和技术准备。

与这个问题相联系，中学生普遍厌恶体力劳动。有些青年男女在十年制学校毕业以后，不愿意到工厂、集体农庄和国营农场去劳动，认为这是一种屈辱。某些家庭也对体力劳动采取这种轻视的态度。

升学就业的问题还和苏联缺乏劳动力的问题相联系。第二次世界大战后，苏联国民经济，特别是国防工业的高速度发展需要大批训练良好的劳动力。但是"反法西斯战争使千百万人丧失了生命"，并同时带来了出生人口的递减，因而造成20世纪五六十年代劳动力的严重不足。随着七年制教育的逐渐普及，如果再普及全日制十年制教育，势必延长了劳动力的培养时间。采用普及八年制中学并给予一定的生产技能的训练，毕业后即可参加生产，这就减轻了对劳动力的压力。同时为了满足青年求学的要求，苏联采取业余学习的办法发展完全中学和高等学校。

但是，当时的学校因为教学和生活脱节，不能完成毕业生立即参加生产的任务。造成这种情况的原因被认为是学校制度的问题。1959年《苏维埃教育学》杂志发表社论，把学校工作的问题与20世纪30年代的指导思想联系起来。它说："这些缺点中有许多是与30年代的学校工作实践联系着的。在1931—1936年通过的党中央关于普通学校的决定中，为高等学校和中等技术学校培养科学基础知识的合格新生的任务，是作为普通学校的注意中心提出来的。"它又说："从原则上说，这个任务并不意味着学校脱离生活。但是，从1936年开始，借口力争提高学业成绩和牢固地掌握科学基础知识，产生了单纯增加书本知识的现象。有关劳动训练，综合技术教育的一切科目都从学校的教学计划中取消了。自然常识的比重也大大降低，1937年把学校工厂也关闭了，普通学校的毕业生获得了相当广泛的科学基础知识，但是没有具备综合技术的知识、技能和技巧。"他们把这种学校说成是与生活、公益劳动和生产劳动脱节的"口头传授知识的学校"，"使学生在学校时代就失去了把自己的知识应用于实际的可能"。

1958年的教育改革就是想纠正这种偏重知识教育而忽视生产劳动教育的偏向，以适应当时升学和就业形势的需要。

二、1964年的改革

1958年的教育改革持续到1964年，基本上以失败告终。1964年8月，苏共中央和苏联部长会议忽然公布了《关于改变兼施生产教学的劳动综合技术普通中学的学习期限的决定》(以下简称《决定》)，把在八年制学校基础上的3年的学习期限改为2年，并于1964年9月1日开始实行。

《决定》的条文很简单，表面上只涉及学习期限的改变，实际上是整个中学结构的改变，普通中学年限的缩短意味着放弃职业训练，回到原来十年制学校的培养目标和任务。

这次改革是突如其来的。虽然1958年的教育改革实施不久，苏联舆论界就有反映，特别是学生的不满和家长的不安，到了1963年，报刊上的批评意见越来越多。但是苏联当局一直坚持改革，直到1964年4月16日，俄罗斯联邦教育部部长阿法纳先科还在《教师报》上说："在学校改革的这几年里，政府已经做了不少工作……根据关于学校的法律所进行的工作，已经产生丰硕而良好的成果。"但是，仅仅过了短短4个月，苏联最高当局就做出了改变学习期限的决定。虽然一再强调"绝不意味着回到1958年以前存在的十年制学校"，但是这次改革还是有其深刻的原因的。

从苏联报刊上反映出来的对1958年教育改革中的问题来看，1964年的改革有以下几方面的原因。

第一，1958年的教育改革严重地降低了中学的教学质量。从改革前后的教学计划的比较中可以看到，虽然知识教学的时间没有减少，但由于生产教学的时间大幅度增加，只好增加每周上课时数并减少学习某些普通科目的时间，其结果是原来已经沉重的负担变得更加沉重了。教学质量严重下降，不少学生失去对学习的兴趣，学生中途退学的比率很高。例如，1962年苏联学校退学的学生达50万人，农村地区学生退学的比率高达50%。而退学的主要原因是留级。俄罗斯联邦最高苏维埃代表兼文化教育委员会主席格涅多夫在最高苏维埃常委会上就提到学生的知识水平很差。他说："中学毕业生的知识水平，特别是数学和物理学方面的知识水平，没有达到一些学院和大学向中学提出的严格要求。"他认为，造成这种现象的原因是：首先，有些教育工作人员忽视普通学校的根本任务之一是以知识武装学生；其次，对初等教育的意义估计不足；最后，教学方法效果不好。

关于教学质量的批评，来自高等学校的更为激烈。高等学校认为中学没有能够提供高质量的新生。特别是按照招生的规定，新生的80%以上来自有2年工龄的青年，他们的文化水平很低，不能满足高等学校的要求。

第二，在中学实现职业训练的想法落空了。1965年3月，凯洛夫在俄罗斯联邦教育科学院大会上的总结报告中不得不承认："经验令人信服地证明，学生在中学范围内的职业训练是不适当的。"他说："看来在我国条件下，不可能根据某一经济区域对干部的需要来把普通学校编制的地区原则同职业教育的计划和组织结合起来。这里几乎就没有注意到学生个人的兴趣和爱好。这样，职业教育纯粹是机械地加在普通教育和综合技术教育的内容之上的一层东西罢了。许多学校由于没有必要的生产教学基地，就走上了狭隘的专业化和手工艺的道路。"阿法纳先科在1964年8月的全俄国民教育会议上的报告中则说："5年的经验证明，把中学修业年限延长1年并把这些时间基本上用于生产教学，这种做法在多数情况下是不正确的，因为可以用较短的时间完成这项任务；加上由于缺乏必要的条件而使生产教学往往变为无味的时间浪费……这种状况曾常常引起学生、学生家长和社会各界的严重不满。"这些讲话实际上对1958年的教育改革做了否定的结论。事实上，所谓职业训练，基本上没有搞起来，而且搞得很混乱，具体表现在以下方面。

首先，生产教学组织得很不好，缺乏物质基础，生产劳动徒具其形。特别是高年级到工厂去生产实习，却没有工作岗位，往往是站在工人背后，看着工人工作，或者被分配去做"既没有教育意义也没有认识意义的偶然性工作"，有时竟从事"进行自我服务、收集废金属和废纸的工作"。

其次，学校职业训练的专业和国民经济部门的需要对不上口径。学校确定生产教学的专业范围本来应该从长远来考虑国家对各种专业人才的需要，但是学校无法得到这种需要的可靠资料，因而学校在决定生产教学的专业范围时是盲目的、自发的，没有考虑到国家对专业人才的需要和青年们的爱好。例如，学校选择培养五金工人和缝纫工人的居多数，而培养建筑工人、农业工人、采矿工人、交通运输工人的就较少，培养市政文化方面的工作者就更少。结果是一些专业的毕业生过多，另一些专业的毕业生不足，因而有些毕业生虽然希望按照自己所学的专业去工作，但找不到对口的工作，另一些毕业生则不愿意按照他们在学校里所学习的专业去工作。据调查，1963年在新西伯利亚省中学毕业的总人数中，按照生产教学的专业进行工作的仅占所有毕业生的11%。

再次，生产教学和知识教学脱节，拖长了中学修业年限。生产教学脱离综合技术教育的任务，往往只是把它看作让学生获得某些工作的操作方法，在劳动课上不利用学生学习过的科学基础知识。阿法纳先科在报告里说："生产教学的许多大纲中充塞着许多所选专业并非必须学习的材料。这样就人为地拖长了生产教学的时间，从而拖长了中学修业年限。"

最后，缺乏实施生产教学的教师，也是导致1964年非改不可的原因。

1964年《决定》公布以后，接着就是教学计划的改变。从改革前后的教学计划的比较来看，一年级至八年级的变动不大：高年级的劳动课由3学时减为2学时，四年级俄语（讲读课）和自然各减少1学时，五年级俄语减少1学时，六年级文学减少1学时，八年级外国语减少1学时。此外，八年级借着减少1学时劳动课而增加了地理课的时间。

九年级、十年级的变动较大。学习期限的压缩主要靠每周减少6～12小时的职业训练时间来实现，但另外在九年级用一个半月，在十年级用2周来进行生产实习。这样一来，中学第二阶段的生产教学时间由改革前的1356学时减到708学时，减少了47.8%；教学时间从2698学时减到2100学时，减少了22%。各科教学时间都有所减少，其中，外国语、历史、地理减少得较多。另外取消了苏联宪法课，增加了社会学课。

三、1964年以后的全面改革

1964年关于缩短学习期限的决定，不是改革的结束，而是改革的开始，教育改革不断向纵深发展。20世纪60年代是世界教育改革的高潮。由1957年苏联第一颗人造地球卫星上天而惊起的西方政治家、教育家们，认为普通教育的落后状况影响了科学技术的发展，从而影响到国际竞争的能力，纷纷提出教育改革的方案，这就是教育现代化运动的开始。苏联1964年以后的改革和世界各国教育改革的步调是一致的，也是在现代科学技术迅猛发展的影响下开始的。在这个阶段，苏联教育的重大改革有三个方面。

第一，苏联从1964年开始，逐步地把小学4年改为3年。这是在长期实验的基础上进行的。

一是赞可夫领导的实验。赞可夫于1957年开始领导苏联教育科学院普通教育学研究所教育与发展问题实验室从事"教育与发展的关系"实验。1964年，他在第一阶段实验的基础上总结并公布了"小学教学新体系"的实验报告。实验学校的教材在深度和容量上都远远超过四年制小学的教学大纲，而且这种教材在从容不迫和不加重学生负担的情况下，3年内就学完。

二是艾尔康宁领导的实验。他在学龄初期儿童心理实验里对低年级学生学习现代科学的某些概念的能力进行了研究，编写了可以大大缩短一年级教学期限的实验性的识字课本，并提出了新的教学方法。在心理研究所里，孟钦斯卡娅和艾尔康宁等人还领导进行了一些实验，目的是探明修改低年级数学教学大纲，缩短学习数学期限的可能性，以及在这些年级里讲授一些为学习高等数学奠定基础的代数和几何基本知识的可能性。

这些实验都说明学龄初期的儿童的认识潜力很大，克服了过去对于低年级学生思维特点和认识潜力的陈旧的观念。研究认为，小学越来越失去独立的意义，失去自己的特殊性质，变为学生入高年级学习的准备阶段，实行修业期为三年的初等教育并改行从四年级起就系统学习基本科学知识的课程是可行的。

第二，改革教育内容。1964年10月，俄罗斯联邦教育科学院主席团和苏联科学院主席团成立了确定中学各科内容和性质的各科委员会和协调各科委员会的总委员会。这些委员会由许多著名的学者、大学和师范学院的教授、教学法专家和先进教师共500多人组成。委员会的任务是使"教育的内容和性质符合现代科学、技术和文化的发展水平"。要求吸收教育学和心理学的研究成果，对其他社会主义国家和资本主义国家的现行教学计划、教学大纲和教科书进行比较性研究，并根据向普及中等义务教育过渡的前景确定中学教学的范围和性质，使学校的教学内容、组织和方法更充分地反映现代科学、技术和文化的成就，删除教学大纲和教科书中陈旧的和次要的材料。

拟订和完成新的教育内容过渡用了10年的时间。1974—1975学年完成了采用新教学大纲的工作。10年中一共编写了103种新的教科书，其中87种被批准为标准教科书。

1964年以后苏联关于教育内容的改革，动员的人力之多，改革的范围之广，耗费的时间之长都是空前的。这次改革对苏联普通教育走向现代化具有重大的意义，值得对它进行深入研究。

第三，强调知识教学的作用，降低生产教学的地位和作用。1964年学习期限缩短的时候，虽然生产教学的时间已有很大削减，但还是比较强调生产教学的重要性，并一再声称不是回到1958年以前。但是，20世纪60年代后期，调子就不一样了，更多地强调知识教学，生产教学已经不被人们重视。1965年苏联高等和中等专业教育部部长叶留金在回答高考生的问题时宣称："高等学校招生考试的基础的唯一和基本的要求是一切考生都必须具有高深和牢固的知识。"《真理报》把这篇报道标为《深刻的知识是进入高等学校的通行证》。

1966年11月10日，苏共中央和苏联部长会议通过了《关于进一步改进普通中学工作的措施》（以下简称《措施》），指责各加盟共和国教育部"没有采取必要措施，消除现存的教学计划和教学大纲与现代科学知识水平不相适应的现象和学生必修课课业负担过重的现象"，要求完善中等教育，施行有科学根据的教学计划和教学大纲。《措施》决定从1966—1967学年开始，中学改用新的教学计划和大纲。从教学计划中可以看到生产劳动的时间大为减少，只占总学时的7%。另一个重大变化是从七年级起开设选修课，逐年增加。《措施》还决定恢复奖章和奖状制度，为天才学生设立从理论和实践上深入学习数学和计算技术、物理学和无线电电子学、化学和化学工艺、生物和农业生物学、人文科目及其他学科的学校或班级。

1964年以后的改革持续到20世纪70年代中期。1973年7月19日，苏联第八届最高苏维埃第六次会议通过的《苏联和各加盟共和国国民教育立法纲要》（以下简称《立法纲要》）可以说是这个时期教育改革的总结，最后用立法的形式固定下来。

《立法纲要》明确了普通中等教育的地位和任务，具体如下。

普通中等学校是进行普通中等教育的基本形式，是对儿童和青年进行教学和教育的统一的劳动综合技术学校。

普通中等学校的主要任务："对儿童和青年进行符合现代社会进步和科学技术进步要求的普通中等教育，使学生具有渊博而牢固的科学基础知识，培养他们具有不断增加自己知识的愿望和独立充实与实际运用知识的能力。"其他还提到树立马列主义世界观，培养共产主义道德品质，增进健康，"培养学生积极参加劳动和社会活动，自觉地选择职业"等。《立法纲要》要求："在学习科学基础知识、进行劳动教学、组织各种课外活动和公益劳动的过程中，在考虑到学生的年龄特征、个人特点和健康状况的情况下，按照科学技术进步的要求，对他们实行综合技术教育、劳动教育和职业指导。"《立法纲要》要求："有条件的普通中等学校也可进行生产教学"。也就是说，不规定普通中学都要实施生产教学。

这个《立法纲要》彻底改变了1958年教育改革为普通中学规定的任

务和性质，重新把普通中学作为进行普通中等教育的基本形式，生产教学只是在有条件的学校才进行。因此，20世纪60年代的改革可以说是对1958年教育改革的全面否定。

四、1977年的《决议》

1977年12月29日，苏联《真理报》公布了苏共中央和苏联部长会议通过的《关于进一步改进普通学校学生的教学、教育和劳动训练的决议》（以下简称《决议》）。这可以说是苏联普通教育发展的转折点。

《决议》指出，普通学校工作中存在着重大的缺点，主要是"许多中学毕业生在走向生活时，缺乏应有的劳动训练，对基本的普通职业没有足够的认识，因此在到国民经济部门工作时感到困难"。

《决议》重新提出中学毕业生在学习期间要掌握一定的职业技能。

《决议》要求学校改进劳动训练，让学生有根据地选择职业，同时做出了几项具体规定。

第一，把九年级至十一年级的劳动教学时间从每周2学时增加到4学时（在教学计划范围内）。第二，给学校配备劳动教学师资，扩大师范院校对劳动教学师资的培养。第三，利用学校附近的企业、集体农庄和国营农场给学生安排有效的劳动教学和职业指导。要求根据学生的年龄特点安排他们参加公益劳动，同时保证八年级应届毕业生能自觉地选择继续接受教育和某一种专业及职业训练的途径。第四，修订教学计划、大纲和教科书。

这个《决议》对普通中等学校的任务的提法显然与1973年国民教育的《立法纲要》的提法不同，与1958年教育改革的提法也不同。简单比较见表1。

表1 《法律》《立法纲要》《决议》对普通中等学校任务规定的比较

名称	普通中等学校的任务
1958年的《法律》	普通中学是兼施生产教学的劳动综合技术学校。其任务是"培养能够深刻理解科学基础知识，同时能够经常进行体力劳动的有学识的人"。学校进行职业训练，学生毕业时要掌握一门专业
1973年的《立法纲要》	普通中学是统一的劳动综合技术学校。其任务是"使学生具有渊博而牢固的科学基础知识"……有不断增加自己知识的愿望和实际运用知识的能力，可以自觉地选择职业
1977年的《决议》	普通中学是统一的劳动综合技术学校，其任务是：学生应当掌握深刻的科学基础知识和在国民经济中工作的劳动技能，要掌握一定的职业技能

为什么1973年刚通过了《立法纲要》，1977年又做出了这样的改变呢？这就是因为1958年提出的升学和就业的矛盾始终没有解决。1958年教育改革主张普通中学兼施职业训练，实践证明做不到；20世纪60年代在科技革命的浪潮中主要强调了知识教学，又忽视了劳动技能的培养；到了20世纪70年代，由于中等教育的普及，毕业生缺乏劳动能力的问题又重新被提出来。据报道，随着中学教育的普及，在苏联国民经济部门工人和职员的增长中，全日制中学毕业生增长很快，年平均增长数在1975年占增长总数的66.6%，而1976年就达到了80.9%。《苏维埃教育学》在论述这次改革时说："20世纪60年代初期，在当代科技革命的要求，社会主义社会的社会经济和文化发展的需求与普通学校的陈旧的教学内容之间产生了矛盾。上述矛盾是以普通学校改用新的教学内容这一途径来解决的。在近10年间实行的这个改变引起了新的教学内容与教学方法之间的矛盾。新的教学内容需要新的教学方法，这具体反映在专用教室制、实行选修课、问题教学法和其他方面。教育制度的进一步发展，也就是中等教育的普及，大多数中学毕业生应当直接到国民经济各部门就业，又引起了学生的劳动教育教学设置、职业定向与社会生产和科技进步日益增长的要求之间的矛盾。苏共中央和苏联部长会议关于学校的新

的决议正是提出了这一点。"1967—1977年的几次社会调查表明，5个学生中一般有4人希望读完十年级后继续深造，打算做体力劳动工人的则不满10%。按照国家计委估计，1975年高考生中进入高校的只占15%，进入技术专科学校的占21%，其余64%的中学毕业生将就业。因此，在这种情况下，就必须加强普通中学毕业生劳动训练的工作。除了在教学计划中完善劳动教育教学的设施以外，还特别强调培养学生对劳动的态度。

这次改革与1958年教育改革不同的是，普通中学没有职业训练的任务，主要是建立一个与学生掌握科学基础紧密相连的学生劳动教育和职业定向等有科学根据的体系，所以采取的措施中，特别注意改善学生劳动教学的组织和创造更有利的条件。

苏联普通教育的改革正在继续进行中，其措施和结果值得我们进一步注意。

五、几点结论

苏联普通教育的改革，既有经验也有教训。以下提几点肤浅的意见作为本文的小结。

第一，中等教育既有承上启下的作用，又有独立的任务。它既关系到高等学校学生的质量，也关系到广大劳动大军的质量。因此，如何解决中等学校为高一级学校培养新生和使学生做好劳动就业准备就是中等教育改革的关键。1958年教育改革的指导思想，即强调加强学校和生活的联系，把教育同生产劳动结合起来，在学校中加强综合技术教育，为学生将来就业做准备。我认为这些想法是可取的。现代教育是现代生产的产物，教育与生产劳动相结合是现代教育的客观规律，任何国家的教育都要解决这个问题，否则，它就不可能适应现代科学技术和生产的要求，教育也就不可能得到发展。苏联1958年教育改革的问题在于忽视了普通中学的双重任务，只强调了中学为就业做准备的一面，忽视了为高校培养新生的一面，提出了普通中学实施职业训练这种不切实际的措施；而且在教育结构上只有统一性，缺乏多样性，把普通中学都改为兼施生产教学的劳动综合技术学校，从而加重了学生的负担，降低了教学质量，毕业生也不能完全按照所学专业就业。1964年开始纠正这些缺点，但强调了知识教学，忽视了生产教学。1977年的改革，来了一个否定之否定，但吸取了1958年的教训，没有再提职业训练，只提职业指导。普通中学始终不能忘记它的双重任务，否则，会给升学和就业造成困难，教育问题就会变成社会问题。即使中等教育结构多样化，另有职业教育培养就业人员，普通中学也不可能成为高等学校的预备班，因为要保证高等学校的质量就必须使高等学校有一定的选择性，普通中学的大部分人仍然不能直接进入高等学校，而要直接进入社会生活。

第二，在实行普通教育改革时，始终不能忽视教学质量的提高。在当代科学技术发展的形势下，教育与生产劳动的结合，首先要建立在学生牢固地掌握现代科学技术知识的基础上，没有现代科学技术知识就谈不上教育与生产劳动的结合。普通中学不可能像职业学校那样，每个学生都有一门专业。要适应将来就业和劳动转换的需要，只有加强科学技术知识的教育。过早的专业化不利于劳动的转换。当然，正如前面所述，科学技术知识教学不能代替生产技术教学，但在增加生产技术教学的同时，要始终抓紧知识教学。

第三，普通教育的改革需要向纵深发展。除了教育结构、学校的任务以外，还要在教育内容和方法上下功夫。苏联1964—1974年完成了教育内容现代化的改革，基本上是成功的。虽然教材内容偏难偏重，学生感到接受不了。但完成教育内容的改革不是孤立的，新的内容需要有新的方法，教师需要经过再培训，总之，有一个适应的过程和教材不断完善的过程。

苏联教育的特点是教学计划的严格统一性，优点是在具备合格教师的条件下可以保证质量，缺点是缺乏灵活性，包括各地的灵活性和忽视学生的兴趣、才能与爱好。从1966年开始，苏联在中学设立了选修课，这是一大进步。

第四，普通教育的改革要利用其他学科的成就，特别是教育学、心理学、控制论等研究的新成果。同时要通过广泛的长期实验，取得可靠的数据。苏联20年来进行了教学和发展的实验，证明了学龄初期儿童蕴有极大的认识潜力，从而加强了对儿童的早期培养。这个实验很值得我们重视。

再论苏联普通教育的改革*

　　20世纪60年代是世界各国教育大发展和大改革的时代，改革的特点是实现教学内容的现代化，这是与60年代科学技术发展的形势相适应的。但是，教学内容的改革不只是要适应科学技术的发展，而且要遵循教育的内部逻辑，还要适应受教育者的认识规律和年龄特征。否则，事与愿违，事倍功半，达不到预期的效果。20世纪60年代搞的教学内容的现代化就是缺乏对后两个因素的考虑，因而到70年代就暴露出很多问题，突出的问题是教材内容太深太难，分量太重，过于理论化，学生不适应，教师也不适应，造成学生负担过重，消化不良，质量下降。20世纪60年代教育改革的毛病是带有世界性的，苏联也不例外。20世纪70年代，世界各国都在寻求新的路子。有的教育家主张回到原来的基础上，全盘否定教学内容现代化的成绩和意义，这当然是行不通的。时代在发展，教育也在发展，教学内容的现代化是时代发展的趋势，是有着极大的进步意义的。问题是如何使现代化的过程符合教育发展的内部逻辑，能够取得更大的成效。

　　苏联从1964年开始用了整整10年的时间来实现教学内容的现代化，他们采取的措施及其中的经验教训是值得我们重视的。

---

*　原载《外国教育动态》，1983年第5期。

第一，把教学内容的现代化与学制改革实验结合起来。从1957年开始，苏联许多教育家就从事"教育与发展"的实验，并在实验的基础上，于1964年以后开始把小学4年缩短为3年，初中从4年延长到5年，尽管这样的学制还存在问题，但是把教学内容的改革与学制改革的实验结合起来的做法是可取的。一定的内容总是需要有一定的形式。如果在原来的学制框框里改革教学内容，往往会限制内容的改革。当然，如何把两者结合好，也还需要进一步实验。

第二，把教学内容的现代化与科学实验结合起来。苏联20世纪60年代的教育改革，不是组织大批专家学者坐在屋子里编教材，而是和广大教师相结合，边编教材，边实验，边过渡，用了10年时间才完成了采用新教学大纲的工作，同时写出了103种教科书，因而这些教学大纲和教科书是有实验作为基础的，是较为可行的。后来发生的问题说明，改革与实验结合得还不够，实验的面还不够广。可见任何一项改革必须反复实验，不断修正，不能一劳永逸。

第三，把教学内容的现代化与教师的培训结合起来。实现教学内容的现代化，首先不适应的与其说是学生，还不如说是教师。教师的知识需要更新，因此，在改革教学内容的同时要着手进行教师的培训，首先让教师掌握现代化的教学内容，才能顺利地组织教学过程。苏联是这样做的，其教学内容现代化的过程受到的阻力比其他国家要小，但是做得还不够，培训的面还不够广，因而还是存在教师的不适应问题。

第四，把教学内容的现代化与改进教学方法、采用现代化教学手段、改善学校的物质设备条件等方面结合起来。

应该说，苏联20世纪60年代的教育改革所采用的方法是正确的，成绩也是主要的。但是和其他国家一样，20世纪60年代的教育改革也存在内容多、分量重、理论深和难的问题，有些内容超出了学生的接受能力。因此，不仅加重了学生的学习负担，而且他们掌握不了，学习质量下降；同时，在实现教学内容现代化的时候，把主要力量放在知识教育方面，忽视了生产劳动教育。这些问题的存在，导致了20世纪70年代的进一步改革。

20世纪70年代，苏联普通教育改革有哪些值得我们注目的呢？

一、6岁儿童入学的问题

关于6岁儿童入学的问题，在苏联早在20世纪30年代就有一些心理学家和教育学家提出来，并进行过一定的实验，但70年代提出这个问题有着不同的背景。

20世纪30年代及以后一个时期，有人提倡6岁儿童入学，主要是从两个方面考虑的。

第一，从早期教育的角度在理论上论证6岁儿童入学的优越性。苏联十月革命以后实施的是8岁儿童入学制度，从1943年才开始实行7岁儿童入学。但有一些研究早期教育的心理学家和教育学家主张6岁儿童即可入学，在1943年改由7岁儿童入学的同时，就已经有了为6岁儿童组织预备班的尝试。但由于卫国战争，这个问题未能深入进行探讨和实验。

第二，从少数民族学习两种语言的角度提出6岁儿童入学。第二次世界大战后，有些加盟共和国基于他们的小学生既要学习本族语言，又要学习俄语，学习负担过重的原因，提出提前招收6岁儿童入学，为他们设立预备班，主要学习俄语。

可是20世纪70年代提出这个问题，除了早期教育思想已经风靡一时外，还有一个重要的原因，就是60年代的教育现代化带来的负担过重问题。6岁儿童入学可以缓和小学生负担过重的矛盾。

苏联在20世纪70年代开始6岁儿童入学的大规模实验是有基础的。前面讲到，第二次世界大战前后都进行过一些实验，特别是各加盟共和国开展了大量的实验工作，取得了较大的成效，摸索出了一套教材和教学方法。1971年，苏联教育科学院教学内容和方法研究所所长M.卡申领导了莫斯科州普申诺城一所实验学校的实验工作。开始时，实验的任务很简单，就是把过去7岁儿童用的作息时间和教学计划照搬到6岁儿童身上，看他们能否接受。同时从一年级开始学外语。在实验期间，根据学生的学习情况，不断修改和完善教学大纲。现在1971年入学的学生已经中学毕业了。经过这十几年的实验，得出的结论是：6岁儿童完全可以开始学习，接受系统的教育，但他们接受不了过去对7岁儿童的一套要求，必须对他们使用新的教学内容和方法。

在实验6岁儿童入学的过程中，出现了两种不同的意见：一部分早期教育学者认为6岁儿童在心理、生理各方面完全具备了入小学学习的条件，应当充分发挥他们的学习潜力和积极性，让他们更早、更多地掌握知识和技能；另一种意见则认为，不应当缩短儿童愉快的童年，提前入学对儿童的全面发展并无好处。经过长期的实验，这两种观点实际上融合起来了。即6岁儿童可以入学学习，但必须考虑他们的身心特点，不能把他们同7岁儿童同等看待，应当使儿童在每一发展阶段上都得到最大限度的发展；急于让儿童转入下一个发展阶段，那就意味着在上一个阶段儿童发展的可能性没有得到充分发挥，这对儿童的个性形成是不利的。

苏联教育部门在这种思想的指导下，制定了6岁儿童入学的具体措施。

第一，全国要逐步为6岁儿童入学创造条件，但6岁儿童不入一年级，而是入预备班，或称零年级。预备班可以设在小学，也可以设在幼儿园。就目前情况来看，原在幼儿园的孩子6岁就入幼儿园的预备班，从家庭来的孩子则入小学的预备班。以后将逐步创造条件，使小学能容纳全部6岁儿童。

第二，预备班按自己的教学大纲进行教学。教学内容是小学一年级教学大纲中的一部分，教学内容中60%的时间学习语文和数学，其他时间则用于认识周围世界、美工、音乐、体育等。强调教学要结合6岁儿童的身心特征，尤其要注意兴趣性。教学方法应当更接近幼儿园的而不是小学的教学方法，要求把学习和游戏结合起来，寓学习于游戏之中。同时要求使用更多的直观教具、图表、模型。预备班的儿童上学不带书包，没有课本，不留家庭作业，学生的成绩不记分等。

第三，预备班的作息制度有自己的特色。规定每周5天上课，每节课35分钟（小学每节45分钟），每天4节课，课间休息时间增多，儿童运动的时间增多。儿童和在幼儿园一样，在班上吃午饭，午睡，有组织地进行课外活动等，使一日生活安排得和在幼儿园差不多。每天在班上的时间相当于学校的长日制①，即直到父母下班才接回去。专家们认为，对6岁儿童来说，最大的体力负担莫过于在课堂上静坐不动，因此，要尽量缩短静坐时间，或使静坐与活动结合起来，使儿童有更多的时间处于活动状态。这不仅是儿童发展体力所必需的，也是智力发展的必要条件。

苏联计划到1985年有140万名6岁儿童入学。在全国普及以前，6岁儿童入的预备班不列入正式的学制，仅仅作为儿童从幼儿园或家庭向学校过渡的一种方式。但是从教学内容来看，预备班又是小学教育的组成部分。实际上是把小学从3年延长到4年，从而减轻由于实现教学内容现代化，把小学由4年改为3年所引起的学生负担过重的问题。目前不仅预备班，而且整个小学期间都实行每周5天上课制，以区别于中学阶段的每周6天上课制。因此，6岁儿童入学是苏联改革小学教育，乃至整个学制的一个重要步骤。从发展趋势来看，一旦学校能够容纳全部6岁儿童，

---

① 在学校下午放学以后，仍留在学校，等待父母来接的班叫长日制。

预备班即将正式列入学制，普通教育的年限将从10年延长至11年。但这一年到底加在哪一阶段，还未明确。从当前预备班的教学情况看，似乎将延长小学教育年限。但M.卡申于1981年在谈到6岁儿童入学问题时说，在延长1年的情况下，小学仍将为3年。这一年将加到高中阶段去，使现在的高中2年变为3年。苏联学制如何变化，还将拭目以待。

二、重新修订教学计划和教学大纲

1976年苏联教育科学院教学内容和方法研究所所长M.卡申在苏联教育科学院的年会上，对苏联在1964—1975年进行的普通教育内容改革做了总结，对改革给予了肯定。但时隔不久，苏共中央和苏联部长会议于1977年12月通过了《关于进一步改进普通学校学生的教学、教育和劳动训练的决议》（以下简称《决议》），指出了苏联普通学校教学教育工作中存在的问题。它反映了国民经济发展与学校教育的矛盾，也说明了20世纪60年代以来改革中存在的问题。这些问题主要表现在两个方面。

第一，在苏联，劳动力紧张一直是发展经济的重要障碍，为此，苏联政府采取动员一部分中学毕业生直接参加劳动的方针。但是20世纪60年代以来的改革着重于追求教学内容的现代化，同时在纠正1958年教改重劳动、轻学习的偏向时矫枉过正，重视了知识的教学，又放松了劳动教育，致使中学毕业生无论在思想上还是在技能上都跟不上不断发展的生产形势。1977年的决议指出："普通学校工作中存在着重大缺点。在普及中等义务教育的条件下，目前对学生的劳动教学、教育和职业指导的安排，不符合已经提高了的社会生产和科技进步的要求。许多中学毕业生在走向生活时，缺乏应有的劳动训练，对基本的普通职业没有足够的认识，因此在调到国民经济部门工作时感到困难。"

第二，教育内容的现代化提高了学校教育教学工作的水平，改善了学校的设备条件，但是新的教学大纲存在着严重的缺点，正如前面提到的，教材内容太深、太难，造成学生学习负担过重，相当一部分学生跟不上学习的要求，因而对学习失去兴趣和信心，成绩下降，后进生、留级生的数量增加。1978年3月12日的《共青团真理报》刊登了13个八年级和九年级学生的来信，反映了他们学习上的沉重负担，"怎么也不能掌握数、理、化的教学大纲"，提出为什么"不能使大纲更易懂一些？"。1977年的《决议》中也指出："学校的教学大纲和教科书往往充斥着多余的资料和次要材料，有碍于学生养成独立的创造性工作技能。"《决议》要求删除教学大纲和教科书中过于烦琐和次要的教材，减轻学生的学习负担。

《决议》公布以后，苏联教育科学院即着手重新修订教学计划和教学大纲的工作。主要内容是调整教学计划：增加了劳动教学的时间，在九年级、十年级从每周2小时增加到4小时；外语课从五年级提前到四年级开始开设，而到九年级、十年级由原来的每周2小时成为每周1小时；十年级的物理课和数学课的教学时数也略有减少。1979年3月，M.卡申在教育科学院的年会上发言指出，已经根据《决议》的精神，重新修订了各科教学大纲，制定了所谓标准教学大纲。这个大纲的特点是，列出了各科最有必要学习的基础课题，比较明确地划定了各学科之间的联系。那么，新的标准教学大纲与旧的相比有哪些不同之处呢？

其一，减轻了分量，删去了次要的、过于烦琐复杂和过难的材料，使教师有时间用于复习、巩固和综合学过的教材。什么是次要的教材？为此就要找出每门学科的"核心"，这是最基础的，不易老化，对人的一生都有用的知识。应当把过于复杂的、学生难以理解的知识进行加工，使它们能为学生所理解。应当保持具有一定科学水平的知识体系，不能简单地把教材缩减或使内容简单化。

其二，加强了课程内部结构的逻辑性和各科之间的联系，避免学科间内容的重复和学科内部的重复。新的教学大纲中各科都有一小节——"学科间的联系"，指出本学科与其他学科的联系。应当指出的是，在强调加强学科间联系的同时，苏联教育家一直坚持分科教学的观点，对西方学校开设综合课程持否定的态度。

其三，加强了思想性。苏联教育家认为，揭示学科之间的联系有助于提高教学的思想性，它使学生把物质世界理解为统一体，并看到自然界和社会现象的相互联系。这是培养学生的科学辩证唯物主义世界观的基础。各科大纲要综合地解决教学、共产主义教育和个性发展的任务，贯彻教学与教育一致性的原则。

其四，加强了综合技术教育的方向性。每门课程都从不同的角度向学生进行劳动教育和综合技术教育，使学生从理论和实践上认识到社会生产的主要部门，认识当代的技术和工艺、劳动经济和组织问题。这种综合技术教育的方向性首先表现在劳动课的教学大纲中，内有专门一章"通过劳动活动和劳动教学所要形成的知识、技能和技巧"。其他各科大纲也要明确综合技术教育的内容。如物理教学中要讲到机械化、自动化、电气化、仪器制造、新材料的利用等问题，介绍物理在工程、农业、国防等方面的应用。各大纲指明了本科知识与实际生活的联系和运用。

其五，具体列出了学生每年应掌握的概念、知识和技能，以及需要培养学生哪些自学能力和技能。大纲中增加了对学生的知识和技能的评分标准。同时，为了使全日制学校合理地安排学生的课余时间，大纲中增加了课外活动的内容。

新的教学计划和教学大纲分别是在1980学年度和1981学年度开始实施的，至今（1983年）还不到2年。它们是否真正切合实际，还将等待工作在教育第一线的教师和学生的反映来判断，目前还很难下什么结论。

三、加强职业指导和劳动训练

前面已经讲到，20世纪60年代以后的教育改革存在重知识、轻劳动的偏向，普通教育不能妥善地解决青年学生劳动就业的问题。为此，1977年的《决议》指出："中学毕业生在学习期间应当掌握深刻的科学基础知识和在国民经济中工作的劳动技能，要认真掌握一定的职业技能。""学校必须坚决转向改进青年在物质生产范围内的劳动训练，让学生有根据地选择职业。"要求学校从根本上改善劳动教育、改善学生公益劳动和生产劳动的训练。

为了不重犯1958年教育改革的错误，《决议》对普通学校的劳动教育提出了以下几方面的要求。

第一，劳动教育不应影响学生知识学习的质量。要求把劳动教育与整个教学工作更好地结合起来，互相促进。要求学生在掌握深刻的科学基础知识的同时，掌握一定的职业技能。因此，在修订教学计划和教学大纲时，不是削弱基础知识，而是加强基础知识的核心部分，删节烦琐的次要材料，同时在大纲中强调综合技术教育的因素，把教学内容和实际生活联系起来。

第二，劳动教育不仅应当给学生有关的知识和技能，而且要培养学生正确的劳动态度，教育他们热爱劳动，尊重劳动人民和爱护劳动成果，使毕业生对社会的需要、对劳动的意义有深刻的认识，不仅在能力上，而且在思想上做好参加劳动的准备。

第三，劳动教育要避免狭隘的职业化，因此，劳动课的教学大纲所包含的内容十分广泛。例如，要求对四至八年级的城市学生进行"技术劳动"和"服务性劳动"的训练；对农村学生则进行"农业劳动和技术劳动"及"农业劳动和服务性劳动"的训练。九年级、十年级的劳动课教学大纲包括工业、农业、服务性行业、建筑业和运输业等国民经济中最主要和最常见的19种专业的内容，如金属加工、电工、木材加工、无线电电子学、机器制造绘图、汽车业务、商业服务、农业机械等，由学生任选一种专业。每种专业都要对学生进行三方面的训练：基本劳动训练、基本技术训练和专业训练。

第四，劳动教育要与职业指导相结合。在向学生进行劳动训练的同时，对学生进行职业指导，根据学生的兴趣和爱好、他的生理与心理的特点和他平时学习的基础，向学生介绍国民经济各部门的职业，使学生对某种职业有一定的认识，产生一定的职业兴趣，较早地确定自己发展的方向，自觉地选择职业范围。新大纲的许多专题都有专门章节向学生介绍各种职业，职业的劳动内容和条件，以及取得某种职业的途径和各个地区对各种职业的需求情况。

这种职业指导不仅指导学生就业，而且帮助准备继续升学的中学毕业生自觉地选择升入哪一类学校，学习哪一种专业。苏联教育界十分重视这种职业指导，他们发现，盲目地、偶然性地选择某种专业学习的学生，往往专业思想不稳定，学习效果不好，将来毕业后在工作岗位上也不能发挥应有的作用，这是一种极大的浪费，不仅是经济上的，而且是人才使用上的浪费。

为了加强劳动者在就业前的训练，苏联近些年来大力加强职业技术教育，鼓励八年级毕业生和中学毕业生进入职业技术学校学习，培养熟练技术工人。从发展前景来看，苏联中学毕业生今后直接就业的人数将逐渐减少，20世纪70年代末中学毕业生中直接就业的人数很多，占总数的40%以上，计划到1985年，将减少到20%，进入高等学校和中等专业学校的比例仍将保持在30%左右；而进入职业技术学校的中学毕业生将从20%多增加到50%。因此，普通学校的职业指导还要加强，以便引导更多的学生进入各种职业技术学校学习。

四、几点结论

苏联20世纪70年代后期的教育改革实际是60年代教育改革的继续。我们从他们这些改革中可以得到什么启发呢？我想，有以下几点。

第一，教育改革是一个不断前进的过程，不能一劳永逸、一改了事。促进教育改革的因素是多方面：有时代的要求（包括政治、经济和科学技术文化的发展），有各国的具体特点和任务，还有教育学、心理学科学研究的成果，对教育教学工作规律的新认识。进行教育改革时，必须把这几方面的因素结合起来考虑，不能顾此失彼。苏联1958年的改革只考虑到劳动就业的一个方面，没有考虑到时代的要求，因而改革的方向虽然有正确的一面，但改革未能获得成功。20世纪60年代的改革又只考虑到时代的要求，只重视了教学内容的现代化，忽视了教育的内部逻辑，忽视了劳动就业的需要，因此也不得不再进行改革。20世纪70年代后期的改革吸取了前两次的教训，考虑得比较全面了，但是否已经符合实际的需要，矛盾是否解决，还很难说，恐怕还要不断地改革才能不断地适应。

第二，普通教育的改革始终不能忘记普通学校的双重任务：为高一级学校输送高质量的新生和为毕业生就业做准备。忽视哪一方面都要吃苦头。普通学校始终不能放松科学文化基础的教学，同时又要积极地对学生进行劳动训练。劳动训练不能过于职业化。所设的专业的面要宽，使学生毕业后就业有较强的适应性。目前世界上强调普通教育的职业化、职业教育的普通化，就是为了解决双重任务的问题，是值得在普通教育改革中重视的问题。

第三，教育改革必须结合本国的特点进行。苏联的教育改革是适应苏联的实际情况的，例如，苏联是一个发达的工业化国家，而且劳动力缺乏。工业发达，就需要劳动者具有较高的文化水平；劳动力缺乏，又要求青年尽早地参加劳动。因此，他们在普及中等教育的同时，强调普通学校的劳动训练。苏联的学制比较短，虽然苏联学生的负担一直很重，但是苏联从不考虑延长学制的年限，这与劳动力的紧张不是没有关系的。

第四，教育改革必须遵循教育的内部逻辑，遵循青少年儿童身心发展的规律。违背了教育的内部逻辑，不顾高、中、小学的衔接关系，不顾各级各类学校的比例关系，或者违背学生的身心发展规律，超越学生接受的能力，教育改革就不能取得成效，反而会造成教学质量的下降。苏联关于6岁儿童入学所采取的措施是谨慎的，是考虑到儿童发展的特点的。其实，6岁儿童接受小学教育是完全可能的，许多国家早已实行。苏联为什么还那样强调实验呢？目的是要寻求6岁儿童学习的最佳方式，使儿童既学习到知识，又不缩短他们最愉快的童年。因为童年时期的教育与发展在一个人的成长过程中具有十分重要的意义，过早地成人化，对儿童身心的发展是不利的。儿童的成长不能光从长知识着眼，要着眼于他们个性的全面发展。

第五，加强职业指导是当前许多国家重视的问题。如联邦德国、法国等许多国家都在初中阶段设立定向阶段，注意对学生进行职业指导。现代化的生产需要劳动者自觉地创造性劳动。因此，无论是社会主义国家还是资本主义国家，都十分重视劳动者的积极性。要培养劳动者的这种积极性，除了改善经营管理外，很重要的是使劳动者从小熟习他将来所要从事的职业，使他对自己从事的职业感兴趣。这种兴趣的培养最好是在初中阶段。因为这个阶段的少年兴趣广泛，可塑性强，容易接受指导。所谓指导，并非顺其自然，一方面要根据社会生活的需要，另一方面要根据少年儿童的各自特点，对他们的兴趣、爱好、特长加以引导，进一步培养他们的职业兴趣，指导他们将来升入哪一种学校，从事什么职业。例如，社会需要许多小学教师，就要在适合做教师的学生中加以培养，让他们经常接触幼儿园或小学的孩子，和孩子们交朋友，逐渐培养他们热爱孩子、热爱教育事业的思想感情。将来他们去学师范，通过系统的职业训练，一定会成长为一名优秀的教师。其他职业指导也是这样，是学校教育中不可缺少的重要工作。但在我国，这个问题至今尚未引起重视。我认为应该放到议事日程上加以研究。

20多年来苏联高等教育的发展与变化[*]

中国高等教育考察团一行8人，于1984年5月20日至6月11日访问了莫斯科、列宁格勒、基辅和伏尔加格勒的14所高等学校，与苏联高等和中等专业教育部、乌克兰高等和中等专业教育部、苏联高等教育研究所的负责人进行了多次座谈，对苏联高等教育的现状和20多年来的发展变化有了初步的了解。

20多年来，苏联高等教育无论在数量上还是在质量上都有了较大的发展。特别是20世纪60年代以来，随着世界科学技术的进步和苏联的经济发展，苏联高等教育在这段时间内发展很快。据统计，1945—1969年的24年间，在校大学生增加了5倍多，由73万人增长到455万人。20世纪70年代以后发展的速度就慢了下来，大学生的平均年增长率在50年代为6.88%，60年代为7.27%，70年代为1.08%。1983年有高等学校891所，在校学生528.4万人。

苏联高等教育虽然有了较大发展，但与20世纪50年代相比，苏联高等教育的体系总的方面没有什么变化，保持了它原有的特色。也就是说，无论是在对高等教育的理解上，还是在高等教育的领导体制、结构、办学模式上都没有重大的变化，可是在具体的培养规格上，在专业设置和课程内容上，以及教学方法上都有许多变化。现在我简略地将它

---

* 原载《国际观察》，1984年第4期。原标题为《近二十多年来苏联高等教育的发展与变化》。

的变与不变分别介绍一下。

一、20世纪50年代以来没有变化的地方

第一，对高等教育概念的理解。苏联始终认为，高等教育是以培养高级专门人才为目的的教育，高等学校的毕业生必定是专家，如工程师、医师、教师、法官等；以培养中级专门人才为目的的教育，即使受的是中学后的教育，也只能称为中等教育。苏联高等和中等专业教育部负责领导高等专业教育和中等专业教育两个等级的教育，培养两个不同等级的专门人才。20多年来，世界各国由于经济发展的需要，纷纷建立和发展短期大学、初级学院，把这些学校纳入高等教育的范畴。苏联也相应地发展了建立在完全中学基础上的中专（完全中学毕业以后再学习2～3年，或者不完全中学毕业以后再学习3～4年），这种学校实际上已经达到西方国家短期大学和我国专科学校的水平。但他们仍然把它归之为中等专业教育，区别于高等教育。它的毕业生只能担任技术员、文书官、护士等。

第二，苏联高等教育的学习年限比较长。由于对高等教育的理解是培养高级专家，而随着对专家的要求越来越高，20多年来，学制又不断延长，现在文、理科专业一般为5年，工科专业一般均在5年半以上，有的5年10个月，有的达6年，这样它的学习年限就相当于美国的本科生加上硕士课程的时间，水平也大致相当。

第三，全国实行统一的教学计划和教学大纲，学校很少有灵活性；学生上课时间较多，课业负担较重，训练比较严格，但学习比较死板，很少照顾到学生的兴趣和爱好。20世纪50年代，大学生每周要上课36小时，现在高年级已减少到20～26小时，但低年级仍然每周需要上课32～36小时。整个上学期间，上课时数在4500小时以上，比起欧美的大学生上课时数几乎多出1倍。课程中必修课占了绝大部分，只有少量的

选修课供学生选读，这些选修课大多与专业有关。

第四，苏联高等教育的领导体制仍然分为高教部和业务部门两种领导体系。综合大学大多是由高教部领导，专业学院和工科院校大多由业务部门领导。但所有院校的专业设置、教学计划、教学大纲，以及学校的一切教学教育工作都必须接受高教部的统一领导，校长也由高教部任命。现在全苏联有两类重点院校：一类是对国民经济有重大影响的，师资和办学条件都较好的重点学校，俄文叫ведущие высшие школы，共70所，分属各个部领导；另一类是直属高教部的实验基地学校，俄文叫базовые высшие школы，共32所。这两类学校有些是重叠的，如莫斯科大学，既是前者，又是后者。这两类院校规模较大，条件较好，师资力量雄厚，它们有权在标准教学计划之外根据本校的特点制订教学计划。高教部直属实验基地学校更有义务实验新的教学计划、大纲和教学方法，以便在下一个五年计划修改教学计划和大纲时推广。

第五，通过夜校和函授部发展高等教育。几乎所有高等学校都设有夜校和函授部，夜校和函授部学生在20世纪60年代超过全日制学校的学生，70年代有所下降，但现在仍占大学生总数的40%以上。例如，莫斯科动力学院共有学生15000名，其中，夜校学生为6000名；列宁格勒大学共有学生20000名，其中，夜校和函授生9000名。对夜校和函授大学生与全日制大学生的要求一样，学制延长一年。夜校生一般每周要到学校上课4天，每天4小时；函授生每学期有一个月到学校上课做实验，考试和毕业设计时有更长的假期。对于他们的要求都有明文规定，要求比较严格，以保证他们与全日制毕业生能有同样的质量，工资待遇也相同。

二、20多年来苏联高等教育的变化

第一，高等学校更重视专家的培养质量。他们认为，高等学校的毕业生已经在数量上满足国民经济部门的需要，现在更重视专家的质量问题。据介绍，1980年在国民经济部门工作的人员每1000人中有230名受过高等或中等专业教育，其中，受过高等教育的是97名。为保证质量，他们采取了以下一些措施。

首先，完善符合国民经济要求的专业目录。20世纪50年代，他们有660多种专业，经过调整，合并为300多种，六七十年代又增加了一些新的专业，现在全国有专业450多种。近几年来建立了一些新的专业，如自动化系统、微处理机、柔性设计、激光技术、热技术动力、粉末冶金、喷涂、遗传工程、微生物学等。

其次，调整并进一步明确培养目标。过去，苏联高等教育培养目标是比较窄的，20世纪70年代以后提出要培养具有广泛专业面的专家。要求这些专家掌握马列主义的科学方法论；扎实地掌握基础科学知识，以适应科学技术的进步；了解本部门的条件和发展趋势；善于利用所学到的知识，有效地完成国民经济提出的任务。为此，他们近年来编制了各专业的业务标准作为文件下达。文件规定了毕业生必须具备的知识和能力。这种业务标准既可以作为制订教学计划和教学大纲的依据，又可以作为衡量毕业生质量的尺度。这种文件在苏联教育史上是第一次，它不是在办公室里凭空想出来的，而是经过科研部门、生产部门和高等学校的专家学者广泛地讨论后制定的。

再次，改革教学内容，加强基础课教学。关于教学内容的改革，这次考察团没有着重考察，但在座谈中他们都谈到近些年来加强了基础课的教学，一般在前3年主要上基础课，后2年才上专业课，课程也随着培养目标的加宽而增加了一些新的学科内容。例如，理工科的学生还要学习工程心理、劳动立法、经济管理等课程，以便毕业生将来不仅能处理技术问题，而且会组织生产，成为一个管理人员和宣传教育工作人员。

最后，改进教学过程和对教学的管理，加强教学的物质基础，强调教学过程要建立在科学的基础上，重视教学法的指导。每所学校在接待我们时都有一位负责教学法指导的副校长参加。我们到处都听到他们谈到学科的教学法综合指导（учебно-методический комплексдисцлины）。所谓教学法综合指导，是指负责该学科的教研室必须制定该学科的工作教学大纲（它区别于标准教学大纲，是根据标准教学大纲的要求，结合科学技术的新成就制定教师具体工作的教学大纲。一般标准教学大纲5年修订一次，而工作教学大纲是教师每年必须制定的，设计教学的各种形式，包括讲授、讨论、实验、设计、生产实习等各个环节），规定教师和学生的参考资料、作业习题、考试的要求等一整套教学过程的综合资料，以保证教学过程建立在科学的基础上。

分析他们的教学计划之后，我们发现，近年来他们讲课的时间有所减少，讨论的时间增加，如政治经济学是讲课70学时，讨论70学时（20世纪50年代讲课与讨论的时间比例是2∶1）。强调学生自学，培养学生的能力。

在教学过程中还提倡采用模拟演习的教学方法（деловые игры），由学生在专用教室里扮演实际工作中的各种角色。例如，我们参观了列宁格勒铁路运输工程学院，他们给我们介绍了安全生产的模拟演习，专用教室里有主任、工程师、技师、检验员、安全员的办公桌，有各种仪器设备，哪个部门出现了故障，立即反映到仪器上，由检验员反映给工程师、主任，然后由主任、工程师发号施令，排除故障，恢复正常运行。这种模拟演习有真实感，可以锻炼学生实际运用知识的能力。

根据我们的考察，苏联高等学校近些年来设备有了更新。例如，电子计算机的使用已较普遍，各校都建立了新的电化教室，教学条件比过去有很大改善。

为了保证毕业生的质量，他们还采取了一些其他措施。例如，改进招生制度，采取定向招生的办法，为工农青年设立预科；改进毕业生分配工作，从1984年起实行毕业前两年预分的制度，使毕业生及早知道将来的工作岗位，更有目的地学习专业。

第二，高等学校重视科学研究。在这方面我们了解得不够具体。听苏联几所著名的大学和工学院介绍，他们普遍强调教师搞科学研究，他们认为高等学校搞科研是提高学校学术水平的重要途径。高等学校的科研主要有两个来源：一是国家下达的科研任务；二是与企业签订科研合同。据莫斯科大学介绍，该校每年科研经费约6000万卢布，其中一半来自国家科研经费，另一半来自企业。

苏联提倡大学生参加科研。全苏联有330所学校成立了学生设计处，吸引高年级学生参加企业的设计，同时鼓励大学生参加课外研究小组。但据我们观察，所谓大学生的科研，主要是在教师指导下搞一些设计，创造性、研究性的成分并不高。

第三，重视教师的进修和知识更新。苏联规定每个教师乃至校长，每五年必须进修一次，脱产进修系学习3～5个月（校长一般是以讨论会的方式进行）。重点学校都设有进修系。教师在进修系里学习三方面的内容：马列主义与苏联党和国家的方针政策；业务知识更新，包括普及计算机技术；高等教育学、心理学和教学法。现在全苏联有124个进修系，还有9所社会科学教师进修学院，提高马列主义政治理论课教师的水平。教师在进修期内也可以到企业去实习，或到研究所或出国进修；也可以利用进修期撰写博士论文。

苏联还规定，对教师每5年考核一次。考核的办法是教师在教研室里报告自己的工作，经过教研室评议，无记名投票，决定是否继续聘任，然后交系主任审核，最后，由系主任报校务委员会通过。条例规定，校长有权解雇不称职的教师，但实际上很复杂，一般只是在校内调动工作，或调到别的学校去工作。

现在全苏联高等学校有51.5万名教师，其中10万名专门从事科研，其他41.5万名既从事教学又从事科研。在这些教师中，有博士和教授称号的2万名，副博士和副教授称号的20万名。高等学校教师的来源是研究生部，现在全苏有9.8万名研究生，其中在高等学校里有5.8万名。过去招收研究生采取竞试的办法，现在逐步更多地采取定向招生（целевая асрантура）的办法，由学校或企业派送，经过一年学习，通过基本课程考试，就可以撰写论文，毕业后回原单位工作。这9.8万名中有5万名是不脱产的研究生。学校也留本科生当助教，但必须通过在职研究生，获得副博士学位后才能晋升为讲师。

第四，重视对学生进行政治理论教育和革命传统教育。大学设四门政治理论课：苏共历史和国际共运史、马列主义哲学、政治经济学、科学共产主义。课时比较多，在政治理论课教学中强调学生阅读原著，认为马列主义原著和党的文件是思想教育的第一来源，而教科书只是自学的参考。教学中讲课和讨论并重，多采用问题教学法（проблемное обучение），即提出问题，研究马列主义是怎样解决这个问题的，同时批判反马列主义的观点。师范学院除学这四门政治课外，还要学习马列主义伦理学、美学和科学无神论。

高等学校拥有一支强大的社会科学工作者队伍。现在全苏联专门从事社会科学研究工作的约5万人，其中3.9万人，即78%在高等学校。现在有14所大学，有专门培养社会科学教师的系。

除了政治理论课外，苏联还很重视进行革命传统教育。各地都建有宏伟的革命博物馆和烈士陵园或烈士纪念碑，经常有青年到那里去献花。每个学校都设有校史陈列室，陈列着该校在革命斗争和卫国战争中牺牲的英雄的事迹和学校的成绩。

这次我们考察的时间很短，真正是走马观花，了解的情况也很肤浅，仅供读者参考。

巴班斯基谈苏联的教育改革和苏联教育科学院的工作*

1984年5月的一个下午，中国高等教育赴苏考察团访问了苏联教育科学院。在院长办公室里，一位鬓发斑白，但精神矍铄的老人热情地接待了我们。这就是苏联教育科学院的正式院士，副院长巴班斯基教授。他的名字在中国教育工作者中间并不陌生，国内的许多外国教育研究杂志上曾经介绍过他的教育思想。1981年第6期《外国教育动态》首先介绍了他的关于教学过程最优化的思想；1983年《外国教育资料》又用很大的篇幅对他的这一教育思想连续进行评介；前不久华东师范大学召开了专门的讨论会。可见，他的教育思想受到我国教育界的广泛关注。

巴班斯基教授首先向我们简要介绍了苏联教育科学院的工作。他说，苏联教育科学院现有13个研究所，工作人员约2000名。这13个所按其科研的内容可以分为4个部分：第1部分是研究教育理论和历史，包括学前教育、普通教育、艺术教育；第2部分是研究教学方法，包括教学内容和方法、中学的设备和技术手段、劳动教育和职业定向、成人教育等；第3部分是研究心理学，包括发展心理学、普通心理学和教育心理学；第4部分是研究职业技术教育。现在正在筹建第14个研究所，叫"国民教育管理和

---

* 原载《外国教育动态》，1984年第5期。

经济研究所",主要研究校长、教育局长应怎样更好地管理教育。每个研究所都有自己的实验学校,研究人员在那里开展教育实验,取得科学的数据。实验学校的一切费用,包括教师的工资,都由教育科学院负担。教育科学院有自己的图书馆和出版社,来出版科学院的研究成果,包括科学院编写的教科书、教学参考书和各种课外读物。科学院还有一个教育科学研究的协调委员会,协调全国教育科学的研究工作。他告诉我们,苏联15个加盟共和国都有教育科学研究委员会,都有教育科学研究所、心理学研究所。全苏联有200所师范学院、70所综合性大学(确切数字为68所)、22所体育学院、17所文化学院,以及37所医学院和农业技术学院,他们都设有教育科学教研室。各地的教师进修学院都设有教育科学研究室,他们都进行教育科学的研究工作。科学院的协调委员会就是协调这400多个单位的科学研究工作,制订5年计划,并把各地的科研成果综合起来。

教育科学院设正式院士50名,通讯院士80名,都是由正式院士选举产生。院士、通讯院士都是终身制,有了空额才选举。巴班斯基教授告诉我们,现在还有18个空额,1984年11月要进行选举。全国凡具有教育科学博士和教授学衔的人都可以提出申请,参加竞选,最后由正式院士通过无记名投票选出。所以,院士和通讯院士有的在教育科学院的研究所里工作,有的则在师范学院工作。

在谈到苏联教育科学院的研究方向时,巴班斯基说,苏联教育科学院的任务是要研究苏联普通教育的各种理论问题,不断完善中小学校的教学教育过程,提高教育质量。大部分科研项目是有实际意义的应用性研究,当然也十分重视基础理论的研究。他说,当前的任务是保证教育改革的顺利进行。教育改革决议中的每一句话都需要教育科学院进行大量的科研工作。

苏联的这次教育改革是为了使教育更好地适应国民经济发展的需要和在世界范围内的科学技术进步的要求,改革的目的就是要提高中学的教育质量，提高生产教学的质量，培养学生参加劳动的能力。科学技术的进步使知识不断增加，但苏联的学制比较短，这就产生了不平衡，因此要延长学制。同时，教育是社会发展的重要因素，但是，只有当学生能够运用科学技术知识参加社会劳动的时候，教育才是有效的。因此，要加强劳动教育，解决知识教育和劳动教育的不平衡问题。

巴班斯基教授给我们详细地介绍了这次教育改革的内容。

第一，关于6岁儿童入学的问题。关于6岁儿童入学，已经过多年的实验，有些地方由学校办，有些地方由幼儿园办。不过，不是所有的幼儿园都能搞教学，必须由附近的学校派教师去上课。这次改革注意到6岁儿童的健康，规定上课的时间要比普通学校的时间短，休息时间要长，要多在户外活动，规定每天上4节课，每节35分钟，每个班不得超过25名儿童，要为6岁儿童准备3个房间：教室、休息室、游戏室。为了保证6岁儿童入学，就要建设许多新的校舍，要增加许多新教师，例如，莫斯科就要新建10所中师来培养教师。

改革后中小学学制将由10年延长到11年，保证中学毕业生具有较高的文化科学水平。

第二，改革非常重视劳动教育和职业技术教育。小学生从二年级开始就参加劳动，劳动的时间随着年级的增长而增加，到九年级、十年级（以后是十一年级）每周要劳动一天，这一天到校际生产教学联合体去学习，分成各种专业，上2小时理论课，4小时实践课。暑假还要到基地企业（即与校际生产教学联合体挂钩的企业）集中实习25天，毕业时获得某种职业的专业文凭。

现在的学制是7岁入学，八年制以后分别升入各种学校，以后是九年制毕业后大部分学生升入中等职业技术学校，学制3年；一部分继续在普通高中学习，少部分升入中等专业学校。

第三，教学内容的改革强调增加新的科学技术内容，重视学生掌握实际本领。要求学生从七年级开始学习使用电子计算机、微处理机，要增加实验操作。为了发展学生的能力，高年级要设选修课，使有特长的学生能够深入学习某门学科。学校还要开展各种课外兴趣小组。兴趣小组与选修课不同，选修课是对某门学科的深入，兴趣小组是适应学生的兴趣。为了指导好学生的兴趣小组，规定学校可以有一个教师（编制）专门抓这项工作。

第四，改革很重视思想建设，要把学校教育和社会教育联系起来，加强家庭对教育的责任心。巴班斯基教授说，苏联已决定从1985年1月1日开始在高年级（九年级至十一年级）开设一门新的课程，叫"家庭的伦理学和心理学"。这门课一方面是培养青年正确地组织家庭生活；另一方面是教育他们将来正确地教育自己的孩子，使他们在教育上少犯错误。他说，应该为父母编一部百科全书；在全国范围内应该有父母教育的学校，这个任务就应该由中小学担负起来。他说，我们现在正在编写一套完整的共产主义教育大纲。过去只有学科的教学大纲，没有完整的大纲。现在要编一套多方面进行共产主义教育的大纲，包括课内课外的教育工作。

第五，搞好教育改革的关键是教师。这次改革很重视教师的作用，规定提高中小教师的工资待遇30%～35%，整个改革需要花110亿卢布，其中，35亿卢布用于提高教师的工资，75亿卢布用于建设学校。改革也很重视培养新的教师，重视他们的知识质量。因此，要改进师范教育，改进师范院校的校舍、宿舍、设备，编写新教材。师范学院要由四年制改为五年制。培养教师的综合性大学里应设专门的系，改进教育学和心理学等教育专业知识的教学。过去他们到毕业时才知道谁要去当教师，现在决定要提前分配，而且招生时就要使学生知道将来要当教师。

改革第一次提到要培养中学校长。过去校长是从教师中提拔的，通过进修成为校长。现在提出要专门培养校长，在职教师可以进这种培养校长的系。通过专门培养来提高中学领导的水平，可见这次普通教育的改革不仅涉及中小学，而且涉及高等学校。

巴班斯基教授说，教育改革需要苏联教育科学院做大量的工作。要编写新的教学大纲、教科书，要设计新的仪器设备。巴班斯基教授手里拿着由他主编，最近出版的《教育学》很风趣地说："给小孩子写一个课本比写一本我这样的教育学要难得多。有不少科学院院士、数学家和物理学家，15年前他们就提出由他们来编写课本，但到现在也没有写出来。现在还得让教师来写。原来，教育科学不是那么简单，有人问，教育学是科学还是艺术，我说，教育学是教育艺术的科学。"

座谈结束时，我把我所翻译出版的苏联教育科学院通讯院士、已故教育家苏霍姆林斯基的著作送给他，他显得非常高兴，同时把早已准备好的他主编的《教育学》（高等师范院校的教科书）及《教学过程最优化》两本书送给我们。大家都表示今后加强学术交流。

座谈结束后，巴班斯基领着我们去参观教育科学院的陈列室，并亲自解说。陈列室就在教育科学院大楼的第一层，那里陈列着科学院编写的中小学各科的教学大纲、教科书、参考资料，各种课外读物，优秀教师的经验和各种理论著作，还有教育史和世界各国教育方面的著作。科学院设计的教学仪器引起了我们极大的兴趣，包括各种教学的实验仪器，以及微处理机等。通过参观陈列室，我们具体地理解了巴班斯基教授所说的，苏联教育科学院的研究工作是密切联系中小学实际的，是围绕不断提高中小学的教育质量的。这正是教育事业的科学基地。它既是教育部的智囊团、参谋部，又是广大教师的指导者、辅导员。学校教育教学中的问题在这里都可以得到反映和答案。

可惜时间有限，许多教育理论问题未能来得及与巴班斯基教授探讨。告别时虽然莫斯科还在日光的普照下，但时钟告诉我们已近傍晚。

三论苏联普通教育的改革[*]

1984年1月4日，苏联《真理报》公布了《苏联普通学校和职业技术学校改革的基本方针（草案）》（以下简称《基本方针》），经过3个月的全民讨论，由苏共中央全会于4月10日、苏联最高苏维埃于4月12日正式通过。随后苏共中央和部长会议又做出了一系列的决定来保证基本方针的实施，现在我们已经看到的有以下6个决定：①苏共中央、苏联部长会议《关于进一步完善青年普通中等教育和改进普通教育学校工作条件的决定》；②苏共中央、苏联部长会议《关于改进学生劳动教育、教学、职业定向和组织他们参加公益生产劳动的决定》；③苏共中央、苏联部长会议《关于进一步发展职业技术教育和提高其在培养熟练技术工人方面的作用的决定》；④苏共中央、苏联部长会议《关于完善普通教育和职业技术教育系统师资的培训工作，提高他们的业务水平并改善他们的劳动和生活条件的决定》；⑤苏联部长会议《关于进一步改进儿童学前社会教育和入学准备工作的决定》；⑥苏共中央、苏联部长会议、全苏工会中央理事会《关于提高教师和国民教育其他工作人员的工资的决定》。

---

[*] 原载《外国教育动态》，1984年第6期。

这是继1964年以来又一次大规模的教育改革。这次改革将对苏联教育的发展产生重大的影响，值得我们重视和研究。

一、新的教育改革的历史背景

笔者在《苏联普通教育的几次改革》（参见《外国教育动态》1982年第2期）中曾经指出，第二次世界大战后苏联普通教育的改革走过一条曲折的道路：1958年强调学校同生活的联系，强调劳动教育；1964年随着世界科学技术的发展，强调知识教育，转向实现教育的现代化；1977年以后又一次强调劳动教育和职业训练。通过20多年的努力，苏联教育有了很大的发展与提高。第一，基本上普及了十年制教育，提高了劳动人民的文化科学水平。第二，完成了教育内容现代化的过程，到1975年完成了学校向新的教学计划和教学大纲的过渡。第三，更新了学校的教育设备，中学以上都采用了专门教室（工作室）制度，电化教育已经普及。第四，在教育科学研究的基础上提高了教育教学的质量。但是从上述几次反复的改革中可以看到，普通教育中始终存在一个主要矛盾，即知识教育与劳动教育的矛盾，它反映了中等教育既要为高一级学校培养人才又要为毕业生直接就业做准备的矛盾。随着中等教育的普及，大部分中学毕业生要直接参加生产劳动。据1980年统计，八年级毕业生有33.6%要进入初、中等职业技术学校或者直接就业，十年级毕业生有68.1%要进入技术学校或直接就业。因此，中等教育要为青年就业做准备，这就需要加强劳动教育和职业训练。这是一个方面。另一方面，现代科学技术的进步要求劳动者不断提高文化科学水平，要求中等教育为高等学校提供高水平的新生，因此，要实现中等教育内容的现代化，把新的科学知识不断地充实到学校教学内容中去，就要求学校加强知识教育。但是教学时间是一个常数，不可能把新的科学知识都补充到教学中去，这又产生了第二个矛盾，即知识教育与学习年限的矛盾。特别是苏联，学制比较短，中小学加在一起只有10年，要在短短的10年时间内学完普通的基础知识，难度很大。所以自20世纪60年代后期以来，学生学业负担过重的问题在苏联始终未能得到很好的解决，这次教育改革就是要解决这些矛盾。

关于加强劳动教育和职业训练的问题，1958年的改革就已经提出来过，但是当时由于种种原因（我在《苏联普通教育的几次改革》中已经分析过），未能实现。其中有一个原因就是当时的生产技术条件不足（没有足够的设备和生产教学的教师），现在经过20多年的发展，实施生产教学的条件已经具备，学校在开展生产教学中积累了丰富的经验；学校与企业挂钩的形式已经被普遍采用，特别是采用了一些新的形式，如校际生产教学联合体，有力地推动了普通中学的职业训练；近几年来还建立了工程师范学院，在师范学院建立了工程技术教育系，培养了大批生产教学的教师和技师。这一切都为这次教育改革创造了条件。

以上说的是苏联的内部条件。从外部条件来说，当前世界面临着新的科技革命的挑战，它冲击着教育，世界各国都在酝酿着一场新的教育改革。苏联的这次教育改革也就是在这种形势下进行的，1983年，苏共中央六月全会就讨论了这次改革，并指出："学校改革的目的，是要把学校的工作提高到符合发达社会主义社会的条件和需要的崭新水平。"这次改革的《基本方针》也指出："我们的任务是要使国民经济各部门都达到最先进的科学技术水平，普遍实现生产自动化，保证劳动生产率的根本提高和使产品达到世界最佳水平。这一切都要求开始独立生活的年轻人——工人、技术员、工程师，具有最现代化的教育水平，智力和体力得到高度发展，掌握生产的科学技术和经济原理，对劳动采取自觉的创造性态度。"

二、改革的基本内容

为了解决上述矛盾，改革采取了以下一些措施。

（一）延长学制

这在几年以前就已经看出这个势头（参见《再论苏联普通教育的改革》，载《外国教育动态》1983年第5期）。20世纪70年代初期，苏联就开始进行6岁儿童入学的试验。这就是为延长学制做准备。6岁儿童入学不仅是从早期教育的角度来考虑的，而且它能够达到既延长学制又不推迟青年就业的年龄的目的。劳动力紧张是苏联长期存在的问题。如果学制向上延伸，势必推迟青年就业年龄，使劳动力更加紧张，所以只有向下延伸才是两全其美的办法。但是苏联在实施这项改革时是十分慎重的，经过10多年的长期实验，提出了对6岁儿童上学的特殊要求，以符合6岁儿童的年龄特点，有利于他们的健康发展。这些内容已经在苏共中央和苏联部长会议《关于进一步完善青年普通中等教育和改进普通教育学校工作条件的决定》，以及苏联部长会议《关于进一步改进儿童学前社会教育和入学准备工作的决定》中固定下来，其细则我在上文中已经详细介绍过，这里就不再重复。

（二）加强普通学校的劳动教育和职业训练

改革的《基本方针》指出："在学校中进行劳动教育和学习，目的应该是培养学生热爱劳动和尊重劳动人民的感情；使学生了解现代化工业和农业生产、建筑、交通运输和服务的基本知识；在学习和社会公益劳动中培养他们的劳动习惯和能力；促使他们自觉地选择职业并得到初步的职业训练。"总的来说，就是使学生在毕业前就做好参加生产劳动的思想准备和技能准备。

《基本方针》还详细地规定了各年级劳动教育的要求。

小学生（一年级到四年级）要学会生活中必需的、起码的使用各种材料的手工劳动，种植农作物，修理直观教具，制作玩具和各种对学校、幼儿园、家庭有益的物件等。在这个阶段就开始介绍孩子们可以理解的一些职业。

在不完全中学（五年级至九年级）的学生们要受到更扎实的普通劳动训练，获得金属、木材加工的知识和实际能力，了解电子技术、金工学和识图的原理。对国民经济的主要部门要有所了解。他们根据企业的订货制造和给学校制造一些不太复杂的产品，并关心环境保护。

普通中等学校（十年级至十一年级）在此基础上，以及直接在生产劳动地点，根据最普通的职业，并考虑到该地区对这些职业的要求来组织劳动教育。掌握某项职业技能，并按规定程序通过专业考试。

根据6个决定的要求，学生的劳动教学和公益生产劳动时间将增加。二年级至四年级每周3小时，五年级至七年级每周4小时，八年级至九年级每周6小时，十年级至十一年级每周8小时，同时利用暑假，学生每年参加劳动实践，五年级至七年级为10天，八年级至九年级为16天，十至十一年级为20天。《基本方针》还规定学生八年级起要在学生生产队、校际生产教学联合体、企业教学车间、教学工段和职业技术学校学习和工作。

为了解决普通中学实施职业技术训练的问题，近些年来苏联创办了一种新的学校形式，叫作"校际生产教学联合体"。过去有些文章把它翻译为"校际教学生产联合工厂"，但据我了解，这样的译法不完全确切，因为它是进行生产教学的教育实体，它的任务是培养掌握职业技术的人才，无论从目标上讲，还是从组织上讲，都不同于一般的工厂。它是学校，是职业技术的培训中心。这次我们中国高等教育考察团访问苏联时参观了这样的学校，给我们留下深刻的印象。我们参观的是莫斯科市十月革命区第二校际生产教学联合体。该区有2所这样的学校，供全区32所普通中学的九年级、十年级学生学习。按照教学计划的规定，九年级、十年级每个学生每周来这里学习1天，其中包括2小时理论课，4小时实践课。该校分6个专业：车工、缝纫、烹饪、售货员、汽车驾驶、银行业务。这6个专业又与10个企业挂钩。挂钩的企业称为基地企业，负责装配车间、生产资料的供应、产品的处理、提供技师、接待学生集中实习。例如，车工专业的基地企业是红色无产者机床厂和轴承厂。它们分别装备了2个车间，每个车间有20多台现代化的机床，生产该厂的零配件；缝纫专业则由接班人缝纫机厂装备了25台电动缝纫机；汽车驾驶专业由附近的2个出租汽车站装备2个车间和提供4辆小轿车。教理论课的教师都是受过高等教育的，他们的工资由教育局负担；教实践课的技师一般是基地企业的工程师、技术员，由企业负担工资。每年9月1日开学，5月31日结束（毕业班提前在4月1日结束），暑假从7月1日至7月25日到基地企业去实习。实习期间领取45卢布的津贴（汽车司机专业没有津贴）。7月25日以后愿意在假期中留在企业工作的，每月可领取工资140～150卢布。经过训练，毕业时有50%～60%的学生通过考试获得专业文凭，到企业工作即可定为二级工或三级工。汽车司机专业全部学生可以获得B级（小轿车）的职业执照。

这种联合体解决了城市中学单独建立校办工厂、车间的困难，同时可以起到培训中心的作用，对学生集中力量进行职业训练。这种办法是值得我们借鉴的。这种联合体在莫斯科有48所，列宁格勒有32所。据介绍，全苏联已有2500多所。

（三）加强职业技术学校的建设，提高其普通教育水平

20世纪50年代培养熟练工人主要通过技工学校、艺徒学校的形式，60年代以后改为职业技术学校。职业技术学校有三种类型：第一种是职业技术学校，招收八年制毕业生，学习1～2年，培养一般的工人；第二种是中等职业技术学校，招收八年制毕业生，学习3年，培养熟练工人；第三种是技术学校，招收十年制毕业生，培养熟练工人和初级技术

人员。这次改革的《基本方针》中规定，把现有的各种职业技术学校改组为统一类型的学校——中等职业技术学校。这种学校将根据职业和学生受教育程度规定的学习期限开设相应的教学班。九年级毕业生在中等职业技术学校通常学习3年，接受职业教育，同时完成普通中等教育学业。十一年级毕业生为了取得更高的资格或掌握复杂的工种，应升入中等职业技术学校进行相应的专业学习，培训期限可达1年。中等职业技术学校专门为国民经济的相应部门培养高度熟练的工人，它以生产联合公司、企业、建筑单位和组织为基础，而在农村地区，它则以区农工联合公司、国营农场、集体农庄和跨单位企业为基础。这些单位叫基地企业。中等职业技术学校和普通中学是两个系统，前者由职业技术教育委员会领导。

我们在列宁格勒参观了第115职业技术学校，这是一所培养地铁工人的学校。基地企业是列宁格勒地铁公司，1974年建立，学校设备精良，是模拟地铁的真实情况建立的。据校长介绍，学生一面建校一面学习，许多设备和家具都是学生自己动手建造的。学校现有学生800名，女生只有6名，全部分成28个班。其中，27个班招收的是八年制毕业生，学制3年，一个班招收的是十年制毕业生，学制1年，专业有机车钳工、车工、电工、自动电梯助手、车站值班员等。全校建有20个专用教室、6个教学生产车间。专用教室都装有成套的电化设备。现有教师43名，全部受过高等教育。开办这所学校花了150万卢布，基建是地铁提供的，地铁还负责房屋的维修。每年的经常费约80万卢布，由列宁格勒职业技术教育委员会提供。该校还设有一个家具工厂，每年可获利润约25万卢布，由学校自行支配。

目前，八年制毕业生有20%升入职业技术学校，《基本方针》要求到1990年增加1倍。

由上述情况可以看到，这次改组职业技术学校的目的是提高职业技术学校的普通教育水平，提高工人的文化科学素质。

（四）进一步实行教学改革，提高教学过程的质量

《基本方针》为此提出以下要求。

第一，明确所学各门课程材料的目录和数量，消除教学大纲和教科书分量过重的现象，删去其中过于复杂的次要材料。

第二，极其准确地阐明各学科的基本概念和主导思想，保证在各学科中反映出科学和实践的新成就。

第三，从根本上改进普通教育学校中劳动教育、教学和职业定向的安排，加强教育内容的综合技术方向。更加重视实验课，让学生看到物理、化学、生物学和其他学科的定律在生产中如何应用，从而为青年的劳动教育和职业定向奠定基础；用现代化计算技术设备的知识和素养武装学生，确保在教学过程中广泛使用计算机，并为此建立专门的学校研究室和校际研究室；每门课和各个年级都要确定学生必须掌握的适量本领和技能。

苏共中央和苏联部长会议还责成教育部、科学院和教育科学院修改现在使用的教科书；完善教学方法和手段，在教学中采取有效形式；使学生独立钻研教科书；提高课堂教学这种组织教学过程的基本形式的效果；在高年级采用讲演和课堂讨论的形式；完善课堂教学体系的组织工作。

为了提高教学质量，苏联规定降低各班级的满员限额，逐渐使一年级至九年级的满员限额降到30人，十年级至十一年级降到25人。

（五）加强学校思想工作、家庭教育和社会教育，提高学生的思想品德

《基本方针》强调要培养社会主义社会的公民、共产主义的积极建设者，思想坚定、道德高尚、热爱劳动、行为文明。为此，除了要求在各科教学中加强思想教育以外，还要求增加社会学的教学时间。

《基本方针》特别强调对学生进行艺术教育和美学教育。一方面，要求发扬美好的情感，培养健康的艺术鉴赏能力和理解、评价艺术的能力；另一方面，要防止无思想性、庸俗习气及低劣的精神产品渗透到青年中去。

改革的精神是要把学校的教学和课外活动，把家庭教育和社会教育统一起来，建立一个共产主义教育体系。苏联教育科学院副院长巴班斯基教授在与我们座谈时讲到，他们正在编制整套的共产主义教育大纲。他说，过去只有社会学的教学大纲，没有整个共产主义教育大纲，现在要把整个教育教学工作，课内课外联系起来，制定统一的共产主义教育大纲。为了做好这件工作，学校要指派专门的教师来负责学生的课外活动。

我们亲眼看到，苏联很重视革命传统教育。20多年来，每个城市都建立了雄伟庄严的革命博物馆、革命烈士纪念陵园或纪念碑。我们看到有些地方有优秀的少先队员和共青团员为列宁塑像和在烈士纪念碑站岗。他们有一句口号，叫作"不忘记过去的一切，不忘记过去的人"。每所学校都辟有校史陈列室，记述着该校在革命年代中和建设中的英雄模范人物和事迹。

（六）提高教师的社会地位和工资待遇，提高教师的业务水平

《基本方针》在第六部分专门论述教师的作用，指出："顺利完成对青年人进行教学和教育的复杂任务，在决定性的程度上取决于教师的思想信念、职业技能、学识造诣和文化修养。""人民教师是年轻人的精神世界的塑造者，是社会所信赖的人。"要求教师"不断地进行创造，不断地思考，具有宽阔的胸怀，热爱儿童，无限忠于事业"。为了提高教师的社会地位和威信，苏联决定宣布每年9月1日为全民节日——知识节。

《基本方针》要求不断提高教师的业务水平，教师通常每4~5年轮训一次。

《基本方针》决定提高教师和教育工作人员的工资。为此，苏共中央、苏联部长会议和全苏工会中央理事会做出专门决定，凡是在中小学和教育部门工作的教师和教育工作人员（包括学前教育机构和中等专业学校）可以增加工资30%～35%。

三、几点值得借鉴的经验

第一，"普通教育职业化，职业教育普通化"是世界中等教育发展的普遍趋势，苏联这次教育改革也体现了这种精神。它是通过两条途径来实现的：一条途径是在普通中学里加强劳动教育和职业训练；另一条途径是扩大职业技术学校的招生数量，并把它们的水平提高到中等教育的程度。正如《基本方针》中指出的："在一、二个五年计划期间，对青年普及中等教育，又辅之以普及职业教育。所有的年轻人都能够在开始工作以前掌握一门技能。从发展上看，将会使普通教育学校和职业学校相互接近，乃至合为一体。"这项措施必将大大提高工人队伍的素质，有利于国民经济的发展。这一点很值得我们研究和借鉴。目前我国中等教育正在进行改革，但有一个倾向值得注意，就是普通高中不重视劳动教育和职业训练，职业高中又过分削弱普通教育课程。这两者都不利于学生的发展，不利于适应科学技术发展和现代化生产的要求。

第二，教育事业是全民的事业，人才培养关系到整个国家的建设和发展，因此，它不是教育部门一家的事。苏联这次教育改革花了3个月的时间让全民讨论，不仅能集思广益，而且能起到引起全民重视，大家来关心教育事业的动员作用。例如，加强职业技术教育，没有企业的支持是不可能办到的。苏联采取学校和企业挂钩的形式，把挂钩的企业称为学校的基地企业，明文规定基地企业的义务和权利，把培养人才和企业发展联系起来，既促进了学校的职业技术教育，又为企业培养了合格的人才。这条经验也是值得借鉴的。

第三，中央的集中统一领导是苏联教育发展的重要保证。苏联这次教育改革的基本方针是由苏共中央全会和最高苏维埃通过的，起到了法律的作用。在《基本方针》通过以后，苏共中央和部长会议又做出了一系列决定来具体实施这个方针。由于中央的集中统一部署，党政各级部门都必须遵照执行，这就比教育部门一个部门的决定和指示有力得多。当然，苏联教育的领导过于集中，缺乏灵活性，不利于发挥部门、地方和学校的积极性，弊端也是不少的。但在大政方针上集中领导，统一部署，无疑是有利于教育事业的发展的。

第四，教师是发展教育事业、提高教育质量的关键，只有不断地提高教师的社会地位和待遇，提高他们的业务水平，才能充分调动教师的积极性，使他们把自己的聪明才智贡献给培养年青一代的教育事业。苏联为这次教育改革拨款110亿卢布，其中，35亿卢布用于提高教师的工资，75亿卢布用于基本建设和改善学校设备条件。教师的工资待遇提高了，一部分优秀青年就会加入教师队伍，从事培养人才的艰苦劳动。舍不得在这方面花本钱，长远来讲，就会影响到国民经济的发展。当然，在改善教师的物质条件的同时，要对教师提出更高的要求，重视教师的进修提高，这两者是互相联系的。只有教师的地位和待遇提高了，才能对他们提出较高的要求；他们提高了工作的熟练程度，就应该提高他们的工资待遇，并鼓励先进。

论苏联的新的教育改革*

    1984年1月4日，苏联《真理报》公布了《苏联普通学校和职业技术学校改革的基本方针（草案）》，经过3个月的全民讨论和修改，于4月10日和12日分别由苏共中央全会和苏联最高苏维埃会议通过实施。这是继1968年教育改革以来的又一次重大教育改革。研究和分析这次改革，不仅可以对苏联教育的发展和现状有比较深入的了解，而且对于认识教育发展的规律和我国教育改革应采取的方针有所裨益。

一

    《苏联普通学校和职业技术学校改革的基本方针（草案）》（以下简称《基本方针》）指出，这次学校改革的目的，"是要把学校的工作提高到符合发达社会主义社会的条件和需要的崭新水平"。《基本方针》指出："我们的任务是要使国民经济各部门都达到最先进的科学技术水平，普遍实现生产自动化，保证劳动生产率的根本提高和使产品达到世界最佳水平。这一切都要求开始独立生活的年轻人——工人、技术员、工程师，具有最现代化的教育水平，智力和体力得到高度发展，掌握生产的

---

* 原载《教育研究》，1984年第12期。

科学技术和经济原理，对劳动采取自觉的创造性态度。"时代在发展，特别是在新的科学技术革命到来时，如何使学校教育适应新的科学技术和国民经济的发展需要，这是世界各国都在考虑的问题。教育改革正在世界范围内广泛地展开，并不仅限于苏联。但是苏联的这次教育改革采取了这样大的规模，动员了全国人民进行讨论，绝不仅仅是为了一般地提高教育水平，而是有着深刻的社会原因和历史背景的。笔者认为，这次苏联的教育改革是要解决长期存在于苏联学校教育中的以下三大问题或叫三大矛盾。

（一）关于知识教育与劳动教育的矛盾问题

《基本方针》中提到："伟大的列宁是苏联国民教育体系的缔造者。苏联共产党和苏维埃国家始终不渝地贯彻列宁的统一劳动综合技术学校的思想。"但是要建立这样的学校不是一件容易的事。苏联几十年来在解决这个问题时走过了一条十分曲折的道路。俄国十月革命以后，苏维埃政权推翻了渗透着阶级偏见的旧的教育制度，强调建立统一的劳动学校制度，这无疑是十分正确的。但是《统一劳动学校宣言》和《统一劳动学校规程》错误地把生产劳动作为学校生活的基础，过多地安排生产劳动，严重地忽视学校中的知识教育，学生不能掌握系统的科学文化知识，影响到高等学校的质量和人才的培养，这就导致20世纪30年代的教育整顿和改革。

20世纪30年代，苏联着力于整顿学校秩序，强调学校中传授系统的科学文化知识，加强学生的基本知识和基本技能的训练，大大减少学生参加生产劳动的时间，最后于1937年取消劳动课。普通完全中学的任务主要是为高等学校输送合格的新生，成为高等学校的预备班。

到了20世纪50年代，随着七年制教育的逐步普及和完全中学的发展，完全中学的毕业生已经不能全部进入高等学校。他们必须走入社会，参加社会生产劳动，但是普通中学并没有为他们进入社会做什么准备。他们既没有劳动的基本技能，思想上又厌恶体力劳动。针对这些情况，1958年赫鲁晓夫以"加强学校与生活的联系"为主题，进行了教育改革。那次教育改革延长了学制（由10年延长到11年）；加强了学校的生产劳动；规定普通中学要兼施生产教学，进行职业训练，毕业时要求掌握一门专业；高等学校优先招收有2年以上工龄的青年等。为了完成这个任务，高年级的教学计划中把1/3的时间用于生产教学和生产劳动，普通中学以培养劳动者为主要任务。

当时的教育改革并不是所有苏联教育家和家长都同意的。在改革开始以后，报刊上就不断地出现各种意见，要求重新强调普及普通的中等教育。以后几年执行的情况也很糟，更引起了人们的不满。阿法纳先科在1961年11月的自治共和国教育部长、省和边区教育厅局长会议上就指出，学校的劳动教育和教学的安排还有许多严重的缺点，劳动课是形式主义地进行的，带有狭隘的手工业的性质（参见苏联《国民教育》，1961年第12期）。1962年7月，俄罗斯联邦最高苏维埃代表兼文化教育委员会主席格涅多夫在俄罗斯联邦第五届最高苏维埃第六次常委会上对教育改革的执行情况提出了尖锐的批评。他说，过去几年，改组学校的工作的速度很慢，而且改组的准备工作做得很差。退学现象很严重，学校改组工作往往是"徒具形式"，"只是更换招牌而已"。

这次改革持续到1964年，没有取得成功，看来有以下几方面的原因。

第一，改革严重地降低了中学的教学质量。比较改革前后的教学计划就可以看到，虽然知识教学的时间并没有减少，但由于生产教学的时间大幅度增加，只好增加每周上课时数并减少学习某些普通科目的时间，其结果是原来已经沉重的负担变得更加沉重了，教学质量普遍下降，不少学生失去学习的兴趣，学生中途退学的比率很高。例如，1962年退学的学生达到50万人（参见《教师报》，1963年10月5日），农村地区学生退学率高达50%（参见《教师报》，1962年4月10日）。退学的主要原因是学习跟不上。关于教学质量的批评，来自高等学校的更为激烈。高等学校认为中学没有提供高质量的新生。特别是按照招生的规定，新生的80%以上来自有2年工龄的青年，他们的文化水平很低，不能满足高等学校的要求。格涅多夫认为，造成这种现象的原因是，有些教育工作人员忽视普通学校的根本任务之一是以知识武装学生。

第二，在中学实现职业训练的想法落空了，具体表现在以下方面。

一是生产教学组织得很不好，缺乏物质基础，生产劳动徒具其形。特别是高年级到工厂去生产实习，却没有具体的工作岗位，往往是站在工人背后，看着老工人工作，或者被分配去做"既没有教育意义也没有认识意义的偶然性工作"，有时竟用来"进行自我服务，收集废金属和废纸"（《国民教育》，1963年第7期）。

二是学校职业训练的专业和国民经济部门的需要不对称。学校确定生产教学的专业范围本来应该从长远来考虑国家对各种专业人员的需要，但是学校无法得到这种需要的可靠资料，因而学校在决定生产教学的专业范围时是盲目的、自发的，没有考虑到国民经济部门的需要和青年们的爱好。结果一些专业的毕业生多，另一些专业的毕业生不足，因而有些毕业生虽然希望按照自己所学的专业去工作，但找不到对口的工作，另一些毕业生则不愿意按照他们在学校所学的专业去工作。据调查，在新西伯利亚省1963年中学毕业的总人数中，按照生产教学的专业就业的仅仅是所有毕业生的11%（参见苏《哲学问题》，1965年第5期）。这样，国家仍然还要另外拿出一笔钱来为这些经过职业训练的青年进行再训练。

三是缺乏生产教学的教师，这也是职业训练落空的重要原因。

第三，生产教学和劳动与知识教学脱节，既没有真正做到教育同生产劳动的结合，同时又拉长了中学的修业年限，造成在苏联已经紧张的劳动力更加紧张。生产教学脱离开综合技术教育的任务，往往把它看作只是让学生获得某些工作的操作方法。在劳动课上不利用学过的科学基础知识。阿法纳先科在报告里说："生产教学的大纲中充塞着许多为掌握所选专业并非必须学习的材料。这样就人为地拖长了生产教学的时间，从而拖长了中学修业的年限。"（参见《教师报》，1984年8月13日）莫斯科的中学校长们曾为此集体给报社写信，说："有些技能是多少受了一些教育的青年用三四个月就能够学会的，现在则要花三年的时间去教他们，这是否合理呢？应否教给学生们确定无疑从事的专门技能呢？"（参见《共青团真理报》，1964年1月18日）

教学质量的降低和职业训练的落空，使一些教育家们怀疑在普通中学进行职业训练的必要性。1965年3月，俄罗斯联邦教育科学院院长凯洛夫院士在全院大会的总结报告中就公开地说："经验令人信服地证明，学生在中学范围内的条件下，不可能根据某一经济区域对干部的需要来把普通学校编制的地区原则同职业教育的计划和组织结合起来。这里几乎就没有注意到学生个人的兴趣和爱好。这样，职业教育纯粹是机械地在普通教育和综合技术教育的内容之上的一层东西罢了。许多学校由于没有必要的生产教学基地，就走上了狭隘的专业化和手工艺的道路。"（参见《苏维埃教育学》，1965年第5期）阿法纳先科在1964年8月的全俄国民教育会议上的报告中则说："5年的经验证明，把中学修业年限延长一年，并把这些时间基本上用于生产教学，这种做法在多数情况下是不正确的，因为可以用较短的时间完成这项任务；加上由于缺乏必要的条件而使生产教学往往变为无味的时间浪费……这种状况曾常常引起学生、学生家长和社会各界的严重不满。"（参见《苏维埃教育学》，1965年第5期）以上两人的说法略有不同，但都认为在普通中学里进行生产教学和职业训练是不适当的或不正确的。

现在看来，1958年的教育改革之所以未能成功，不是由于在普通学校进行职业训练的不适当，而是当时的条件不成熟。

1958年教育改革的失败导致1964年的教育改革。1964年8月，苏共中央和苏联部长会议公布了《关于改变兼施生产教学的劳动综合技术普通中学的学习期限的决定》。中学学习期限仍然恢复到10年。但八年制学校保留不动，只是高中阶段由3年缩短为2年。

决定的条文很简单，表面上只涉及学习期限的改变，实际上是整个中学结构的变化。普通中学的学习年限的缩短意味着放弃职业训练，回到原来十年制学校的培养目标和任务上。

1964年的改革还有一个很重要的原因，就是由于科学技术的迅速发展，世界各国都早已着手实施教育内容的现代化。美国自1958年公布《国防教育法》以后，先后编写出了新数学、新物理、新化学、新生物等课本，更新了各级学校的实验设备。美国的教育现代化影响到欧洲各国和日本，他们纷纷进行教育现代化的改革。为了扭转苏联中学教育落后于世界教育现代化的形势，从1964年开始，由苏联科学院和俄罗斯教育科学院组成了确定中学各种内容和性质的各科委员会与协调各科委员会的总委员会。这些委员会由500多名著名的学者、教授、教学法专家和优秀教师组成。它的任务是使"教育的内容和性质符合现代科学、技术和文化的发展水平"[①]。

与此同时，学校里大量减少生产劳动教育的时间，到1966—1967年学度，学校教学计划中规定的生产劳动时间已由1958年的总学时的21.06%减少到7%，接近于1958年改革以前的水平（总学时的5.3%），重新强调知识教育的重要。1965年，苏联高等和中等专业教育部部长叶留金在回答高考生的问题时宣称："高等学校招生考试的基础的唯一和基本的要求是一切考生都必须具有高深和牢固的知识。"（参见《真理报》，1965年7月15日）

1964年的教育改革持续到20世纪70年代中期。1973年7月19日，苏

---

① M. 卡申：《关于苏联学校向新的教育内容过渡的总结》，载《国民教育》，1976（6）。

联第八届最高苏维埃第六次会议通过的《苏联和各加盟共和国国民教育法纲要》可以说是这个时期教育改革的总结。但是问题并没有解决，学校工作中重新出现了1958年以前的问题。中学毕业生缺乏应有的劳动训练，缺乏走向社会的准备。于是1977年苏共中央和苏联部长会议再一次通过《关于进一步改进普通学校学生的教学、教育和劳动训练的决议》。这可以说又是苏联普通教育发展的转折点。这次（1983年）教育改革也可以说是1977年决议的进一步发展。

从以上简短的历史回顾可以看出，解决中等学校知识教育与劳动教育的矛盾，建立列宁提出的统一的劳动综合技术学校，实施教育同生产劳动相结合的原则，苏联教育走过了一条曲折的道路。

（二）关于学校为学生升学和就业做准备的矛盾

这个问题和前一个问题有着密切的联系。当然，解决前一矛盾不仅仅是为了解决学生升学或就业的矛盾，它有着更重要的意义。但是要解决好为学生升学和就业的两种准备，就必须正确地处理好知识教育与劳动教育的关系。1958年的教育改革就是升学和就业的矛盾引起的，这次教育改革仍然是为了解决这个问题。苏联《苏维埃俄罗斯报》1983年9月12日刊登了苏联国民经济学院系主任、苏联科学院通讯院士鲁特克维奇的题为《劳动是成熟的鉴定书》的文章，列举了 1965年至1980年八年制学校和十年制学校毕业生的出路的分布情况，如表1和表2所示。

表1　八年制学校毕业生的分布情况（％）

年份	毕业生总数	直接参加工作的比重	升入全日制职业技术学校的比重		升入九年级的比重	升入中专的比重
			普通职业技术学校	中等职业技术学校		
1965	100	42.5	12.3	—	40.0	5.2
1975	100	2.3	21.4	10.2	60.9	5.2
1980	100	0.5	13.8	19.3	60.2	6.2

表2　十年制学校毕业生的分布情况（%）

年份	毕业生总数	直接参加工作的的比重	升入技术学校的比重	升入中专的比重	升入高等学校的比重
1965	100	16.2	—	42.4	41.4
1975	100	55.3	12.9	16.0	15.8
1980	100	41.2	26.9	15.6	16.3

从表1和表2可以看出，八年制学校毕业生直接参加工作的越来越少，升入普通中学九年级的学生在20世纪70年代一下子增加，因而使得十年制的毕业生直接参加工作的比重大大地增加，而升入高等学校的比重相对大为减少。这就不得不考虑重新研究十年制中学的任务和学生的知识、技能结构问题。

提供上述资料的作者指出：走上生活的青年中，约有1/4的人（全国约100万人）没有获得符合时代潮流的职业训练，而且对应当干的工作没有心理上的准备。这往往造成他们对劳动不感兴趣，对集体漠不关心的现象。他说："现有教育制度已落后于生活，现在有必要对教育制度及其受理方法进行根本的改革。"改革的目的是使年青一代走向劳动生活时，不仅获得普通中学教育，还应当获得专业广泛的职业教育。

（三）关于普通教育与职业教育的矛盾

这个问题是上述两个问题的另一种提法，是从另外一个角度来考虑的问题。中等教育具有双重任务：它要为高等学校培养合格的高质量的新生，就要加强普通教育；它要为学生将来的就业做准备，就要加强职业教育。因此，中等教育就由两种类型的学校来实施：一种是普通中学，另一种是职业学校。但是普通中学的毕业生并不能都上高等学校，因此，普通中学也必须进行职业教育；而职业学校在当前科技发展的形势下，不仅应当让学生掌握一种职业技能，而且应当培养学生继续学习的能力。也就是说，职业学校除了进行职业教育外，还应该重视普通教育。这就是列宁在20世纪20年代提出的不要让儿童过早地职业化的思想。这个思想现在显得更为重要。现在看来，只有兼顾普通教育与职业教育两个方面，才能真正建立起社会主义的统一的劳动学校。

今天，科学技术的高速发展，更加要求普通教育和职业教育的结合。同时，中等教育的普及，也为这种结合提供了客观的可能性。

十月革命以后，旧的双轨制打破了，因为它是阶级歧视的表现，所以提出了实行统一劳动学校的口号。但是，社会生活的需要和当时教育的发展水平不可能只建立一种学校，必须建立多种形式的学校。例如，除普通中学以外，还有工厂艺徒学校、技工学校、中等专业学校等。虽然这些多种形式的学校已经不是实行阶级歧视的两轨制，但仍然不是平等的教育，仍然没有解决建立统一的劳动学校问题。苏联为了解决这个问题，长期以来采取了业余教育的方式满足劳动青年的求学要求。这种业余教育与全日制教育总有一定的差距，因此，只有延长义务教育的年限，把普通教育与职业教育结合起来，才能真正解决这个问题。这次教育改革重新提出普通中学加强职业训练，提高职业技术学校的普通教育水平，就是为了解决这个问题。

以上是苏联这次教育改革所要解决的主要矛盾。与此同时，还要解决学生学业负担过重的问题。自从1964年实行教育内容现代化以来，教材内容太深、太难，分量太重，造成学生的学业负担过重，"消化不良"，留级现象严重等，引起了教育界和广大家长的重视。虽然20多年来不断地修改教学大纲和教材，但由于学制太短，这个问题长期未能解决。这次改革决定延长学制1年，就是为了解决这个矛盾。

二

苏联新的教育改革是如何解决上述矛盾的呢？笔者在这里只做一些概括性的叙述。

（一）延长学制以解决由于科技发展带来的新的知识不断增长与学制过短、学生学业负担太重的矛盾

改革决定延长中学学习年限1年。由于苏联劳动力一直很紧张，延长学制必然会加剧劳动力的紧张程度。因此决定把延长的1年放到6岁儿童身上。为了6岁儿童入学，苏联做了长期的准备。从20世纪60年代开始就进行实验。这当然也是受当时早期教育思潮的影响。6岁儿童入学本来是不成其为问题的，世界上大多数工业国家都是6岁入学。但苏联不同，因为十月革命以后苏联实行的是8岁入学，到1943年才改为7岁入学。对于6岁入学，许多教师和家长还不习惯，不放心。只有通过实验来打通家长和教师的思想，同时摸索对6岁儿童进行学校教育的经验。经过长期的试验，得出两条结论：一是6岁儿童是完全可以进行正规的学校教育的，由生理学家、心理学家、医生等组成的实验小组对6岁儿童入学的全面检查表明，严格的智力教育并没有损害儿童的身心发展；二是6岁儿童毕竟不同于7岁儿童，必须按照6岁儿童的身心特点，采用不同于对7岁儿童的方式、方法。所以，在教育改革的实施条款中规定了6岁儿童只学习原来一年级教学大纲中的一半内容；每周上课时减少为5天，每天4节课，每节课35分钟（7岁以上儿童每周上课6天，每天5～6节课，每节课45分钟）；要求给6岁儿童较多的游戏、户外活动和休息时间等。

（二）加强普通中学中的职业教育和职业定向

为此，苏联增加了生产教学的时间。从二年级开始设劳动课：二年级至四年级每周3小时；五年级至七年级每周4小时；八年级至九年级每周6小时；十年级至十一年级每周8小时（过去规定一年级至八年级每周2小时，九年级至十年级每周4小时）；高年级利用暑假的20～25天进行集中的劳动实习。学生的生产劳动在学校的工厂、农场、车间进行。近年来创办了一种新的生产教学的组织形式，即校际生产教学联合体。由地方教育局举办，与本地区的工厂企业挂钩，这些企业叫作基地企业。由教育局提供校舍、生产教学理论课的教师；由基地企业装备生产实习车间，提供生产原料和产品，提供指导生产实践课的技师，负责学生的实习。本地区高中的学生每周到校际生产教学联合体来接受1天生产教学，其中包括2小时理论课和4小时实践课；暑假到基地企业或其他企业集中实习；毕业时经过考试合格可获得专业证书。这种形式解决了学校单独办工厂的困难。同时，它与本地区企业挂钩，为它们提供熟练的劳动力，解决了学校训练职业与社会上要求职业之间的矛盾，而这个矛盾正是1958年教育改革没有解决的。这种校际生产教学联合体在全国已有2500多所，莫斯科、列宁格勒等大城市已基本普及。

（三）扩大职业技术学校的招生人数，相应地减少普通中学的学生数

现在八年制毕业生升入普通中学的人数占毕业生总数的60%，升入职业技术学校的人数为20%左右。《基本方针》要求把职业技术学校的学生数增加1倍，即达到八年制毕业生的40%左右。

（四）将现有的职业技术学校改组为统一类型的学校——中等职业技术学校，提高职业技术学校的普通教育水平

改革以前三种类型的职业技术学校：第一种是招收八年制毕业生，学制1～2年，称职业技术学校，培养一般的非熟悉工人；第二种是招收八年制毕业生，学制3年，称中等职业技术学校，培养熟练工人；第三种是招收十年制毕业生，学制1年，培养熟练工人或初级技术人员。改革后把三种类型的学校一律改为中等职业技术学校，取消第一种类型的

学校，把后两种合并为一种学校，并且要求八年制毕业生在接受职业教育的同时完成中等教育的普通课程。这样，就普遍地提高了熟练工人的文化科学水平。

（五）加强社会教育和家庭教育，提高学生的思想道德水平

《基本方针》指出，要"使我们教育出来的人不单单是某些知识的拥有者，而且首先是社会主义社会的公民、共产主义的积极建设者，他们思想坚定、道德高尚、热爱劳动、行为文明"。《基本方针》在第五部分专门论述了儿童和青少年的社会和家庭教育。因为"教育效果的提高在很大程度上取决于家庭、学校、社会各界和劳动集体的协调工作及对学生的一致要求"。

（六）提高教师的社会地位和工资

《基本方针》把教师的社会作用和地位提得很高。它说："人民教师是年轻人的精神世界的塑造者，是社会所信赖的人。""教师以其在教育年青一代方面的忘我献身劳动，博得了人民的深刻感激和尊敬。"为了使全社会人民都尊重知识和尊重教师，苏联宣布9月1日为全民节日——知识节。同时宣布提高教师的工资，涨幅达30%～35%。苏联政府决定，在国家预算中每年增拨110亿卢布来实施这次教育改革，其中，35亿卢布用于提高教师和中小学教育工作者（包括幼儿园教师）的工资。

在提高教师的社会地位和工资的同时，《基本方针》对教师提出了更高的要求，要求教师研究现代生产原理和学生职业定向方法，提高心理学和教育学修养，扩大伦理学、美学、逻辑学和苏联法律等知识，要求教师每4～5年轮训一次。

此外，这次教育改革还要求加强学校的教学物质基础，改善国民教育的管理等。

三

研究苏联这次新的教育改革及其发展的历史，我们可以进一步认识教育发展的一般规律，这对于我国的教育改革将会有所启发。据笔者的分析，有如下几点，提出来供大家讨论。

第一，在普及高等教育之前，中等教育总是有双重任务，即为高一级学校培养新生和为学生劳动就业做好思想和技能上的准备。改革中等教育，就要从更好地完成这双重任务着眼，在指导思想上不能有所偏废，否则会带来严重的后果。苏联从1958年改革以来的多次反复充分说明了这是一条规律。1958年的教育改革，强调为学生将来就业做准备的一面，忽视了为高一级学校培养新生的任务，因而降低了教学质量，结果为学生就业做准备的任务也没有很好完成。1964年以后开始纠正这些缺点，但又走向了另一面，强调了知识教育，忽视了劳动教育。20世纪70年代后期不得不再进行改革。从苏联教育改革走过的道路可以看出，中等教育不能忘记双重任务，否则就会给升学和就业造成困难，教育问题就会变成社会问题。特别是要注意普通中学的办学思想，即使另有职业中学培养学生直接就业。普通中学也不能成为高等学校的预备班，它的大部分毕业生仍然不能直接进入高等学校，而是要走向社会就业。只有到了普及高等教育的时候，普通中学的双重任务才会消失。

第二，教育同生产劳动相结合是马克思早在100多年以前提出的基本原理，也是现代教育的普遍规律。不论是社会主义教育，还是资本主义教育，违背了这条规律，教育就不能为生产服务，不能培养现代生产所需要的劳动力和科学技术人才。马克思主义不仅把教育同生产劳动相结合，培养全面发展的人看作现代大工业生产的生死攸关的问题，而且把它看作逐步消灭体力劳动和脑力劳动的差别，培养社会主义新人的重要途径。

贯彻教育同生产劳动相结合的原则，就要正确处理好知识教育与劳动教育的关系。在这方面，苏联的经验教训是值得我们研究和借鉴的。现在看来有几点是必须坚持的：首先，始终不渝地提高教学质量，使学生掌握牢固的科学文化知识，这是教育同生产劳动相结合的基础。忽视了知识教育，就谈不上结合。正如列宁所指出的："无论是脱离生产劳动的教学和教育，或是没有同时进行教学和教育的生产劳动，都不能达到现代技术水平和科学知识现状所要求的高度。"[①]其次，对学生进行生产技术教育，进行一般职业的训练，使学生了解现代生产的基本原理，了解国民经济各部门的生产，具有就业的思想准备和初步的职业技能。最后，组织学生参加适当的劳动，一方面，培养他们参加生产劳动的技能；另一方面，培养他们对劳动的正确态度和社会主义劳动者所应具备的思想品质。学生参加生产劳动的时间不宜过多，不能妨碍学生的知识教育，降低他们掌握科学文化知识的水平，但也不能由于强调学生掌握科学文化知识而忽视生产劳动。在进行知识教育的过程中，要注意联系生产实际，使学生了解各门学科在发展生产和国民经济中的作用；在组织生产劳动的时候，要尽量利用学生所学的科学知识，使教育同生产劳动两者有机地结合起来。

第三，教育的发展和改革必须与当时国家的经济发展和技术水平相适应，不能凭主观愿望办事。苏联的几次改革都说明了这条规律的重要性。1958年教育改革的指导思想是加强学校和生活的联系，加强职业训练，为学生的就业做准备。这个思想不能说不对，但是当时的条件不成熟。鲁特克维奇在分析1958年改革没有达到预定目标时指出两点：一是，当时估计大多数非完全中学毕业生将进入国民经济部门。可是20世纪50年代末的职业技术教育学校网，还没有发展到能解决所有的八年级

---

① 《列宁全集》第2卷，461页，北京，人民出版社，1984。

毕业生的就业准备工作的程度。这些15岁的孩子直接走上生产岗位，什么职业知识也没有，所以大多数家长和学生喜欢升入九年级。二是，原以为在高年级获得普通中学教育的同时，也能获得某种一般性的职业知识。但由于与学校挂钩的企业让学生选择专业的范围太窄，大部分十年级毕业生分配工作后的专业，根本不是学校里所学的专业，实际水平也很少超过一级工或二级工。（参见《苏维埃俄罗斯报》，1983年9月12日）也就是说，当时苏联国民经济发展的水平和企业的技术力量还不足以保证教育改革的实施。现在的情况就不同了，不仅经济力量和技术力量已经达到，而且摸索出一些经验和组织形式，例如，校际生产教学联合体等。

第四，"普通教育的职业化，职业教育的普通化"是当前世界教育发展的总趋势。随着中等教育的普及，普通中学不能只完成升学准备的一种职能，而且要为学生就业做准备。因此，普通中学要进行职业教育。也由于中等教育的普及和现代科学技术的发展，普遍要求提高劳动者的文化科学素质，所以职业学校要提高普通教育的程度。苏联这次教育改革取消了普通职业技术学校，一律改为中等职业技术学校，这就是提高职业学校普通教育程度的措施。在现代科学技术发展的条件下特别要注意不要使学生过早地职业化，不要断绝学生继续学习的道路。否则，不利于适应由科学技术进步带来的劳动的变换和职业的变更。教育要面向未来，就要注意教育如何适应未来的发展。从这种观点出发，我们现在办的职业中学，不能过多地削减普通教育课程，要使他们既学到一种职业的知识和技能，又能具备继续学习的基础，等到他们觉得需要继续学习时能够继续学习新的科学技术知识。

第五，教育事业是全民的事业，不是教育部门单独能够办好的。苏联这次教育改革发动了全民讨论，最后由苏共中央和苏联最高苏维埃做出决定施行。改革的基本方针具有法律的意义，各部门和各级领导都要遵照执行。这就动员了全国的力量来办教育。决议还从国家预算中每年拨出110亿卢布来进行这次改革，国家从物质上保证了改革的落实。学校施行职业教育和大量创办中等职业技术学校，如果没有企业的支持是行不通的。例如，校际生产教学联合体全靠基地企业提供设备，选派技师，单靠教育部门是办不成的。依靠全民办教育，看来也是一条规律，但动员群众和各方面的力量要靠中央政府的统一集中领导。

第六，教师队伍的建设是办好教育的关键。任何一项党的教育方针政策，任何一项教育改革都需要教师去贯彻执行，因此，教师的素质和积极性就决定了教育质量的好坏和教育改革的成败。苏联这次教育改革把提高教师的社会地位，提高教师的工资，提高教师的素质放到重要地位。只有这样，优秀青年才能涌入教师队伍中来，才能稳定教师队伍，提高教师队伍的素质。我国当前的师资质量与客观的要求相距还很远，而且由于社会地位低，工资待遇差，许多教师不安心自己的工作。这个问题如果不能得到切实解决，20世纪90年代的教育还会出现更严重的情况，"教育面向未来"就会成为一句空话。这是关系到我们后一代的前途问题，关系到民族的未来的大问题。要使全国人民，工人、农人、知识分子，各级领导都明白这个道理，为我们的后代着想，为未来着想，切实提高教师的社会地位和工资待遇，使教师真正成为受全社会尊敬、值得羡慕的职业。到那时，我国的教育事业一定会更加蓬勃发展。

苏联的校际生产教学联合体*
——一种普通学校实施职业技术教育的形式

苏联刚公布的《苏联普通学校和职业技术学校改革的基本方针（草案）》表明，这次改革旨在大力发展职业技术教育，提高职业技术教育的普通文化水平，把普通教育与职业技术教育逐步结合起来，使教育更好地适应苏联的经济建设。

苏联在1958年的教改中，曾试行在普通中学实施职业技术教育。当时采取的办法是学校自办车间、农场，或者学校与企业挂钩。但由于当时的物质和技术基础不足，没能找到一个实施职业技术训练的更为适当的形式。经过多年的摸索，逐步形成和产生了一个较好的形式——校际生产教学联合体。

莫斯科市十月革命区第二校际生产教学联合体就是一个典型的例子。这个联合体建立于1976年，负责本区的16所中学高年级学生的职业技术训练。九年级、十年级的学生每周1天到达这里接受训练，包括2小时的理论课，4小时的生产实践课。联合体设立6个专业：车工、缝纫、烹饪、售货员、银行业务和汽车驾驶，并与10个企业单位挂钩，这

---

* 原载《中国教育报》，1986年1月7日。

些挂钩单位被称为基地企业，负责提供设备、原材料及成品处理，并提供实践课的教师和实习场所。例如，车工专业有2个车间，一间是由著名的红色无产者机床厂装备的，另一间是由莫斯科轴承厂装备的。学生在这里生产的产品就是挂钩工厂的零配件。又如，汽车驾驶专业与2个出租汽车站和1个汽车修配厂挂钩，装备了一个引擎车间和一个修理车间，并提供4辆小汽车供学生实习。基地企业还为学生提供在暑假进行20～25天集中实习的场所，并发给学生实习津贴，相当于最低工资的1/3。

在联合体，学生既可学习理论，又可实际操作。高年级学生两年中在这里学习60多天，加上20天的集中实习，共有80多天的时间接受职业技术训练。毕业时通过考试，即可获得二级工的职业技术证书。

校际生产教学联合体由区教育局主办。上述莫斯科市十月革命区第二校际生产教学联合体是由一所普通中学改建的，设备精良，除车间外，理论课教室采用专用教室制，一般都装有常规的电化教育设备，包括幻灯、投影仪、闭路电视等，以及理论课教学所需的资料、书籍、图表等。联合体的专职工作人员很少，只有一名校长和几名管理人员。理论课教师由区教育局委派，必须具有高等学校毕业的学历；实践课的教师由企业委派，一般为具有中等专业学校的学历及一定实践经验的技师。

校际生产教学联合体较好地解决了在普通中学实施职业教育的问题，使普通中学能够完成为学生升学和就业做两种准备的任务。它的优点还在于，节约教育投资，把学校与企业联合起来：企业为学校提供条件，学校为企业培养熟练职工。据介绍，莫斯科的20个区已有48个联合体，全国共有2500多个。

马卡连柯教育思想的普遍意义[*]
——纪念马卡连柯诞辰 100 周年

马卡连柯是中国人民早已熟悉的苏联卓越教育家。1988年3月13日（俄历三月一日）将是他诞辰100周年。我想，对他的最好的纪念莫过于学习他的教育思想，继承和发扬他的教育事业。

马卡连柯的教育实践活动在是苏联十月革命前后30多年时间里展开的。特别是十月革命以后的10多年，是他的教育实践最有生气、最富创新的年代，伟大的十月社会主义革命为他的教育活动开辟了广阔的天地。他先后担任过铁路学校的校长，领导过为在第一次世界大战和抵抗外国武装干涉的战争中失去父母的儿童而组织的高尔基工学团，以及为违法儿童和少年再教育而组织的捷尔任斯基公社。在这些教育机构中，他把成千上万个心灵上遭受过创伤的儿童和少年培养成社会主义的建设者和捍卫者，并且探索和总结了一整套完全不同于以往剥削阶级社会所施行的教育体系，为苏维埃教育体系的建立做出了卓越的贡献。

马卡连柯离开我们已经49年了，但他的教育思想依旧放射着灿烂的光芒。这是因为他的教育思想是以马克思列宁主义的世界观为基础，以马克

---

* 见《马卡连柯教育思想研究论文集》，北京师范大学出版社1988年版。

思、列宁的教育理论为指导的，总结了丰富的实践经验，并把它提高到理论高度。它反映了教育的客观规律，所以具有普遍的、长远的意义。有人曾经这样说，马卡连柯教育的对象是流浪儿和违法青少年，他的教育经验只适用于特殊学生。不对！他的集体主义教育思想、劳动教育思想、人道主义教育思想难道只对违法青少年的教育才适用吗？完全不是。

马卡连柯在高尔基工学团和捷尔任斯基公社工作的对象确实是流浪儿和违法青少年，但他的教育思想都是建立在教育的一般规律上的。正是因为这种教育思想——他从不把自己的学生看作特殊的、违法的、不可救药的人，才使他取得如此辉煌的成绩。这是毫不奇怪的。因为不论是流浪儿还是违法青少年，他们都是人，都是正在成长中的人，都具有一般人的生理和心理特点。而且他们都是生活在社会主义条件下，他们的心灵是可以塑造的脆弱的心灵，不过是受到过创伤罢了。这还因为社会主义苏维埃的教育目的是要把所有的少年儿童，不论他原来的家庭出身和社会条件，毫无例外地培养成社会主义的捍卫者和建设者。教育目的是同一个，实现这种教育目的教育思想当然也是一致的，不过采用的手段和方法可能有所不同。所以说，马卡连柯的教育思想是具有普遍意义的。

也许有人会问，马卡连柯的教育思想产生在20世纪20年代和30年代，现在已经是80年代了，他的教育思想是不是已经过时了？没有，绝对没有。当然，时代在前进，社会在变化，马卡连柯的教育思想不仅已经被许多教育家继承，而且有了较大的发展，苏联的苏霍姆林斯基就是其中之一。苏霍姆林斯基是苏联20世纪50年代、60年代的伟大教育家。他享有同马卡连柯一样的声誉，他的许多卓越的教育思想被苏联教育家，乃至世界许多国家的教师传颂。但是他的教育思想不是从天上掉下来的，而是继承了列宁、加里宁、克鲁普斯卡雅，特别是马卡连柯教育思想而发展起来的。所以苏霍姆林斯基曾经宣称："我们是安东·谢妙诺维奇·马卡连柯的伟大事业和整个思想财富的继承者。"(《在纪念马卡连柯诞辰80周年会上的发言》）他在逝世前不久还写道："我完全相信，我全部的生活和创造，我们学校所有的一切，都是马卡连柯的产物。"[1]我相信，在生活中还有千千万万个马卡连柯教育思想的继承者，不过他们没有像苏霍姆林基那样富有创造性，没有像他那样能从理论上加以发展和提高。

本文不准备全面论述马卡连柯的教育思想的现实意义，只就本人在教育工作实践中体会最深的几点说些个人的意见，以表示对这位伟大教育家的崇敬和纪念。

马卡连柯教育思想中贯穿了社会主义人道主义的精神。首先表现在他对儿童和青少年都可教育的信念中，他对他们充满热爱和信心。他认为，每个儿童和青少年是可以教育的，受过创伤，犯过错误的儿童和青少年也同样是可以教育的，不过费的力量要大得多。正是基于这种信念，他把自己的全部心血献给了流浪儿童和违法青少年的教育事业；也正是基于这种信念，他才在教育这些孩子的工作中取得如此辉煌的成绩。那么，这种信念来自何方？来自他对苏维埃政权的坚定信念；来自他对社会主义教育力量的充分估计；来自他对青少年儿童生理和心理发展规律的充分了解，相信他们的可塑性。马卡连柯的这种信心表现在对孩子的无比信任上。人们读了《教育诗篇》，无不为他的教育胆识而惊奇，都会对他让谢苗·卡拉邦诺夫带包去领取巨款的情节留下深刻的印象。这是一项重大的教育手段，又是一次充满信心的体验。有一次，当卡拉邦诺夫询问马卡连柯，他这样做是否在冒险时，马卡连柯诚恳地回答："我知道你这个人跟我一样诚实。"[2]

---

① ［苏联］《共青团真理报》，1970-05-02。
② 《马卡连柯全集》第1卷，239页，北京，人民教育出版社，1959。

马卡连柯的教育思想中的人道主义还表现在对学生的尊重和要求上。马卡连柯有一个重要的教育原则，即尊重与要求统一的原则。马卡连柯在《我的教育经验中的若干结论》一文中，曾经这样来说明这条原则。他说："我的基本原则（我认为这不仅是我个人的基本原则，也是所有苏维埃教师的基本原则）永远是尽量多地要求一个人，也要尽可能地尊重一个人。实在说，在我们的辩证法里，这两者是一个东西：对我们所不尊重的人，不可能提出更多的要求。当我们对一个人提出很多要求的时候，在这种要求里也就包含着我们对这个人的尊重，正因为我们向他提出了要求，正因为他完成了我们的要求，所以我们才尊重他。"①

所谓尊重人，即尊重人的人格，不伤害人的尊严。尊重人是教育人的前提。我们在日常生活中常常遇到一些人因为一点点小事而争吵不休，甚至动手伤人。这都是由于不尊重对方所致。如果互相尊重对方，互相谦让，往往就会大事化小，小事化了。教育工作中也有同样的情况。只有教师尊重学生，才能教育学生，学生才能听从教师的教诲。有的教师遇到学生犯错误，不是充分地调查研究，耐心地教育诱导，而是粗暴地对待他们，伤害学生的自尊心，学生就认为教师不信任他，首先就产生了一种对抗的情绪，教师的教育就失去了力量。马卡连柯不是这样，而是十分注意尊重学生的人格。他教育的对象是流浪儿和违法者，但他从来不把他们看作坏人。他从来不抓住学生的档案做棍子，而是教育学生忘记过去，树立信心，成为一个正直的人，成为对社会有用的人。

尊重学生并不是对他的错误放任自流，相反，是严格要求，严肃处理。正如马卡连柯所说的，严格要求也是一种尊重。如果我们对一个人不抱什么希望，我们对他还有什么要求呢？要求中体现着希望，希望基

①《马卡连柯全集》第5卷，224页，北京，人民教育出版社，1956。

于尊重和信任。学生纯洁的心灵完全能够体会到这一点。如果我们在学生中进行调查的话，就会发现，学生喜欢亲切而又严格要求的教师，不喜欢那种松松垮垮，不严格要求的教师；当然，最不喜欢那些语言伤人，态度冷淡的教师。

尊重学生还表现在全面地、发展地对待学生上。每个学生都有优点和缺点。教师对学生要坚持两点论，既看到学生的优点，也看到学生的缺点，并且注意发扬他的优点，克服他的缺点。特别是对犯了错误的学生，不要把他看得一无是处，应该善于发现他身上存在的优点，哪怕是一点星星火花，如果教师善于发现这种火花，而且把它吹亮起来，他就能较快地改正自己的错误，变成一个能够坚持真理的人。对每个学生还要用发展的眼光看他们，要看到他们点点滴滴的进步，鼓励他们继续前进。教育工作是一个长期的、反复的过程。学生犯了错误，改正了，过一个时期可能还会再犯错误。教师要有耐心，要仔细分析研究几次错误之间的相同点、不同点，从中找出他犯错误的原因，从而对症下药。切不可因为学生的反复而失去信心，对学生流露出一种不可救药的感情，否则，学生就会认为教师不再信任他，从而失去改正错误的信心和勇气。在长期的教育实践中，我们深深体会到尊重学生与严格要求学生这条原则的重要性。遵循了这条原则，教育就取得成效；违背这条原则，教育不仅得不到预期的效果，反而会造成师生关系紧张和教育的困难。

马卡连柯教育思想中的另一个重要内容是集体主义教育。他认为，苏维埃教育最重要的特点就是集体主义教育："我们的教育任务，就是要培养集体主义者。"[①] "因此，我在自己的16年的苏维埃教育工作中，把主要的力量，都用在解决集体和集体机构的建立、解决权能的制度和

_____

① 《马卡连柯全集》第5卷，226页，北京，人民教育出版社，1956。

责任的制度等问题上了。"①由此，他提出一个著名的教育原则，即"在集体中通过集体和为了集体而进行教育的原则"。这个原则反映了社会主义教育的目的、内容和手段。

集体主义是社会主义和共产主义社会的基本特征，集体主义精神是社会主义的道德准则。培养学生具有集体主义精神则是社会主义教育的根本目的，也是社会主义思想教育的主要内容，是区别于一切剥削阶级教育的最本质的特征。

那么，怎样才能培养起学生的集体主义精神呢？

首先，要建立起学生的集体和教师的集体，把学生放到集体中进行教育。马卡连柯说："如果我没有一个统一的学校集体，我就不会工作……如果现在给我一个学校，那么我的第一个任务就是要建立一个统一的学校集体。"②因此，他要求教师首先把自己的班级培养成一个坚强的、自觉的集体。不是说学生集合在一起就能算是集体，学生的集体不是自发的，而是要经过教师的精心培养。教师要明白什么样的学生集体才能称得上集体，也就是说，集体应该具备什么特征。根据马卡连柯的观点，我们可以归纳一下集体必须具备的一些特点。

第一，必须有一个共同的目的。集体成员能够为共同目的而努力学习和工作。

第二，必须有一个由民主集中原则组织起来的领导机构，这个机构在集体成员中有权威性，它可以指挥集体，统一行动。

第三，必须有行动的远景和近景。马卡连柯很强调远景计划和近景计划。远景计划是由一个个近景计划组成的。每实现一个近景计划，就向远景计划迫近一步。有了这样的计划，才能鼓励学生不断前进。

---

① 《马卡连柯全集》第5卷，227页，北京，人民教育出版社，1956。
② ［苏联］安·谢·马卡连柯：《论共产主义教育》，374页，北京，人民教育出版社，1955。

第四，必须有自觉的纪律和正确的舆论。集体成员不仅自觉遵守纪律，而且把维护集体的荣誉作为自己义不容辞的责任。任何一个成员的错误言论和行动都要受到公众舆论的谴责。

第五，要有一些优良的传统。传统是一种无形的、有力的教育因素。集体有了一些优良的传统，就会毫不费力地影响和教育新的集体成员，约束所有成员的越轨行为。

其次，要通过集体来进行教育，也就是说，把集体作为教育的重要手段。马卡连柯认为集体是巨大的教育力量，只有通过集体，才能培养学生对集体的责任感、义务感，才能使其较快地接受教育。所以，马卡连柯要求教师通过集体来影响个人，而不是教师个人去影响学生个人。这当然并不排除教师对学生的直接教育，而是说，教师在进行教育时要充分利用集体的力量，利用集体的教育作用，把学生的个人行动和集体联系起来，使学生明确个人与集体的关系、个人在集体中的地位、个人应该为集体承担的责任，从而激发学生的自觉纪律性和集体主义精神。

马卡连柯根据在集体中通过集体和为了集体而进行教育的原则，又提出了"平行教育"的原则。所谓平行教育，马卡连柯解释说："我们认为整个集体就是我们教育的对象，我们应该把有组织的教育影响针对着集体。同时，我们相信，对个人的最实际的工作方式，是把个人保留在集体内……其次，要使集体也是自愿地容纳这些人。集体是个人的教师。"[①]学校集体"首先应当成为教育工作的对象……每当我们给个人一种影响的时候，这影响必定同时应当是给集体的一种影响。相反地，每当我们涉及集体的时候，同时也应当成为对于组成集体的每一个个人的教育"[②]。概括起来，马卡连柯的平行教育原则就是：教育者对集体及集

① ［苏联］安·谢·马卡连柯：《论共产主义教育》，56页，北京，人民教育出版社，1955。
② 同上书，39页。

体中每一成员的教育和影响是同时的、平行的。平行教育原则的另一个意思是，教师不直接作用于个人，教师只作用于集体，再由集体去作用于个人。马卡连柯说："我们只和分队发生关系，我们和个人并不发生关系，正式的公式就是这样的。"[①]例如，学生犯了错误，教师不是直接去批评教育学生，而是要求集体来讨论这件事。集体在讨论中说明这个学生犯的错误对集体带来了什么危害，如何损坏了集体荣誉，应该受到什么惩罚。学生检讨自己的错误也不是直接对教师，而是对集体，使学生因自己的行为有损集体的荣誉、有损集体的利益而感到羞愧。通过这种教育培养学生对集体的责任感，同时也培养了集体的公正舆论。由此可见，平行教育乃是教师巧妙地利用集体去影响个人。表面上看来，教师和学生不发生直接的关系，实际上是教师更有力地在影响着个人。通过集体影响个人是教育个人的一种形式，而教师通过集体与个人发生紧密的联系才是实质。这种形式和实质是统一的。马卡连柯把它称为二者是平行不悖的。马卡连柯的这一教育思想充满了关于集体和个人、形式和本质的辩证法，同时也充分体现了他高超的教育艺术。

马卡连柯的教育思想十分丰富，他的教育遗产是我们取之不尽、用之不竭的财富。20世纪50年代，我国曾经大量介绍过他的教育思想，其在我国的教育实践中起了巨大的作用。我国各地的工读学校就是吸取他的高尔基工学团的经验建立起来的，改造了成千上万的违法的青少年。在普通学校里，凡是遵循马卡连柯的教育思想和原则开展工作的都取得了较好的效果。可惜近几十年来我国报刊上对马卡连柯的思想介绍得不多了，我们的青年教师对马卡连柯已经不太熟悉了。所以，今天有必要重新学习他的教育思想，普及他的教育思想，让更多的教师能够掌握他的教育原则，运用他的教育艺术，培养我国社会主义社会的公民。

[①]《马卡连柯全集》第5卷，159页，北京，人民教育出版社，1956。

马卡连柯的教育思想也是需要发展的。我们说他的教育思想具有普遍意义，但这普遍意义又是寓于特殊教育环境之中的。马卡连柯的教育实践是在十月革命后的最初年代，他的教育思想不可能不受到20世纪20年代苏联教育思潮的影响；再加上他的教育对象是流浪儿和违法青少年，他的主要任务是把他们改造成为社会主义社会的新人。因此，马卡连柯的教育思想的主要内容是属于德育的范畴，他对学生智育论述较少，对如何把德育和科学文化知识教育结合起来也论述得不多。马卡连柯关于集体教育的思想是十分宝贵的，至今仍有着重要的现实意义。但他对学生的个别教育论述得不多，实际上他在自己的教育实践中很注意了解学生的个性，针对不同的学生采取不同的教育方式，很重视因材施教，注意发现和发展学生的特殊才能，但他在理论上论述得很少，说明他并没有把因材施教提高到理论上来重视它。

对于古人是不能苛求的，马卡连柯是伟大的，他不仅完成了自己的历史使命，为创建社会主义教育学做出了不朽的贡献，而且他的教育思想还在现实的教育实践中起作用。历史赋予我们的使命是：不仅要学习马卡连柯的教育思想，而且要进一步地发展它，充实它。对于中国的教育工作者来讲，更应该结合我国的国情，创建具有中国特色的教育理论体系。

四论苏联普通教育的改革[*]

一

今年（1988年）2月，苏共中央召开全会，做出了《关于教育体制改革的决定》，提出了教育改革的新思想。人们不禁要问，1984年，也就是4年之前刚刚对普通教育和职业教育进行一次大规模的改革，至今时间不长，许多改革措施尚未实现，为什么忽然又要进行教育改革呢？这是与苏联整个的政治形势的变化有关，也即与戈尔巴乔夫的经济体制改革和政治体制改革有关。

1985年3月苏共中央总书记契尔年科去世，3月11日苏共中央全会选举戈尔巴乔夫为总书记。他锐意改革，于同年4月在苏共中央全会上提出了加速社会经济发展的战略方针，并在第二十七次党代表大会上得以通过。他提倡"新思维"和"公开性"，着手对政治体制和经济体制进行全面的改革。于是苏联进入了一个新的发展时期，1985年的四月全会被认为是苏联历史发展的新的里程碑。

1984年的普通学校和职业学校的改革是在戈尔巴乔夫上台以前进行的，当然，总的方向不符合他的改革的总路线，所以重新改革是势在必

---

* 原载《外国教育动态》，1988年第6期。

行的。在1988年苏共中央全会上，苏共中央政治局委员、苏共中央书记叶·库·利加乔夫做了题为《中等和高等教育改革进程及党在实现中等和高等教育改革方面的任务》的长篇报告。在报告中，他对1984年的改革做了如下评价："1984年4月才开始的教育改革是一次只在社会生活的一个领域——教育领域进行变革的尝试，甚至不是整个教育事业，只是教育的初级阶段。"

他认为改革措施的不足之处是，"企图用老方法来实现这些措施"。具体表现为以下问题。

第一，改革的进化性质同党掀起的社会改革的革命实质发生了矛盾。改革基于一种认为国民教育体系只需稍加完善就行的思想，而没有认识到需要从教育内容、教学与科研、干部队伍、物质基础及管理方法等方面进行根本上的革新，因此，改革缺乏坚定性，规模不大。

第二，改革试图用粗放的方法完成自己的社会任务。它促使普通中学按最简单的专业对高年级学生进行职业教育；八年级学生进中等职业技术学校的人数增加；十年级学生进中专的人数减少。这种做法与当前社会经济现实对职工教育水平和质量的要求是矛盾的。

第三，改革没有提出深化国民教育体系民主化的纲领，没有形成吸引整个社会参与教育改革过程的机制。更重要的是，决定性的角色——教师和学生没有投身于改革的旋涡之中。

同时他还批评，许多共和国党中央和部长会议对教育改革领导不力，拖拖拉拉，使改革"空转"；对教育改革缺乏统一的领导；对6岁儿童入学出现过火和偏激的做法，热衷于高指标，不顾实际效果等。（参见苏联《真理报》，1988年2月18日）

总之，1984年的教育改革不符合戈尔巴乔夫提倡的"新思维"和"公开性"的精神，需要从根本上进行改革。同时利加乔夫还认为，苏联教育有落后于世界发展水平的趋势，如不迅速扭转，就对苏联在国际上的竞争很不利。利加乔夫在报告中这样讲道："出现了一种趋势，即跟世界水平相比，苏联教育方面的发展缓慢起来。不火速扭转这种趋势，则意味着将随着时间的推移而陷入一种极危险的社会落后状态，而摆脱这种状态需花几十年工夫。"这表明了苏联实施教育改革的紧迫感和决心。

苏共中央全会《关于教育体制改革的决定》中提到的改革有如下几个方面。

（一）提出和实现对青年进行普及中等教育的观念，使中等教育成为培养技术熟练工人和专家干部的基础

这就改变了1984年教育改革的总的精神。那次改革的重点是加强职业技术教育：一方面，扩大职业技术学校的数量；另一方面，在普通中学里进行职业技术训练。而这次改革，强调"巩固和大力加强学校对所有人的普通教育职能"。利加乔夫在报告中说，应使全体男女青年受到高质量的中等教育，然后，使他们有可能根据个人和社会的需要做出选择：是进大学还是进中等技术学校，是进职业技术学校还是直接参加生产。至于在普通中学里对学生进行职业培训是否适宜，他表示怀疑，认为必须再一次斟酌。

（二）重视发展学生的个人才能

必须根据学生的需要和爱好扩大有区别的教学方式，发展特科学校和深入学习某门课程的班级网。利加乔夫认为，重视发展学生的个人才能是"在当今世界上，中小学教育乃至高等教育向前发展的主要方向"。他认为，坚持社会主义的统一性并不排除多样性。他严厉批评教育领域内的教条主义、食古不化和保守主义。他说："多一些社会主义，也就是多一些多样性。"

（三）要求对普通教育、职业教育和高等教育进行大规模的技术改装

《关于教育体制改革的决定》指出，要保障教育有一个新的质的突破，迫切的问题是加强和重新装备学校的教学和生产基地。解决这个问题极其复杂，要求寻求大量的财政资源和物质技术资源，这就需要全体人民来关心教育。利加乔夫认为，从幼儿园到高等院校的一个共同问题是教学教育过程的技术装备率低。他说，这是产品技术水平和整个经济工作的质量问题的根子。所以国民教育的技术更新，包括数量和质量，是今天的核心问题。他要求对国民教育的技术装备来一次革命，采取一系列措施研制最新式的符合世界水平的教学设备和教学技术工具；应当大大加快向学校提供高质量的计算技术设备，以便在下一个五年计划开始时解决学校的计算机化的问题。

（四）决定从1988年开始实行高等教育部门同物质生产部门协调行动的新机制

规定对培养专门人才的费用要给予部分补偿。这样，高等院校就可以得到一笔资金，用于发展学校的物质技术基础。

（五）建立统一的管理教育的国家机构——国民教育委员会

委员会由代表会议选举产生，其职责是支持和推广先进的教育工作经验，发展和普及教师进修，改善学校的物质保障。

（六）广泛开展自我管理原则，给学校提供必需的自主权，提高学校对高质量的教学和教育年青一代的工作的责任心。同时在学校管理工作中要发展集体和民主形式

利加乔夫还提出，最广泛地开展中小学和高等院校自治，学校应建立校务委员会。要有教师、党、团、工会、学生组织和附属工厂的代表参加。委员会应拥有研究教学教育工作和财务经济工作各种问题的充分权力。自治原则要反映到学校的章程中，用法律程序固定下来。

（七）改组教育科学院

脱离教育部的管辖，把它改造成为全苏联的、跨部门的、把国民教育系统各科学研究单位联合在一起的机构。给它注入新的力量，向

有才干的学者和有实践经验的教育工作者敞开大门，扩大其学术研究范围。

1988年的改革比起1984年的改革，从原则上有了很大的改变，强调用新思维来观察问题，用公开性、民主性来实现改革。这次改革是对苏联僵化的教育体制的一次重大冲击。改革还刚刚开始，将来的发展如何，正受世界瞩目。这也将是我们跟踪研究的课题。

二

苏联在近几年教育改革的浪潮中，在教育思想上有了新的突破，这就是关于"合作教育"的争论。

1986年10月，苏联《教师报》邀请了苏联著名的教育革新家，从事教育实验的代表人物在莫斯科郊区的佩烈杰尔基诺镇举行了一次会晤。他们是：教育科学院通讯院士、格鲁吉亚教育科学研究所所长Ш.A. 阿莫纳什维利，俄罗斯功勋教师、莫斯科州列乌托沃第二中学教师И.П. 沃尔科夫，列宁格勒第307中学专家级教师E. H. 伊利英，俄罗斯功勋教师、莫斯科第825中学校长B. A. 卡拉科夫斯基，俄罗斯功勋教师、莫斯科第587中学教师C. H. 雷先科娃，顿湟茨克教师进修学院教研员、第5中学教师B. ф. 沙塔洛夫，苏联教育科学院教育一般问题研究所高级研究员M. П. 谢季宁，以及Л. A. 尼基金娜和Б. П. 尼基金。1986年10月18日的《教师报》刊登了会晤者签署的报告——《合作教育学》。同时，《教师报》还发表了《邀请志同道合者》为题的社论。社论说，编辑部组织这次会晤的目的，是以简明扼要的形式宣告他们在25年的教育实验中获得的教育真理。社论指出，这些教育革新家们在教育实验中都经历了无数艰难曲折。社论尖锐地批评了苏联教育理论界某些学者对这些教育革新家们的教学思想和创造的新教学体系所持的冷漠态度。

1987年10月，这些教育革新家们又在格鲁吉亚的齐南达利镇进行第二次会晤，进一步申述自己的观点。《教师报》于1987年10月17日刊登了他们的报告——《个性的民主化》。

1988年3月，他们又借苏共中央二月全会的东风，再一次在莫斯科会晤。3月19日，《教师报》又刊登了他们的报告——《进行更新的方法》。

《合作教育学》的发表在苏联教育理论界和广大教师、其他教育工作者中引起了强烈的反响，有的赞成，有的反对。支持的以《教师报》为一方，持异议的以《国民教育》和《苏维埃教育学》杂志为另一方，双方开展了激烈的论战。

（一）《合作教育学》的主要思想是什么？

合作教育学的提出是从教师与学生的关系开始的。这些教育革新家们在会晤中得出共同的结论：他们工作的学校里发生的变化——不想学习的学生变得愿意学习，学习差的学生顺利完成中等教育，都是由于创造了一种新的教育学——合作教育学。他们在第一次会晤的报告中宣称："我们需要与从前的教育学截然不同的新的教育学，这种新的教育学的一个显著特点是：它特别注重使儿童乐意学习，使他们乐意参与到教师和儿童共同教学的过程中来。我们可以把这种教育学称为合作教育学。"（苏联《教师报》。1986年10月18日）合作教育学的主要内容可以归纳为下列几点。

第一，使学生不受强制地学习，这是合作教育学的核心。教师应该千方百计地从人道主义的原则出发，不强制地对待学生。这些教育革新家们在学生学习的10年时间里，从来不给学生打坏分数，从来不向家长告学生的状，也从来不在课上指责学生。教师着重于使学生确立新的学习动机，也就是说，要使学生从学习的内部获得学习的推动力。他们宣布："整个合作教育学的宗旨是：使儿童深信，他将获得成功，教会儿童学习，决不容许儿童落伍，也不容许儿童意识到自己的落伍。"（参见

苏联《教师报》, 1986年10月18日）

第二, 尊重学生人格, 培养他们的自尊心。教育革新家们反对把儿童按能力分组的做法, 甚至还排斥根据儿童是否需要帮助或完成作业的水平予以区别对待的方法, 即反对一切可能会引起儿童猜疑的做法。他们认为, 对于思维能力和学业成绩处于低水平的学生来说, 起决定作用的不是别的什么, 恰恰是自尊心。因此要求在指出儿童的缺点和错误时, 尽力做到不侮辱他们的人格, 不损害他们的尊严, 而是在班上造成共同劳动、目标一致和普遍友善的气氛, 并以此来吸引学生参与到学习中来。

第三, 重视发展学生的个性。教育革新家们认为, 个性的自由发展是社会主义教育的目标, 合作教育学应该成为个性发展的教育学, 而不仅仅是智力发展的教育学。为此, 教师的着眼点在于深入了解每一个儿童的内心世界, 那里潜藏着人的力量, 有待得到发展的才能, 以及使所有的人和自己都生活得幸福的愿望。发展个性和集体主义是不矛盾的。集体的、共产主义的教育目的, 就是要培养鲜明的、刚强的、创造性的、为崇高的理想所鼓舞而热情奋发的个性。具有这样个性的人, 是一个工作积极的人, 给社会带来益处的人, 具有较大的人生价值的人, 也是善于参与管理民主国家的人。

第四, 重视与家长的合作。教育革新家们认为, 儿童在学校和家庭里都能坦率和信赖地对待成人, 是合作教育学的一个必要前提。他们在家长会上对儿童不做任何, 哪怕是最细微的批评性指责, 不能离间儿童和家长的关系。教师不能在学生手册上向家长罗列儿童的缺点, 不能挑起家长之间的忌妒, 不能把学生学业成绩单送到家长的工作单位去, 而是应该竭力向家长说明, 他们的子女在好好学习, 并劝导他们爱自己的子女。

1988年2月19日,《教师报》发表的署名A.奥尔洛夫、Л.拉吉霍夫斯基的题为《合作教育学的起源、原则与前景》的文章，对合作教育学的主要精神做了更为明确的阐述。

他们首先提出"行政教育学"这一概念，认为统治着苏联学校的是行政教育学，它是与合作教育学相对立的。他们说，行政教育学有三个主要特点，就是反人道、官僚主义和口是心非。

行政教育学的反人道表现为把教学摆在教育之上，学校抓教学、传授知识，似乎一个人学会了功课，也就接受了教育。教育实践的反人道，还表现在学校的教师处于被压抑的状态。他们说，20世纪30年代肯定了的行政管理作风，无孔不入地渗透到人们的生活，贯穿到所有的社会法规。学校过去是，直到今天，在相当大程度上仍然是行政系统的一个单位，学校得了说空话的病，空谈成了教育学科的癖好。教育学理论家说的是一套，学校实际上搞的完全是另外一套。

他们认为，合作教育学从广义来讲是一种思想体系，是一种新教育学的方法论。它有三个来源：一个是马克思列宁主义的哲学，关于人的马克思主义学说；另两个是俄国和苏联教育思想的人道主义传统。所以，合作教育学的原理，是社会主义民主教育学思想体系的表现。

合作教育学的准则对人的看法是乐观的和人道主义的，教师的工作应该是理解学生的兴趣，帮助他们正确地、不走样地认清自己的兴趣。

合作教育学的"教学法原则"是人际交往的原则，是建立在尊重他人意见、信任，把学生和教师从相互猜疑、不友好、不真诚、恐惧中解脱出来的基础上的。合作教育要取消分离教师集体与儿童集体的障碍物，把他们变成团结的、全学校的集体，合作团结学校与家长、学校与周围社会上的人。

（二）教育界对合作教育学持什么态度？

合作教育学一出现，就引起了苏联教育界的一场大辩论。总的来说，赞誉者多，反对者少。支持合作教育学的除《教师报》外，还有苏联中央电视台、《共青团真理报》《文学报》《心理学问题》等报刊和宣传媒介。持不同意见的是《国民教育》和《苏维埃教育学》杂志。他们都发表了一些不同看法的文章，如《国民教育》杂志1987年第4期发表了Н.尼坎德罗夫和Б.格尔顺斯基的《合作，还是对立？》，Б.利洛乔夫的《"新教育学"是新的吗？》；《苏维埃教育学》杂志于1987年第3期发表了В.伊格纳切耶夫的《新教学法是新的吗？》等。

赞誉者称合作教育学为"教育思想发展史上的里程碑""教育学上的革命"。反对者则认为，"合作教育学里没有什么新东西""培养个人主义者""步资产阶级教育思想的后尘"等。

1986年12月18日，《教师报》刊登了苏联教育科学院8名院士联名发表的《科学和实践的联盟》一文，表明了苏联科学院对于合作教育学的立场。他们表示"在对待实验教师们（指提出合作教育学的教育革新家们）的经验问题上，苏联教育科学院的立场是：在每一项经验中，都包含普通的、特殊的和个别的东西。普通的和大家都能接受的东西可予宣传，以便广泛利用。"接着，他们写道："我们认为，在《合作教育学》一文中，也有一些强调之处可能会引起广大教师的片面理解。"这是他们的总的调子。具体分析起来，这篇文章阐述了以下几个观点。

第一，合作教育学中有值得推广的经验，但有些经验只适用于某些学科、某些年龄阶段的学生，有些提法会引起广大教师的片面理解。例如，文章指出，合作教育学反对强制的教育方法，这是对的；但实际上他们忽视了在教学和教育中对学生合理要求的思想。文章又指出："号召普遍取消家庭作业、取消分数、取消纠正错误的全班集体作业，以及取消固定的练习体系，代之以由学生自由选择作业，显得太过分了。"

第二，文章强调"任何一种经验，尤其是教育经验，无不带有具体的人所固有的特征"，因而对这些经验不能仿效。他们说："苏联教育科学院不主张提出硬性的教学法建议，要求所有教师都只按照一种教学法工作。"

第三，文章认为合作教育学中提出的"师生合作的基本思想不是什么新东西"，因为古往今来的杰出教育家都主张确立人道主义的师生关系，反对强权主义。

文章还阐述了苏联教育科学院是如何重视创造性的教学经验的，还发表了许多优秀教师的论文集等。

1986年12月25日，《教师报》刊登了该报主编B. 马特维耶夫的文章，题目叫《为了探求真理》。该文章与8院士的文章针锋相对，措辞激烈地指责院士们的文章是向《合作教育学》发出的进攻信号；指责他们过去曾经围攻过苏霍姆林斯基，给他戴上"资产阶级思想，非阶级性，抽象人道主义的意识形态"的帽子，现在却又打着拥护苏霍姆林斯基教育思想的旗号来反对合作教育学。

在这次论争中，苏联教育科学院受到尖锐的批评，批评他们长期不重视教育实验，领导教育科学的不少人没有当过教师，是从学校毕业后直接跨进教育科学院里去的，他们不懂得别人提出的新思想。有的文章要求彻底改组教育科学院，废除院士终身制。

在这场论争中，看来苏联教育行政部门是支持合作教育学的。苏联教育部第一副部长A. 科罗别伊尼科夫于1987年8月22日在答教师问中，明确表示不赞成《国民教育》《苏维埃教育学》杂志的态度。他说，"我们不支持反对革新和革新者的文章""我赞成合作""新教育思想……只能建立在合作的基础上"。（参见苏联《教师报》，1987年8月22日）

（三）从这场论争中，我们可以得出些什么结论呢?

第一，关于合作教育学的论争不是偶然的，是在戈尔巴乔夫的全面改革和"新思维"的思想路线影响下的必然产物，是革新与守旧的教育思想的论争。它打破了苏联教育理论界多年来平静和沉闷的气氛，其实是整个社会改革在教育领域的反映。

《教师报》发表的奥尔洛夫和拉吉霍夫斯基的文章，在谈到合作教育是怎样产生的时候讲道：这些年，教师的威信一落千丈，学校的通病是大做表面文章，装模作样，客气点讲，是形式主义和单纯追求百分比，教育行政上级机关公布的辉煌战绩是假，有目共睹的学校工作的可悲状况是真的。他们说，幸好这几年讲了实话。这不仅与学校有关，而且"是我们社会的通病在学校条件下的复制品"。这正是说到了点子上。前几年不敢说的话，现在在"新思维"和"公开性"的路线下敢于说出来，这不能不说是苏联教育界的一大进步。这个事实本身的意义和价值远远超过对合作教育学的具体内容的争论，它将有力地推动苏联的教育改革，冲破一切保守的、僵化的教育思想，为建立科学教育学的新体系开辟道路。

第二，合作教育学是人道主义教育学的发展，是当前世界教育发展的一种潮流。它的核心是尊重学生的人格，承认学生是教育过程的主体，教育的目的是充分发展学生的个性，培养具有鲜明的、刚强的、创造性的、为崇高理想所鼓舞而热情奋发的个性的人，有利于社会和获得个人幸福的社会主义的公民。

这种教育思想不是没有根源的，它的最直接、最近的渊源就是苏霍姆林斯基的社会主义人道主义教育学。后者的出现也不是偶然的，而是在20世纪50年代批判个人崇拜和教条主义之后，思想解放的结果。当时也曾展开过一场论争，也有人给苏霍姆林斯基的教育思想扣上"抽象人道主义""西方自由教育论""反对马卡连柯关于对学生高度尊重与严格要求相结合的著名原理"等大帽子。今天又是历史的重演，但是时代不同了，社会的全面改革给教育界带来了新鲜、活跃的空气。这次论争的规模更大，革新家也不是像苏霍姆林斯基那样单枪匹马了。

从这两次论争可以看出，教育科学的发展总是从属于政治气候的。

只有在政治上有了宽松的环境，社会有了民主，学术思想才能活跃。新的教育学只能产生在广大教师群体实践之中，绝不是几个政治家所能号召出来的。

第三，合作教育学是一个新的教育流派，但是也不能全盘否定其他教育理论工作者的成绩，包括巴班斯基提出的教育过程最优化的理论。尽管每一种理论体系都存在着这样那样的毛病，但它总是给教育科学的宝库丰富了新的内容。对历史不能采取虚无主义，但是又不能因为要肯定历史上某些有用的东西而又不敢去碰传统的思想体系。只有从旧的教育理论体系中突破出来，才能建立新的教育理论体系。合作教育学为人们提出许多值得重新思考的问题。正如合作教育学的创作者们在第三次会晤纪要中所提到的，需要研制切实可行的更新机制，或叫更新方法，来重新审视困扰着教师教育思想的一系列教条。合作教育学作为一个新的教育流派，已经提出了它的主导思想，但要作为一个完整的教育理论体系，也还需要在实践上和理论上做艰苦的、长期的努力。

合作教育学的论争对于我国教育理论界也正在产生影响，中国的教育工作者必将从中吸取有益的经验和启发。

伟大的十月革命为社会主义教育开辟了新纪元[*]

伟大的十月社会主义革命开辟了人类历史的新纪元，世界上建立起了第一个无产阶级专政的社会主义国家。苏联人民在列宁的领导下，在改造旧社会、建设新社会的同时，改造了旧的教育制度，逐步建立了苏联教育的新体系。但是，文化教育领域内的革命，比推翻一个旧政权还要困难许多倍，因为它意味着不仅要同传统的所有制关系实行最彻底的决裂，而且要同传统的观念实行最彻底的决裂。60多年来，苏联教育取得了辉煌的成绩，为苏联社会主义建设培养了千百万名干部和专家、亿万名训练有素的劳动大军。然而教育改革却永无止境，而且走过了曲折的道路。研究战后苏联教育的发展和改革，不能不回顾一下他们在战前走过的道路。从历史上把它连贯起来，就能更清楚地了解当前苏联教育的来龙去脉，就能总结出正反两方面的经验和教训。

一、列宁的教育思想

伟大的革命导师列宁是马克思、恩格斯开创的无产阶级革命事业的

---

[*] 本文为《战后苏联教育研究》一书的第一章，江西教育出版社1991年版。

继承者，他在领导俄国的无产阶级夺取政权和建立第一个社会主义国家的过程中，发展了马克思、恩格斯的教育理论，为苏联教育事业的发展奠定了理论基础。

（一）论教育在社会主义革命和建设中的作用

马克思、恩格斯在《共产党宣言》中宣告，教育是社会关系所决定的，"资产者唯恐其灭亡的那种教育，对绝大多数人来说不过是把人训练成机器罢了"。因此，"共产党人并没有发明社会对教育的影响；他们仅仅是要改变这种影响的性质，要使教育摆脱统治阶级的影响"[①]。列宁继承和发展了马克思、恩格斯的思想，进一步揭示了教育的阶级性。列宁多次阐明资产阶级的教育渗透着资产阶级的阶级精神指出，认为教育可以超出政治是资产阶级的谎言，资产阶级自己总是把资产阶级政治放在学校的第一位。他说，"过去整个社会赖以生存和维持的基础，就是把人们分成阶级，分成剥削者和被压迫者。自然，整个旧学校都浸透了阶级精神，只让资产阶级的子女学到知识。……工农的年轻一代在这样的学校里，与其说是受教育，倒不如说是受资产阶级的奴化。教育这些青年的目的，就是训练对资产阶级有用的奴仆，既能替资产阶级创造利润，又不会惊扰资产阶级的安宁和悠闲"[②]。

列宁在批判旧学校的同时指出，无产阶级的教育必须贯彻无产阶级的阶级精神，把教育同无产阶级面临的历史任务结合起来。1919年列宁在起草《俄共（布）党纲草案》时，在国民教育部分写道："在国民教育方面，俄共给自己提出的任务是：把1917年十月革命时开始的事业进行到底，把学校由资产阶级的阶级统治工具变为摧毁这种统治和完全消灭社会阶级划分的工具。学校应当成为无产阶级专政的工具，就是说，

---

①《马克思恩格斯选集》第1卷，268、269页。
②《列宁选集》第4卷，346页。

不仅应当成为一般共产主义原则的传播者，而且应当从思想上、组织上、教育上实现无产阶级对劳动群众中的半无产的和非无产的阶层的影响，以利于彻底镇压剥削者的反抗和实现共产主义制度"①。这里指的学校要成为无产阶级专政的工具，当然不能像我国"文化大革命"中"四人帮"那样歪曲的，把学校当作专政的机关，对知识分子实行专政，而是指社会主义学校要培养具有社会主义觉悟的、最后实现共产主义的一代新人，要通过教育来消除群众中的非无产阶级思想，从而巩固无产阶级专政。

列宁强调，在革命胜利以后，教育为巩固胜利成果和提高劳动生产率服务。列宁在俄国共产主义青年团第三次全国代表大会上的演说中讲到，"你们当前的任务是建设，你们只有掌握了一切现代知识，善于把共产主义由背得烂熟的现成公式、意见、方案、指示和纲领变成同你们的直接工作结合在一起的活生生的东西，把共产主义变成你们实际工作的指针，那时才能完成这个任务"②。1920年列宁拟定了全俄电气化的设想，并且提出了一个公式，共产主义=苏维埃+电气化。这就是说，除了无产阶级要掌握政权以外，还要有科学技术，有高度的生产力才能建设共产主义。教育要为提高劳动生产率，要为发展工、农业生产服务。

（二）论文化革命

十月社会主义革命的胜利，使人类的一切科学文化成果变成了人民的财富。但是革命前的俄国是一个文化十分落后的国家，要在这个基础上建设社会主义是不可能的。因此，列宁及时提出了文化革命的任务。列宁把文化革命看成是社会主义革命的一部分。社会主义革命为文化革命创造了条件，而文化革命又是社会主义革命胜利的成果得以巩固，社

---

① 《列宁选集》第3卷，765页。
② 同上书，351页。

会主义建设得以顺利进行的必要条件。列宁深刻地指出："我们深深知道，俄国文化不发达是什么意思，它对苏维埃政权有什么影响，苏维埃政权在原则上实行了高得无比的无产阶级民主，对全世界做出了实行这种民主的榜样，可是这种文化落后性却贬低了苏维埃政权并使官僚制度复活。"[1]

列宁提出的文化革命的主要任务是：扫除文盲，提高群众的政治文化水平，普及义务教育，培养和造就共产主义建设的干部，发展民族文化。

革命前的俄国，男子中几乎70%，女子中将近90%是文盲。文盲是站在政治之外的。列宁说："你们知道，在一个文盲的国家内是不能建成共产主义社会的。"[2]他要求青年们联合起来到农村去扫除文盲，使青年一代中不再有文盲。

列宁把扫除文盲，提高群众的政治和文化水平与发扬无产阶级民主和克服官僚主义联系起来。他指出，首先要识字，每个人都识字，每个人都有文化，才能实行自下而上的监督，才能消灭官僚主义，实行国家的民主管理。当然，光识字还不够的，还要提高文化水平，这不是说单纯地使群众具有一些基础文化知识，而是意味着使群众具有独立参加社会政治生活的能力，成为历史的积极创造者。为此，列宁写道："……仅仅扫除文盲是不够的，还需要建立苏维埃经济。在这方面，光认得几个字是成不了大事的。我们需要大大提高文化。"[3]

列宁十分重视人类积累的文化遗产。他批判一切文化的虚无主义，那种认为一切旧文化都是对无产阶级具有危险性，必须创造一种"新的无产阶级文化"的思想是极其错误的、有害的。并且明确指出："马克

---

① 《列宁全集》第29卷，152页。
② 《列宁选集》第4卷，357页。
③ 《列宁全集》第33卷，56页。

思主义这一革命无产阶级的思想体系赢得了世界历史性的意义，是因为它并没有抛弃资产阶级时代最宝贵的成就，相反地却吸收和改造了两千多年来人类思想和文化发展中一切有价值的东西。"[1]列宁曾经尖锐地批评旧学校的缺点，说它是死读书的学校，实行强迫纪律的学校，死记硬背的学校。但是他警告青年们不要把旧学校一概抹杀，而是要把旧学校中的坏东西同对我们有益的东西区别开来，善于从旧学校中挑选出共产主义所必需的东西。

文化革命的重要内容是发展民族文化。俄国是一个多民族国家，发展民族文化有着极为重要的意义。发展民族文化，即应使各民族一律享有完全平等的受教育权，用本民族语言进行教学，讲授本民族的历史。列宁还提出了"两种文化"的理论，即每种民族文化中既存在占统治地位的地主、资产阶级文化，也存在代表劳动群众和被剥削群众的民主主义和社会主义的文化成分。无产阶级应珍惜这种优秀的文化遗产。他说："无产阶级文化并不是从天上掉下来的，……无产阶级文化应当是人类在资本主义社会、地主社会和官僚社会压迫下创造出来的全部知识合乎规律的发展。"[2]

（三）论学习

建设社会主义是前人没有做过的事情，因此要学习。列宁在俄国共产主义青年团第三次全国代表大会上给青年们提出的任务就是学习，要求青年们把自己培养成共产主义的新一代。他说，老一代至多只能消灭建筑在剥削上面的资本主义旧生活方式的基础，而在这个基础上进行建设，只有靠新的一代人。所以青年的任务就是要学习。

列宁在这个演说中还回答了学习什么和怎样学习的问题。列宁说，

---

[1] 《列宁选集》第4卷，362页。
[2] 同上书，348页。

所有想走向共产主义的一般青年都应该学习共产主义。所谓学习共产主义，绝不是领会共产主义教科书、小册子和著作里的一切知识，那样就容易造就出一些共产主义的书呆子或吹牛家。他告诫青年，如果在批判旧学校是死读书的学校的时候，就从这里得出结论，不掌握人类积累起来的知识就能成为共产主义者，那就犯了极大的错误。"如果以为不必领会产生共产主义学说的全部知识，只要领会共产主义的口号，只要领会共产主义科学的结论就已经够了，这也是错误的。马克思主义就是共产主义从全部人类知识中产生出来的典范"。"只有用人类创造的全部知识财富来丰富自己的头脑，才能成为共产主义者"[1]。

那么该怎样学习呢？列宁强调要理论联系实际，要把学习和当前社会主义革命和建设的任务结合起来。列宁指出当时的任务是在现代最新科学技术成就的基础上改造和恢复工业和农业，实现全国电气化。青年们仅仅识字还不够，仅仅懂得什么是电气化还不够，还要懂得把现代科学技术应用到工农业上去，把共产主义变成青年实际工作的指针。"青年们只有把自己的学习、教育和训练中的每一步骤同无产者和劳动者不断进行的反对旧的剥削者社会的斗争联系起来，才能学习共产主义。"[2]

列宁还谈到共产主义的道德问题。他指出道德是有阶级性的，共产主义道德是从无产阶级斗争的利益中引申出来的，它完全符合无产阶级阶级斗争的利益。共产主义道德就是为了把劳动者团结起来反对一切剥削和一切小私有制服务的道德。青年们应该养成共产主义的道德，参加到沸腾的实际生活中去，为无产阶级的利益而斗争。

（四）论建立统一的技术学校的原则

列宁在《俄共（布）党纲草案》关于国民教育的条文中写道：

---

① 《列宁选集》第4卷，347、348页。
② 同上书，355页。

"（3）对未满十六岁的男女儿童实行免费的普遍义务综合技术教育（从理论上和实践上熟悉一切主要的生产部门）；（4）把教学工作和儿童的社会生产劳动紧密结合起来"。这就为改造旧学校建立新的统一的综合技术学校奠定了基础。十月革命以前，俄国的学校是双轨制，普通学校都是为统治阶级的子女所设立的，劳动人民的子女受不到应有的教育，或者只能进入简陋的初等学校。革命以后对旧学校应该怎样进行改革？列宁提出了建立统一的综合技术学校的原则。

在统一的学校里实施教育同生产劳动的结合。列宁坚持和发展了马克思主义关于教育同生产劳动相结合的原理，指出："没有年轻一代的教育和生产劳动的结合，未来社会的理想是不能想象的：无论是脱离生产劳动的教学和教育，或是没有同时进行教学和教育的生产劳动，都不能达到现代技术水平和科学知识现状所要求的高度。"[①]

列宁十分重视在学校里实施综合技术教育，并把它视为实现教育与生产劳动相结合的重要途径。什么是综合技术教育？列宁解释为从理论上和实践上熟悉一切主要生产部门。列宁反对教育人民委员部的某些领导对综合技术教育的曲解，他们用职业技术教育来代替综合技术教育，使儿童过早地专业化。列宁指出，综合技术教育是使学生熟悉生产的一般科学原理，掌握使用一般的最常用的劳动工具的技能。而职业教育则是传授某一行业的专门知识和技能，培养某种专门人才。列宁指出，要避免过早地专业化，要在所有的职业技术学校里扩大普通学科的范围，不要变成培养手艺匠的学校。

综合技术学校是大工业生产提出的要求。大工业生产的技术基础是革命的。马克思说："大工业的本性决定了劳动的变换、职能的更动和

---

① 《列宁全集》第2卷，413页。

工人的全面流动性。"①这就要求工人要不断提高文化和科学技术水平，尽可能多方面的发展。恩格斯在《共产主义原理》中指出："由整个社会共同地和有计划地来经营的工业，就更加需要各方面都有能力的人，即能通晓整个生产系统的人。"②这种人怎样培养呢？就是通过综合技术教育。因此，综合技术教育是和大工业联系在一起的，通过它使学生熟悉大工业生产的知识和技能，不是手工业生产的知识和技能。

列宁认为，综合技术教育是和智育密切联系的。综合技术教育必须以科学知识为基础。这些知识在学校里主要是通过数学和理科教学传授给学生的。因此，实施综合技术教育不能削弱科学知识的教学，而是要掌握这些知识，并了解它们在生产中的应用。列宁还认为，综合技术教育并不要求学生掌握各种专业的具体技能，而是要了解现代生产的一般原理。

列宁还具体设计了学校实施综合技术教育的蓝图。他在对克鲁普斯卡娅《论综合技术教育》的提纲所写的评论中指出，综合技术教育必须绝对执行的任务如下。

（1）参观附近的电站，并在电站举行一些有实验的讲座；做一些只有用电气才能做的实习作业。

（2）用上述的办法参观每个办得不错的国营农场。

（3）用上述的办法参观每个办得不错的工厂。

（4）动员全体工程师、农艺师、全体大学数理系的毕业生，来做关于电气和综合技术教育的讲演、指导实习作业的讲演、巡回讲演和其他工作。

（5）设立关于综合技术教育的小型博物馆、展览车、展览船等。

---

① 《马克思恩格斯全集》第23卷，534页。
② 《马克思恩格斯选集》第1卷，223页。

他要求当时第二级学校（12~17岁）的毕业生既精通本行业务，成为受过实际训练的细木工、粗木工、钳工等，又具有广泛的普通知识；应该成为共产主义者；应有综合技术的见识和综合技术教育的基本知识，即：

（1）关于电气的基本概念；

（2）关于机械工业中运用电气的基本概念；

（3）关于化学工业中运用电气的基本概念；

（4）关于俄罗斯苏维埃联邦社会主义共和国电气化计划的基本概念；

（5）参观电站、工厂、国营农场不得少于1~3次；

（6）知道农艺学的基本原理等。

这里列宁把什么是综合技术教育，怎样实施综合技术教育说得清清楚楚。列宁的这种思想成为苏联建立统一的综合技术学校的基本原则。

（五）论教师

列宁十分重视教师的工作，并为建立一支无产阶级教师大军制定了正确的政策。

列宁指出，学校里最重要的是教学人员。因为决定课程的思想政治方向的不是别人，而是教学人员，任何"监督"、任何"领导"、任何"教学大纲""章程"等对教学人员来说都是空谈。十月革命以后，俄国有些教师反对苏维埃政权。列宁指示，共产党人和进步的教师要做工作把他们争取过来。列宁在为俄共（布）起草的党纲草案中就写着"不仅像现在这样把教师的一部或大部彻底争取过来，而是要把全体教师彻底争取过来"[①]。

列宁认为，苏维埃的教师肩负着重大的任务，就是培养建设新生活

---

① 《列宁选集》第3卷，765页。

的青年一代。同时，教师还是向工农群众进行广泛的社会教育和普及文化科学知识的一支重要力量。他指出，"……几十万教师，——这是一种推动力工作、启发人们思想、同目前群众中还存在的偏见做斗争的机构"①。教师的责任这样重大，他必须自己先受教育。列宁教导教师到斗争的实际中去，摆脱对资本的从属，摆脱资产阶级的束缚，"教师不能把自己限制在狭隘的教学活动的圈子里。教师应该和一切战斗着的劳动群众打成一片。新教育学的任务是要把教师的活动同建立社会主义社会的任务联系起来"②。

列宁还十分重视提高教师的地位和物质待遇问题。他说："……不提高人民教师的地位，就谈不上任何文化，既谈不上无产阶级文化，甚至也谈不上资产阶级文化。"所以，列宁提出，"应当把我国人民教师提高到从未有过的、在资产阶级社会里没有也不可能有的崇高的地位。这是用不着证明的真理。为此，就必须进行有步骤的、坚持不懈的工作，来提高他们的思想意识，使他们具有真正符合他们的崇高称号的各方面的素养，而最最重要的是提高他们的物质生活条件"③。

列宁的教育思想在苏联几十年来的教育事业发展和改革中起着巨大的指导作用。

二、革命初期的教育改革

苏维埃政权自成立之日起就对国民教育事业予以极大的重视并着手进行全面的改革。1917年10月29日，即苏维埃人民委员会成立的第三天，教育人民委员卢那察尔斯基发表了《告人民书》，提出苏维埃政权

---

① 《列宁选集》第4卷，368页。
② 《列宁全集》第27卷，418页。
③ 《列宁选集》第4卷，677、678页。

在教育方面的基本任务：通过实施免费的普及义务教育在最短期内使全体居民识字，培养师资，组织统一的苏维埃学校，增加国民教育经费，广泛地建立成人文化教育组织，吸引教师讨论有关国民教育建设问题等。1917年11月15日教育人民委员部又分别发布了《告全体教师书》和《告学生书》，要求教师与工农合作，学生接近工农。

（一）确立布尔什维克党和苏维埃对教育的领导

1917年11月9日，人民委员会发布指示成立了国家教育委员会，领导全国国民教育工作，并着手拟定建设国民教育事业的方案。根据11月15日教育人民委员部的决定，所有教会教区学校、教会师范学校、神学专门学校和讲习班、正教专门女校、传教士学校、神学院以及所有其他教会所管辖的学校都归教育人民委员部管辖。1918年1月列宁签署了《关于教会同国家分离，学校同教会分离的命令》，宣布信仰自由，废止一切有关宗教信仰的限制和特权，禁止在学校内讲授宗教科目和举行宗教仪式，教会不能干涉学校事务。

1918年1月开始取缔俄国原有的官僚的学校管理机构——学区，撤销学区督学、国民学校校长与学监的职务，各地中小学统由工农代表苏维埃领导。

同年5月又决定实施男女合校，取消了过去在教育上男女不平等的限制。十月革命前，女校的教学计划和教学大纲比男校低得多，而且实行一种特殊的制度，设立女学监监视学生等等。当时女校的数目也比男校要少。因此如果保留男女分校，就不能实现男女的真正平等权利，不能保证女孩子充分就学。所以，男女合校是实现男女平权的必要措施。

从革命政权所采取的以上措施可以看到，革命初期的教育改革集中在夺取教育的领导权上，使学校真正转变到共产党的领导之下，为改造旧社会、建设社会主义社会做出贡献。但是，学校改革的工作是在激烈的阶级斗争的条件下进行的。旧国民教育部的官员和一部分教师敌视苏维埃政权的教育政策，拒绝与苏维埃政权合作。为了与旧势力做斗争，并争取广大教师群众，一部分先进的教师组成了国际主义者教师联合会，而且发展越来越壮大。列宁十分关心团结和改造教师的工作。他指出，对广大教师，必须进行耐心的工作。因为大部分教师在沙皇时代的学校里接受了敌视无产阶级的教育，不可能马上了解十月革命的意义、任务和前途。共产党的组织、教育人民委员部和各地教育行政部门遵照列宁的指示，广泛开展工作，组织教师代表大会、教师讲习班等，解释布尔什维克党和苏维埃政权的教育政策，把广大教师团结在苏维埃政权一边。1918年6月召开了国际主义教师第一次代表大会，列宁到会上发表了演说，号召教师首先应该成为社会主义教育的主力军，要和劳动群众打成一片，把自己的活动和建立社会主义社会的任务联系起来。1918年7月又召开了全俄第一次教师代表大会，号召反对苏维埃政权的教师转变到布尔什维克和苏维埃政权一边来。1919年1月，全俄国际主义教师联合会又如开了第二次代表大会，列宁又亲临到会演说，指出，经过一年的斗争，绝大多数教师都靠近工人阶级和劳动农民，都深信社会主义革命有它深刻的根源，社会主义革命必然会扩展到全世界。他建议成立统一的教师工会。根据列宁的指示，很快就成立了"教育工作者和社会主义文化工作者工会"。

（二）建立统一的劳动学校

苏维埃政权建立后的第二件事就是要建立一个统一的学校教育体系来代替革命前的双轨制。国家教育委员会为制定新学校的原则进行了大量工作。开始莫斯科的学校改革司提出了一个方案，稍后，彼得格勒的教育人民委员部的成员也提出了一个方案。1918年8月在全俄教育工作第一次代表大会上就上述两个方案展开了激烈的辩论。辩论的焦点是劳动在学校教育中的作用与地位问题。依照莫斯科方案，劳动应是学校的基础，儿童要通过生产劳动解决"自我服务与自我给养"问题，因而主张把学校办成劳动公社。彼得格勒方案也重视劳动在学校中的作用，但不赞成把学校变为"劳动公社"，认为学校的主要任务是传授知识。前者实际上受到当时无产阶级文化派的影响，完全抛弃了过去学校的经验，以后发展到"学校消亡论"。但是大会经过激烈的争论，结果通过了莫斯科提出的方案。

1918年10月16日公布了俄罗斯苏维埃联邦社会主义共和国《统一劳动学校规程》和《统一劳动学校宣言》。这是两个具有重大历史意义的文献。文件确定了新学校的原则，确定了学校的任务、制度和组织形式；提出尽快实施普及初等义务教育的任务，各级学校人人可进，并且是免费的，宣布学校是绝对非宗教的；取消了革命前所存在的各种类型的学校，确定了九年一贯制的统一劳动学校。学校分为两级：第一级为5年，第二级为4年，各级学校相互衔接。儿童8岁入学，17岁毕业。学校之前设幼儿园。文件公布了生产劳动与教学结合的原则和学校综合技术性的原则。文件反对各种教学中的形式主义和烦琐哲学，要求照顾到学生的兴趣，发展儿童的创造性，建立学校与生活的联系，要求尊重学生的人格，反对对学生实施监督和侮辱性的惩罚；鼓励学生积极参加学校自治机构所组织的活动。文件反映了莫斯科方案的意见，错误地把"生产劳动作为学校生活的基础"，规定了过多的劳动时间（每周10小时，约占教学总时数的1/8）。《宣言》曾拟定了以教授"儿童百科全书"的形式实施综合的教学；把教师的作用视为"各种不同年龄儿童家庭中的长兄"等，这都是不正确的。这样就为二十年代的一些错误的做法打下了基础。

1919年3月俄共（布）第八次代表大会通过了新的党纲。在国民教育方面提出的任务是："把1917年十月革命开始的事业进行到底，把学校由资产阶级统治的工具变为完全消灭社会阶级划分的工具，进行社会的共产主义改造的工具。"①党纲扼要地规定了社会主义学校建设的根本原则，远景规划和途径，为17岁以前的男女儿童实行免费的普通和综合技术教育，完全实行统一劳动学校原则，用本族语教学，男女合校，绝对世俗性，实行教学和生产劳动紧密结合并培养共产主义社会的全面发展的成员；为17岁以上的成人广泛地发展跟普通综合技术知识相联系的职业教育，使高等学校向工农开门。

革命初期，苏维埃政权受到外国武装干涉和国内战争的困扰，国民经济极端艰难。1920年12月31日至1921年1月4日举行了第一次党的国民教育会议。会议决定建立前4年、后3年的七年制学校来代替前5年、后4年的九年制学校。在七年制学校以后是技术学校，即职业学校，修业年限为3～4年。这样儿童只在15岁以前受普通教育。列宁当时不赞成这种做法，他批评过早的专业化的思想。他说："党应当无条件地站在俄共党纲关于综合技术教育所确定的立场上……，同时，党应当认为把普及综合技术教育的学龄标准从17岁降低到15岁，完全是由协约国强加于我国的战争所造成的贫困和破产引起的一种暂时的实际的需求。"②

（三）学校教学的改革

十月革命以后由于受到无政府主义和无产阶级文化派的影响，直到1920年以前，教育人民委员部都没有制定一个必须执行的学校教学计划，仅仅在1920年教育人民委员部才公布了一个参考性的教学计划。两个方案：最低的和最高的方案。所以，各州、地区教育局只好自己制订地方性的教学计划。这些计划无论是在教授的科目上还是内容上都极不一致。

---

① 《苏联共产党的决议和决定》莫斯科版，第1卷，419页。
② 《列宁全集》第32卷，110页。

没有统一的教学大纲。克鲁普斯卡娅在1923年《关于大纲问题》中讲到，革命后的头几年，学校大多用的是旧教学大纲，教育人民委员部只公布了一个"劳动学校教育工作材料"，为第一级学校用的。它不是按学科的体系，而是按单元知识编排的，主要注意力集中在劳动任务上，而不是在获得知识上。被放在首位的单元叫"世界知识"。教学的中心是劳动任务，在学校或公社劳动。一、二年级的劳动以游戏的形式进行。围绕着劳动教给学生必要的知识，研究人类过去和现在的劳动，回答学生遇到的问题，建议学习在田野或者园地劳动，或者在参观森林、工厂的过程中所遇到的生物和非生物世界。教育人民委员部和材料设计者认为，知识的多少不是主要的，主要的是选择材料的方法。所以教师有权缩小或扩大大纲中涉及的问题的范围。在制定劳动学校第一级的"教学工作材料"的同时，1919年内，教育人民委员部制定了劳动学校第二级的基本教学科目的提纲和某些学科的参考大纲。但教师可以不按这个大纲教学。为了消除学校和生活的脱节和把生产劳动作为基础，学校改革小组在提纲中和参考大纲中指示必须在学校教学中加强实习，说这样可以克服教学中的形式主义和烦琐哲学，使学生获得活的知识。

大纲的制定者根本不提教科书的问题，也不提教师讲解的作用。学习知识的方法是直接感知事物，生产劳动。鼓励艺术创作，参加集会、座谈会、纪念会。了解自然只了解表面现象，到三、四年级才联系到自然现象之间的关系。

1923—1924学年，教育人民委员部颁发了苏维埃学校必须执行的教学大纲。它的特点是：教材不是按各门学科排列的，而是把学校里必须学习的全部知识分为自然、劳动和人类社会知识三个单元排列，称为综合教学大纲。教育人民委员部于1927年又重新改订教学大纲，规定了俄语和算术知识的范围。但教育人民委员部仍错误地坚持制定教学大纲的综合教学原则。

这个时期，苏联教育在改革旧的教学内容和方法的同时，受到资产阶级自由教育思想的影响，如"儿童中心主义""学校消亡论"等，"设计教学法""道尔顿实验教学法"等在学校中流行起来；废止了入学、升级和毕业考试，取消了对学生学业的评定。这一切使教学质量下降，严重地影响到技术干部的培养工作。

应当说，当时教学改革是十分必要的。俄国的旧学校主要是培养资产阶级子弟的，严重脱离实际。革命以后不仅要从领导权上，组织机构上加以改革，从内容到方法也都应该改革。当时改革的精神也是无可非议的，只是缺乏经验。谁也不知道统一的劳动学校应该是什么样子的。为了反对革命前那种脱离实际，呆读死记的传统教育方式，把当时流行于西方的实用主义教育思想当作新的教育思想而全盘地接收过来。

（四）改革高等教育，使劳动人民受到高等教育

为了使工人和农民有受高等教育的可能，建立了特别的系——工人系，附设在高等学校里。在我国称它为工农速成中学。1918年和1919年许多学校开设了工人系。1920年1月17日颁布了建立工人系的命令。在沙皇俄国，工人和农民是不可能进入高等学校的，甚至于受中等教育也没有可能。革命后为了使他们也能进入高等学校，必须给他们创造文化补习的条件。工农速成中学就是起着这样的作用。它在许多年内成为高等学校无产阶级化的主要途径。到1928年在工农速成中学学习的学生达到5.6663万人，到1932年达到33.9万人。工农速成中学的修业年限为3～4年，除了白天上课的工农速成中学以外，还有夜间上课的。在3～4年时间内为没有上过中学的工农补完中等教育的课程，然后进入大学本科学习。

1921年建立了红色教授学院，培养高等学院政治课的教师。

高等学校里废除革命前的学衔制度及其所享受的特权，以消除高等学校内部的等级差别，为高等学校教师规定了统一的称号。

在这一时期高等学校有了较大的发展，为了适应国家工业化的需要，建立了许多新的工学院、工程经济学院和其他高等学校，开设了沙俄时期没有的专业，如优质金属生产、矿产、铁路电气化、合成橡胶、木材化学等专业。

总之，这一时期苏联在教育改革方面做了许多尝试，但由于缺乏经验，思想比较混乱，还没有能够真正建立起新的教育体系。

三、20世纪30年代的教育调整

1920年末，外国武装干涉和国内战争基本结束，苏维埃人民很快地完成了恢复国民经济的任务。1925年4月底召开了第十四次党代表大会，提出了实现工业化的任务。1930—1934年，又实现了农业集体化。社会主义的工业化和农业集体化都提出了培养干部的问题。联共（布）第十六次代表大会（1930）通过了关于实施普及初等义务教育的决议，要求儿童八岁入学，至少要读完小学四年；同时为所有11～15岁的超龄男女儿童实施普及初等义务教育；在城市和工矿地区实施普及七年制义务教育。从1932—1933学年起开始把所有的中学改组为十年制中学。1934年联共（布）第十七次代表大会又提出在全国普及七年制义务教育的任务。

由于国民经济的发展，人民物质福利的改善，文化需要的提高，使得初等教育很快得到普及，中等教育也有了很大发展。到1929—1930学年，有学生1350万名，到1938—1939学年，学生增加到2120万名。

社会主义建设需要大批的技术干部。但是由于20世纪20年代强调了学校以生产劳动为基础，采用了综合教学大纲、设计教学法等一套错误的做法，严重地影响到学生的文化学习，学生学不到系统的科学文化知识，毕业生不能满足高一级学校培养干部的要求。这种状况必须彻底改变。于是在联共（布）中央的直接领导下，对教育实现了全面的改革和整顿。联共（布）中央做出了一系列决定，发布了相应的指示来纠正20世纪20年代的错误，使教学质量得到根本的改善。

联共（布）在20世纪30年代发布的几个著名文件在苏联教育史上起着重大的作用。它成为苏联教育改革必须遵循的基本原则和教育科学的理论依据，这些文件如下。

（一）1931年9月5日联共（布）中央《关于小学和中学的决定》

《关于小学和中学的决定》（以下简称《决定》）首先肯定了苏维埃政权在实现党纲规定的教育任务中所取得的巨大成绩；学校网得到了发展，旧学校得到了改造；中小学生的数目增加很快；学校的社会成分根本地改变了，工人和农民的孩子成了学校的重要成分，用本族语言进行教学已经普及苏联文化方面最落后的民族。《决定》指出，学校一切工作的内容已经发生了原则上的改变。

可是，虽然有了这一切成绩，中央委员会认为，苏联学校还远不能适应社会主义建设对它提出的要求。学校存在的根本缺点在于：学校的教学没有给予充分的普通教育知识，培养完全通晓文字、很好掌握科学基础（物理、化学、数学、语文、地理等）的学生以升入中等技术学校和高等学校的任务没有解决好；学校的综合技术教育往往是形式的，并不能培养儿童成为理论和实践结合并掌握技术的全面发展的社会主义建设者。

《决定》严厉批评脱离系统而牢固地掌握各门科学知识而谈综合技术教育是对综合技术教育思想的粗鲁的曲解。《决定》重申了列宁关于综合技术教育的指示，指出，综合技术教育是共产主义教育的组成部分，它应当使学生学到"各种科学的基础"，"把一切主要的生产部门在理论上、实践上"介绍给学生，实施"教学与生产劳动密切联系"。教育与生产劳动相结合，必须在一定的基础上来实行，即一切学生的生产劳动要服从学校与思想教育的目的。

《决定》批判《学校消亡论》和《设计教学法》，要求立即组织科学的研究工作对教学大纲进行研究，保证教学大纲包含系统的各科知识（语文、数学、物理、化学、地理、历史等）；1932年1月1日即按照修正的教学大纲进行教学。

1931年9月5日的《关于小学和中学的规定》是三十年代教育大整顿的开始，也是以后一系列改革的基础。它的中心思想就是要教给学生系统的各科知识。

（二）1932年8月25日联共（布）中央《关于中小学教学大纲和作息制度的决定》

《关于中小学教学大纲和作息制度的决定》（以下简称《决定》）肯定了根据《关于小学和中学的决定》的原则编制的新的教学大纲已大大地改善了学校的教学工作。但同时指出这些大纲还存在许多缺点：规定的教材分量过多，各科大纲之间配合得不够或者完全没有配合；有的大纲中存在着原则性的错误；各种社会科学课程的大纲历史观点不够；等等。

《决定》建议教育人民委员部须在1933年1月1日以前改订中小学的教学大纲，以保证儿童能真正掌握巩固而有系统的各种科学的基本知识、关于事实的知识以及正确说话、作文、演算数学习题的技能。《决定》还为修订教学大纲提出了许多具体的意见。

《决定》认为，流行于当时学校中的"实验小组方法"使得在教学工作上没有专人负责，降低了教师的作用，忽视每个学生的个人学习，应当予以纠正。同时明确指出：

（1）中小学校中教学工作组织的基本形式应当是分班上课，并应有严格规定的日程表和固定的学生；

（2）教师必须负责有系统和连贯地讲述他所教的科目，培养学生运用参考书和教科书进行独立作业的能力；

（3）施行对学生知识质量的评定，认为在学年终结时进行一次学业检查的考试是必要的；

（4）建议教育人民委员部迅速制定适合学生年龄特点的各科教学法；

（5）加强学生的自觉纪律。

这个《决定》是继1931年9月5日决定以后又一个重要的文件。它确定了学校教学工作的基本组织形式，教师的主导作用和学校应该具有的教学秩序，这就进一步肃清了二十年代流行的实用主义和自由主义教育的影响，使传统的教育思想重新占据主要地位，它对后来苏联教育的发展具有重大的影响。至今苏联学校教学工作的组织遵循着这些原则。

为了进一步改善学校的教学工作，联共（布）中央和人民委员会还通过了许多决议和指示，如1932年2月12日的《关于中小学教科书的决定》，要求编写出版稳定的各科教科书；1934年5月16日的《关于中小学本国史教学和地理教学的决定》；1934年5月15日决定苏联的学制为初等学校、不完全的中等学校（七年制学校）和中等学校（十年制学校）。1935年9月3日《关于小学、不完全中学和中学教学工作的组织和校内规则的决定》对学年和学校生活制度问题又做出了一系列详细规定，包括全国统一的校历、招生考试制度、用五级记分标准评定学生成绩，统一中小学的校服等。

（三）1936年7月4日《关于教育人民委员部系统中的儿童学曲解的决定》

《关于教育人民委员部系统中的儿童学曲解的决定》（以下简称《决定》）批判了儿童学运用资产阶级的宿命论，把儿童的天赋归结于生理上和社会上的因素，从而把大多数工农子女列为"落后的""有缺陷的"一类儿童而被送入特殊学校，使他们受不到正常的教育。《决定》斥责儿童学的虚伪性和反科学性，并建议停止儿童学者的有害的活动。这个决定对改善学校工作，提高教师威信，建立马克思主义的教育理论体系起着重要的作用。

从以上几个决定可以看到，苏联20世纪30年代的教育整顿重点是整顿教学秩序，建立一整套严格的，以保证学生掌握系统的科学基础知识和技能为核心的教学制度，提高学生的质量，保证为高一级学校输送合格的新生。但是，由于思想认识上的片面性和当时学校所承担的任务的情况，在强调学习系统的科学文化知识的同时，却忽视了坚持教育同生产劳动相结合的原则。列宁关于综合技术教育的思想也没有能得到很好的贯彻。把技术教育都集中到劳动课内进行。面这种劳动课并不能保证学生从理论上和实践上熟悉一切主要的生产部门，只进行一些手工艺的教学，直到1937年3月4日教育人民委员部下令取消了劳动课，关闭了学校工场，至此，20世纪30年代的学校变成了单纯的知识学校。

同时在批判20世纪20年代的做法时过于绝对化，把它们都说成是资产阶级的东西，没有吸取其中有益的成分，例如关于注重儿童兴趣，注意儿童的个别差异，发挥儿童的主动性等，致使以后的教学模式僵化。

（四）高等教育的调整和发展

20世纪30年代，高等教育有了很大的发展。由于工农业技术改造的完成，国民经济各部门已经有了新的技术。这时候，培养精通技术的干部人才问题，便具有了头等重要的意义。1935年5月斯大林在红军学院学生毕业典礼大会上提出了"干部决定一切"的口号，这一切都给高等教育提出了任务。

1929—1930学年共有高等学校190所，而到1932—1933年则达到832所，可是有些学校条件太差，有些学校成立的时候准备就不够。于是对高等学校进行了调整。1933—1934年减少到714所，1934—1935学年减到638所。但到1940—1941学年又发展到817所，其中800所是一般高等学校，17所是函授高等学校，在校学生共81.17万人。其中工业和建筑专业学生16.84万人，占学生总数的20.7%，运输与邮电专业学生3.62万人，占4.5%，农业专业学生5.21万人，占6.4%，经济与法律专业学生3.63万人，占4.5%，卫生、体育运动专业学生10.93万人，占13.5%，教育专业学生30.86万人，占49%，艺术和电影专业学生1.03万人，占1.3%。从不同专业分布的学生来看，这一时期大力发展师范教育，培养中等学校的师资。

经过20世纪30年代的发展，高等学校的社会成分发生了根本的变化。学生主要是工人和农民，其中50%是女生。为了培养无产阶级的知识分子，1928年联共（布）中央七月会议决定派有党的工作经验、政府工作经验和工会工作经验的共产党员到高等学校学习，这些共产党员进入高等学校对高等学校的建设起了巨大作用。他们觉悟高、作风好、要求严，在学习上和社会政治工作上都起了模范作用。

20世纪30年代对高等学校的专业进行了调整。由于工业化发展，各部门需要各种具体的技术干部。但在20世纪30年代初期专业范围分得过细过多。这是由于各个专业部门对自己需要的干部要求得太具体，最大限度地接近工作条件。1931—1932年全国共有900种专业，其中许多专业之间的区别非常微细。1933年进行了调整，把900个专业合并为345个专业。

在这个时期，苏联为高等教育制定了各种制度。恢复了高考制度，招生对象从工农速成中学的毕业生逐渐转向普通中学毕业生。重新制定教学计划和教学大纲，编写教科书。1934年1月13日苏联人民委员会通过了《关于对科学工作有显著成绩者授予学位和称号》的决定，1937年3月20日又通过了《关于学位和学衔》的决定，确定了博士和副博士两级学位和教授、副教授、助教三级学衔。1938年9月5日苏联人民委员会批准了《高等学校标准规程》，这是第一个全面论述高等学校的宗旨、任务、工作内容和要求的基本文件，对高等学校的统一化和规格化起了巨大作用。

（五）教育科学的发展

这个时期，教育科学有了发展。加里宁、克鲁普斯卡娅、马卡连柯的教育实践活动和他们的教育主张对苏联学校教育的发展和马克思主义的教育理论建设起了重要作用。加里宁在十月革命以后一直担任联共（布）中央和苏维埃国家的重要领导职务，他是宣传共产主义教育思想的伟大战士。他的《论共产主义教育》等著作是向青年进行共产主义世界观和道德教育的生动教科书。他说的"教育是对于受教育者心理上所施行的一种确定的，有目的和有系统的感化作用，以便在受教育者的心身上，养成教育者所希望的品质"①这句话已经成为教育学中普遍使用的定义。

克鲁普斯卡娅在十月革命以后长期领导教育人民委员部的工作，苏联国民教育领域内的许多重要改革是在她的指导下进行的。在20世纪30年代，她曾为学校的整顿工作，为实现列宁的综合技术教育思想做了不懈的努力。她特别对学前儿童的教育问题、少年先锋队的教育作用问题发表了许多精辟的见解。她的教育论述被汇集为十卷本的教育文集，是苏联教育科学的宝贵财富。

马卡连柯在十月革命以后即从事流浪儿童和犯罪青少年的再教育工作。他组织了"高尔基工学团""捷尔任斯基儿童劳动公社"，大胆进行教育实践，经过艰苦的工作把数千名误入歧途的青少年教育改造成具有共产主义思想觉悟和一定知识技能的新人。他的成功引起国内外的注意。高尔基曾写信给他，赞扬他的工作是有世界意义的。1936年他开始从事教育文艺和教育理论的著作工作。他揭示了教育工作，特别是道德教育和劳动教育中的许多带有规律性的东西，提出了一整套道德教育的原则，论述了正确的辩证的师生关系。他的著名的教育小说《教育诗

---

① ［苏联］加里宁：《论共产主义教育》，88页，外国文书籍出版局，莫斯科，1950。

篇》就是他的教育经验的结晶，闪耀着革命人道主义和共产主义教育思想的光辉。他的许多教育著作被汇集成《马卡连柯全集》七卷本。

1937年起开始出版《苏维埃教育学》杂志。1939年出版了凯洛夫主编的教育学和格鲁兹捷夫主编的教育学。这些教育学是对20世纪30年代苏联教育实践和理论的总结，使教育理论逐步形成一个完整的体系。这个体系至今还影响着苏联教育理论。

20世纪30年代的教育改革为苏联教育奠定了基础。1939年的人口普查说明，居民的文化程度已经有了很大的提高。当时全苏联受过中等教育的有1320万人，受过高等教育的有100万人。每千人居民中有受过中等教育的77.7人，受过高等教育的6.4人，其中绝大多数受过高等教育的专家是在苏维埃政权时期高等学校毕业的，而且70%以上是1929—1937年毕业的。这一批技术干部在卫国战争期间发挥了巨大的作用，而且成为第二次世界大战后五六十年代科学技术方面的主要骨干。

20世纪30年代的改革也是有缺点的，特别是在中等教育方面，只重视知识教学，对生产劳动教育重视不够；在教学工作方面重视了严格训练，对发展学生的能力重视不够。但这些都是带有时代的特点的。

战后苏联教育的发展和改革[*]

　　1945年，苏联人民取得了反法西斯卫国战争的伟大胜利，开始着手恢复和发展国民经济。1946年2月苏联最高苏维埃召开了第二届代表大会第一次会议。会上通过了1946—1950年复兴及发展国民经济的五年计划的法律（即第四个五年计划），要求把工业和农业恢复和超过战前的水平。

　　在卫国战争中苏联人民受到了巨大的损失：2000多万人丧失了生命，1700多座城市遭受破坏，5万多座村庄被烧毁，3万多个企业、约6.5万千米的铁路被毁坏，无数学校和文化设施毁于战争的炮火中。第二次世界大战后的恢复工作的任务是十分艰巨的。根据第四个五年计划的要求，第二次世界大战后经济恢复工作的重点是受害地区，要求首先保证恢复和发展重工业和铁路运输，增加农业产品。第四个五年计划的投资定为2503亿卢布，超过了第一个五年计划投资额的4倍，超过了第二个五年计划1倍以上。

　　苏联人民在苏联共产党的领导下，经过忘我的劳动提前完成了五年计划。在完成计划中，国民经济各部门采用了新的技术和设备，实现大规模的机械化和电气化，提高了劳动生产率。值得提到的是，社会主义的竞赛运动——斯达汉诺夫运动。在胜利完成国民经济的恢复的工作中

---

* 本文为《战后苏联教育研究》一书的第二章，江西教育出版社，1991。

起了巨大的作用。1947年12月14日联共（布）党中央通过了实行币制改革及废除食物和工业品配给制的决议。1952年联共（布）党召开了第十九次代表大会，把"苏维埃联盟共产党（布尔什维克）"改名为"苏联共产党"。大会通过了第五个五年计划。

一、第二次世界大战后苏联教育的恢复和发展

战后第四个五年计划包括了提高苏联人民文化水平和技术水平的任务。五年计划的法律中规定："1950年，小学、七年制学校和中学的数量要达到19.3万所，这些学校的学生数要达到3180万人。保证城市七岁以上的儿童受到普及义务教育。"[①]这个任务在计划的第三年就超额完成了。直到1950—1951学年度，苏联共有普通中小学校20多万所，在校学生3330万人。

七年制学校的数量大大增加。1940—1941学年，七年制学校数为4.57万所，在校学生1250万人；到1950—1951学年，学校数已增加到5.96万所，学生增加到1550万人。这就为1949年提出普及七年制义务教育打下了基础。

1952年，苏联共产党第十九次代表大会提出："到五年计划结束时，在各共和国首都、共和国直辖市、省和边区的中心城市以及大工业中心，把七年制教育完全改为普及中等教育（十年制教育）。为下一个五年计划期间在其他城市和农村中完全实行普及中等教育（十年制教育）准备条件。"[②]到1955年第五个五年计划结束时，基本上实现了上述要

[①]《关于1946—1950年恢复和发展苏联国民经济的五年计划的法律》，52页，莫斯科，国家政治书籍出版社，1946。

[②]《苏联共产党（布）第十九次代表大会关于1951—1955年苏联发展第五个五年计划的指示》，29页，北京，人民出版社，1952。

求，并在1954年第二十次党代表大会上通过决定，在第六个五年计划期间（1956—1960年）"在城市和乡村中实施普及中等教育，使儿童和青年都能在十年制的普通中学和中等专业学校受到教育"[①]。

由于实施普及中等教育，中学的任务改变了。过去它的主要任务是为高等学校培养合格的新生；现在除了这个任务以外，还要为中学生毕业以后参加生产劳动做准备。为了保证中学毕业生有自由选择职业的条件，着手在中等学校里实行综合技术教育，使学生获得必要的生产劳动的知识和技能。实施综合技术教育是列宁强调的原则，但是在战前的30年代和战争期间苏联的学校没有能贯彻这个原则。党的第十九次代表大会重申了这个原则，会后，讨论了在学校中实施综合技术教育的理论问题和实际问题，探讨了在数学、物理、化学、生物和地理等课程如何给予学生综合技术知识的问题，制订了新的教学计划、教学大纲和教科书。在一至四年级的教学计划中增加了手工劳动和学校实验园地的作业；在五至七年级增加了学校实习工场和学校教学实验园地的作业；在八至十年级增加了机器制造学、电工学和农业的实习课。

在发展普通学校的同时，苏联政府注意到为在卫国战争中未能受到正常的学校教育的青年们创造学习条件。早在战争期间，1943年7月15日苏联人民委员会就通过了《关于在企业中工作的青少年的教育的决定》，建立了青少年工人学校，保证从事生产的青少年能够不脱离生产继续接受教育。1944年4月苏联政府又把青少年工人学校改为青年工人学校，所有的工人和职员都可以入校学习，课业按照普通学校的教学大纲进行，同时规定青年工人学校的学生享有与普通中学学生完全同等的权利。在战争的年代里，每学年规定为48周，每周上课3次，每次3小

[①]《苏联共产党第二十次代表大会关于1956—1960年苏联发展国民经济第六个五年计划的指示》，54页，北京，人民出版社，1956。

时。1946年1月，重新修订了教学工作制度，每学年改为44周，每周上课4次，每次4小时。

青年工人学校发展很快，1943—1944学年有学校1084所，学生10万人，到1945—1946年就发展到学校2210所，学生约35万人。在1946至1956年的10年内，学校增加到3倍，学生数目增加到4倍。

在建立青年工人学校的同时建立起了农村青年学校，学年规定为25周，每周上课5天，每天4小时。到1945—1946学年里，在农村青年夜校学习的有3.349万人。

第二次世界大战后，苏联高等教育有了很大的发展。在战前，苏联有高等学校817所，在校学生81.17万人。战争使高等教育受到很大的损失。许多高等学校被迫迁到内地，约有250所高等学校处在被德国侵略者占领的地区。战后，高等教育迅速恢复，1945—1946学年，全国共有789所高等学校，在校学生73.02万人。而在1945年这一年，高等学校的毕业生只有5.46万人，招收新生28.57万人。在第四个五年计划期间，高等学校的数目发展很快。但是为了重视培养质量，20世纪50年代中期，高等学校做了调整和合并。调整后的苏联高等学校于1955—1956学年有765所（其中全日制学校743所，函授学校22所）。学校数虽然比战前还减少了52所，但学生数增加了105.6万人，达到186.7万人。减少的学校主要是停办了培养五至七年级师资的二年制的师范专科学校。师专停办以后这部分教师由高等师范学院和综合大学来承担。也就是说，提高了中学初级阶段的师资质量。

在战后的两个五年计划（1946—1955）时期，高等学校毕业生有177.3万人，超过战前1939年人口普查时高等学校毕业生108万人的50%以上。

战后教育的发展反映在教育经费的增长上。第四个五年计划和第五个五年计划每年的教育经费如表1和表2所示。

表1　第四个五年计划（亿卢布）

年　份	金　额	备　注
1946	37.8	这是由于工农业品降价所致。平均占预算的13.9%
1947	51.5	
1948	55.0	
1949	57.7	
1950	56.9	
合计	258.9	

表2　第五个五年计划（亿卢布）

年　份	金　额	备　注
1951	57.3	
1952	58.3	
1953	61.1	
1954	65.6	
1955	68.9	
合计	311.5	

［资料来源］《苏联的国民教育》，北京，人民教育出版社，1958。

1950年和1955年教育经费分别占当年社会总产值的4.6%和3.5%，占当年国民收入的9.8%和7.3%。从这些数字中可以看出，苏联第二次世界大战后把恢复和发展教育作为恢复和发展国民经济的重要条件，在经济十分困难的情况下，把发展教育与发展经济同步进行。而且在第二次世界大战后头一个五年计划中教育经费支出的比重显然高于平常时期，这是为了使各级各类学校迅速得到恢复。以后教育经费的比重保持在社会总产值的3%，国民收入的7%左右。

第二次世界大战后，苏联在学校中加强了思想政治工作。学校里加强了历史课、苏联宪法课和文学的教学，加强了课外活动和校外活动，通过这些活动来提高学生的思想觉悟。根据决议修订了五至十年级的文学教学大纲和教科书，讨论了文学课教学的问题，强调文学教学的思想性。

第二次世界大战后，苏联第四个、第五个五年计划期间，苏联教育的主要任务是恢复和发展，在教育体制、内容等方面还来不及提出改革的意见。

二、一九五八年的教育改革

1958年9月21日，以苏共中央第一书记赫鲁晓夫的名义提出了一个教育改革方案——《关于加强学校同生活的联系和进一步发展苏联国民教育制度的建议》，同年11月12日由苏共中央和苏联部长会议根据这个《建议》发出了《关于加强学校同生活的联系和进一步发展全国国民教育制度（苏共中央和苏联部长会议）的提纲）》（以下简称《提纲》）由全民讨论，最后于同年12月24日经苏联最高苏维埃讨论通过成为法律。

（一）改革的内容

《提纲》对苏联教育制度做出了如下改革。

1. 确定苏维埃学校的主要任务是培养学生走向生活和参加公益劳动，进一步提高普通教育和综合技术教育的水平，培养通晓科学基础知识的有学识的人。中学教学和教育的基本指导思想是教育同劳动、同共产主义建设实践密切结合。

2. 实行八年制的普及义务教育代替七年制的普及义务教育。

3. 规定青年从15岁或16岁起都要参加公益劳动。

4. 把中等教育划分为两个阶段。第一阶段为八年制学校，是不完全的劳动综合技术普通中学。第二阶段通过三个途径来实施。

第一个途径也是主要的途径，在八年制学校毕业后从事生产的青年可以在职业学校以及通过生产队学徒制或训练班受初步的生产训练，然后不脱产地在青年工人学校或农村青年学校学习，学习年限为3年。

第二个途径，八年制学校毕业的青年进入兼施生产教学的劳动综合技术普通中学学习，学习年限也是3年。

第三个途径，八年制学校毕业的青年进入中等职业技术学校（包括中等技术学校、技工学校）学习。

第二种类型的学校为普通中学，这类学校的学生除了受中等教育以外，还要受职业训练，毕业后便于到国民经济和文化部门工作。这些学校的生产教学将依照工厂艺徒学校的形式组织起来。

5. 扩大寄宿学校网，增加延长学日的学校和班级。

6. 把培养劳动后备军的工厂学校、技工学校、铁路学校、矿业学校、建筑学校和农业机械化学校、国民经济委员会和各管理局的职业技术学校、工厂艺徒学校和其他职业学校，改组成学习期限为1～3年的城市职业技术学校（日校和夜校）和学习期限为1～2年的农村职业技术学校。

7. 高等学校招收新生时要给有实际工龄的人以优先录取。后来具体要求从具有2年以上工龄的青年中招收学生，直接从中学毕业生中招生不超过20%，废除原来规定的中学毕业生获得金质、银质奖章者升入高等学校的优先权。

这次改革的目的就是加强学校同生活的联系，重点在中等教育阶段。办法是，一方面鼓励受过八年义务教育的青年参加劳动，然后一面劳动，一面通过业余教育完成中等教育；另一方面在普通中学里大幅度增加生产劳动时间，同时进行职业训练。

这次改革对普通中学的冲击最大，现在我们来比较一下普通中学在改革前后的教学计划。见表3、表4、表5和表6。改革前后有如下重大的变动。

1. 改革前的十年制中学是统一的普通中学。虽然也分别设立小学、不完全的七年制中学和十年制中学。但教学计划是一贯的，不分段的。改革以后，中学分为两个阶段：八年制学校是一个完整的教学计划，九至十一年级是另一个完整的教学计划，并且分为城市中学和农村中学两类。

2. 中小学学制增加了1年，但总的学时却增加了2822学时，比原十年制计划增加了28.6%。这是因为从三年级开始每周的总学时都增加了，过去高年级每周学时最多达30节，而新的教学计划上达36节；而且每学年的周数也增加了，过去每学年33周，新的教学计划规定小学每学年为35周，五至七年级每学年为36周，九、十年级为39周，八年级和十一年级均为35周。从而可以看到改革以后学生的负担大大加重了。

表3　1956年中小学教学计划（改革前）

学科编号	学科名称	各年级每周教学时数										总时数	
		一	二	三	四	五	六	七	八	九	十	每周	全年
1	俄语和文学	13	13	13	9	9	8	6	6/5	4	4	84.5	2788
2	数学	6	6	6	6	6	6	6	6	6	6	60	1980
3	历史	—	—	—	2	2	2	2	4	4	4	20	660
4	苏联宪法	—	—	—	—	—	—	—	—	—	1	1	33
5	地理	—	—	—	2	3	2	2	2/3	3	—	14.5	479
6	生物学	—	—	—	2	2	2	2	1	—	—	12	396
7	物理学	—	—	—	—	2	3	3	4	5/4		16.5	544
8	天文学	—	—	—	—	—	—	—	—	—	1	1	33
9	化学	—	—	—	—	—	—	2	3	3	3/4	10.5	347
10	心理学	—	—	—	—	—	—	—	—	—	1	1	33
11	外国语	—	—	—	4	4	3	3	3	3		20	660
12	体育	2	2	2	2	2	2	2	2	2	2	20	660
13	图画	1	1	1	1	1	1	—	—	—	—	6	198
14	制图	—	—	—	—	—	—	1	1	1	1	4	132
15	唱歌	1	1	1	1	1	1	—	—	—	—	6	198
16	劳动和实习作业	1	1	1	1	2	2	2	—	—	—	10	330
17	农业、机器制造学和电工学	—	—	—	—	—	—	—	2	2	2	6	198
	实习												
	参观												188
	总计	24	24	24	26	32	32	32	33	33	33		9 857

［资料来源］凯洛夫主编：《教育学》，北京，人民教育出版社，1957。

表4 1959年八年制学校教学计划（改革后）

编号	学科名称	各年级每周教学时数								总时数	
		一	二	三	四	五	六	七	八	每周	全年
1	俄语	12	12	12	10	6	5	3	2	62	2184
2	文学			2		2	3	2	3	10	357
3	数学	6	6	6	6	6	6	6	5	47	1663
4	历史、宪法				2	2	2	2	3	11	391
5	自然				3					3	105
6	地理					2	2	2	2	8	286
7	生物					2	2	2	2	8	286
8	物理						2	2	3	7	249
9	化学							2	2	4	142
10	制图							1	1	2	71
11	外语					4	3	3	3	13	465
	合计	18	18	20	21	23	25	25	26	175	6199
12	图画	1	1	1	1	1	1	1		7	248
13	音乐、唱歌	1	1	1	1	1	1	1	1	8	283
14	体育	2	2	2	2	2	2	2	2	16	566
	合计	4	4	4	4	4	4	4	3	31	1097
15	劳动教学	2	2	2	2	3	3	3	3	20	709
16	公益劳动			2	2	2	2	2	2	12	426
17	五至八年级生产劳动实习										180
	合计	2	2	2	4	4	5	5	5	32	1315
	总计	24	24	26	29	33	34	34	34		8611

［资料来源］摘自苏联《教育辞典》，莫斯科，1960。

表5 改革后城市中学九至十一年级教学计划

科目	年级			总学时
	九	十	十一	
文学	3	3	3	339
数学	4	4	4	452
历史	2	4	4	335
苏联宪法			2	70
经济地理		2	2	148
物理	4	4	2	382
天文		1		39
化学	2	3	2	265
生物	3			117
制图	2			78
外国语	2	2	3	261
体育	2	2	2	226
小计	24	24	24	2712
普通技术课、理论与实际的生产教学、生产劳动	12	12	12	1356
总　计	36	36	36	4068
选修课	2	2	2	

［资料来源］《教育辞典》，莫斯科，1960。

表6 改革后农村中学九至十一年级教学计划

科目	年级			总学时
	九	十	十一	
文学	4	3	4	338
数学	5	4/5	5	445
历史	3	4	4	338
苏联宪法			2	64
经济地理		2/3	2/3	155

科目	年级			总学时
	九	十	十一	
物理	5	5	3/2	380
天文		1		30
化学	2/3	3	3	261
生物	4			120
制图	3/2			75
外国语	3	3	3	276
体育	2	2	2	216
小计	31	28	29	2698
农业生产基本知识理论与实际的生产教学	5	8	7	614
共计	36	36	36	3312
季节性生产劳动（日数）共计时数	54 324	54 324	18 108	（126日）756
选修课	2	2	2	总计（4068）

［资料来源］《教育辞典》，莫斯科，1960。

3．在增加的学时中绝大部分用于生产教学和生产劳动。这部分比改革前增加了4倍，由原来在计划中的比重5.3%增加到21.06%。用于知识教学的时数也略有增加，共增加679学时（7.2%）。

4．城市中学和农村中学的教学计划不同。这是由于城市和农村的劳动不同。城市中学的生产劳动是分散在每周进行的。农村中学则按农业的季节集中起来劳动。而总的劳动时间基本上是相同的。

（二）改革的背景

苏联为什么要进行这样大幅度的教育改革呢？

首先，最主要的原因是要想解决青年升学和就业的矛盾。20世纪30年代和40年代，普通中学数量很少，它的任务主要是为高一级学校培养合格的新生。但是到了20世纪50年代，随着中等教育的逐渐普及，七年制学校和十年制学校的毕业生越来越多，而高等学校和中等专业学校的容量却是有限的，不能满足中学毕业生的要求。据赫鲁晓夫的建议书中所说，1954—1957年，中学毕业生中没有进高等学校和中等专业学校的有250万人以上。仅在1957年没有能进入高等学校和中等专业学校的中学毕业生就在80万人以上。这些毕业生没有掌握生产技能，不能适应社会生活的要求，下面是一张中学毕业生和高校招生情况统计表（见表7）。从表7中可以看出：完全中学毕业生人数1957年比1945年增加了10.6倍，而高等学校招生数只增加了85.8%；1953年以前全日制十年制毕业生还满足不了高等学校的要求，但到1954年以后全日制十年制毕业生就大大超过了高等学校的招生数。必须说明，表7中中学毕业生入高等学校的比率只是从全日制毕业生和招生数相比得出来的，实际上，高校招收的新生中有许多是夜校毕业生，因此全日制毕业生的入学率实际上还要低得多。大批中学毕业生不能升学，就有一个就业问题。但是他们在中学里受的是普通教育，没有职业训练，没有适应就业的思想准备和技能上的准备。

其次，中学生普遍厌恶体力劳动。赫鲁晓夫在苏联共青团第十三次代表大会上说："有些青年男女在十年制学校毕业以后，不愿意到工厂、集体农庄和国营农场去劳动，认为这是一种屈辱。某些家庭也对体力劳动采取这种轻视和不正确的老爷态度。如果孩子学习不好，一些家长就会对他说，如果你学习不好，那时就不能进高等学校，而只能到工厂做普通工人。"[1]因此他大声疾呼，要培养学生对体力劳动的正确态度。他声称要提出一个神圣的口号："凡是入学的儿童都应该准备去进行有益的劳动"。

---

[1]《苏联教育资料汇编》第1辑，北京，人民教育出版社，1963。

表7　中学毕业生和高等学校招生情况一览表　　（单位：千人）

年份	不完全中学毕业生		完全中学毕业生		高校招生数	中学毕业生升学率（%）
	总数	其中日校	总数	其中日校		
1940	1 860	1 794	303	277	263.4	95 .0
1945	1 132	1 083	130	112	235.7	210.4
1950	1 491	1 360	284	228	349.1	153.1
1953	3 545	3 326	579	469	430.8	91.8
1954	3 749	3 482	1 014	864	469.0	54. 2
1955	3 582	3 332	1 247	1 068	461.4	43.2
1956	3 081	2 830	1 454	1 242	458.7	36.7
1957	2 309	2 073	1 509	1 262	436.2	34.7

［资料来源］《苏联国民教育、科学和文化——统计汇编》，莫斯科，1977。

最后，由于缺乏劳动力，需要动员青年尽早地参加劳动。第二次世界大战后苏联国民经济特别是国防工业的高速度发展需要大批训练良好的劳动力。但是反法西斯战争丧失了2000万人的生命，并同时带来了出生人口的减少，因而造成20世纪五六十年代劳动力的严重不足。随着七年制教育的普及，如果再用全日制来普及十年制教育，势必延长了劳动力的培养时间。采用普及八年制教育，毕业后即参加生产，全日制十年制学校的毕业生也必须立即参加劳动，这就减轻了对劳动力不足的压力。同时为了满足青年求学的要求，则采取业余学习的方式提高他们的文化水平。

但是，当时的学校，因为教学和生活脱节，不能完成毕业生立即参加生产的任务。教育界认为造成这种情况的原因是学校制度问题。1959年《苏维埃教育学》杂志发表社论，把学校工作的缺点与20世纪30年代的指导思想联系起来。它说："这些缺点中有许多是与20世纪30年代的学校工作实践联系着的。在1931—1936年时期通过的党中央关于普通学校的决定中，为高等学校和中等技术学校培养科学基础知识的合格新生的任务，是作为普通学校的注意中心提出来的。"它又说："从原则上说，这个任务并不意味着学校脱离生活"，但是"从1936年开始，借口力争提高学业成绩和牢固地掌握科学基础知识，产生了单纯增加书本知识的现象。有关劳动训练，综合技术教育的一切科目都从学校的教学计划中取消了。自然常识的比重也大大降低，1937年把学校工厂也关闭了。普通学校的毕业生获得了相当广泛的科学基础知识，但是没有具备综合技术的知识、技能和技巧。"[1]他们把这种学校说成是与生活、公益劳动和生产劳动脱节的"口头传授知识的学校"，"使学生在学校时代就失去了把自己的知识应用于实际的可能"[2]。所以，这次教育改革就必须从教育制度上加以改革，纠正偏重知识教育而忽视生产劳动教育的偏向，以适应当时升学和就业形势的需要。

（三）改革的成败

1958年的教育改革持续到1964年，没有取得预期的效果。1964年8月，苏共中央和苏联部长会议忽然公布了《关于改革兼施生产教学的劳动综合技术普通中学的学习期限的决定》。内容很简单，即把在八年制学校基础上学习3年的期限缩短为2年，并要求从1964年9月月1日起实行，两年之内都改为新的学习期限，同时责成教育部和各加盟共和国的国民教育部对普通学校的教学计划和教学大纲做相应的改变，责令各加盟共和国的党中央和部长会议采取措施及时分配普通中学毕业生的工作，恰当地布置中学高年级的生产教学等。

《决定》的条文十分简单，表面上只涉及学习期限的改变，实际上是整个中学学制和它的任务的改变，普通中学的年限的缩短意味着放弃职业训练，回到原来十年制学校的培养目标和任务。

这次变动看起来似乎是突如其来。因为直到1964年4月16日俄罗斯联邦教育部长阿法纳先科还在《教师报》上声称："在学校改革的这几

---

[1]《苏维埃教育学》，1959（4）。
[2]《国民教育》，1959（5）。

年里，已经做了不少工作。……根据关于学校的法律所进行的工作，已经产生丰硕而良好的成果。学生的劳动教育改进了，青年掌握生产技能的愿望变得强烈了，在学校接近生活方面前进了一大步。"但是，仅仅过了短短4个月，苏联最高当局却做出了改变学习期限的决定。尽管一些领导人的讲话和许多报刊社论都申明，这次改变"绝不意味着回到1958年以前存在的十年制学校"，但是人们不能不考虑为什么要做出这种改变。

实际上，1958年的教育改革实施不久苏联舆论界就有反映，许多教育家和家长提出了不同的意见，报刊上曾不断出现各种意见，要求重新强调普及普通的中等教育。以后几年执行的情况也很糟，更引起人们的不满。阿法纳先科在1961年11月的俄罗斯联邦自治共和国教育部长、省和边区教育厅局长会议上就承认，学校的劳动教育和教学的安排还有许多严重的缺点，劳动课是形式主义地进行的，带有狭隘的手工业的性质。[①]1962年7月俄罗斯联邦最高苏维埃代表兼文化教育委员会主席格涅多夫在俄罗斯联邦第五届最高苏维埃第六次常委会上对教育改革的执行情况提出了尖锐的批评。他说过去几年，改组学校的工作的速度很慢，改组的准备工作做得很差，而且往往是"徒具形式"，"只是更换招牌而已。"学生退学现象很严重。[②]

从苏联报刊上反映出来的问题看，1958年的教育改革存在下面几个严重问题。

第一，严重地降低了中学的教学质量。从比较改革前后的教学计划可以看到，虽然知识教学的时间没有减少，但由于生产教学的时间大幅度增加，只好增加每周上课时数，并减少学习某些普通科目的时间，其

---

① 《国民教育》，1961（12）。
② 《苏维埃教育学》，1962（9）。

结果是原来已经沉重的负担变得更加沉重了。教学质量下降，不少学生失去对学习的兴趣，学生中途退学的比例很高。例如1962年退学的学生达到50万人。[1]农村地区学生退学率高达50%。[2]退学的主要原因是因学习困难而留级。格涅多夫在俄罗斯最高苏维埃常委会上提到学生的知识水平时说："中学毕业生的知识水平，特别是数学和物理学方面的知识水平，没有达到一些学院和大学向中学提出的严格要求。"他认为，造成这种现象的原是：第一，有些教育工作人员忽视普通学校根本任务之一是以知识武装学生；第二，对初等教育的意义估计不足，最后是教学方法效果不好。[3]

关于教学质量的批评来自高等学校的更为激烈。高等学校认为中学没有能够提供高质量的新生。特别是按照招生的规定，新生的80%以上来自有两年工龄的青年，他们的文化水平很低，不能满足高等学校的要求。在这种压力下，1962年苏共中央曾公布指令："责成苏联高等教育和中等专业教育部及俄罗斯联邦教育部于6个月内向苏共中央委员会提出关于如何更好地选择最有才能的中等学校学生升入高等学校进行深造的建议"[4]。1963年2月批准了高等学校新的入学规程，要求在1963—1964年度使更多的中学生能升入高等学校，并重新强调，使20%的中学毕业生可以不按1958年学校改革的要求工作两年而直接从中学升入高等学校。[5]尽管如此，中学的教学质量并未见得有所改善。

第二，在中学实现职业训练的想法没有能够实现。1965年3月，凯洛夫在俄罗斯联邦教育科学院大会上的总结报告中不得不承认："经验

---

① 《教师报》，1963-10-5。
② 《教师报》，1962-04-10。
③ 《苏维埃教育学》，1962（9）。
④ 《消息报》，1962-05-18。
⑤ 《共青团真理报》，1963-03-12。

令人信服地证明，学生在中学范围内的职业训练是不适当的。"他说："看来在我国条件下，不可能根据某一经济区域对干部的需要来把普通学校编制的地区原则同职业教育的计划和组织结合起来。在这里几乎就没有注意到学生个人的兴趣和爱好。这样，职业教育纯粹是机械地加在普通教育和综合技术教育的内容之上的一层东西罢了。许多学校由于没有必要的生产教学基地，就走上了狭隘的专业化和手工艺的道路。"[1]阿法纳先科在1964年8月的全俄国民教育会议上则说："5年的经验证明，把中学修业年限延长1年并把这些时间基本上用于生产教学，这种做法在多数情况下是不正确的，因为可以用较短的时间完成这项任务；加上由于缺乏必要的条件而使生产教学往往变为无味的时间浪费。……这种状况曾常常引起学生、学生家长和社会各界的严重不满。"[2]凯洛夫和阿法纳先科的报告虽然都声称，1964年缩短学习年限的决定"在任何程度上都不预示要回到旧的十年制"，但实际上都对1958年教育改革的核心做了否定的结论。而在事实上，职业训练在普通中学里基本上没有搞起来，而且搞得很混乱。

首先，生产教学组织得很不好，缺乏物质基础，生产劳动徒具其形。特别是高年级到工厂去生产实习，却没有工作岗位，往往是站在工人背后，看着他们工作，或者被分配去做"既没有教育意义也没有认识意义的偶然性工作"，有时竟用来"进行自我服务，搜集废金属和废纸的工作"。格涅多夫在报告中还举例说：沃洛格达第五学校学生小组在家具工厂所从事的职业训练是软座家具蒙面。但是没有给他们划出工作点，学生要站立很长时间。另一个学生小组是学机床的，可是他们只是在车床周围走来走去，递材料，收拾废料而已。许多国营农场和农庄拨

---

① 《苏维埃教育学》，1965（5）。
② 《教师报》，1964-08-13。

给学校的技术设备都是报废的和不合用的，也不分配专业人员去指导生产教学，有的工厂企业则把学生当作单纯的劳动力使用。苏共中央1963年六月全会曾批评这种现象，指出："某些经济部门、党和苏维埃组织、教育行政机关对待这一重要工作采取了不负责的态度，结果往往使生产教学变成徒然浪费时间。"①实际上当时工厂企业也有很多困难：生产任务繁重、让学生劳动，生产定额不能保证；派生产能手去指导学生的生产教学，影响工厂本身的生产；工业的技术改造尚未完成，不可能把先进的设备拿去武装学校的工厂等。总之，当时苏联的技术基础还不够雄厚到足以使所有普通中学都实施职业训练。

其次，学校职业训练的专业和国民经济部门的需要对不上口径。学校确定生产教学的专业范围本来应该从国家对各种专业人才的需要来考虑，但是学校无法得到这种需要的可靠资料。因此学校在决定生产教学的专业范围时是盲目的、自发的，没有考虑到国家的需要和青年的爱好。例如学校选择培养五金工人和缝纫工人的居多数，而培养建筑工人、农业工人、采矿工人、交通运输工人的就很少，培养市政文化方面的工作者就更少。结果是一些专业的毕业生过多，另一些专业的毕业生不足。因而有一些毕业生虽然希望按照自己所学的专业去工作，但找不到对口的工作，另一些毕业生则不愿意按照他们在学校里所学的专业去工作。据调查，在新西伯利亚省1963年中学毕业的总人数中，按照生产教学的专业去工作的仅仅是所有毕业生的11%。这就是说，大部分毕业生都没有按照他们在学校所获得的职业技能去工作。②这就造成了浪费，即意味着国家还要另外拿出一笔钱来为这些经过职业训练的青年进行再训练，学习新技能。至于精神方面和时间方面的损失就更不用说了。

---

① 《国民教育》，1963（7）。
② 《哲学问题》，1965（5）。

最后，生产教学和教学脱节，拖长了学习年限。生产教学脱离开综合技术教育的任务，往往把它看作只是让学生获得某些工作的操作方法，在劳动课上不利用学生学习过的科学基础知识。阿法纳先科在报告里说："生产教学的许多大纲中充塞着许多为掌握所选专业并非必须学习的材料。这样就人为地拖长了生产教学的时间，从而拖长了中学修业年限。"[1]莫斯科的中学校长们曾为此集体给报社写信，说："有些技能是多少受了一些教育的青年用三四个月就能够学会的，现在则要花三年的时间去教他们，这是否合理呢？应否教给学生们确定无意从事的专门技能呢？"[2]

以上三方面的问题：学习负担过多、教学质量下降，职业训练落空，学习年限拖长，都是不利于人才的培养和缓和苏联劳动力紧张的。所以非重新改革不可。1958年的教育改革所以没有取得成功的原因有物质技术的因素，也有思想观念的因素。从物质技术方面来讲，当时苏联还没有条件用先进的设备去武装普通中学。从工厂企业来讲，对职业技术学校（包括过去的工厂艺徒学校等）比对普通中学实施职业训练更感兴趣，前者训练的时间较短，而收到的效果较好，所以对普通中学实施生产教学缺乏热情。从思想观念来讲，许多教师和家长还是比较重视知识教学，轻视职业教育；学生也因毕业以后不能直接升入高等学校而对学习失去了兴趣，再加上在当时生产力的条件下，并不是所有工种都需要较高的文化程度的，因此在学生中产生一种读书无用的思想，从而加重了教学质量下降的严重性。最后，缺乏指导生产教学的教师，也是导致1958年教育改革未能取得预期效果的原因。

---

① 《教师报》，1965-08-13。
② 《共青团真理报》，1964-01-18。

三、20世纪60年代的教育现代化

1964年苏联之所以做出改变学习年限的决定还有一个很重要的原因，就是西方国家早在20世纪50年代末就开始了教育现代化的进程。苏联如果不把教育改革方向转到现代化方面来，中学的教学质量将有落后于西方国家的危险。

众所周知，20世纪60年代是世界各国教育大发展和大改革的时期，这种发展和改革是有着深刻的社会的、经济的根源的。第二次世界大战后科学技术的迅猛发展，使得学校教育的内容远远落后于现状。许多科学家认为：中小学教育的内容已经陈旧落后，教科书只反映了19世纪末期的科学成就，没有反映20世纪的科学进步；学校教育只是把科学知识作为一成不变的东西灌输给学生，实验室不足，教师仍然依赖于一支粉笔、一块黑板进行讲课，很少利用新的现代化的视听教学工具。因此，他们竭力主张改革中等教育。

教育现代化运动首先在美国掀起。早在20世纪50年代，有些科学家就曾为中学编写出新的教材。1957年苏联发射第一颗人造地球卫星，促进了这次改革的进程。美国政府认为，美国教育与苏联教育存在差距，这种差距可能威胁到美国国家的安全。于是1958年美国国会通过了《国防教育法》，拨出巨款，用于改造数学、科学和现代外语（所谓"新三艺"）的教学；充实和更新学校的实验设备；给优秀学生发放奖学金和贷款，鼓励他们学习科学技术。在《国防教育法》的刺激下，由科学家和教师组成了各种教材编写委员会，对中学的课程进行改造。于是相继出现了"新数学""新物理""新化学"等新教材。这些教材很快被译成多种文字，传播到世界各国，引起了世界各国实现教育现代化的改革。

（一）教育内容的改革

关于教育现代化的改革，苏联是从1964年开始的。1964年10月苏联科学院主席团和俄罗斯联邦教育科学院主席团成立了确定中学每门科目的内容和性质的各科委员会和协调各科委员会的总委员会。这些委员会由著名的学者、大学和师范学院的教授、许多教学法专家和先进教师共500多人组成。委员会的任务是使"教育的内容和性质符合现代科学、技术和文化的发展水平"。[①]要求吸收教育学和心理学的研究成果，对其他社会主义国家的现行教学计划、教学大纲和教科书进行比较性研究，并根据向普及中等义务教育过渡的前景确定中学教学的范围和性质，使学校的教学内容、组织和方法更充分地反映现代科学、技术和文化的成就。删除教学大纲和教科书中的陈旧和次要的材料。[②]

拟定和完成向新的教育内容过渡用了整整10年的时间。1974—1975学年完成了采用新教学大纲的工作。1976年苏联教育科学院通讯院士、教学内容和方法研究所所长M.卡申在科学院的年会上做了总结报告。他说，教育内容的改革结果，改善了课程结构，提高了社会科学和自然—数学科目的科学理论水平。10年中一共编写了103种新的教科书，其中87种被批准为标准教科书。卡申在报告中还对各科内容的改革做了简要的介绍。[③]

（二）心理学、教育学的理论基础

教育内容的改革是在心理学和教育学研究的成果的基础上进行的。苏联心理学家厄里康宁、达维多夫、赞可夫等对儿童发展和教育的问题做了长期实验和研究，对苏联教育内容的改革起了重要的作用。

厄里康宁和达维多夫领导了"教学与发展"的实验研究，他们在学龄初期儿童实验室里对低年级学生学习现代科学的某些概念的能力进行了研究，编写了可以大大缩短一年教学期限的新的教学方法和实验性的

---

① M.卡申：《关于苏联学校向新的教育内容过渡的总结》，载《国民教育》，1976（6）。
②《苏维埃教育学》，1965（7）。
③《国民教育》，1976（6）。

识字课本。他们认为，过去的心理学和教育学对低年级学生的思维特点和认识潜力认识不足，小学年龄是儿童抽象思维猛烈发展的时期，教学不应走在儿童发展的后面，而应当促进儿童的发展。他们以自己的实验学校为例证明，学生的认识潜力大大高于旧的教学大纲规定的要求。

赞可夫于1957年开始领导苏联教育科学院普通教育学研究所教育与发展问题实验室，从事"教育与发展关系"的实验，采取了跟踪实验的办法，与教师一起编制教案、设计教法、总结经验、检验效果。1964年他在第一阶段实验的基础上总结并公开了"小学教学新体系"的实验报告。实验证明，如果在小学教学中采用一些特殊的发展学生的方式，那么，小学教学水平和进展速度都能得到提高。实验学校的教材在深度和容量上都远远超过四年制小学的教学大纲，而且这种教材在从容不迫和不加重学生负担的情况下在3年内就学完。[①]

这些实验都说明学龄初期的儿童认识能力的潜力很大，克服了过去对于低年级学生思维特点和认识潜力的陈旧的观念，因而认为小学越来越失去独立的意义，失去自己的特殊性质，变为学生入高年级学习的准备阶段，实行修业期限为3年的初等教育并从四年级起就系统学习基本科学知识的课程是可行的。

在这个实验的基础上，苏联从1969年开始把小学4年改为3年。

（三）强调知识教学

1964年关于缩短普通中学学习年限的决定公布以后，教学计划有了很大的变化。从四年级开始，有些科目如俄语、文学、外语等教学时数有所减少，但主要的是减少劳动课的时间。九、十年级的变动较大。原来九至十一年级的生产教学和生产劳动课的时间每周12学时，总时数为1356学时。年限缩短以后，九、十年级平时生产教学的时间为每周6学

[①]《苏维埃教育学》，1964（2）。

时，集中劳动48天（九年级36天，十年级12天），合计总时数为708学时，减少了47.8%。九、十年级的教学时间也有所减少，从2698学时减到2100学时，减少了22%。各科都有减少，其中外国语、历史、地理减少得较多。另外取消了苏联宪法课，增加了社会学课。

刚开始缩短年限的时候还比较强调生产教学的重要性，并一再声称不是回到1958年以前。但是，20世纪60年代后期，情况就有了变化，更多地强调知识教学，生产教学已经不被人们所重视。1965年苏联高等和中等专业教育部部长叶留金在回答高校考生时宣称："高等学校招生考试的基础的唯一和基本要求是一切考生一律都必须具有高深和牢固的知识"。《真理报》把这篇报道标为"深刻的知识是进入高等学校的通行证"[①]。

1966年11月10日苏共中央和苏联部长会议通过《关于进一步改进普通中学工作的措施》，指责各加盟共和国教育部"没有采取必要措施，消除现有的教学计划和教学大纲与现代科学知识不相适应的现象和学生必修课课业负担过重的现象"，要求完善中等教育，施行有科学根据的教学计划和教学大纲。

《措施》决定从1966—1967学年开始，中学改用新的教学计划和大纲。教学计划进一步减少了生产劳动的时间，减少到每周只有2小时。

《措施》决定从七年级起开设选修课，目的是为了加深物理数学、自然科学和人文科学的知识，发展学生各方面的兴趣和才能。为此1967年4月8日，苏联教育部发布了《关于为普通中学七至十（十一）年级学生开设选修课的通函》,《通函》规定选修课从七年级起按教学科目开设。教学计划为选修课划出的时间为：七年级每周2课时，八年级每周4课时，九、十年级每周6课时。

《通函》指出，"由学生任选的选修课可以成为学校教育中较充分

---

① 《真理报》，1965-07-15。

反映当代科学、技术、文化成就和照顾各个学校地方特点的重要形式之一，能对教学内容做出重要补充而又不变更教学计划和中学基本课程的大纲和教科书。""让学生选学选修课程的目的在于进一步加深他们的科学基础知识和全面发展他们的认识能力，形成对个别学科和某些实际活动的较为稳定而目的明确的兴趣，并对学校毕业后的自修做好准备。"①

选修课分两类：一类是与基本教学计划同时学习，作为对科学基础知识系统课程的补充教材；另一类是发展和补充科学基础知识系统课程的专门课程，审美教育科目，劳动和综合技术实践课。

由此可见，苏联的选修课与西方国家设立的选修课不同。开设的目的不同，所以开设的科目也不同。苏联的选修课是围绕着中学的基本课程而设的，目的在某些科目方面加深和补充知识。

《措施》还决定恢复给中学毕业生颁发奖章和奖状制度。

总之，这些措施都是为了提高学生的知识质量。而生产教学和劳动教育却很少提到了。

（四）教学设备的现代化

20世纪60年代苏联还进行了教学设备现代化的建设。最突出的成绩是在中等学校里实行专用教室制度，或者叫作工作室制度（кабнетская снстема），把普通的教室改为工作室。在这个工作室里装备有一套常规的电化教育设备，如电动黑板、幻灯机、投射仪、闭路电视，按照学科的性质布置了该学科的发展的历史图片、图表、公式，柜窗里陈列着该学科常用的仪器、图书（包括教科书、参考书、课外活动用的各种资料），把教室变成了一个既是学生学习的场所，也是教师工作的场所。学生上课就不是固定在一个普通教室里，而是根据不同的学科到不同的专用教室里去。那里不是只有一块黑板，几支粉笔，而是有能满足学生

---

① 《苏联普通教育和职业教育法令汇编》，北京，北京师范大学出版社，1985。

对该门学科所要求的一般资料。

（五）《苏联和各加盟共和国国民教育立法纲要》

1964年以后的教育改革持续到20世纪70年代中期。1973年7月19日苏联第八届最高苏维埃第六次会议通过的《苏联和各加盟共和国国民教育立法纲要》（以下简称《国民教育立法纲要》）可以说是这个时期教育改革的总结，最后用立法的形式固定下来。

《国民教育立法纲要》确定，苏联国民教育制度包括：学前教育、普通中等教育、校外教育、职业技术教育、中等专业教育和高等教育。

《国民教育立法纲要》明确了普通中学教育的地位和任务：普通中等学校（进行普通中等教育的基本形式）是对儿童和青年进行教学和教育的统一的劳动综合技术学校。普通中等学校的主要任务："对儿童和青年进行符合现代社会进步和科学技术进步要求的普通中等教育，使学生具有渊博而牢固的科学基础知识，培养他们具有不断增加自己知识的愿望和独立充实运用知识的能力"；其他还提到树立马列主义世界观；培养共产主义道德品质，增进健康，"培养学生积极参加劳动和社会活动，自觉地选择职业"等。

《国民教育立法纲要》在提到生产教学时说："有条件的普通中等学校也可进行生产教学。"也就是说，不是一切普通中学都必须进行生产教学。这就改变了1958年确定的普通中学的性质。

《国民教育立法纲要》还详细地规定了其他教育机构的任务和要求。

四、20世纪六七十年代高等教育的发展和改革

苏联高等教育在20世纪五六十年代有了较大的发展。从高等学校的数量来讲增加的并不多，战后1945年高等学校为789所，而1969年则为800所。但如本章开头所讲，这一时期高等学校进行了调整，合并了一

些规模小、水平低、条件差的学校，一批两年制的师专取消了。同时新建和扩建了一批学校，经过调整的高等学校的水平大致相近，学制大多是五至六年，只有极个别的学院或专业为四年或四年半。虽然高校数量增加不多，但大学生数量却大大增加了（见表8）。

表8　苏联高等学校学生发展情况　（开学时人数，单位：万）

年份	学生总数	年增长率（%）	日校		夜校		函授		招生数	年增长率（%）
			学生数	%	学生数	%	学生数	%		
1956	200.1	7.18	117.71	58.9	10.08	5	72.31	36.1	45.87	—
1957	209.91	4.9	119.31	56.8	12.72	6	77.88	37.1	43.82	−4.5
1958	217.89	3.8	117.96	54.1	15.33	7	84.6	38.8	45.59	4
1959	226.7	4.04	114.58	50.5	19.53	8.6	92.54	40.8	51.17	12
1960	236.91	4.5	115.55	48.8	24.54	10.4	99.52	42	59.38	16
1961	263.99	11.43	120.35	47.8	30.75	11.6	112.89	42.7	66.69	12.3
1962	294.37	11.5	128.68	43.7	37.42	12.7	128.27	43.6	72.75	9.1
1963	326.07	10.76	138.28	42.4	43.93	13.4	143.86	44.1	77.24	6
1964	360.84	10.66	151.46	42	50.61	14	158.77	44	82.05	6.2
1965	386.06	6.98	158.42	41	56.9	14.7	170.74	44.2	85.87	4
1966	412.82	6.93	173.99	42.1	61.83	15	176.5	42.8	89.75	5.1
1967	431.09	4.43	188.93	43.8	65.23	15.1	176.93	41.0	88.81	−1.04
1968	446.97	3.68	202.85	45.4	66.97	15	177.15	39.6	88.79	−0.02
1969	454.96	1.79	213.94	47	66.80	14.7	174.22	38.3	89.55	0.8
1970	458.06	0.68	224.12	48.9	65.73	14.3	168.21	36.7	91.15	1.8
1971	459.75	0.37	230.86	50.2	64.73	14	164.16	35.7	92.03	0.9
1972	463.02	0.71	238.61	51.5	63.59	13.7	160.82	34.7	93.02	1
1973	467.13	0.89	246.28	52.7	62.75	13.4	158.1	33.8	93.77	0.8
1974	475.11	1.70	253.86	53.4	63.17	13.3	158.08	33.3	96.30	2.6
1975	485.4	2.17	262.81	54.1	64.44	13.3	158.15	32.6	99.38	3.2

［资料来源］《苏联国民教育、科学和文化——统计汇编》，莫斯科，1977。

从表8中可以看到大学生的数量在1966年以前增长比较快，但到20世纪60年代后期就慢下来了。到1982年全国有高等学校891所，在校大学生528.4万人。如与卫国战争刚胜利的1945年相比，学校只增加了12.9%，而学生却增加了6.2倍。第一个十年中的最后一年与第一年（1955年与1945年）相比，在校学生增加了113万人，第二个十年的1965年与1955年相比，在校学生增加了200万人，第三个十年的1975年与1965年相比，在校学生增加了99万人，而1982年与1975年相比，在校学生只增加了43万人。这就是说，到20世纪70年代，苏联高级专门人才在数量上已经基本上满足国民经济和文化各部门的要求，苏联高等和中等专业教育部部长叶留金甚至说，国民经济各部门的专家已经到达饱和程度，高等教育要集中力量解决高校毕业生的质量问题（见表9、表10）。为了解决高等教育的质量问题，苏共中央和苏联部长会议于1972年7月18日通过了《关于进一步改进全国高等教育的措施》的决议，1979年7月通过了《关于进一步发展高等学校和提高专家培养质量》的决议。在第一个决议中提到：某些高等学校毕业生的理论和专业知识水平不符合提高了的科学和生产的要求；对教学教育过程的现代科学组织方法及对教学技术设备的研究和应用，进展依然缓慢；科学技术的最新成就，在个别教学计划、教学大纲和教科书中没有得到应有的反响；等等。为此，采取以下措施："根据科学与生产的现代要求，加强学生一般科学和一般技术学科的学习和实习，在科学组织劳动和管理方面，在工程心理学、工业美学和电子计算技术等方面改进对专门人才的训练。不断提高主要科学教育人员在教学教育过程中的作用。经常更新所授各门学科的内容，在教学中积极采用应用技术工具的新的先进方法，尽力发展创造性地掌握知识的方式。与苏联国家计委及各有关部和主管部门商定后确定各类专门人才专业知识培养范围，使之适应现代化生产的需要，着重注意培养知识面比较宽的专门人才。"①第二个决议也是谈的教育质量问题。指出，在高等学校的教学过程中，"不是经常能反映科学、技术和文化的最新成就、组织生产和管理的先进经验。一部分高校毕业生没有掌握高深的社会学科知识，专业训练差，对于组织大学生从事独立的创造性工作，使他们形成进行社会政治工作和组织工作的技能，均未给予应有的注意。"决议还指出，尽管培养出来的专家人数不断增多，但是冶金工业、采矿工业、石油开采工业、建筑业、运输业和农业部门的专家仍然不足，在为西伯利亚、北方地区、远东、俄罗斯非黑土地带等地区培养专家方面也有严重缺点。决议强调要采取措施为这些部门和地区培养专家。

表9　每1万人中大学生和中专生的人数

年份	大学生（人）	中专生（人）
1940—1941	41	50
1965—1966	166	158
1970—1971	188	180
1975—1976	190	177
1981—1982	197	170

表10　每千名职业居民中具有高等和中等教育程度的人数

年份	高等教育（人）	中等教育（人）
1939	13	110
1959	33	400
1970	65	588
1979	100	705
1982	110	736

［资料来源］《苏联国民经济发展（1922—1982）统计年鉴》，莫斯科。

---

① 《苏联高等和中等专业教育法令汇编》，181页，北京，北京师范大学出版社，1984。

20世纪70年代以来，围绕着提高高等教育的质量问题，苏联采取了以下一些措施。

（一）调整高等教育的培养目标

高等学校的培养目标不是一成不变的，随着各个历史时期的政治经济发展和科学技术发展，不断地对培养目标提出新的要求。

苏联于1926年开始走向工业化，1928年开始实行第一个五年计划。这个时期的经济任务是扩充并加强重工业建设，全国建立了许多新的工厂：机器制造厂、汽车制造厂、化工厂、飞机和拖拉机工厂等，创办了沙俄时代不曾有过的新的工业部门。新兴的工业需要大批懂得专业的干部，因而开设了各种专业学院和工学院，设置了各种专业和课程。这个时期的高等学校的培养目标是要求培养比较专的，能够在某个部门担负某一项具体工作的干部，因而设立的学院、专业都很专很窄。

到了20世纪50年代中期，科学技术的发展进入了一个新阶段。如果说过去只是个别的技术革新和部分的技术改进，那么到了20世纪50年代中期已进入一整套生产过程或整个生产部门的彻底革新。科学技术革命的新形势改变了高级专业技术人员的工作条件和工作内容，对他们提出了新的要求。他们已不能像过去那样，只是用在高等学校学习过的专业知识和技能去解决某项具体问题，而是需解决由于科技进步而不断产生的新问题。过去的培养目标已经不符合现实的要求。所以，1954年8月，苏共中央和苏联部长会议就通过了《关于改进具有高等和中等专业教育程度的专家的培养、分配和使用》的决议，指出了专业太窄的问题，应该根据科技发展的需要扩大专业，改革教学计划和大纲。1956年召开的苏共二十大也提出了专家的质量问题，要求扩大大学生的基础教育，要以最新的科技知识武装学生，并且要让他们掌握经济学和生产组织等方面的知识。因此，20世纪60年代大大加强了工程师、农艺师等各类专家的经济教育，提出了工程师—经济学家这样的培养目标。

20世纪60年代着眼于发展大学生的数量和为新的技术部门，如仪表制造、电子学、化学、生产的机械化和自动化培养专家，1963年颁布的《高等学校条例》提出要"培养具有高深的专业理论知识和必要的实践知识，……有高度专业技能的专家"。这里强调的是"高深"，而"宽广"却不突出。

1972年的决议，第一次提到要培养知识面比较宽的专门人才，把宽广的知识作为提高专家质量的方向。1980年2月6日在莫斯科举行的全苏高等学校教育会议上高等和中等专业教育部部长叶留金提出："完善高等学校教学教育过程的主要途径是由培养具有广泛专业知识的专家的任务决定的。"他说："一个具有广泛专业知识的专家是名副其实的职业家、革新专家。他应当把一整套理论和应用学科的高深的素养同善于找到解决科研和生产问题的崭新办法和掌握日益增多的科技情报和社会政治情报结合起来。"[①]

综合苏联教育界的意见，所谓"广泛专业知识的专家"有下列几方面的要求：

（1）要有高度的马列主义修养和理论水平；

（2）要有广泛的专业理论知识和技能，掌握一个较宽的专业面；

（3）有较强的独立工作能力，包括能独立处理工作中的问题，能开展研究工作，并且能不断地获取新的知识和技能，提高业务水平，以适应不断变化着的工作环境；

（4）有组织、管理、计划、领导以及向群众作宣传教育工作的能力。

为了能更具体地了解一个"高质量专家"的含义，我们不妨看一看苏联对一个压缩工程师的要求：

---

① 《共青团真理报》，1980-02-7。

（1）要有8门学科的知识，包括辩证唯物主义原理，物理的基本规律及物理与数学的分析方法，热力学的一般理论，热的传导和流体力学与气体动力学，自动化理论等；

（2）要有9方面的技能，包括计算机的使用方法、程序设计方法，压缩机部件的装配、调节和操作技能，进行理论计算和实验研究的经验，组织团体的文化教育工作的技能；

（3）要对6个方面有明确的概念，从现代的工艺过程到压缩机站的设备，以及这个具体工作部门的发展前景；

（4）必须熟悉某些有关的科目，如劳动立法、工程心理学、工业设计问题、专利注册、办公室工作和办公机器、自动化控制系统原理、各种技术情报和目录系统，以及环境保护的目的和作用；

（5）掌握某些"额外"要求，如关于该工程部门工作条件和安全预防措施的知识，持有熟悉压缩机站司机职责的证明，外语知识和身体健康。

这几方面与过去一个大学生要求相比，无论在知识方面，还是在技能方面，"广泛性"大大加强了。

（二）改进教学工作

大致有以下几个方面。

1. 修改教学计划，加强基础课的教学，加强文理渗透

文科学生要学习一些理科的基础知识，如法律系和新闻系设数理逻辑；语文系的理论和应用语言专业设高等数学基础；经济系设数学和控制论方面的课程，包括高等数学、序论、概率论、一般的统计学理论等，工科学生要学习心理学、统计学、经济学、管理学等课程。苏联高等学校加强基础课的特点是，基础课都是围绕着专业而设置的。因此，基础课在整个课程中的比重因专业的不同而有所不同。但总的来说在20世纪70年代的教育改革中，主要是降低专业课的比重，增加基础课的比

重。大致的比例是：基础课占40%左右，专业基础课占25%～40%，专业课占20%～25%，政治理论课占8%。

2．加强实验室操作和课堂讨论

实验室操作因专业而异，课堂讨论则主要用于政治理论课和人文科学的一些课程。但讨论时间普遍都比20世纪50年代要多，例如政治理论课，过去讲课和讨论的时间是2∶1，现在则是1∶1。加强实验室操作和课堂讨论都是为了培养学生的自学能力和实际动手的能力。

3．加强实践的环节

苏联高等学校一向重视教学和实践的联系，这种联系集中反映在学生的生产实习中。工科院校的学生要用25～30周，即13%～15%的时间进行实习。苏联高等学校视实习为教学中不可缺少的环节，它在保证和提高大学生的质量方面起着重要的作用。工厂企业所具备的现代化设备和生产场地，它所配备的专家和技术力量是高等学校不可能有的。同时，在生产实践中不断进行革新创造，许多新的技术设备和工艺设计不断产生，这些在课堂教学和教科书中是不能立即得到反映的。

4．改进教学方法

在这个时期，许多教学法专家开展了教学方法的实验。比较普遍的是提倡问题教学法，即由教师提出问题指导学生阅读书籍，收集资料，提出自己的观点，通过辩论，得出结论，以改变单纯由教师讲授，学生被动学习的局面。高等学校中还采用模拟演习的教学方法，即由学生在专用教室里扮演实际工作中的各种角色，处理各种问题。这种方法可以补充生产实习中不可能经常遇到的问题，特别是安全事故等问题，培养学生实际处理这些事故的能力。

（三）改进招生和分配制度

20世纪70年代苏联高校招生制度和分配制度有较大的改革。招生制度关系到选拔什么样的人上高等学校，关系到大学生的社会成分，关系到将来的分配。1958年教育改革规定一般只招收有2年以上工龄的青年，废除了金银质奖章保送的制度。强调招收有实践经验的工农青年，但是新生的质量不能保证。20世纪60年代反过去又强调知识，强调采用竞试的方式录取新生。但是又发现有些专业，如采矿业、建筑业、运输业、冶金业等报名的甚少，而且有些专业需要有一定的实际工作经验。于是在20世纪60年代建立了预科制度。1969年8月苏共中央和苏联部长会议通过了《关于在高等学校设立预科》的决议，为工农青年补习文化知识，给他们创造升入高等学校的必要条件。预科中脱产学习8个月，不脱产学习10个月，读完预科并通过毕业考试的人可不经入学考试被录取到高校一年级学习。

在分配工作方面，采用提前1～3年预分配的制度。目的是扩大和加强高等学校同国民经济有关部门的联系，为改进干部的培养、再培训和进修，为开展科学研究而积极地协同工作；解决各专业部和主管部门更广泛地参与加强高等学校物质基础的工作，高校利用有关企业和组织的场地和设备，必要时在它们的基地上建立专业教研室分支机构等问题；更好地安排大学生的生产实践和毕业生的见习。[①]

五、20世纪80年代普通教育和职业教育的改革

1984年1月3日苏联《真理报》公布了《普通学校和职业学校改革的基本方针（草案）》，经过3个月的全民讨论，于4月10日和12日分别由苏共中央全会和苏联最高苏维埃会议正式通过。随后苏共中央和苏联部长会议又做出了一系列的决定来保证《基本方针》的实施，这些

---

① 苏共中央和苏联部长会议里《关于进一步发展高等学校和提高专家培养质量的决议》，见《苏联高等和中等专业教育法令汇编》，北京师范大学出版社，1984。

决定是：①苏共中央、苏联部长会议《关于进一步完善青年普通中等教育和改进普通学校工作条件》的决议；②苏共中央、苏联部长会议《关于改进学生劳动教育、教学、职业定向和组织他们参加公益生产劳动》的决议；③苏共中央、苏联部长会议《关于进一步发展职业技术教育和提高其在培养熟练工人方面的作用》的决议；④苏共中央、苏联部长会议《关于完善普通教育和职业技术教育系统师资的培训工作，提高他们业务水平并改善他们的劳动和生活条件》的决议；⑤苏联部长会议《关于进一步改进儿童公共学前教育和入学准备工作》的决议；⑥苏共中央、苏联部长会议、全苏工会中央理事会《关于提高教师和国民教育其他工作人员的工资》的决议。这是继1958年教育改革以来又一次重大的教育改革。

（一）改革的基本内容

《苏联普通学校和职业学校改革的基本方针》（以下简称《基本方针》）中指出：这次学校改革的目的，"是要把学校的工作提高到符合发达社会主义的条件和需要的崭新水平。"指出，"我们的任务是要使国民经济各部门都达到最先进的科学技术水平，普遍实现生产自动化，保证根本提高劳动生产率和使产品达到世界先进水平，……智力和体力得到高度发展，掌握生产的科学技术和经济原理，对劳动采取自觉的创造性态度。"为了达到这个目的，采取了以下一些措施。

1. 延长学制

20世纪70年代初期，苏联就开始进行6岁儿童入学的实验。这就是为延长学制做准备。6岁儿童入学不仅是从早期教育的角度来考虑的，而且它能够达到既延长学制，又不推迟青年就业的年龄的目的。劳动力紧张是苏联长期存在的问题。如果学制向上延伸，势必推迟青年就业的年龄，使劳动力更加紧张。所以只有向下延伸才是两全其美的办法。但是苏联在实施这项改革时是十分慎重的，经过10多年的长期实验，提出了对6岁儿童上学的特殊要求，以符合儿童的年龄特点，有利于他们健康发展。

2. 加强普通学校的劳动教育和职业训练

《基本方针》指出："在学校中进行劳动教育和学习，目的应该是培养学生热爱劳动和尊重劳动人民，使学生了解现代化工业和农业生产、建筑、交通运输和服务的基本知识；在学习和社会公益劳动中培养他们劳动习惯和能力；促使他们自觉地选择职业并得到初步的职业训练。"总的来说，就是使学生在毕业前就作好参加生产劳动的思想准备和技能的准备。

《基本方针》还详细地规定了各年级劳动教育的要求。

小学生（一至四年级）要学会生活中必需的、起码的使用各种材料的手工劳动，种植农作物，修理直观教具，制作玩具和各种对学校、幼儿园、家庭有益的物件等等。在这个阶段就开始介绍一些孩子们可以理解的职业。

在不完全中学（五至九年级）学生们要受到更扎实的普通劳动训练，获得金属、木材加工的知识和实际能力，了解电子技术、金工学和识图的原理。对国民经济的主要部门要有所了解。他们根据企业的订货给学校制造一些不太复杂的产品，并关心环境保护。

普通中学高年级（十至十一年级）在此基础上以及直接在生产劳动地点，根据最普通的职业并考虑到该地区对这些职业的要求来组织劳动教育。掌握某项职业技能并按规定程序通过资格考试。

根据决议的要求，学生的劳动教学和公益生产劳动时间将增加。二至四年级每周3小时，五至七年级每周4小时，八至九年级每周6小时，十至十一年级每周8小时。同时利用暑假学生每年参加劳动实践，五至七年级为10天，八至九年级为16天，十至十一年级为20天。学生从八年级起要在学生生产队、校际生产教学联合体、企业教学车间、教学工段和职业技术学校学习和工作。

3. 加强职业技术学校的建设，提高职业技术学校的普通教育水平

20世纪50年代培养熟练工人主要通过技工学校、艺徒学校的形式，60年代以后改为职业技术学校。职业技术学校有三种类型：第一种是职业技术学校，招收八年制毕业生，学习1～2年，培养一般的工人；第二种是中等职业技术学校，招收八年制毕业生，学习3年，培养熟练工人；第三种是技术学校，招收十年制毕业生，培养熟练工人和初级技术员。这次改革决定，把现有的各种职业技术学校改组为统一类型的学校——中等职业技术学校。这种学校将根据职业和按学生教育程度规定的学习期限开设相应的教学班。九年级毕业生在中等职业技术学校通常学习三年，接受职业教育，同时完成普通中等教育学业。十一年制毕业生为了取得更高的资格或掌握复杂的工种，应升入中等职业技术学校进行相应的专业学习，培训期限为1年。中等职业技术学校专门为国民经济的相应部门培养熟练工人，它以生产联合公司、企业、建筑单位和组织为基地。而在农村地区，它则以区农工联合公司、国营农场、集体农庄和跨单位企业为基地。这些单位被称为该学校的基地企业，负责为挂钩的学校提供基本建设，装备生产实习车间，提供指导生产教学的技师等。

目前，不完全中学的毕业生有20%升入职业技术学校，《基本方针》要求到1990年增加1倍。

从上述情况可以看到，这次改组职业技术学校的目的是为了提高职业技术学校的普通教育水平，提高工人的文化科学素质。

4. 进一步实行教学改革，提高教学过程的质量

《基本方针》为此提出以下要求。

（1）明确所学各门课程材料的目录和数量，消除教学大纲和教科书分量过重的现象，删去其中过于复杂的次要材料。

（2）极其准确地阐明各学科的基本概念和主导思想，保证在各学科中反映出科学和实践的新成就。

（3）从根本上改进普通学校中的劳动教育、劳动教学和职业定向的安排；加强教育内容的综合技术方向。更加重视实验课，让学生看到物理、化学、生物和其他学科的定律在生产中如何应用，从而为青年的劳动教育和职业定向奠定基础。

（4）用现代化计算技术设备的知识和素养武装学生，确保在教学过程中广泛使用计算机，并为此建立专门的学校研究室和校际研究室。

（5）各门课和各个年级都要确定学生必须掌握的适量本领和技能。

苏共中央和苏联部长会议还责成教育部、科学院和教育科学院修改现在使用的教科书；完善教学方法和手段，在教学中采取有效形式；使学生独立钻研教科书；提高课堂教学这种组织教学过程的基本形式的效果；在高年级采用讲演和课堂讨论的形式；完善课堂教学体系的组织工作。

为了有利于提高教学质量，规定降低各班级的满员限额，逐渐使一至九年级的满员限额降到30人，十至十一年级降到25人。

5．加强学校思想工作、家庭教育和社会教育，提高学生的思想品德

《基本方针》强调要培养社会主义社会的公民、共产主义的积极建设者，思想坚定、道德高尚、热爱劳动、行为文明。为此，除了要求在各科教学中加强思想教育以外，还要求增加社会学的教学时间。

《基本方针》特别强调对学生进行艺术教育和美育。一方面要求发扬美好的情感，培养健康的艺术鉴赏能力和理解评价艺术的能力；另一方面要防止无思想性、庸俗习气及低劣的精神产品渗透到青年中去。

改革的精神是要把学校的教学和课外活动，把家庭教育和社会教育统一起来，建立一个共产主义教育的体系。

6．提高教师的社会地位和工资待遇，提高教师的业务水平

《基本方针》在第六部分专门论述了教师的作用，指出："顺利完成对青年人进行教学和教育的复杂任务，在决定性的程度上取决于教师、教师的思想信念、职业技能、学识造诣和文化修养。""人民教师是年轻

人的精神世界的塑造者，是社会所信赖的人。"要求教师"不断地进行创造、不断地思考、具有宽阔的胸怀、热爱儿童、无限忠于事业"。为了提高教师的社会地位和威信，决定宣布每年9月1日为全民节日——知识节。

《基本方针》要求不断提高教师的业务水平，教师通常每4~5年轮训一次。

《基本方针》决定提高教师和教育工作人员的工资。为此，苏共中央、苏联部长会议和全苏工会中央理事会做出专门决定，凡是在中小学和教育部门工作的教师和教育工作人员（包括学前教育机构和中等专业学校）可以增加工资30%~35%。

为实施这次教育改革，苏联政府每年将拨款110亿卢布。其中35亿用于提高教师和教育工作者的工资，75亿用于学校的基本建设。

（二）改革的历史背景

20世纪70年代，世界科学技术发展进入了一个新时代。学校如何适应新的科学技术革命的到来和国民经济发展的新要求，这是世界各国都在考虑的问题。教育改革正在世界范围内广泛地展开，并不仅仅限于苏联。但是苏联的这次教育改革具有这样大的规模，动员了全国人民进行讨论，绝不是仅仅为了一般地提高教育水平，而是有着深刻的社会原因和历史背景的。纵观苏联教育发展的历史，这次苏联的教育改革是要解决长期存在于苏联学校教育的三大问题或叫三大矛盾。这就是：①知识教育与劳动教育的矛盾；②学校双重任务，即为升学和就业做准备的矛盾；③普通教育与职业教育的矛盾。下面我们分别来分析一下这三个矛盾的发展和这次教育改革为解决这三个矛盾所做的努力。

1. 关于知识教育与劳动教育的矛盾问题

《基本方针》提到："伟大的列宁是苏联国民教育体系的缔造者。苏联共产党和苏维埃始终不渝地贯彻列宁的统一劳动综合技术学校的思想"。但是要建立这样的学校却不是一件容易的事。纵观苏联几十年来教育发展的历史，在解决这个问题上走过了一条十分曲折的道路。俄国十月革命以后，苏维埃政权推翻了渗透着阶级偏见的旧的教育制度，强调建立统一的劳动学校制度，这无疑是十分正确的。但是《统一劳动学校宣言》和《统一劳动学校规程》却错误地把生产劳动作为学校生活的基础，过多地安排生产劳动，严重地忽视学校中的知识教育，学生不能掌握系统的科学文化知识，影响到高等学校的质量和人才的培养，这就导致20世纪30年代的教育整顿和改革。

20世纪30年代苏联着力于整顿学校秩序，强调学校中要传授系统的科学文化知识，加强学生的基本知识和基本技能的训练，大大减少学生参加生产劳动的时间，最后取消了劳动课。从20世纪20年代的劳动学校一变而为知识学校，普通完全中学的任务就是为高等学校输送合格的新生，成为高等学校的预备部。

到了20世纪50年代，随着七年制教育的逐步普及和完全中学的发展，普通完全中学的毕业生已经不能全部进入高等学校。他们必须走向社会，参加社会生产劳动。但是普通中学并没有为毕业生进入社会做什么准备。因此1958年进行了以"加强学校与生活的联系"为主题的改革，加强了学校的生产劳动，规定普通中学要兼施生产教学，进行职业训练。学校又变成劳动的学校。但是这次改革又没有成功。

20世纪60年代实行教育现代化的改革，重视知识质量。与此同时，学校里大量减少生产劳动教育的时间，学校又重新变成知识的学校，知识教育和劳动教育的矛盾又突出出来。据报道，随着中等教育的普及，在苏联国民经济部门工作的工人和职员中，全日制中学毕业生增长很快，年平均增长率1975年占增长总数的66.6%，而1976年就达到80.9%。[①]1967—1977年的几次社会调查表明，5个学生中一般有4人希望

---

① 《真理报》，1977-01-23。

读完十年级后继续深造，打算做体力劳动工人的不到10%。但按照国家计委统计，1975年高中毕业生中进入高校的只占15%，入技术专科学校的占21%，其余64%的中学毕业生直接就业。[①]因此在这种情况下，就必须加强普通中学毕业生劳动训练的工作。所以虽然1973年刚刚制定了教育制度的《立法纲要》，1977年12月苏共中央和苏联部长会议又通过了《关于进一步完善普通学校学生的教学和教育并使他们作好从事劳动准备》的决议。决议指出，在普通学校工作中存在重大的缺点。主要是"对学生的劳动教学、教育和职业定向的安排，已不符合已经提高了的社会生产和科技进步的要求。许多中学毕业生在走向生活时，缺乏应有的劳动训练，对基本的普通职业没有足够的认识，因此在调到国民经济部门工作时感到困难"。决议要求"中学毕业生在学习期间应当掌握深刻的科学基础知识和在国民经济中工作的劳动技能，要认真掌握一定的职业技能"。决议要求学校坚决转向改进青年在物质生产领域的劳动训练，让学生进行有根据地选择职业。决议把九至十一年级的劳动教学时间从每周2小对增加到4小时（在教学计划范围内）。

这个决议对普通中等学校的任务的提法和职业训练的要求与1958年的提法不同，它没有提必须掌握一门专业，而只提出要掌握一定的职业技能。

《苏维埃教育学》在论述这次改革时说："20世纪60年代初期，在当代科技革命的要求下，社会主义社会的社会经济和文化发展的需求与普通学校的陈旧的教学内容之间产生了矛盾，上述矛盾是以普通学校改用新的教学内容这一途径来解决的。在近10年实行的这个改变引起了新的教学内容与教学方法之间的矛盾，新的教学内容需要新的教学方法，这具体反映在专用教室制、实行选修课、问题教学法和其他等方面。教育

---

① 《外国教育资料》，1980（2）。

制度的进一步发展，也就是中等教育的普及，大多数中学毕业生应当直接到国民经济各部门就业，又引起了设置学生的劳动教学、职业定向与社会生产和科技进步日益增长的要求之间的矛盾。苏共中央和苏联部长会议关于学校的新的决议正是提出了这一点。"[①]这个评论是对20世纪60年代以来苏联教育改革的简略的总结。

由此可见，知识教育和劳动教育的矛盾一直存在着，没有得到很好地解决。1984年的教育改革试图再一次来解决这个问题。为了防止因增加劳动教育的时间而增加学生的学习负担，所以决定延长中小学学制一年。

2．关于学校为学生升学和就业做准备的矛盾

这个问题和前一个问题有着密切的联系。当然，解决前一矛盾不仅仅是为了解决学生升学或就业的矛盾，它有着更重要的意义。但是要解决好为学生升学和就业的两种准备，就必须正确处理好知识教育与劳动教育的关系。苏联《苏维埃俄罗斯报》1983年9月12日刊登了苏联国民经济学院系主任、苏联科学院通讯院士鲁特克维奇的题为《劳动是成熟的鉴定书》[②]的文章，列举了1965—1980年八年制学校和十年制学校毕业生的出路的分布情况，如表11和表12所示。

表11　八年制学校毕业生的分布情况　　　　　　（％）

年份	毕业生总数	直接参加工作的	升入全日制职业技术学校		升入九年级	升入中专
			普通职校	中等职校		
1965	100	42.5	12.3	—	40	5.2
1975	100	2.3	21.4	10.2	60.9	5.2
1980	100	0.5	13.8	19.3	60.2	6.2

---

① 《苏维埃教育学》，1978（4）。
② 苏联把十年制学校毕业生称为进入了成熟期，毕业证书称为成熟证书。

表12　十年制学校毕业生的分布情况　　　　　　（%）

年份	毕业生总数	直接参加工作的	升入技术学校	升入中专	升入高等学校
1965	100	16.2	—	42.4	41.4
1975	100	55.3	12.9	16.0	15.8
1980	100	41.2	26.9	15.6	16.3

从表11和表12可以看出，八年制学校毕业生直接参加工作的越来越少，升入普通中学九年级的学生在20世纪70年代一下子增加了，因而使得十年制的毕业生直接参加工作的比重大大地增加，而升入高等学校的比重相对大为减少。这就不得不重新研究十年制中学的任务和学生的知识、技能结构的问题。

提供上述资料的作者指出：走上生活道路的青年中，约有1/4（全国约100万人）没有获得符合时代潮流的职业训练，而且对应当做的工作没有心理上的准备。这往往造成对劳动不感兴趣，对集体漠不关心的现象。他说："现有教育制度已落后于生活，现在有必要对教育制度及其管理方法进行根本的改革。"改革的目的是使青年一代走向劳动生活时，不仅应当获得普通中等教育，还应当获得广泛专业的职业教育。

3．关于普通教育与职业教育的矛盾

这个问题是上述两个问题的另一种提法，从另外一个角度来考虑的问题。中等教育具有双重任务。它要为高等学校培养合格的高质量的新生，就要加强普通教育；它要为学生将来的就业做准备，就要加强职业教育。因此中等教育就由两种类型的学校来实施：一种是普通中学，另一种是职业技术学校。但是普通中学的毕业生并不能都上高等学校，因此，普通中学也必须进行职业教育。而职业学校在当前科技革命的形势下，不仅应当让学生掌握一种职业技能，而且应当培养学生继续学习的能力，也就是说，职业学校除了进行职业教育外，还应当重视普通教育。这就是列宁在20世纪20年代就提出来的，不要让儿童过早的职业化的思想。这个思想现在显得更为重要。现在看来，只有兼顾普通教育与职业教育两个方面才能真正建立起社会主义的统一的劳动学校。

今天，科学技术的高度发展更加要求普通教育和职业教育的结合，同时随着中等教育的普及和社会生产力的发展，也为这种结合提供了客观的可能性。十月革命以后，打破了旧的双轨制，因为它是阶级歧视的表现，提出了实行统一劳动学校的口号。但是，社会生活的需要和当时教育的发展水平不可能只建立一种学校，必须建立多种形式的学校。例如除普通中学以外，就有工厂艺徒学校、技工学校、中等专业学校等，虽然这些多种形式的学校已经不是实行阶级歧视的双轨制，但仍然是不平等的教育，仍然没有解决建立统一的劳动学校的问题。苏联为了解决这个问题，长期以来采取了业余教育的方式来满足劳动青年求学的要求。但是这种业余教育与全日制教育总还是有一定的差距。因此，只有延长义务教育的年限，把普通教育与职业教育结合起来，才能真正解决这个问题。这次教育改革重新提出加强普通中学的职业训练，提高职业技术学校的普通教育水平，就是为了解决这个问题。他们期望着将来能把这两种学校合二为一。

以上是苏联这次教育改革所要解决的主要矛盾，与此同时，还要解决学生学业负担过重的问题。自从1964年实行教育内容现代化以来，教材内容太深太难，分量太重，造成学生的学业负担过重、"消化不良"、留级现象严重等，引起了教育界和广大家长的不安，虽然20年来不断地修改教学大纲和教材，但由于学制太短，这个问题长期未能解决。这次改革决定把学制延长1年，有助于解决这个矛盾。

苏联这次教育改革将会提高全体人民的文化水平，包括劳动者的文化素质，如果改革能够顺利地进行，它将对苏联社会各方面发生巨大的影响。

六、20世纪80年代高等和中等专业教育的改革

1986年6月1日苏联《真理报》公布了苏共中央关于《我国高等和中等专业教育改革的基本方针（草案）》，经过9个多月的全民讨论，1987年3月21日正式公布。这是继三年前颁布并已在执行的《普通学校和职业学校改革的基本方针》之后的又一个关于教育改革的重要文件。至此，苏联对它的整个教育体系提出了全面改革的意见。

（一）改革的背景

苏联的高等和中等专业教育体系是在20世纪30年代建立起来的。在半个世纪的发展过程中，虽然进行过多次改革和调整，但没有做根本的变动。20世纪50年代以前，苏联对专家的培养主要着眼于数量上的增长，60年代初，苏联高等和中等专业学校的毕业生还只能满足国民经济各部门对专家的需要的2/3，但到了70年代高校和中专毕业生已经完全满足了需要。例如，1966年工业部门中没有受过专业训练的一般干部任工程师职务的占20%，任技术员职务的占43%，任车间主任、副主任一级的占30%。而到20世纪70年代，任这类职务的一般工作人员已减少到10%左右。近几年来指望工程师、技术员的全部职务将由专家来担任。[①]

高校毕业生在数量上满足了国民经济各部门的要求，从而高等学校的工作重点转移到培养专家的质量上。20世纪70年代以来，在高校和中专毕业生数量增长速度下降的同时，苏联高校和中专教育工作的各项质量指标有了改善。高校学生的学习成绩有了提高。降低了高校学生的淘汰率。例如，高校学生总的毕业系数（当年毕业生人数和五年前入学人

[①]《科技革命与苏联、保加利亚、民主德国高等教育的发展》，莫斯科，莫斯科大学出版社，1981。

数的比例）1965年为68%，1970年为74%，1979年为80%；高校的物质技术条件和干部配备方面有了改善，1965年每个大学生拥有7平方米的教学实验场地，1970年为7.5平方米，而1979年则为8.5平方米；高校科研教学人员与学生的比例从1965年的1∶19下降到1979年的1∶11；高校科研教学人员中的博士和副博士人数从1965年的33.1%上升到1979年的41%。[①]

但是，高等学校和中等专业学校的工作仍然不能适应科学技术发展的要求。文件的第一部分列举了高等和中等专业教育目前存在的问题。

（1）有些方面的专门人才盲目地增长，同时培养质量又没有得到应有的提高。这是粗放式发展办法在高等和中等教育领域中的反映。各主管部门和地方只从本位利益出发，致使同一专业的干部在许多所学校里分散地培养。

（2）高等学校的专业划分得过细，专业数量大大增长，这对一般学术和专业培养产生了消极影响。

（3）一方面有一部分高水平的高等学校，另一方面存在不少无法保证毕业生具有高质量理论水平和实际水平的高等学校。

（4）教学过程中偏重于扩大教材的分量，从而导致学生负担过重，妨害了学生独立的创造性思维能力的发展。不重视个别教学。

（5）许多学校与生产部门脱节，与科学院和专业部门科研机构的联系薄弱。

（6）工学院、农学院和经济学院的毕业生缺乏创造和使用新一代技术和工艺的准备，没有获得使用工艺过程的现代自动化手段、设计和科学实验以及指挥生产等方面的技能。医学院毕业生临床训练不足。

（7）专门人才的进修和再培养系统未能成为加速科技进步的有效杠

[①]《科技革命与苏联、保加利亚、民主德国高等教育的发展》，莫斯科，莫斯科大学出版社，1981。

杆。高等和中等专业教育部没有充分发挥对干部进修和再培养系统进行教学法指导的职能。

（8）由于经费不足，高校的物质基础严重落后。

（9）专门人才使用不当，许多工程师去做技术员的工作，技术员职务的比例偏低。

苏联高等教育存在培养和使用脱节的严重问题。苏联目前有相当数量的高校和中专毕业生没有在适当的岗位上工作，有的完全改了行，用非所学。造成这个问题的因素很多，其中一个因素是各部门对人才需求的预测缺乏科学性和精确性，另一个因素是社会原因。国民经济各部门和地区之间在工作条件、物质待遇等方面存在差距，不少毕业生由于不满意自己的专业或分配的地区而不服从毕业分配。据统计，每年有7万名毕业生（其中10%是师范学院毕业生）不到分配地点报到。特别是冶金业、采矿业、石油开采业、农业方面的现象尤为严重。在地区方面，北方地区、远东地区、俄罗斯非黑土地区也是毕业生不愿意去的地方。虽然近20年来采取了许多措施，包括定向招生，实行物质上的优惠条件，但这个问题仍然没有得到彻底的解决。

总之，这次教育改革着重要解决两大矛盾。一是数量和质量的矛盾，在数量达到需求的情况下如何提高大学的培养质量。这也是时代的要求，科学技术突飞猛进，高等教育如何适应科技的进步，这是世界各国都在考虑的问题。高等教育的改革绝不只是苏联在搞，其他国家也在酝酿之中。二是培养与使用的矛盾，使学校和使用单位结合，按照企事业使用的要求来培养学生，而且使毕业生能够到国民经济所需要的部门去工作，使他们更好地发挥作用。

（二）改革的内容

为了解决上述矛盾，克服所列举的高等教育存在的缺点，这次改革提出了以下几方面的措施和要求。

1. 首先是要使教育、生产和科学紧密的一体化

必须拟定标准法律基础并采取一整套措施以保证大力加强高校、企业、科学和文化机构、集体农庄和国营农场在培养和使用干部方面的互相的利害关系和责任。这种关系要建立在合同义务的基础上。根据签订的合同，高校的任务是按计划在规定的期限内高质量地培养干部，而国民经济各部门和企业则负责对培养费用作部分的补偿，并为毕业生的合理使用创造条件。

《基本方针》指出，生产部门是培养干部的物质基地和天然的训练场所。所以提倡高校把一部分教学过程移到生产部门中去，建立包括分教研室、科学研究实验室和实验场地在内的教学科研生产联合体或教学中心。

高校和生产部门的一体化更利于高校和企业的干部的交流。新技术、新工艺的研制者参与人才的培养，教授和教员则参与工程技术人员的进修和理论的充实提高工作。一体化还有利于开展科学研究的合同关系。

由生产部门部分地补偿培养费用的办法可以为学校提供补充资金。如果要求学校扩大培养或开设新的专业，有关部门应做一次性投资。

要由学校和企业共同鉴定专门人才的工作岗位、他的职能和工作内容，在这个基础上制定各部门的人员编制和培养新干部的需求。学校还要关心毕业生的合理使用。

2. 提高培养专门人才的质量

改变大批的粗放式的教学为个别施教，发展学生创造性才能。通过课堂讨论、实践课、辩论会及生产和实际情景模拟、学生参加科学研究、实际设计等发展分析性和创造性思维；教学过程采用计算机。

为了完成上述任务，需减轻学生的负担，让学生独立安排学习，教师给以方法上的帮助和指导。为了加强个别施教，需减少教师平均负担的人数。实践课、课堂讨论和实验课分小组进行。

提高学生对学习成果的责任感，更严格和客观地评估学习质量。

要调整专业，纠正按狭窄部门和学科的观点设置专业的办法，大量减少专业总数，要改为培养以某一具体部门为目标、具有高深基础知识与扎实的实践训练相结合的，专业面宽的专门人才。

要参照科学、技术、文化的最新成果定期更新教学大纲。教学计划中要有15%的机动教学时间。

要为科学密集型的企业与科研机构重点培养干部，对有科学创造性的学生实行个别教学计划，包括延长修业年限或进行科学见习。

改善生产实习的安排，加强企业的责任感，吸引生产部门的领导人担任大学生的实践教学。

改进以不脱产方式培养专门人才的系统。大力提高夜校和函授部培养专门人才的质量。根据学生的理论和实际水平编成各种小组，确定不同的学习方式和时间。

更多地由企业、组织、集体农庄发给较高助学金，派遣在业青年进高校学习。

3．对各类学校提出具体要求

首先必须改进综合大学的工作；它应当成为先进科学思想的传播者；应特别关心培养普通学校和职业学校高水平的教师；教学过程应使高度的理论培养和应用培养相结合；扩大跨学科领域专门人才的培养；宜在重点综合大学专门开设对科学密集性工农业生产、卫生保健事业专门人才进行培养和再培养的专业和系。综合大学应成为加强科学理论实力，促进相应领域发展的真正的科学、文化和共产主义教育中心。

工程干部的培养要注意专业面宽和加强理论基础，掌握工程管理工作的基本原理，大大改进生产实践训练，要把志趣倾向和技术创造才能作为选拔工科专业学生的标准之一。

应特别注意开展科技新领域干部的培养，诸如基因工程学、生物工艺学以及管理干部的培养。

为了稳定农村干部的问题，要优先选拔对农业劳动感兴趣的青年学农业专业。

经济干部的培养要把政治经济学素养与管理社会主义经济的理论和实践知识结合起来，培养学生在解决经济和管理任务时会用数学模拟法和现代电子计算技术。

医务人员的培养应注意生物科学的教学与临床学科教学的密切结合，掌握对人体作为整体的诊断和治疗的现代方法，提高临床见习和实习的效果。注意培养医务工作者的崇高道德品质。注意招收工作2年以上的初级或中级医务人员及对医务工作有才能的退伍军人。

高等师范教育的改革是要加强综合大学、师院与中学和学前教育机构的联系，传授先进教育经验，打破教育方面的形式主义和墨守成规的现象。师范院校全部招收由学校校务委员会、劳动集体和共青团区（市）委推荐的，具有做儿童工作的志趣和经验的人员及退伍军人。

艺术院校应教育学生深刻理解艺术创作的崇高使命及它在培养新人中的作用，从党的立场出发在艺术中反映当代现实中的迫切问题，树立共产主义理想。

大力加强中等专业学校在职业教育体系中的作用，充分满足国民经济对中级专业干部的需求。在中等专业学校里设立从先进工人中培养班组长和工长的专业。

4. 加强对学生的思想教育，培养个性和谐发展的，具有社会积极性的专门人才

院校的全体教学人员、党、团和工会组织都有责任对青年学生进行思想政治工作和道德品质教育。

需大力提高马克思列宁主义教学的思想理论水平和教学法水平。要为各类高校拟订统一的社会科学教学大纲，出版新教科书和规定画家考

试。主要是要杜绝社会科学教学中读死书、教条主义和抽象议论的现象，要对生活中发生的变化做出敏锐的反应。要提高讲课质量，增加讨论课和对学生做个别工作的时间。

大力动员社会经济学科的教师开展有关社会发展迫切问题的研究，向地方和全国有关机关提出有科学根据的建议和预测。

根除学生社会工作中的形式主义和死板的安排，重视大学生工作队运动的重大作用，提高其教育影响。要使大学生参加社会政治活动，参加向群众宣传党的政策的活动，参加少年儿童的思想教育工作和群众性体育工作。发展学生自治组织和自我管理能力。

5. 加强学校的科研工作

利用高校的优势研究综合性国民经济问题和跨部门的科技问题，加强高校、科学院和各部门科研机构的联系，吸收学生参加科研。

需要将基础研究的规模增加1～2倍，将设计工艺项目和实验试制项目增加约2～3倍。要用国家预算的经费和合同项目取得的部分资金增加开展基础研究的经费。为了使研究成果尽快应用，要加紧在高校发展设计工艺和实验试制基地，开展实验样品和小批量产品的生产。

改变现有的人力、物力、财力的分配结构，把重点放在"研究—研制—应用"这一周期的终点阶段。

6. 提高师资队伍的质量

改善教师队伍的构成状况，发挥青年科学教育工作者的创造才能和技能。

扩大以脱产的方式培养副博士的数量。改进选拔工作，首先选拔在所选学科方面有工作经验的人才当研究生。论文的选题应集中在科学技术优先发展的领域，提高研究生的助学金，关心他们的住房和生活条件。

在重点高等学校、科学院和部门科研机构设博士研究部。选送已有创作成绩并有学识的副博士进博士研究部。

组织教师进修，规定教师到国民经济部门进行长时期（一年内）的见习并直接参与解决生产问题。

教师实行聘任制，在聘任之前规定一年的试用期，保证为西伯利亚、北方和远东地区新建高校配备高质量的教师。

7. 建立全国统一的干部进修和业务提高的制度

每个专家每5年脱产3个月以内到专门院校进修，以便更新知识。国民经济部门有必要建立进修教学中心、学校、进修系和进修学院，每个部门建立一所重点进修学院，它的活动与科技情报服务结合起来。在这方面高等学校要充分发挥作用。与各部合作在高校设立一个部门或跨部门的干部进修的教学中心、系或学院。在高等学校设立专门部门，负责进行辅导和检查知识的工作。

8. 更新高等和中等专业学校的技术设备

由有关专业部和主管部门为此专门拨出资金并合理地使用。坚决贯彻利用联合公司、先进企业和科研机构的现代化基地为学生教学服务的方针。

使高校和中专的教学实验室面积达到规定标准，使需要住宿的学生和研究生得到公共宿舍的床位，需修建1800万平方米的教学用房和供63万大学生和研究生住的宿舍。

在第十二个五年计划期间充分满足教学过程对电子计算技术设备的要求，装备约13万个设有单人用计算机和终端装置的工位，扩大组建校际共用网络和信息库，改进情报资料服务工作。

9. 改进对高等和中等专业教育的管理

扩大高教部的权限：调整高校的规模，加强对高校的业务指导、监督、视导和考核，选拔任免高校的校长。

以先进高校为基础，建立同类专业的教学指导联合体，负责加强与教育集体和生产集体的联系。

高教部地区中心的活动是以校长委员会的经验为基础。负责总结和推广教育教学的先进经验，对专门人才的需求和使用进行分析，吸引高校学者解决综合发展地区的课题；建立校际科研机构、计算中心、图书馆、印刷基地、实验生产企业以及医疗服务设施。

扩大高等学校的权限和责任。

以上是这次改革的主要内容，像普通学校和职业学校改革一样，在草案正式通过后又发布了一系列的决议来具体保证这个改革的基本方针的实施。这次改革如果能顺利进行，必将大大提高高等学校和中等专业学校的质量。

七、几点结论

对苏联第二次世界大战后教育改革做了以上的回顾，可以得出什么经验教训呢？

1. 苏联教育改革最频繁的是中等教育部门

这是由于中等教育是整个教育体系中最复杂，也是最重要的阶段。它既有承上启下的作用，又有独立的任务。它关系到高等学校学生的质量，也关系到亿万劳动大军的质量，而且是千千万万家庭关心的重要问题。因此，如何解决中等学校为高一级学校培养新生和做好劳动就业的准备就是中等教育改革的关键。这个问题解决得好还能够促进社会的安定团结，促进各项事业的发展。否则会干扰社会主义建设，成为社会不安的因素之一。苏联1958年教育改革的指导思想，即强调加强学校和生活的联系，为学生将来就业作准备的思想是正确的，只是忽视了普通中学的双重任务，只强调了中学为就业作准备的一面，忽视了为高一级学校培养新生的一面。同时在普通中学里实施职业训练的问题上操之过急，未能考虑到当时的技术条件和教师、家长的认识问题。1964年开始纠正这些缺点，但又走向了反面，强调了知识教学，忽视了生产教学。可见这个问题解决起来相当复杂。从苏联教育改革走过的道路可以看到，中等教育任何时期都不能忘记它的双重任务，偏重于那一方面都会给升学和就业造成困难，教育问题就会变成社会问题。特别是要注意普通中学的办学思想，即使另有职业中学培养学生直接就业，普通中学也不能成为高等学校的预备班，它的大部分毕业生仍然要走向社会，只有到了普及高等教育的时候，普通中学的双重任务才会消失。

2. 在实行教育改革时，始终不能忽视教学质量的提高

在当代科学技术发展的形势下，教育与生产劳动的结合首先要建立在学生牢固地掌握现代科学技术知识的基础上。没有现代科学技术知识就谈不上教育和生产劳动的结合。因此，即使是职业中学，也要不断提高科学文化知识教学的水平，过早的专业化不利于劳动的转换。当然知识教学不能代替劳动教育，要在提高教学质量的前提下，对学生进行综合技术教育，生产劳动教育，使他们具备就业的思想准备和技能。教育与生产劳动相结合始终是现代教育发展的普遍规律。社会主义不仅把它看作现代生产建设的需要，而且把它看作逐步消灭体力劳动和脑力劳动差别，培养社会主义新人的重要途径。

3. 教育的发展和改革必须与当时国家的经济发展和技术水平相适应，不能凭主观愿望办事

苏联的几次改革都说明了这条规律的重要性。1958年教育改革的思想不能说不对，为什么没有成功，就是当时的条件不成熟。鲁特克维奇在分析1958年改革没有达到预定目标时指出两点：第一，当时估计大多数非完全中学毕业生将进入国民经济部门。可是20世纪50年代末的职业技术教育学校网，还没有发展到能解决所有的八年级毕业生就业准备工作的程度。这些15岁的孩子直接走上生产岗位，什么职业知识也没有，

所以大多数家长和学生喜欢升入九年级。第二，原以为在高年级获得普通中等教育的同时，也能获得某种一般性的职业知识。但由于与学校挂钩的企业让学生选择职业的范围太窄，大部分十年级毕业生分配工作后的职业，根本不是学校里所学的职业，实际水平也很少超过一级或二级工。[①]这就是说，当时苏联国民经济发展的水平和企业的技术力量还不足以保证教育改革的实施。现在情况就不同了，不仅经济力量和技术力量已经达到，而且摸索出一些经验和组织形式，例如由校际生产教学联合体来实施普通中学的职业训练。

4. 教育改革要利用当代科学技术的成果，要和现代化结合起来

教育是一项超前的事业，培养人才的周期比较长，因此不能只照顾到眼前的需要，还要看到未来的需要。要用最先进的科学知识武装学生，用最先进的设备装备学校。要做到这一点，需要把学校和科研单位、生产单位联系起来。因此，苏联在高等教育中实行教学—科研—生产联合体的做法是有重要意义的，是在高等学校里贯彻教育与生产劳动相结合的具体体现。

教育改革还需要利用其他科学成就，特别是教育学、心理学、控制论等研究的新成果。同时要通过广泛的长期实验，取得可靠的数据。苏联无论在小学四年改为三年的问题上，还是现在提倡6岁儿童入学的问题上，都是经过了长期的实验才做出决定，使每一项改革都建立在科学的基础上。从苏联教育改革的过程也可以看出，凡经过长期实验的，改革就比较顺利，容易取得成功；凡没有经过长期实验而提出的改革，往往就取不到预期的效果，甚至会走弯路。

5. 教师队伍的建设是办好教育的关键

任何一项党的教育方针政策，任何一项教育改革都需要教师去贯彻

---

① 《苏维埃俄罗斯报》，1983-09-12。

执行。因此，教师的素质和积极性就决定了教育质量的好坏和教育改革的成败。苏联的历次改革都把提高教师的社会地位和物质待遇放到重要地位，这是十分重要的。这次高等教育改革又决定把师范院校的招生改为全部由学校校务委员会和劳动集体推荐，这就比较容易保证学生的质量，特别是把专业思想比较牢固，能热心于教育事业的青年输入到教师队伍中去。这种做法是值得我们借鉴的。

6. 教育事业是全民的事业，不是教育部门单独能够办好的

苏联教育的历次改革都发动了全民讨论，最后由苏共中央和苏联最高苏维埃讨论通过，做出决定施行。改革的基本方针具有法律的意义，各部门和各级领导都要遵照执行。1984年普通学校和职业学校的改革由国家每年拨款。这次高等和中等专业教育的改革则规定由各专业部门拨款，决定做出明确规定，经费就有了保障。看来苏联教育改革是采取中央集中统一领导和依靠全民办学相结合的办法。上下结合事情就容易办起来。

图书在版编目(CIP)数据

顾明远文集/顾明远著. —北京：北京师范大学出版社，
2018.10

ISBN 978-7-303-23976-4

Ⅰ. ①顾… Ⅱ. ①顾… Ⅲ. ①教育理论－理论研究－中国－现
代－文集 Ⅳ. ①G52－53

中国版本图书馆CIP数据核字（2018）第176353号

营　销　中　心　电　话　010-58805072 58807651
北师大出版社高等教育与学术著作分社　http://xueda.bnup.com

GUMINGYUAN WENJI

出版发行：北京师范大学出版社 www.bnup.com
　　　　　北京市海淀区新街口外大街 19 号
　　　　　邮政编码：100875
印　　刷：北京盛通印刷股份有限公司
经　　销：全国新华书店
开　　本：710mm×1000mm　1/16
印　　张：34
字　　数：436千字
版　　次：2018 年 10 月第 1 版
印　　次：2018 年 10 月第 1 次印刷
定　　价：1980.00 元（全 12 册）

策划编辑：陈红艳　　　　　　　　责任编辑：鲍红玉
美术编辑：李向昕　　　　　　　　装帧设计：王齐云 李向昕
责任校对：段立超　丁念慈　王志远　责任印制：马　洁